Conflit au Pays basque

Explosive Politics

Volume 1

Edited by Emmanuel Pierre Guittet and Julien Pomarède

PETER LANG
Oxford • Bern • Berlin • Bruxelles • New York • Wien

Conflit au Pays basque : regards de militants illégaux

Caroline Guibet Lafaye

PETER LANG
Oxford • Bern • Berlin • Bruxelles • New York • Wien

Bibliographic information published by Die Deutsche Nationalbibliothek
Die Deutsche Nationalbibliothek lists this publication in the Deutsche National-
bibliografie; detailed bibliographic data is available on the Internet at
http://dnb.d-nb.de.

A catalogue record for this book is available from the British Library.

Library of Congress Cataloging-in-Publication Data

Library of Congress Control Number: 2020911411

Cover design by Peter Lang Ltd.

ISBN 978-1-78997-800-1 (print) • ISBN 978-1-78997-801-8 (ePDF)
ISBN 978-1-78997-802-5 (ePub) • ISBN 978-1-78997-803-2 (mobi)

© Peter Lang AG 2020

Published by Peter Lang Ltd, International Academic Publishers,
52 St Giles, Oxford, OX1 3LU, United Kingdom
oxford@peterlang.com, www.peterlang.com

Caroline Guibet Lafaye has asserted her right under the Copyright, Designs and Patents Act,
1988, to be identified as Author of this Work.

All rights reserved.
All parts of this publication are protected by copyright.
Any utilisation outside the strict limits of the copyright law, without
the permission of the publisher, is forbidden and liable to prosecution.
This applies in particular to reproductions, translations, microfilming,
and storage and processing in electronic retrieval systems.

This publication has been peer reviewed.

Table des matières

Liste des tableaux	vii
Introduction	1
CHAPITRE 1 Organisations clandestines abertzales	19
CHAPITRE 2 Hegoalde, Iparralde : deux contextes distincts	37
CHAPITRE 3 Pourquoi un conflit armé ?	89
CHAPITRE 4 Pourquoi s'engager dans une organisation clandestine ?	127
CHAPITRE 5 Chemins vers l'activisme clandestin : des variations générationnelles	153
CHAPITRE 6 Deux éthiques de la lutte	197
Conclusion	289

Annexes	295
Bibliographie	313
Index	331

Tableaux

Tableau 1 :	Répartition des enquêtés dans les groupes politiques	15
Tableau 2 :	Répartition générationnelle des enquêtés	15
Tableau 3 :	Cadrage de la nécessité de l'action illégale	100
Tableau 4 :	Représentations et perceptions de la clôture de la SOP	101
Tableau 5 :	Synthèse des motivations individuelles de la lutte politique clandestine	130
Tableau 6 :	Répartition générationnelle des enquêtés	155
Tableau 7 :	Répartition des enquêtés selon la génération d'entrée en militance	156
Tableau 8 :	Engagement militant des parents des activistes rencontrés	159
Tableau 9 :	Engagement militant des parents des générations militantes rencontrées	159
Tableau 10 :	Travail identitaire et intégration dans l'organisation clandestine des générations civiles	162
Tableau 11 :	Générations d'entrée dans l'organisation clandestine et travail identitaire	162

Tableau 12 : Place d'un événement transformatif macrosocial dans le parcours d'engagement des membres d'ETA selon leur génération civile … 165

Tableau 13 : Expression de sentiments d'injustice en lien avec les trajectoires d'engagement … 168

Tableau 14 : Sentiment de la forclusion des opportunités politiques parmi les générations civiles … 174

Tableau 15 : Sentiment de la forclusion des opportunités politiques parmi les générations militantes … 175

Tableau 16 : Effet de la répression sur les trajectoires d'engagement selon les générations militantes … 176

Tableau 17 : Évocation de la répression dans les trajectoires d'engagement en fonction de la génération d'entrée dans l'organisation illégale … 176

Tableau 18 : Modalité d'intégration à l'organisation illégale … 177

Tableau 19 : L'engagement comme réaction à un événement micro- ou macrosocial … 179

Tableau 20 : Âge de l'entrée en militance illégale … 180

Tableau 21 : Rôle des événements liés à l'existence de l'organisation sur les trajectoires d'engagement selon les générations civiles de militants … 181

Tableau 22 : Interprétation du passage à l'engagement illégal … 183

Tableaux ix

Tableau 23 : Facteurs ayant pesé sur l'engagement militant — 185

Tableau 24 : Socialisation politique des militants avant l'entrée dans l'organisation illégale — 186

Tableau 25 : Première périodisation de l'intensité des actions mortelles menées par ETA — 209

Tableau 26 : Seconde périodisation de l'intensité des actions mortelles menées par ETA — 210

Tableau 27 : Comparatif des actions mortelles menées par ETA au cours des phases 2–3 et 7 — 211

Tableau 28 : Moyenne des victimes par période — 214

Tableau 29 : Existence d'une éthique dans la lutte armée — 221

Tableau 30 : Liste des enquêtés avec leurs caractéristiques sociodémographiques — 295

Tableau 31 : Types d'événements transformatifs — 299

Tableau 32 : Détail des événements transformatifs — 300

Tableau 33 : Sur la nécessité du recours à la violence politique — 303

Tableau 34 : Synthèse des motivations individuelles de la lutte politique clandestine — 304

Tableau 35 : Actions ayant provoqué la mort (victimes mortelles) par années — 310

Introduction[1]

> L'action de chaque mouvement révolutionnaire doit être en accord avec le niveau du peuple. Nous en avons eu conscience lorsque nous avons décidé l'opération contre Carrero Blanco, et plus précisément lorsque nous avons abandonné le projet de l'enlèvement pour celui de l'attentat. Il était temps de donner une nouvelle dimension à notre stratégie, surtout depuis que la répression s'était intensifiée. [...] Nous avons préféré frapper à la tête et punir le véritable responsable, et non les hommes de main de la police ... Nous continuerons le combat jusqu'à la victoire. [...] Nous prévoyons des conditions de lutte plus difficiles. Il y aura peut-être un jour des soldats partout dans les rues. [...] Tout cela résulte d'un choix que nous avons fait, nous y sommes préparés. (Conférence de presse, *Libération*, 22 décembre 1973)

Ces mots, prononcés à la suite de l'assassinat de Carrero Blanco, le 20 décembre 1973, signent la stratégie adoptée par l'organisation *Euskadi Ta Askatasuna* (ETA – «Pays basque et Liberté») à l'aube des années 1970. Quarante-cinq ans plus tard, «ETA, organisation socialiste révolutionnaire basque de libération nationale veut informer le peuple basque de la fin de son parcours, après la ratification par ses militants de la proposition de mettre un terme au cycle historique et à la fonction de l'Organisation»

---

1 Le présent ouvrage est le fruit d'une enquête qui n'aurait pu être menée sans le concours et la bienveillance de nombre de personnes que je tiens à remercier chaleureusement. Nos remerciements vont en premier lieu à J.-M. R., M. C., N. C., J. P. S., Dario. Nous remercions en particulier M. C. et J. P. S., A. S., Alexandra Frénod, N. C. et Mikel pour leur soutien indéfectible et l'« assistance technique » qu'ils nous ont portée au cours d'une large partie de nos missions. Le Centre Maurice Halbwachs et le Centre Émile Durkheim ainsi que leurs équipes administratives ont également prêté leurs concours à ce travail : qu'ils en soient remerciés. Alexandra Frénod nous a apporté son soutien moral et a contribué à une méticuleuse relecture de l'ouvrage. Nous remercions également les directeurs de la collection « Explosive Politics » de nous avoir fait confiance ainsi que les relecteurs du livre pour leurs précieuses remarques et suggestions. La recherche qui nourrit cet ouvrage a enfin bénéficié du soutien financier et logistique de trois laboratoires du CNRS, le CMH, le CED et le GEMASS.

(communiqué du 3 mai 2018). Corrélativement, «ETA souhaite achever un cycle dans le conflit qui oppose le Pays basque et les États, lequel est caractérisé par une utilisation de la violence politique» (idem).

Au cours de cette période et principalement pendant les années 1960– 1970, trente-deux groupes terroristes ont été identifiés en Espagne (voir Engene, 2004, p. 111). Les organisations illégales de tout horizon politique, se sont multipliées au Pays basque nord et sud. En particulier durant l'époque qui fut celle de la «transition» en Espagne, notamment entre 1975 et 1982, les organisations clandestines ont été à l'origine de 503 assassinats (Sánchez-Cuenca, 2009, p. 9). Soixante-quatre sont à porter, pour l'extrême gauche, au compte des GRAPO[2] et trois du FRAP[3] ; pour l'extrême droite, vingt-six au compte du Bataillon Basque Espagnol (BVE), dix de la Triple A, cinq des Groupes Armés Espagnols, seize autres attaques mortelles ont été perpétrés par d'autres groupes d'extrême droite[4]. Du côté des organisations clandestines basques, on dénombre 308 victimes par ETA-m, vingt-quatre par ETA-pm, vingt-trois par les Commandos Autonomes Anticapitalistes (CAA), un par le Front Révolutionnaire Basque Aragonais. Du côté catalan, ce sont trois exécutions commanditées par EPOCA (*Exèrcit Popular Català*) et un par le FAC (*Front d'Alliberament Català*). S'y ajoute une action meurtrière du MPAIAC (Mouvement d'Autodétermination et d'Indépendance de l'Archipel Canarien).

---

2   *Grupos de resistencia antifascista primero de octubre* (Groupes de résistance antifasciste du premier octobre, GRAPO) principalement actifs de 1975 à décembre 1977 (quoique certaines actions se soient déroulées jusqu'en 2006).
3   *Frente Revolucionario Antifascista y Patriota* (Front Révolutionnaire Antifasciste et Patriote), actif de 1971 à 1978.
4   Ces données ont été établies par Sánchez-Cuenca (2009, p. 11).

0.1 Étudier la violence politique au Pays basque

L'ambition de cet ouvrage est de comprendre comment certains individus, ayant épousé au Pays basque la cause abertzale, c'est-à-dire patriote, en sont venus à soutenir activement et, en l'occurrence illégalement, la lutte portée par des organisations clandestines comme ETA, Iparretarrak (IK). Lorsque cette étude a été entreprise, ETA était encore une organisation clandestine dont certains militants étaient recherchés. Des chefs d'accusation continuent de peser sur plusieurs des personnes rencontrées. Toute enquête de sociologie empirique auprès de groupes clandestins labellisés « terroristes » est confrontée à des difficultés méthodologiques de taille. Elles expliquent qu'une majorité de travaux réalisés sur des groupes comme IK ou ETA résulte de l'exploitation de sources secondaires ou de documents des institutions de police ou de justice (voir Lacroix, 2011)[5] ou bien consistent en exploitations de base de données statistiques[6]. Une étude systématique de la littérature scientifique (*i.e.* de revues évaluées en double aveugle) montre que seulement 3–4 pour cent des travaux réalisés dans le domaine labellisé du terrorisme reposent sur une analyse empirique de données (voir Lum, Kennedy & Sherley, 2006). Pour le Pays basque, rares sont les auteurs qui ont eu recours à des récits de vie pour envisager les carrières militantes d'individus engagés dans la lutte armée ainsi que leurs perspectives sur le conflit. Concernant ETA, il s'agit principalement de Clark (1984, 1986), d'Alcedo Moneo (1996, 1997), Reinares (2001), Hamilton (2007). Pour notre part, nous avons privilégié une approche méthodologique rarement utilisée dans le domaine et reposant à la fois sur un recueil de données primaires et sur la rencontre avec d'ex-militants ayant purgé leur peine de prison ou n'ayant, dans d'autres cas, pas éveillé les soupçons de la justice. Dans les articles consacrés au terrorisme prétendant s'appuyer sur des entretiens, ceux-ci ne représentent qu'une dimension très restreinte de l'analyse et ne correspondent pas à plus de 4 pour

---

5   Le livre sur IK de Bidegain Eneko (2007) exploite des entretiens et des archives à partir d'une approche historique.
6   Voir Barros, 2003 ; Barros, Passos & Gil-Alana, 2006 ; Barros & Gil-Alana, 2006 ; Sánchez-Cuenca, 2009.

cent de l'ensemble des informations contenues dans le texte (Silke, 2001, p. 6). Dans 1 pour cent des cas seulement, les entretiens ont été menés de façon systématique et structurée (Silke, 2001, p. 7).

Dans la mesure où notre terrain de recherche s'est déroulé entre 2017 et 2019, c'est-à-dire dans les dernières années de vie de l'organisation ainsi qu'après la déclaration de sa dissolution, le contact avec les militants et ex-militants s'en est trouvé simplifié. De ce fait, la présente analyse repose non pas sur des sources judiciaires ou issues d'enquêtes de police mais sur la rencontre avec des militants d'organisations armées. Cette démarche a été très peu suivie dans les études sur le Pays basque et encore moins dans la littérature francophone. Elle permet de renouveler le regard porté sur le conflit basque et ses acteurs.

Si l'accès aux terrains, du fait de la situation clandestine d'une partie des acteurs, était complexe, notre position à l'égard du conflit basque a également un statut singulier. Quoique française, nous avons été perçue comme extérieure au rapport de force entre les États français et espagnol, d'une part, et les militants abertzales d'autre part. La perception de ce positionnement n'est toutefois pas indemne de préjugés[7], bien que nul entretien de sociologie ne soit exempt de projections de la part des parties prenantes (voir Cefaï & Amiraux, 2012 ; Bourdieu, 1980). L'envers et le défaut de cette position tiennent à ce que nous ne sommes pas bascophone. Les entretiens se sont donc déroulés soit en français[8] soit en castillan.

Dans cette recherche, nous avons tenté de corriger le manque de fondement empirique des travaux sur la violence politique et le terrorisme par la collecte de données primaires, nourries d'entretiens et d'histoires de vie de personnes engagées dans des organisations politiques violentes (voir Crenshaw, 2000, p. 410). Nous avons fait le choix d'une interaction et d'un engagement sur le terrain, avec ceux qui ont rejoint des organisations politiques illégales afin de tenter de comprendre et d'expliquer ce phénomène social dans son contexte spécifique. En effet, on peut raisonnablement douter de la possibilité d'inférer de façon satisfaisante des motivations

---

7   D'autant que les militants ont souvent avoué leur scepticisme quant aux travaux réalisés en langue française sur le Pays basque depuis la fin des années 1990.

8   Nombre de militants d'ETA ont été incarcérés et ont purgé leur peine en France ce qui leur a donné l'occasion de maîtriser parfaitement la langue française.

personnelles concernant la participation à des actions violentes, en l'absence d'un accès direct aux auteurs ou en ne s'appuyant que sur des récits de vie et des autobiographies. Seuls des entretiens approfondis, dans le cadre d'études de cas (voir Atkinson, 1998 ; McAdams, 1993), permettent de comprendre la signification associée à l'expérience de chaque personne et la façon dont ce sens affecte la motivation à agir, la mobilisation. Dans la mesure où le processus de participation à un mouvement terroriste semble être une expérience idiosyncrasique et personnelle, il peut être difficile de saisir le sens des événements et des expériences à partir de l'individu en utilisant toute autre méthode (Horgan, 2011, p. 5). Les entretiens s'avèrent essentiels pour saisir les raisons des processus à l'échelle microindividuelle à un niveau de détail satisfaisant.

L'option méthodologique retenue s'explique encore du fait que nous récusons que le terrorisme, la violence politique ou les processus de radicalisation appellent une méthodologie spécifique et constituent des objets sociologiques à part, qui ne pourraient être abordés avec les outils de la sociologie classique (voir Bonelli, 2011, p. 10-12). La déontologie élémentaire du sociologue de terrain, s'appuyant sur des enquêtes qualitatives en face-en-face, est premièrement de faire crédit à la personne avec laquelle il s'entretient (la présomption de véracité)[9] et, deuxièmement, de lui accorder une présomption de bonne foi, c'est-à-dire de ne pas systématiquement douter ou mettre en question chacune des propositions formulées par l'individu interrogé, au nom par exemple de la mauvaise foi, de la dissimulation ou du mensonge. Ces principes n'excluent pas certains biais induits par l'enquête de terrain et son analyse, tenant par exemple au fait que l'on n'aborde jamais une population « représentative » du groupe étudié par l'enquête qualitative. En outre, la question : « peut-on se fier à ces discours ? » se pose quel que soit l'objet d'étude d'une sociologie qualitative.

Les entretiens qualitatifs constituent une fenêtre sur la vie quotidienne des acteurs, autorisant une approche autre que le sensationnalisme médiatique[10]. Ils produisent des représentations où est incorporée la voix

---

9   Rappelons les principes théorisés par Max Weber (1917, 1919, 1922b) au titre de prérequis pour l'entretien biographique : neutralité, écoute, bienveillance, dialogue des consciences.
10 Et très à distance de la représentation médiatique de certaines femmes ayant pris part à la lutte armée au Pays basque, telles Idoia Lopez Riaño. Ces quelques lignes

subjective de l'acteur et où la voix du chercheur se fait la plus discrète possible (voir Blee & Taylor 2002, p. 96). Ces entretiens n'ont pas été menés dans l'intention de dénoncer, d'absoudre, de condamner, de légitimer, de collecter des faits ou de reconstruire une « vérité » objective concernant tel ou tel événement en particulier (voir Passerini, 1996). *A contrario*, ils ont été conçus pour faciliter une compréhension des personnes interrogées et de leur parcours d'engagement que certains décriront comme un processus de radicalisation voire un basculement dans la violence. L'analyse de ces entretiens permet également de saisir leurs constructions sociales de la réalité, leurs attentes, les réseaux microsociaux dans lesquels ils sont impliqués, les événements décisifs qui ont pesé sur leur décision d'adopter des stratégies illégales, les expériences dans lesquelles ils se sont impliqués, les phénomènes de justification idéologiques et symboliques qui sous-tendaient leurs décisions (voir Della Porta, 1992a ; Blee & Taylor, 2002).

De façon générale, on peine à aborder la question du terrorisme et plus encore la parole des dits terroristes, sans qu'il soit imputé à celui qui s'y risque une responsabilité morale qui imposerait le silence, un devoir de réserve, parfois motivé au nom des victimes et de leur famille (voir Galeote, 2008 ; Persichetti, 2013 ; Rechtman et Cesoni, 2007). Il s'avère difficile d'envisager la question du terrorisme dans une optique qui ne soit pas exclusivement celle de la condamnation sans se voir accuser de développer une argumentation *pro domo*, voire de nourrir des formes d'apologie. Cette thématique laisse une marge très étroite face aux récits et aux discours hégémoniques. Hautement émotionnelle, elle empêche une lecture aussi neutre que possible, voire compréhensive – au sens sociologique du terme – du phénomène, tant le débat est polarisé.

Pour ces raisons, plutôt que de faire référence au terme de terrorisme ou à la « bande terroriste » (*banda terrorista*) pour désigner ETA, comme

---

du journal *Lorient* exemplifient de façon paradigmatique les biais du traitement journalistique des terroristes : « la militante de l'organisation armée basque ETA Idoia Lopez Riaño, alias "la Tigresse", a créé autour d'elle une véritable légende en raison de son allure féline, de son passé sanglant et de son caractère incontrôlable. Grande, élancée, grands yeux verts et longs cheveux noirs bouclés, Lopez Riaño, 34 ans, a été écrouée à la fin de la semaine dernière à la prison française de Fleury-Mérogis » (*Lorient*, 26 mai 1998).

l'a fait la presse espagnole, nous emploierons le terme de « violence politique ». Ce choix terminologique coïncide avec une posture méthodologique privilégiant une approche sociologique attentive aux contextes dans lesquels la violence s'enracine, aux séquences d'action sociopolitiques, et se tenant en marge des processus de labellisation communs. *A contrario*, nous accorderons une attention particulière aux phénomènes d'interprétation des significations (voir Steinhoff & Zwerman, 2008, p. 213). Les caractéristiques, le domaine d'extension et la signification des phénomènes qualifiés de terroristes sont le produit de contextes particuliers qu'ils soient historiques, culturels, sociaux ou scientifiques (voir Jackson, 2011, p. 3). De même, la violence est « le fruit d'une opération de qualification variable dans le temps et dans l'espace » (Le Goaziou, 2015). Les définitions les plus communes du terrorisme revêtent un biais moral inhérent qui compromet plutôt qu'il ne facilite une détermination des caractéristiques premières du phénomène terroriste[11]. Le terme « terrorisme » présente une valeur heuristique et une utilité descriptive contestables (Bosi, 2012, p. 172). Il se voit plus souvent convoqué pour stigmatiser des phénomènes sociaux plutôt que pour les expliquer (voir Goodwin, 2006). Ces arguments justifient que nous fassions référence, de façon privilégiée, à la notion de violence politique, laquelle constitue une régularité des sociétés humaines s'actualisant dans les guerres, les insurrections, la répression, les génocides, les coups d'État, la torture et le terrorisme plutôt qu'une exception. Si l'on peut définir la violence politique comme impliquant une importante force physique et ayant pour effet des dommages causés à un adversaire, dans le but de parvenir à des objectifs politiques (Della Porta, 2013, p. 6), cette définition est cependant délicate à opérationnaliser. En effet, la compréhension d' « importante » [force physique], du « dommage » ou du « préjudice » est fortement subjective et historiquement déterminée (voir Della Porta, 2002). Toute définition de l'action violente dépend de normes en vigueur donnant leur contenu à la notion. Dès lors, il en résulte « une forte subjectivité et relativité des définitions en fonction des groupes en charge de la qualification » (Fillieule,

---

11   Celle proposée par le département d'État américain en offre un exemple paradigmatique : « le terme de "terrorisme" désigne une violence préméditée, motivée politiquement, perpétrée contre des cibles civiles… par des groupes non étatiques ou des agents clandestins, visant généralement à influencer l'opinion publique ».

1997, p. 95). En matière d'opérationnalisation du concept toutefois, il existe un certain accord, dans les démocraties contemporaines, considérant que les formes collectives d'actions violentes incluent les atteintes à la propriété, les émeutes, les confrontations violentes entre groupes ethniques ou politiques, les affrontements avec la police, les attaques physiques contre des cibles spécifiques, les explosions indiscriminées, la prise armée de lieux ou la séquestration, les braquages de banque, les détournements d'avion (Della Porta, 2013, p. 6). Certains auteurs envisagent la violence politique comme « une radicalisation des moyens, non des fins, dans des conflits pouvant opposer des communautés ethno-nationales, des groupes porteurs d'une idéologie spécifique et des gouvernements, ou les défenseurs d'idéologies rivales... » (Bosi, 2012, p. 172).

Par violence, nous entendrons pour notre part toute forme de contrainte matérielle, indépendamment des systèmes de légitimation qui la requalifient. Nous nous appuierons sur son appréhension descriptive désignant « des actes de désorganisation, destruction, blessures, dont l'objet, le choix des cibles ou des victimes, les circonstances, l'exécution, et/ou les effets acquièrent une signification politique, c'est-à-dire tendent à modifier le comportement d'autrui dans une situation de marchandage qui a des conséquences sur le système social » (Nieburg, 1969, p. 13)[12]. Cette approche descriptive, qui propose une détermination de la violence *politique*, la saisit à partir d'un double critère, d'une part, matériel – connotant un acte de force, indépendamment du statut de son auteur – et, d'autre part, un critère politique renvoyant à la *signification* dont l'acte est investi. Consistant en une définition « par l'effet », elle souligne le *rôle stratégique* de l'usage de la violence comme moyen de négociation. Elle décrit la violence comme un processus *interactif* qui se joue entre plusieurs groupes d'acteurs. Elle prend en compte aussi bien la violence des groupes protestataires que celle de l'État.

Afin de saisir les répertoires axiologiques, c'est-à-dire la production du sens, des organisations clandestines basques, nous avons mobilisé la théorie du « cadrage » (*frame analysis*) (voir Benford & Snow, 2000, 2012 ;

---

12 Cette définition présente toutefois une limite en ce qu'elle ne permet pas de rendre compte de phénomènes comme la terreur dans lesquels la violence politique n'intervient pas dans un processus ou une visée de négociation mais comme un instrument d'élimination et de sidération de l'adversaire.

Goffman, 1974a) et le « vocabulaire des motifs » utilisés par les acteurs de ces organisations. Les « cadres » constituent des « schèmes d'interprétation » à partir desquels les individus « localisent, perçoivent, identifient et étiquettent » (Goffman, 1974a, p. 21) des situations de la vie ordinaire et, plus généralement, des situations auxquelles ils sont confrontés, qu'il s'agisse de situations de domination, d'exploitation, d'oppression, de guerre ou de violence. Les cadres confèrent un sens à des événements et à des situations. Ils organisent l'expérience et orientent l'action. Dès lors, ils sont utiles pour appréhender les discours producteurs de sens et de légitimation, issus de groupes et d'acteurs, ayant recours à la violence, pour des raisons idéologiques comme ce fut le cas au Pays basque. La théorie du « cadrage » permet ainsi de saisir la fonction des idées, des significations et des principes dans la constitution, la mobilisation et l'évolution de ces collectifs illégaux.

L'identification des cadres de l'action collective contribue à révéler les contenus signifiants (croyances, valeurs, motifs idéologiques) et autorise à considérer les acteurs des mouvements sociaux, même lorsqu'ils sont entrés dans la clandestinité, comme des agents signifiants, activement engagés dans des activités de production et de reconduction du sens, pour eux-mêmes, auprès des autres membres des organisations, de leurs adversaires, de leurs auditoires ou des observateurs (voir Benford & Snow, 1988)[13]. Ils prennent un autre visage que celui de fanatiques, de déséquilibrés ou d'individus ayant « dérivé », comme le voudraient la presse ou l'approche gouvernementale. Dès lors le passage par la violence, fondé sur des motifs politiques et des revendications, ne se réduit pas à un « dysfonctionnement » ou à une « subjectivité pathologique » réservée à des fanatiques, à des individus manipulés ou frustrés, pas plus qu'à une « pulsion de mort » (L'Heuillet, 2009)[14].

13 « L'individu est le seul être capable de donner un "sens", une signification à ses comportements, qui deviennent alors des actions, plus ou moins rationnelles selon qu'elles sont définies par l'affectif, la tradition, la rationalité par rapport à des valeurs, ou par rapport à une fin nécessitant de déployer des moyens adaptés. La tâche première de la sociologie est donc de comprendre ce sens, cette signification que l'homme peut donner à ses comportements » (Delmotte, 2003, p. 43).
14 « Les terroristes fanatiques ou embrigadés, mettent leur mort au service de la mort parce qu'ils sont convaincus, au moins le temps de leur recrutement, par la négation

Considérer les individus ayant recours à l'illégalité et parfois à la violence comme producteurs de significations permet de les appréhender comme des acteurs politiques. À rebours du discours politique et médiatique qui s'est développé, en particulier en Espagne, nous avons fait le choix de traiter ces « terroristes » comme n'importe quel autre « objet » de sociologie empirique en leur appliquant la méthodologie mise en œuvre dans d'autres enquêtes de terrain (Guibet Lafaye, 2012, 2013, 2016a, 2016b), sans d'abord juger de la crédibilité des discours pour ensuite les analyser. Nous n'avons donc d'autre prétention que de proposer une analyse de discours et de représentations, comme nous avons pu en faire en population générale par le passé. De façon générale, les perceptions qu'ont les acteurs des caractéristiques du contexte sont socialement construites. Il importe de les étudier dans la mesure où les groupes radicaux mettent en œuvre des réponses violentes à des situations qui sont appréciées de façon différente par la plupart des individus impliqués dans les mêmes luttes, les mêmes contextes voire les mêmes conflits qu'eux (voir Della Porta, 2013, p. 35). L'ambition de notre analyse est donc d'affirmer quelque chose de ces représentations (par exemple leur cohérence, leurs ancrages normatifs, leurs présupposés idéologiques, leurs références idéelles) sans prétendre statuer, d'une part, sur la coïncidence entre le discours et l'agir[15] et en nous gardant, d'autre part, de formuler un jugement moral ou axiologique sur les propos recueillis, ce que nous nous interdisons de faire concernant n'importe quel autre recueil de données, dans le cadre d'une enquête de sociologie qualitative classique. Il s'agira notamment de montrer que la cohérence des propos recueillis, auprès des acteurs engagés dans la lutte armée au Pays

---

nihiliste, qui ne promet rien d'autre que de prendre part à la destruction d'un monde haï » (L'Heuillet, 2009, p. 320).

15 Le cas se présente également en population générale, lorsque les individus affirment être favorables à la réduction des inégalités sociales tout en appelant, par ailleurs, de leurs vœux une réduction de leur niveau d'imposition (Guibet Lafaye, 2011). On se trouve ici confronté à une problématique classique de la sociologie qualitative où ce que les enquêtes disent faire ne correspond pas toujours à ce qu'ils font effectivement (voir Becker, 1998 ; Paugam, 2010 ; pour le travail domestique, Kaufmann, 2003).

Introduction

basque, font sens et présentent une cohérence normative au vu du contexte d'engagement des acteurs.

0.2 Présentation de l'enquête

L'étude qui a nourri cet ouvrage propose une approche empirique rigoureuse de la violence politique, en associant plusieurs techniques de recueil de données en particulier primaires à travers des entretiens semi-directifs. Les soixante-trois entretiens menés avec des militants d'organisations clandestines basques élargissent le champ empirique et présentent une contribution remarquable à la littérature fondée sur des données de terrain, en particulier dans le domaine des études sur le Pays basque. Dans cette recherche, nous avons convoqué une pluralité de techniques d'agrégation de données en nous appuyant sur une variété de sources correspondant à la période étudiée : (1) soixante-trois entretiens semi-dirigés avec des membres d'organisations clandestines (ETA, IK) qui les ont intégrées entre les années 1960 et le début des années 2000 ; (2) des biographies et autobiographies rédigées par des membres de ces organisations[16] ; (3) des archives (tracts, images, communiqués des organisations, déclarations, etc.[17]) ; (4) des journaux et magazines en français et

---

16   Voir Clark, 1986 ; Alcedo Moneo, 1994, 1996 ; Antolín, 1997 ; Idigoras, 2000 ; Zumalde, 2004 ; Uriarte, 2005 ; Mouesca, 2006.
17   Il s'agit notamment des documents publiés par ETA après chacune des six assemblées ; des documents conservés à la Fondation des Bénédictins de Lazkao puis à la Fondation Mario Onaindia ; des dix-huit volumes des *Documentos Y*, dans lesquels a été compilée une large part de la propagande, des documents internes et des bulletins publiés par ETA des origines jusqu'à 1977 (Equipo Hordago, *Documentos Y.*, 18 vol., San Sébastian, Hordago, 1979) ; des communiqués de l'organisation dans les journaux *Zutik* (1961-1975), *Branka* (1966-1973), *Barne Buletina* (Bulletin interne d'ETA), *Kemen* (1969-1982), *Hautsi* (1971-1980), *Beriak* (1970-1973), *Saioak* (1970-1971), *Zutabe* (1980-avril 2018), *Zuzen* (1980-2004), *Gara* (1999-aujourd'hui) et *Berria* (2003-aujourd'hui). Certains communiqués sont disponibles sur les sites : <http://www.abertzalekomunista.net/> ; <https://borrokagaraia.

castillan[18] ; (5) des documents gouvernementaux officiels (débats parlementaires, rapports officiels, rapports de police, décisions de justice) ; (6) une exploitation systématique des sources secondaires.

Contrairement à nombre de travaux fondés sur des entretiens semi-directifs, nous avons fait le choix de rencontrer des militants ordinaires plutôt que des cadres de l'organisation (pour une démarche analogue, voir Bosi, 2012, p. 354). Nous les désignons comme militants « clandestins », non pas au sens que leur groupe confère à ce terme (*i.e.* *liberados* pour ETA), mais au sens de la langue française, c'est-à-dire « qui existe, fonctionne, se fait de manière secrète, en dehors de ceux qui exercent l'autorité, à l'encontre des lois établies, de la procédure normale et licite » (*Trésor de la Langue Française*) dont la signification est synonyme d'« illégal ». Cette acception permet ainsi de désigner les militants « en clandestinité » au sens strict, c'est-à-dire recherchés, en cavale et ceux gardant un pied dans la société civile mais agissant illégalement pour le groupe auquel ils appartiennent. Les cadres et les porte-paroles des organisations présentent une propension et une facilité plus grandes à accepter les entretiens. En revanche, parmi les personnes rencontrées, la plupart témoignaient pour la première fois. On peut s'interroger sur les raisons qui les y ont poussées. La confiance et le crédit portés dans nos « fixeurs » ainsi que la forme d'engagement moral qui unit les membres de ce type d'organisations ont levé les barrières et nous ont permis de rencontrer un nombre non négligeable de militants. De ce point de vue, l'appréciation par les « fixeurs » de la pertinence du travail mené et des questions posées a joué un rôle notable dans l'avancée de l'enquête. Au-delà de la loyauté à l'égard de nos intermédiaires, les enquêtés souhaitaient également pouvoir présenter « leur » point de vue et « leur »

---

wordpress.com/>; <http://forumdespeuplesenlutte.over-blog.com/>; <http://www.abertzalekomunista.net/es/relato-historico/historia-del-mlnv/v-asamblea/documentos-v-asamblea>; <https://borrokagaraia.wordpress.com/acabas-de-llegar-empieza-aqui/>; <http://www.ehk.eus/es/v-asamblea-cast/revistas-v-asamblea-cast/4292-barneko-gora-beherez-1-1968-cast>.

18 En l'occurrence les journaux *ABC, Berria, Deia, Egin, El Mundo, El País, Gara, Cambio 16, Punto y Hora de Euskal Herria* et *Le Monde, Libération*.

Introduction

version d'une histoire de lutte qui n'a nullement été présentée sous un jour positif dans le discours public dominant[19].

Pour recueillir leurs discours, dix séjours ont été réalisés entre juin 2017 et août 2019 en *Euskal Herria* (Pays basque nord et sud) avec des personnes ayant été impliquées dans les organisations armées ETA, IK à tous les niveaux, des commandos, à la recherche de fonds, à l'appui logistique (comme le transport d'explosifs, la collecte d'informations, le passage de frontières, l'accueil de clandestins). Ces militants ont été actifs entre la deuxième moitié des années 1960 et le début des années 2000. Les profils des enquêtés ont été choisis afin de permettre une représentation variée en termes d'âge, de région, d'origine. Les contacts avec les enquêtés ont été réalisés soit par le biais d'organisations abertzales, soit par l'intermédiaire de personnes ayant participé à l'organisation elle-même, soit grâce à des collègues ayant une familiarité avec la question basque. Chaque personne a été rencontrée dans le lieu de son choix. Avant l'entretien, elle était informée de l'appartenance institutionnelle de l'auteur et de la thématique de l'entretien, en l'occurrence l'engagement politique dans une organisation illégale[20].

L'entretien s'organisait en deux temps. D'une part et dans une perspective de recueil d'histoires orales (voir Passerini, 1987 ; Thompson, 1988), il était demandé aux personnes de raconter leur trajectoire politique. Dans un second temps, des questions leur étaient posées. Celles-ci s'articulaient en

---

19   Nous avons abordé en d'autres lieux (Guibet Lafaye, 2019) le statut qu'il est possible de conférer à la parole des ex-militants des luttes clandestines, en défendant le fait qu'il n'y a pas lieu d'analyser ces discours à partir d'un « exceptionnalisme méthodologique ». En outre, l'enquête a commencé alors qu'ETA n'était pas dissoute quoique ses actions armées aient pris fin en 2011. Les militants rencontrés étaient pour la plupart désengagés mais pas tous. Dans cette mesure, il n'est pas exclusivement question, dans les récits recueillis, de souvenirs et de récits *a posteriori*. Sur le rapport des acteurs à la dissolution d'ETA, voir Guibet Lafaye (2020a).

20   Contrairement à ce qui a pu être le cas dans la recherche de C. Hamilton (2007), fondée sur des récits oraux libres, il n'y a pas eu dans les entretiens d'occultation de la question de la violence, dans la mesure où les personnes étaient explicitement interrogées sur le sujet. Notre recherche permet, de ce point de vue, de discuter la thèse selon laquelle la propension à reconnaître la violence commise par sa propre communauté est inversement proportionnelle à l'accent porté sur la violence commise à l'encontre de cette communauté (voir Hamilton, 2007, p. 913).

plusieurs parties respectivement consacrées aux motivations de l'engagement politique, au processus de radicalisation et à la répression, à la construction du sens et à la production normative, enfin à l'actualité. Chaque entretien a suivi le même ordre des questions, les personnes ayant été informées préalablement qu'elles pouvaient ne pas répondre lorsqu'elles ne le souhaitaient pas. Au terme de l'entretien, il leur était demandé si elles souhaitaient ajouter quelque chose en lien avec l'entretien (voir Smith, 1995). Dans la quasi-totalité des cas, les personnes n'ont été rencontrées qu'une fois mais le plus souvent l'entretien a été accompagné de discussions informelles sur la question basque. À de rares occasions et s'agissant de couples, l'entretien a été mené avec les deux personnes (une occurrence). Néanmoins les entretiens avec plus d'un individu n'affectent pas toujours négativement le résultat. Dans certains cas, on peut même affirmer le contraire (voir Bosi, 2012, p. 355). Le guide d'entretien a été réalisé après qu'une demi-douzaine entretiens a été menée. Il a évolué, concernant la question de l'avenir du conflit basque, avec le désarmement puis la dissolution d'ETA. Les entretiens se sont déroulés soit en français soit en castillan[21]. Nombre d'enquêtés originaires du sud sont en exil en Iparralde où ils vivent depuis de nombreuses années. Les entretiens ont duré de 32 mn à 4 h. Tous ont été enregistrés. Ils ont ensuite été retranscrits et, pour ceux menés en castillan, traduits[22]. Ils ont fait l'objet d'une analyse thématique détaillée, au sein de chaque entretien et de façon transversale.

Le livre exploite dans les chapitres 3 à 7 respectivement les parties 2, 1, 3 des entretiens. Les citations sont extraites de cinquante-cinq sur les soixante-trois entretiens menés. L'anonymat ayant été garanti aux personnes rencontrées, un pseudonyme a été choisi au hasard pour chacune d'entre elles[23]. Il ne reprend pas leur nom de clandestinité. Les caractéristiques

---

21 Nous n'avons pu mener les entretiens en *euskera* faute de maîtriser suffisamment la langue. Il demeure que la maîtrise du basque est également assez variable chez les enquêtés.

22 Afin de préserver autant que possible l'oralité des discours (voir Portelli, 1981, p. 97), les entretiens ont été retranscrits littéralement avec une indication des pauses, temps de suspension, phrases incomplètes, répétitions, hésitations.

23 Les travaux menés sur l'organisation sont familiers de cette pratique d'anonymisation (voir Alcedo Moneo 1996 ; Hamilton, 2007).

Introduction 15

sociodémographiques des enquêtés sont résumées en annexe 1 (Tableau 30). Un tiers des individus rencontrés sont des femmes (19) pour quarante-quatre hommes. Lorsque les données sociodémographiques comportaient une possibilité d'identification, elles ont été modifiées, une note indiquant spécifiquement ces cas. Au moment de l'entretien, la plupart des personnes avaient déjà accompli des peines de prison, souvent longues, avaient été exilées ou étaient encore en exil (réfugiées sans bénéficier du statut).

Dans le présent ouvrage, nous ferons référence à ETA dans sa forme originelle puis à ETA-m, une minorité des personnes rencontrées ayant appartenu à ETA-pm.

Tableau 1 : Répartition des enquêtés dans les groupes politiques

Groupes	Nombre
ETA	51
IK	12
Total	**63**

Tableau 2 : Répartition générationnelle des enquêtés[a]

Individus nés dans les années	1940	1950	1960	1970	1980
ETA	7	23	12	6	3
IK	1	4	7		

[a] La date de naissance d'un des enquêtés (Vicenzo) manque.

0.3 Méthode d'analyse

L'ensemble des sources précédemment mentionnées (entretiens semi-dirigés, biographies et autobiographies, archives, documents officiels, sources secondaires) a été croisé, conformément à la technique de la triangulation non pas seulement pour produire une représentation riche et complexe des modalités d'entrée dans la lutte armée au Pays basque, mais également pour remédier aux biais qu'imposerait l'utilisation de sources uniques, d'une part, et pour bénéficier de phénomènes de confirmation réciproque entre ces sources, d'autre part. Dans la mesure où les acteurs étaient interrogés sur un engagement qui s'est cristallisé, pour la plupart d'entre eux, plusieurs décennies en arrière, on peut se demander si les entretiens ne reflètent pas plutôt des intérêts présents, une mémoire sélective, des réinterprétations biaisées et partiales (voir Bottger & Strobl, 2003 ; Horgan, 2008b). Les difficultés liées aux questions de validité, de fiabilité, de biais temporels peuvent se contourner grâce à la combinaison de techniques de recueil de données évoquée précédemment, cette combinaison autorisant des vérifications à plusieurs niveaux que ce soit grâce à des sources contemporaines et actuelles, à des techniques de face-à-face, à des sources gouvernementales et non-gouvernementales, nationalistes et abertzales, à des sources venant d'origines géographiques contrastées. En outre, on a montré, en interrogeant des enquêtés deux fois à une décennie d'intervalle, que les récits rétrospectifs demeurent relativement cohérents à travers le temps et semblent ne pas être influencés par les contextes sociaux immédiats (voir White, 2007).

La littérature sur la violence politique et le terrorisme a souvent considéré les individus dans une perspective unidimensionnelle. Pourtant certains facteurs causaux distincts (comme la répression ou l'engagement de proches), des contextes sociaux identiques ou une motivation semblable ne peuvent expliquer à eux seuls pourquoi des individus s'engagent dans la violence politique et dans des groupes armés (voir Viterna, 2006). Une des ambitions de l'ouvrage consiste précisément à partir de la pluralité des paroles recueillies pour cerner cette diversité. En effet, il y a de multiples explications et raisons pour lesquelles un individu embrasse la violence politique. Il est rare que son engagement se résume à une unique cause qu'il soit question de la répression, du militantisme de ses parents, d'une volonté de lutter contre un régime dictatorial. Réduire cette complexité tend à produire une représentation des activistes armés comme des groupes homogènes or ces activistes varient beaucoup en fonction des circonstances, des contextes, des dispositions individuelles des acteurs aussi bien qu'en fonction des contextes locaux et du moment de l'engagement (voir Horgan, 2008a). En mettant en évidence, ainsi que nous nous proposons de le faire, les chemins de l'activisme armé nous pensons pouvoir apporter un éclairage renouvelé sur les microfondements de la violence politique. Notre analyse s'inscrit ainsi dans une approche dynamique et interactive des conflits politiques aux niveaux à la fois macro- et mésosociaux en plus de constituer une étude de cas originale du conflit au Pays basque.

De surcroît, une approche privilégiant la mise en évidence d'une pluralité de mécanismes et qui révèle différentes modalités d'engagement dans l'activisme armé ou clandestin permet de mieux saisir les variations intervenant dans ce type d'engagement. L'analyse des données empiriques recueillies montre qu'une tradition familiale d'appartenance au mouvement abertzale, une idéologie fortement charpentée, des événements décisifs, des phénomènes d'instrumentalisation, la répression, la violence d'État ou paramilitaire, un sentiment de défense ou de revanche, un appel à l'action contre la répression et la discrimination constituent autant de mécanismes expliquant l'engagement dans ces organisations au cours des décennies étudiées.

De plus, l'approche multi-niveaux présente trois avantages : 1. elle est suffisamment souple pour permettre de comprendre que plusieurs mécanismes peuvent influencer le comportement individuel ; 2. elle permet d'appréhender la variété des trajectoires dans l'engagement armé ou clandestin ; 3. elle présente une valeur heuristique supérieure à une approche monodimensionnelle, dans la mesure où un motif unique ne peut à lui seul expliquer adéquatement les variations dans les circonstances, les contextes, les dispositions d'acteurs (variables selon l'époque de leur engagement), les processus de recrutement, les représentations de l'ennemi évoluant au fil du temps, les contextes locaux et l'effet de la répression sur les individus.

Ainsi plutôt que d'étudier la violence politique en contexte basque à un seul niveau qu'il soit macrosociologique (environnements et contextes sociopolitiques influençant les choix stratégiques des acteurs), microsociologique (valeurs et motivations des militants) ou mésosociologique (groupes armés), nous avons l'envisagée à différents niveaux[24] afin de proposer une

---

24   Comme l'ont fait Bosi & Della Porta, 2011 ; Della Porta, 1995 ; Fillieule, 2015 ; Weinstein, 2007 ; White, 2010.

analyse des *dynamiques* de la violence politique et d'offrir une compréhension à la fois plus globale et plus fine de la violence politique qui s'y est déployée. En particulier, les récits recueillis permettent d'analyser finement et dans le détail les interactions répétées entre ces niveaux. Le contexte sociopolitique (niveau macro) exerce une influence sur l'engagement (voir chapitre 2), or cette influence est médiatisée par les perceptions des individus (niveau micro).

Ces perceptions ne peuvent être seulement pensées à partir des changements de situation et en relation avec eux. Les dynamiques des groupes armés et leur niveau organisationnel (méso) influencent les choix individuels de mobilisation dans la mesure où les stratégies de recrutement s'adressent à des groupes spécifiques. Cependant, les contextes et les groupes armés ne constituent pas des variables fixes. Ils évoluent dans le temps, s'influençant mutuellement de manière constante. Les attentes (positives ou négatives) se diffusent dans la base sociale des groupes armés sous l'effet des changements de conjonctures sociopolitiques. Ces groupes élaborent des stratégies inédites pour attirer de nouvelles recrues. Ainsi *les contextes changeants façonnent non seulement les attentes des militants, mais aussi les évolutions des groupes armés*, qui réagissent de manière stratégique aux opportunités de mobilisation ou au risque d'un déclin des recrutements ou de défections. Les groupes armés ne sont pas seulement influencés par leur environnement. Ils constituent eux-mêmes des acteurs du changement, altérant les configurations sociopolitiques et créant des opportunités (Bosi, 2012, p. 188-189). De même, l'arrivée de nouveaux militants modifie la composition du groupe armé et peut infléchir sa trajectoire.

Plusieurs objectifs sous-tendent donc cette recherche : 1. sur le plan empirique, nous proposons une analyse systématique des modalités d'engagement dans ETA et IK entre les années 1960 et la fin des années 2000. L'analyse autorisera ainsi une relecture des conclusions proposées par la littérature secondaire relatives aux raisons de l'engagement illégal violent. 2. D'un point de vue analytique, elle illustre la pertinence d'un cadre interprétatif convoquant plusieurs mécanismes. 3. Enfin, cette étude apporte un complément quant aux sources sur l'activisme clandestin et armé en proposant une série de nouveaux entretiens avec les membres des organisations basques précitées.

CHAPITRE I

Organisations clandestines abertzales

1.1 Euskadi Ta Askatasuna

ETA est officiellement créée le 31 juillet 1959 par des étudiants basques marxistes-léninistes. L'organisation est connue pour l'attentat dans lequel Luis Carrero Blanco, chef du gouvernement franquiste, trouva la mort le 20 décembre 1973 mais également pour l'explosion d'une voiture piégée dans le parking souterrain du centre commercial Hipercor de Barcelone, le 19 juin 1987. Parmi les figures célèbres d'ETA et de l'appareil militaire, on retiendra les noms de Julen Madariaga, José Miguel Beñaran Ordeñana, dit Argala, de Domingo Iturbe Abasolo, dit Txomin (Txomin Iturbe), mais aussi de Mikel Garikoitz Aspiazu Rubina (alias Txeroki, alias Arrano), de Mikel Albizu Iriarte (alias Mikel Antza), de María Dolores Katarain (alias Yoyes) et de María Soledad Iparraguirre (alias Anboto). Un cessez-le-feu définitif a été déclaré par l'organisation le 21 octobre 2011. Le désarmement de l'organisation a commencé en avril 2017. ETA s'est dissoute le 3 mai 2018. Nous ne reviendrons pas en détail sur l'histoire de l'organisation qui a été longuement présentée par d'autres auteurs (Elorza, 2002 ; Egaña Iñaki, 2006a, 2006b ; Casanova Alonso, 2007). En revanche, nous éclairerons plusieurs points (la structure organisationnelle, la variété des orientations idéologiques, la question du nationalisme) à partir desquels mettre en perspective l'enquête réalisée.

1.1.1 Une organisation hiérarchisée

D'un point de vue organisationnel, il est délicat de comparer ETA et IK. Tel n'est d'ailleurs pas notre propos. En effet, les militants d'ETA se comptent par centaines alors que ceux d'IK sont plutôt de l'ordre de la dizaine (au plus fort de l'activité, peut-être quatre-vingt individus). Alors qu'en 1959, les militants d'ETA étaient une cinquantaine, ils sont environ 300 entre 1960 et 1965, 450 en 1966, environ 600 en 1969. *Le Monde* estime qu'il y aurait eu environ 5.000 sympathisants ou proches de l'organisation qui auraient été arrêtés entre 1958 et 1970 (Nuñez, 1993, p. 14). Les rapports de police des années 1970 font état de soixante dix commandos de quatre à cinq personnes chacun avec des pics de 1.000 militants (Muñoz Alonso, 1982, p. 147). De mai 1996 à janvier 2000, dix sept commandos, dont six clandestins (*liberados*) et onze «légaux» ont été défaits (*El País*, 3 janvier 2001). Entre 2000 et 2003, ce sont dix-huit commandos de *liberados* et seize commandos légaux qui sont démantelés[1]. Entre 2000 et 2003, 459 personnes sont arrêtées en Espagne. À ce chiffre, s'ajoutent 206 arrestations réalisées en France de membres ou de collaborateurs d'ETA. Elles sont encore au nombre de 739 entre 2004 et 2011 puis de 184 entre 2011 et janvier 2019[2].

Le nombre de militants n'est pas la seule différence entre les trois groupes étudiés. La structure organisationnelle diffère également dans la mesure où celle d'ETA est de nature hiérarchique et pyramidale n'interdisant toutefois pas une certaine autonomie des commandos. En effet, le comité exécutif (EC) d'ETA est créé en 1965 avec pour mission d'accompagner l'organisation d'une assemblée à l'autre, celle-ci étant l'organisme de coordination (Della Porta, 2013, p. 162). L'assemblée nationale, qui constitue la structure décisionnelle la plus haute, est constituée de cinquante chefs qui sont membres du comité exécutif, responsables des différents fronts, responsables des structures territoriales (*herrialde*) et responsables de sous-unités au sein de ces dernières (voir Clark, 1984, p. 207). Existaient également, dans les années 1960, un «comité exécutif stratégique» et une petite assemblée, constituée des quatre fronts et *herrialde* représentant trois niveaux géographiques jusqu'au village.

---

1 <http://www.interior.gob.es/lucha-contra-el-terrorismo-en-espana-eta-2000-2003>.
2 Ministre de l'Intérieur espagnol, «Lucha antiterrorista, Balances e informes».

Organisations clandestines abertzales

En 1964 et à la suite d'une importante vague d'arrestations, la IIIe Assemblée crée le rôle des *liberados*, c'est-à-dire de « militants professionnels de la révolution basque » (voir Uriarte, 1978 et les documents des IIIe et IVe Assemblées d'ETA)[3]. Ces personnes, du fait de leur militance politique, ont éveillé les soupçons de la police et de la garde civile. Dès lors, elles ont donc dû rejoindre la clandestinité. Les *liberados* sont mentionnés dans le document de la IVe Assemblée comme étant apparus à la suite des arrestations d'octobre et de décembre 1963 (document de la IVe Assemblée d'ETA, 1965, p. 9, p. 12). Leur vie est entièrement dédiée à l'organisation qui les rémunère. Le *liberado*, aussi appelé illégal ou clandestin, se distingue du « simple » militant. Ce dernier a suivi les formations d'ETA, accepte l'idéologie et la discipline de l'organisation, travaille en son sein (Nuñez, 1993b, p. 88-89). Chaque *liberado* contrôle une portion de territoire (*herrialde*). Il contribue également à l'organisation des structures parallèles, ouvertes aux sympathisants. Ces structures offrent un appui logistique, trouvent des logements et collectent des fonds pour l'organisation. Un bureau politique est créé en 1965 lors de la IVe Assemblée. L'organisation comporte déjà des commandos dévolus à l'attaque de banques et d'entreprises.

La seconde partie de la cinquième assemblée qui s'est tenue du 21 au 26 mars 1967 à Guétary conclut à une structuration de l'organisation établissant l'assemblée nationale (*Biltzar Nagusia*) comme l'organe suprême. Celle-ci se réunit chaque année jusqu'en 1965 puis, pour des raisons de sécurité, ne se réunit plus que de façon irrégulière entre 1966 et 1974. Elle disparaît après 1975. Le comité exécutif tactique (KET), pour sa part, est chargé de la propagande et de l'activisme. Au début des années 1980, le comité exécutif était composé d'un dirigeant et de sept membres responsables

---

[3] « Liberado es la persona que se profesionaliza en función de la revolución vasca » (Uriarte, 1978). Dès la IIe Assemblée d'ETA, en mars 1963, et à la suite d'importantes vagues d'arrestations au cours de l'année 1963, certains membres sont rendus « permanents » en vue de diriger l'organisation dans le Pays basque. Ils deviendront les *liberados*. « Militante: es quien está comprometido a trabajar bajo la disciplina de ETA. El jefe de herrialde es quien clasifica como tal a los militantes. Adherente: está en período de captación y realiza trabajos concretos para la organización » (Nuñez, 1993, p. 130). Voir aussi Madariaga, « Las cinco primeras Asambleas », *Punto y Hora*, 18-24 août 1977, p. 25.

de la communication, du renseignement, du bureau politique, des commandos illégaux, des commandos légaux, des opérations internationales (Clark, 1984, p. 213). La structure d'ETA présente donc à la fois un aspect fonctionnel et une dimension territoriale s'articulant en six *herrialdes* (voir Della Porta, 2013, p. 163). Sur le plan territorial, les activités menées sur les quatre fronts (ouvrier, culturel, politique et militaire) sont élaborées par les *Herrialdeburus*. Des équipes de trois militants, *Hirurko*, constituent les Tables du peuple et les Tables de zone (Letamendia 1975, p. 323). Existent également de petites assemblées (*Biltzar Txikia, BT-Pequeño comité*), principalement composées d'exilés. Bien qu'elles soient privées de pouvoir exécutif, elles contrôlent le KET et ont la possibilité de convoquer une assemblée générale. Des groupes extérieurs (*Grupo exterior*) sont constitués dans les pays où se trouvent des exilés. Ils dépendent du Bureau politique. Celui-ci consiste en un organisme théorique (Office politique) (voir ETA, 1971). On compte enfin un Haut commandement stratégique, formé en exil (Letamendia 1975, p. 323). Il prépare les opérations à long terme et dresse le plan des opérations délicates à mener ou de longue portée.

Entre 1968 et 1975, ETA évolue donc vers des cellules décentralisées, coordonnées par une direction opérationnelle basée en France (Della Porta, 2013, p. 164). Les *herrialdes* sont abandonnées (Clark, 1984). Les cellules ou commandos sont responsables d'une zone géographique restreinte d'opérations, de la taille d'un quartier ou d'un village. Elles sont principalement constituées de natifs (locaux), en général cinq hommes, occasionnellement une femme, continuant leur vie civile. La structuration en petites unités reflète un ancrage dans une multiplicité de structures de différents types, telles des associations sportives ou de loisir. Les *liberados* sont responsables des actions armées. La moitié des militants d'ETA arrêtés entre 1979 et 1980 étaient des *liberados*. Les légaux n'étaient pas connus des services de police. Parmi ces derniers, certains servent de « boîtes aux lettres » ou collectent des informations sur les cibles de futures actions armées.

ETA, lors de sa première Assemblée en 1962, définit cinq fronts d'action dévolus aux publications internes et à la communication, à l'analyse, à la propagande de masse, aux activités et actions légales et enfin aux actions illégales. En 1964, lors de la IVe Assemblée, les fronts sont remplacés par des branches (*ramas*). Le front militaire se substitue à la branche «militantisme» (Clark, 1984, p. 37). Cependant la Ve Assemblée, qui se tient en 1966-1967, redéfinit quatre fronts : culturel, politique, syndical/ ouvrier et militaire, conformément à l'héritage de Truong Chinh, repris par Krutwig. Celui-ci s'inspire de la *Résistance vaincra*, écrite en 1947 par Truong Chinh, analysant la révolution vietnamienne (Letamendia 1975, p. 397) :

> La línea revolucionaria marcada en nuestra ya V^a asamblea, cuando se señalaba la posibilidad y la necesidad objetiva de desarrollar cuatro frentes de lucha para alcanzar una Euskadi socialista. Hemos visto que es el desarrollo armónico de los cuatro frentes lo que nos garantiza una línea revolucionaria vasca, que nos ponga a salvo de las posturas oportunistas de derecha e izquierda, así como de toda posición españolista o legalista. (Etxebarrieta, 1988)

À partir de la fin des années 1960 et surtout après que l'organisation a été contrainte d'abandonner le fonctionnement en assemblées, ETA s'est organisée verticalement avec un comité exécutif, composé de trois à une dizaine de membres selon les époques (Crettiez, 1997, p. 301). Le collectif est structuré en cinq appareils principaux : militaire, politique, financier, international et prisonniers. L'appareil militaire est composé de deux organes opérationnels : d'une part, les commandos *légaux* constitués de militants inconnus des services de police, qui récoltent des informations pour des actions armées futures ; d'autre part, les commandos *illégaux*, composés de militants entrés dans la clandestinité lorsqu'ils ont été repérés par la police et qui réalisent des attentats[4] (Crettiez, 1997, p. 304). L'appareil militaire s'appuie sur un appareil logistique dont les tâches consistent en approvisionnements en armes, formation des commandos, transfert de l'armement et des commandos au sein du Pays basque, falsification des documents d'identité. Jusqu'au milieu des années 1960, l'essentiel des ressources d'ETA est consacré à l'activisme culturel (qu'il soit question de graffitis ou de publications clandestines). Les actions militaires sont alors limitées et de faible intensité. En revanche, à partir de 1964, ETA théorise et adopte officiellement la théorie de la spirale de la violence (Zirakzadeh,

---

4   À ces deux branches, il convient d'ajouter un troisième type de commando, composé de membres itinérants. Ce commando se dissout en 1990 à l'arrestation de ses membres. Il était composé de Français inconnus des services de polices (Crettiez, 1997, p. 304).

1991, p. 162). Ainsi et à la différence d'autres organisations clandestines basques, ETA est fortement hiérarchisée. Elle s'articule autour d'une stricte division des tâches entre les membres de l'organisation, un cloisonnement cellulaire inhérent à un fonctionnement clandestin imposant des mesures strictes de sécurité permettant d'éviter le démantèlement de réseaux lors d'arrestations.

1.1.2 Les scissions

L'histoire d'ETA est marquée par plusieurs scissions. Dès 1962, ETA s'affirme anti-confessionnelle et marxiste-léniniste. Elle se voit influencée à partir de 1964 par les idéologies tiers-mondistes qui s'affirment au cours de la IIIe Assemblée (printemps 1964). Des scissions apparaissent autour de la stratégie de la lutte armée et de la prééminence donnée aux actions militaires sur le front ouvrier. Durant la seconde moitié des années 1960, une voie strictement militaire s'organise autour de Xabier Zumalde, dit *El Cabra*. Cette scission d'ETA se compose à l'origine de vingt-cinq membres et se nomme Groupe Autonome d'ETA[5]. La structure des Cabra est strictement militaire et constituée comme telle par opposition à celle d'ETA, jugée trop faible par Zumalde (voir Zumalde, 1980, p. 229). *El Cabra* s'enferme dans un nationalisme intransigeant, refusant les idées révolutionnaires ou la référence au mouvement ouvrier (Wieviorka, 1993, p. 11).

Plus généralement, à la fin des années 1960, la diversité idéologique au sein d'ETA se cristallise dans une multiplicité de groupes : ETA-Berri[6], ETA-V, ETA-VI, le Front des travailleurs, les Cellules Rouges, le Groupe Branka quoique tous s'accordent sur deux points au moins : l'autonomie territoriale et la reconstruction immédiate de l'économie basque. Au cours de la VIe Assemblée d'ETA en 1973 une partie des membres d'ETA rejoint la

---

5 L'action la plus connue de ce groupe est la «prise de Garai», village de Biscaye, qui a été symboliquement occupé durant quelques heures le 1er mai 1966 (voir Zumalde, 2004). Fin 1968, la police arrête la quasi-totalité des membres du Groupe Autonome d'ETA, les autres étant de ce fait forcés à l'exil (voir Casanova Alonso, 2007, p. 46-47). Zumalde (1979) retrace l'expérience des «Cabras».
6 ETA-Berri se scinde en 1966.

Ligue Communiste Révolutionnaire (LKI – *Liga Komunista Iraultzailea*). Le front culturel scissionne en 1973. De cette scission naît le parti socialiste basque populaire qui devient ensuite le Parti Socialiste Révolutionnaire du Peuple (HASI – *Herri Alderdi Sozialista Iraultzailea*). En 1974, le front ouvrier est mis à l'écart et forme le parti révolutionnaire des travailleurs patriotes. L'ensemble de ces groupes rallie ultérieurement *Herri Batasuna* (HB). Au même moment, émerge le groupe Berezi, issu d'ETA-pm et dont les membres formeront ensuite les CAA avec certains partisans d'ETA-m.

En effet, au milieu des années 1970, ETA-pm se divise en une branche militaire et une branche principalement politique ou politico-militaire, les deux s'affrontant pour la direction du groupe (Della Porta, 2013, p. 165). Le dirigeant de la seconde branche Pertur (*i.e.* Eduardo Moreno Bergareche) dénonce une situation où l'usage des armes advient de façon incontrôlée, où les conflits intérieurs dégénèrent et où les militants deviennent de plus en plus cyniques. Pertur disparaît le 23 juillet 1976 après une rencontre avec Apala (Miguel Angel Apalategui Ayerbe), le responsable de la branche militaire d'ETA-pm. Naît le soupçon de son assassinat par la branche rivale (voir Wieviorka, 1993, p. 161).

L'interprétation commune de la scission d'ETA en 1974 confère un rôle crucial aux questions organisationnelles. On a coutume de considérer que les militants d'ETA-m voulaient que l'organisation se concentre sur les actions militaires révolutionnaires, alors que ceux d'ETA-pm préféraient donner la priorité aux considérations politiques (voir Della Porta, 2013, p. 164). En 1974, ETA-m prend ses distances avec la logique d'organisation par les masses du noyau armé, qui est alors responsable des actions militaires, déclarant qu'il est impossible pour une même organisation de concilier les actions armées et les formes d'activisme menées par la base. ETA-pm, qui regroupait la majorité des membres de l'organisation, soulignait au contraire la nécessité de coordonner les actions militaires et politiques, sous une même direction, afin de bénéficier d'un climat favorable pour les actions de masse sans toutefois abandonner la lutte armée. Ainsi la scission ne s'explique pas seulement par des raisons organisationnelles mais également du fait de divergences d'interprétations, au sein d'ETA, quant au modèle de direction et à la théorisation du rôle de l'avant-garde dans la lutte basque. Si une partie des militants d'ETA-pm concevait la structure militaire comme étant au service du parti, ceux d'ETA-m jugent que celle-ci doit être service des différentes luttes sociales et politiques. ETA-m, derrière José Miguel Beñaran (*Argala*), défend l'idée qu'ETA doit se convertir en une «avant-garde révolutionnaire» se consacrant exclusivement à la «lutte armée» et se situant en marge de la lutte politique (voir *ETAren agiria*, 1974). Dans la logique des milis, ce n'est qu'à cette condition qu'il est possible de soustraire les partis de la gauche *abertzale* à la répression et d'éviter une possible contagion «réformiste» d'ETA-m, contagion émanant de ces partis[7].

Au moment de la scission, à l'été 1974, ETA-m qui regroupe la majorité des acteurs du front militaire publie un document expliquant sa décision de ne pas entrer dans la légalité démocratique et de demeurer une structure clandestine, dans la mesure où participer à la légalité démocratique signifierait renoncer à la lutte armée et attirer la répression sur le mouvement (voir *Agiria*, cité *in* Ibarra, 1989, p. 106 ; Della Porta, 2013, p. 165). ETA-m reconnaît également dans ce document l'échec de la stratégie des quatre fronts (politique, ouvrier, culturel et militaire) dans sa volonté d'organiser les différents «secteurs partageant des intérêts similaires aux nôtres, stratégie qui a exposé en même temps les acteurs à la répression» (voir *Agiria*, cité *in* Ibarra, 1989, p. 106). L'organisation exprime enfin ses craintes que les compromis et les accords diluent les objectifs de la libération sociale et nationale.

Après que la branche militaire d'ETA-pm a rejoint ETA-m, ETA-pm disparaît. Certains de ses membres fondent le Parti Révolutionnaire Basque (*Euskal Iraultzarako Alderia*, EIA) qui devient une organisation politique de gauche *Euskadiko Euskerra* en 1981. Après 1977, une section au sein d'ETA-pm obtient l'amnistie, déclare une trêve unilatérale en 1981 et abandonne la lutte armée en 1982 pour former le Parti de la Gauche Patriote (*Euskadiko Ezkerra* – EE). Celui-ci fusionne en 1991 avec le parti socialiste d'*Euskadi*, branche du parti socialiste espagnol.

---

[7] Voir «Relación actividad de masas-actividad armada», *Documentos Y*, vol. XVIII, p. 189-196.

1.1.3 ETA, une organisation indépendantiste ou nationaliste ?

ETA est souvent appréhendée comme une organisation nationaliste voire ethnonationaliste, cette appréciation tendant à gommer le positionnement politique du groupe. Or la première Assemblée d'ETA qui se tient en mai 1962, c'est-à-dire trois ans après la création du collectif, prend déjà ses distances avec le nationalisme basque traditionnel. L'organisation se définit, comme un « mouvement révolutionnaire basque de libération nationale »[8] et, en 1965, comme un mouvement aconfessionnel et antiraciste au sein de l'organisation marxiste (IVe Assemblée). ETA se constitue à partir d'un rejet du racisme et d'un regard pro-Pays basque. Bien que cette première Assemblée ne fasse aucune référence au socialisme, ETA s'inspire très largement de la résistance vietnamienne contre les États-Unis, de la révolution castriste du 26 juillet 1953 mais surtout de la guerre du Front de Libération Nationale (FLN) en Algérie.

L'idéologie développée par l'organisation est influencée par l'ouvrage de Federico Krutwig (Fernando Sarrailh de Ihartza). Ce dernier, comme Emilio López Adán, articule sa réflexion et son discours théoriques en considérant le Pays basque comme un pays colonisé et fait de la lutte de libération nationale un concept clef, qui sera en particulier défendu par les partisans de la Ve Assemblée plutôt que de la VIe Assemblée. Dans son ouvrage *Vasconia*, publié en octobre 1962, des sentiments nationalistes d'un nouveau type se manifestent à travers : 1. la défense de la langue basque comme facteur national premier (Krutwig, 1962, p. 12) ; 2. le rejet du racisme et de toutes ses conséquences négatives, nationales et sociales (Krutwig, 1962, p. 89, 282, 382), de l'expression anticatholique (Krutwig, 1962, p. 81, 238, 253, 258) ; 3. une expression anticoloniale et une initiative à l'encontre de tous les agents du colonialisme (Krutwig, 1962, 1975, p. 230, 382) ; 4. une forte critique du vieux nationalisme traditionnel (antérieur à la guerre, *i.e.* émanant de l'influence de Sabino Arana Goiri) et une formulation du nouveau nationalisme progressiste et séparatiste (Krutwig, 1962, p. 238, 275) qui donne toute latitude à la nouvelle génération basque d'utiliser, si

---

8   « Movimiento revolucionario vasco de Liberación Nacional, creado en la resistencia patriótica, e independiente de todo partido, organización u organismo ».

nécessaire, la violence politique (Krutwig, 1962, p. 275)⁹. 5. Ces sentiments nationalistes décrivent une « guerre révolutionnaire » et placent l'accent sur l'importance des « idées » au sein de cette dernière (Krutwig, 1962, p. 329) ainsi que sur son caractère mystique, en la comparant aux croisades médiévales (Krutwig, 1962, p. 330).

L'influence de Krutwig se marie toutefois à des apports maoïstes. La lecture par José Echebarrieta des œuvres de Mao-Tsé-Toung conduira à faire de l'identification entre la liberté nationale et la liberté sociale un axe principal de l'idéologie d'ETA. Dans la perspective de Mao-Tsé-Toung, la résistance consiste à développer une identité entre la lutte nationale et la lutte de classes (voir Tsé-Toung, 1971, p. 221). Au cours de son évolution historique, ETA a été traversée de tensions concernant quatre sujets principaux : 1. la référence à l'ethnicité plutôt qu'à la « classe » [sociale] comme principe à partir duquel organiser la révolution ; 2. le nationalisme plutôt que le socialisme comme idéologie directrice ; 3. la poursuite de la lutte en ne s'appuyant que sur des Basques d'origine *vs.* l'intégration d'immigrés non-basques dans le conflit ; 4. enfin la mise en œuvre d'« actions directes » (*i.e.* d'une violence insurrectionnelle) par opposition à une organisation non violente au sein de la masse des ouvriers de l'industrie (voir Clark, 1984, p. 32). Ce n'est que progressivement que s'est opérée la convergence des discours nationalistes et socialistes.

De même, l'opposition entre deux tendances principales en conflit, au cours de la IIe Assemblée de l'organisation, permet de nuancer la qualification de nationalisme. Ces deux tendances consistent, d'une part, en une orientation tiers-mondiste (guévariste) prédominante et une branche socialiste/ouvriériste. La prise de distance à l'égard du nationalisme s'accomplit lors de la troisième assemblée d'ETA qui se tient entre les mois d'avril et de mai 1964 et procède à une restructuration au sein de l'organisation. La IIIe Assemblée, présidée par Julen Madariaga, procède à la rupture officielle avec le Parti National Basque (PNV) et son nationalisme qualifié de « bourgeois », cette rupture coïncidant avec l'affirmation par ETA de

---

9   « Génération de l'après-guerre : [elle est] basque (majoritairement bascophone), progressiste, aconfessionnelle, quand elle n'est pas anticléricale mais non sabiniste, séparatiste, partisane de la séparation de l'Espagne et de la France, employant la force si nécessaire, rien de politique » (Krutwig, 1962, p. 275).

son caractère anticapitaliste et anti-impérialiste, conformément à une influence maoïste. Dans le document organique écrit par ETA à destination du peuple basque, *Lettre aux intellectuels* (1965)[10], se laisse saisir l'influence des idées de F. Fanon, en l'occurrence la méfiance du prolétariat à l'égard du Tiers-monde (Letamendia 1975, p. 64), d'une part, et le rôle des intellectuels dans la libération nationale, d'autre part. Néanmoins le rôle de ces derniers n'advient pas au travers de la culture, dans ses formes traditionnelles, mais en intégrant le travail intellectuel à la pratique révolutionnaire et à la lutte portée par le peuple opprimé. À travers ce document, se formulent un ancrage fort dans le socialisme ainsi qu'un appel ouvert à tous les intellectuels du Pays basque pour participer à la lutte de libération nationale. Les questions « nationales » et « sociales » sont considérées comme des « abstractions d'une même réalité » produite par le développement du capitalisme au Pays basque[11]. La prééminence conjointe des objectifs nationaux et sociaux, c'est-à-dire la convergence entre libération nationale et libération sociale s'approfondit lors de la quatrième Assemblée, à l'été 1965, durant laquelle Zalbide assume une position hégémonique. En 1966 coexiste encore une pluralité d'opinions au sein de l'organisation. S'y distinguent une branche ouvriériste, communiste, une autre voulant réconcilier révolution sociale et libération nationale, un courant plus purement nationaliste, néanmoins tous convergent dans un même désir de s'opposer aux « forces d'occupation » et promeuvent un combat de type tiers-mondiste visant à obtenir la libération du Pays basque (voir Jauregui Bereciartu, 1986, p. 597 ; Tejerina, 2001). Le numéro 40 de *Zutik* (1966) qui encourage le « Patriotisme ouvrier face au nationalisme bourgeois » et défend l'objectif d'un « Front dans la lutte pour la révolution socialiste en Euskadi ». Le PNV y est qualifié d'organisation capitaliste. À partir du numéro 42 de *Zutik* s'exprime une exclusion de la petite et moyenne bourgeoisie nationales d'un possible front révolutionnaire national. Toute possibilité de compromis est écartée. L'idée même de front est abandonnée (voir Letamendia 1975, p. 394).

10 Cette lettre se trouve dans le document publié à l'issue de la IVe Assemblée d'ETA.
11 Ces arguments se retrouvent dans le document publié par l'organisation en 1971 « Qu'est-ce que l'ETA ? Que pense l'ETA ? ».

L'approche tiers-mondiste de libération nationale finit, avec le temps, par s'affirmer et prévaloir sur un nationalisme basque classique (voir Jauregui Bereciartu, 1986, p. 597 ; Tejerina, 2001). Sabino Arana, qui fût l'un des fondateurs du nationalisme basque, considérait le Pays basque comme occupé par un État étranger. Néanmoins c'est à Federico Krutwig (1963) que l'on doit le cadrage du combat mené au Pays basque en termes de lutte d'indépendance contre l'État colonial castillan et la représentation du Pays basque comme une colonie luttant pour l'indépendance. Le nationalisme basque se voit ainsi renouvelé par l'adoption d'une approche tiers-mondiste de libération nationale. La connaissance des luttes de libération anticoloniales ainsi que du courant européen de la nouvelle gauche, en particulier Lelio Basso, André Gorz (Michel Bosquet) et Ernest Mandel, sont à l'origine de l'émergence, au sein de l'organisation, d'une vision inclusive fondée sur la « volonté d'être Basque » (Muro, 2008). Cette influence se note à partir du numéro 42 de *Zutik* et des suivants.

Parallèlement, la branche marxiste révolutionnaire d'ETA acquiert dès 1967 une place prépondérante. D'un point de vue théorique, elle s'appuie sur deux ouvrages de Krutwig, *La question basque* (1965) et *Nationalisme révolutionnaire* (avril 1966)[12] qui prennent leurs distances avec le nationalisme basque traditionnel de la classe moyenne. *La question basque*, qui paraît avant la crise du bureau politique d'ETA, se nourrit de références exclusivement marxistes. Son usage du concept de libération nationale est lié à celui d'autodétermination élaboré par Lénine. Krutwig fonde le droit du Pays basque à sa libération nationale sur le droit à l'autodétermination, en référence à Lénine[13]. L'ouvrage associe ainsi libération nationale et orthodoxie marxiste. Il se nourrit de l'inspiration de Lénine, Mao, Castro, Staline et Engels aussi bien que de références à des idéologues du nationalisme basque comme Txao, Sabino Arana, Ramón Goikoetxea, Xabier Landaburu, tout en portant une attention spéciale à Eli Gallastegi et Mark Légasse (Nuñez,

---

12   *El nacionalismo revolucionario* est d'abord paru sous la forme d'article dans le premier numéro de *Branka*, puis publié plus largement en avril 1966.
13   « Las obras ideológicas de Lenin son el arma más potente con que pueden contar los pueblos oprimidos por el colonialismo, el capitalismo y todos los sistemas de explotación con el fin de derrocar la injusticia ».

1993b, p. 52-53). Lié à la lutte sur le « front militaire », Krutwig considère qu'un front de libération nationale peut et doit établir une stratégie globale dans les domaines de l'économie, de la politique et de la culture. Sur ces « champs de bataille », un front de libération nationale présente une telle supériorité que les victoires qu'il y remporte contrecarrent les forces de l'impérialisme dans les domaines purement et simplement militaires[14].

De même dans le *Nationalisme révolutionnaire* de 1966, ce qui serait à mettre au crédit du nationalisme basque se trouve réélaboré à partir d'une définition fondée sur les concepts léninistes de nationalisme révolutionnaire du Tiers-monde. Krutwig y fait des références aux révolutions victorieuses en particulier à la révolution cubaine et au castrisme, distinguant le nationalisme bourgeois du nationalisme révolutionnaire. Le nationalisme qui doit être promu est un nationalisme révolutionnaire, distinct du communisme classique en ce sens que les aspirations de tous les peuples opprimés se conjuguent avec les pièces maîtresses du socialisme révolutionnaire. Le nationalisme basque consiste, dès lors, en un nationalisme révolutionnaire du Tiers-monde. La rupture avec le nationalisme classique est dès lors consommée[15].

En mars 1967 se tient la Seconde partie de la Ve Assemblée d'ETA. Les courants les plus à gauche prédominent sur ceux qui pencheraient vers la « droite ». Ainsi le président élu de cette assemblée n'est pas Imaz Garay, culturaliste et non marxiste, mais Txabi Etxebarrieta. Dès lors, le *Nationalisme révolutionnaire* y constitue une inspiration de choix. Au cours de cette assemblée s'officialisent les principes de ce nationalisme

---

14 S'agissant des Fronts, Krutwig estime également que : « la resistencia que desde el punto de vista militar puede oponer un ejército vasco de liberación nacional es ínfima. [...] Empero, las potencias enemigas [...] solamente pueden establecer una estrategia meramente militar. Frente a esta estrategia así limitada, los patriotas vascos pueden desarrollar una "guerra" en otros frentes, en los que los imperialistas están incapacitados para luchar. Y son justamente las victorias en estos campos de batalla [no militares] las que dan la victoria a la resistencia militar ».

15 « Un seudorevolucionario vasco que creyendo ser más revolucionario en tal sentido se olvidase de que la condición primordial de un movimiento progresista y revolucionario en Vasconia consiste en ser nacionalista, dejaría de ser revolucionario en la misma medida en que deja de ser nacionalista » (Krutwig, 1966, p. 19).

et la structuration d'ETA en Fronts, conformément à la proposition de Krutwig. Disparaissent l'influence sabiniste et l'influence maoïste (Letamendia 1975, p. 321). ETA est définie comme «un mouvement socialiste basque de libération nationale». La question du développement du «nationalisme révolutionnaire» (NR) se résout en ces termes :

> El NR se desarrolla a través de la lucha popular. Las formas de lucha empleadas hasta ahora por el Pueblo Vasco corresponden a la índole burguesa con la que se ha desarrollado el nacionalismo vasco. Dada esta circunstancia nunca pudo pretender otra cosa que una solución burguesa en lo social y reformista en lo nacional.
>
> El NR es, por el contrario, una lucha total, en contra de la opresión nacional y, por tanto, es una lucha *revolucionaria*. Esta lucha es global, es decir, que abarca todos los aspectos de la realidad vasca (cultural, social, económica, etc...) y, por tanto, es ante todo y sobre todo una lucha *política*.
>
> Este NR tiene como finalidad el pleno desarrollo del Pueblo Vasco y, de ahí, de la necesidad de acabar con la opresión de otros Estados sobre Euzkadi. Para ello el NR ha de poner en evidencia el carácter ocupante de los Estados francés y español en Euzkadi.
>
> *El método de acción será un proceso espiral ascendente de acción-represión en los cuatro frentes que componen la lucha revolucionaria de un país oprimido (cultural, político, económico y militar) para la toma del poder vasco por la clase trabajadora vasca.* (*Ideología oficial Y*, approuvée par la 2ème session de la Vème Assemblée)

Cette nouvelle définition articule en outre une détermination de la nation reposant sur l'ethnie et sur la différenciation d'avec d'autres ethnies. Elle souligne l'importance de la langue basque (effet culturaliste) pour réaliser le travail infrastructurel visant à convertir cette ethnie en une nation. Elle envisage le peuple basque comme étant constitué du prolétariat basque et d'autres éléments opprimés. Les migrants peuvent faire partie de cette lutte contre l'oligarchie à chaque fois qu'ils mènent un processus d'intégration et un processus de désaliénation du peuple basque. On considère que la petite bourgeoisie nationale s'inscrit dans la lutte du peuple et que la lutte de révolution nationale fait partie intégrante de la révolution prolétarienne internationale (Letamendia 1975, p. 322). La lutte en quatre Fronts (culturel, économique, politique et militaire) que mène l'organisation a enfin pour objectif la prise du pouvoir par le peuple basque.

1.2 Iparretarrak

Iparretarrak (IK) rassemble des militants du Pays basque nord ayant choisi d'autonomiser leur lutte eu égard à celle menée au sud par ETA. Au début des années 1970 plusieurs militants d'ETA du Pays basque nord engagent une réflexion sur la situation dans leur région et la configuration sociale qui y prévaut. Aux yeux de ces activistes, celle-ci a figure de société bloquée, placée sous l'emprise du clergé et de la bourgeoisie locale (voir *Ildo*, n° 1, octobre 1974). Dans le cadre de ces réunions, qui se tenaient dans les environs de Saint-Jean-Pied-de-Port et de Saint-Étienne-de-Baïgorry, « la décision de créer un groupe armé a été prise, en complément de luttes déjà existantes, pour les renforcer et pour provoquer une rupture au sein de la politique menée par l'État et les notables » (« Vingt ans de lutte. Autonomie et avant-projet », 31 mars 1993, p. 5). L'idée cardinale de cette lutte est « herriak bizi behar du » (le peuple doit vivre). La naissance d'IK se concrétise avec sa première action le 11 décembre 1973 dans un contexte de conflit social. IK déclare vouloir « renverser le capitalisme et détruire toutes les relations sociales héritées de la société bourgeoise et instaurer le socialisme » (*Ildo*, 1974, p. 4).

L'émergence d'IK provoque, parmi les sympathisants actifs d'ETA du Pays basque nord, plusieurs réactions : certains sont partie prenante de la création d'IK, d'autres s'y opposent, certains préfèrent continuer à soutenir ETA, d'autres enfin font le choix de quitter la politique. Du côté d'ETA, cet événement survient dans le contexte de la transition démocratique espagnole où se pose la question stratégique de la poursuite de la lutte armée dans une configuration où l'Espagne est reconnue par l'Europe comme une démocratie. Cette réflexion se condense dans la double option du front unique et du front uni, le premier impliquant un renforcement de l'organisation armée ETA qui envisagera, dans un second temps, la « libération » du nord. En revanche, l'option du front uni vise à montrer, par des actions armées simultanées, une même détermination au nord et au sud pour affirmer l'existence d'un unique pays. La direction d'ETA privilégiant la première option, la constitution du groupe de « Ceux du nord » (IK) suscite des tensions, ETA retirant son appui aux luttes du nord et aux militants qui jusque-là assuraient, pour ceux du sud, l'hébergement, les passages de frontières et l'appui logistique pour certaines opérations. Le groupe d'Hegoalde souhaitait que les militants, s'organisant de façon autonome en Iparralde, intègrent ETA ou participent exclusivement à l'infrastructure supportant les actions menées par cette dernière. En dépit de la rupture entre les directions des deux groupes clandestins, les militants actifs continuent de garder des liens voire de coopérer dans le combat pour leur territoire et en vue de leurs objectifs politiques respectifs. Des liens plus étroits ont perduré entre les sympathisants d'ETA-pm et IK.

La première intervention d'IK, au sein d'un conflit social dans l'entreprise La Roseraie située à Banca qui refuse un syndicat à ses salariées, se situe dans une logique de propagande armée. Le commando se saisit les éléments de comptabilité de l'entreprise qui sont ensuite diffusés auprès des habitants de la vallée de Saint-Étienne-de-Baïgorry, avec une lettre d'explication des raisons de l'intervention illégale d'IK («Pourquoi nous avons emprunté les documents de Banca ?»). Le directeur de l'entreprise, M. Toureng, est passé à tabac pour «mettre un coup d'arrêt à la répression patronale» et «prouver que la domination patronale est amovible» (*Ildo*, 1974, p. 6). La prise de position en faveur des employées face au dirigeant de l'entreprise s'inscrit dans une ligne de conduite développée dans le numéro 2 d'*Ildo* (été 1978), dont l'orientation idéologique est explicitement marxiste. Deux décennies plus tard, en 1993, le groupe reconnaît encore avoir mené vingt ans de lutte dans une perspective de «libération nationale et sociale du peuple basque» – revendication que l'on retrouverait du côté d'ETA –, d'«indépendance de tout le Pays basque» et de lutte pour le droit à l'auto-détermination. De façon générale, les actions menées contre les agences de travail temporaire, la spéculation foncière puis la politique publique de «touristification» de la côte Aquitaine permettent de situer idéologiquement le groupe à l'extrême gauche du spectre politique. Néanmoins IK ne se présente ni ne se conçoit comme une avant-garde. L'horizon de recrutement des militants et de l'ensemble des personnes participant à l'infrastructure du collectif s'étend aux enfants de la classe moyenne, de la petite bourgeoise locale, terrienne et artisanale, bien que la partie active du groupe soit plutôt d'origine sociale modeste.

Organisations clandestines abertzales 35

Si certaines figures d'IK sont connues, notamment Filipe Bidart, Xan Marguirault, Gabriel Mouesca, plusieurs commandos opéraient dans l'ensemble de l'Iparralde qu'il s'agisse de la Soule, de la Basse Navarre et du Labourd où ils étaient les plus nombreux. Dans les deux premières provinces, ils représentaient respectivement cinq à six personnes, bien que le nombre d'individus impliqués dans l'infrastructure soit largement supérieur. On estime que sur l'ensemble de l'histoire d'IK 150 personnes ont pu participer au groupe, infrastructure comprise[16]. La structure de direction (*Biltzar Ttipi*), inspiré de celle d'ETA, rassemble les représentants des différentes composantes de l'organisation (renseignement, logistique, politique, commandos), c'est-à-dire une dizaine de personnes, principalement des hommes. Contrairement à ce que l'on a coutume de dire sur les groupes armés clandestins, il n'a pas été difficile pour nombre de militants d'œuvrer dans l'organisation, d'en sortir et parfois d'y revenir. La structure était souple mais fortement cloisonnée du fait des règles de clandestinité qui expliquent également pourquoi il est difficile d'évaluer précisément le nombre d'individus y ayant œuvré. En particulier, le passage à la clandestinité de certains militants à la suite des événements tels la fusillade du camping de Lou Pantaou à Léon (Landes) le 7 août 1983 où un gendarme est tué, un autre blessé et un membre d'IK, Jean-Louis Larre dit *Popo*, est porté disparu[17]. Ainsi au cours des années 1980, l'Iparralde a pu avoir à cacher jusqu'à six clandestins. Antérieurement déjà, une action contre deux CRS, Jackie Bouyer et Bernard Roussarie, le 19 mars 1982 à Saint-Étienne-de-Baïgorry, qui a mal tourné conduit à la mort du premier d'entre eux (voir *Le Monde*, 23 mars 1982 et 9 avril 1982)[18]. Bien qu'IK ait démenti toute responsabilité dans cette intervention, la police a porté ses soupçons vers le groupe et plus particulièrement sur Filipe Bidart, déjà clandestin depuis 1981. Or cet événement, la constitution également en 1982 de la section de recherches (SR) de la gendarmerie de Pau autour du capitaine Charles Saenz puis la fusillade du camping de Lou Pantaou ont placé une forte pression sur le groupe.

16   En revanche, au plus fort de la répression de l'organisation, vingt-six membres d'IK étaient incarcérés.
17   Voir le communiqué d'IK paru dans *Sud-Ouest*, 14 août 1983.
18   Bernard Roussarie décède le 18 avril 1982 des suites de ses blessures.

Les principales actions d'IK visent les symboles de l'État (police, gendarmerie, perception) ainsi que la promotion de l'immobilier et du tourisme sur la côte basque. On peut ainsi évoquer une opération commando contre une patrouille de gendarmerie en juin 1983, un attentat contre le comité de tourisme de Biarritz, en novembre 1988 ainsi que l'attentat contre le Mac Donald's de Saint-Jean-de-Luz, le 29 mai 1997. L'arrestation de Filipe Bidart le 20 février 1988 ne signe pas la fin des actions du groupe qui revendique un dernier attentat en avril 2000. Peu de contacts ont été établis avec les gouvernements successifs de l'époque. Si certains membres du parti socialiste comme Michel Rocard et Jacques Delors connaissaient bien l'Iparralde, en particulier la Soule, on ne peut guère faire état de négociations entre IK et le gouvernement français. Des contacts ont toutefois existé entre 1991 et 1993 sans qu'ils ne conduisent à de réelles avancées politiques.

À la différence d'ETA, IK n'a pas connu de véritable scission, si ce n'est une divergence sur la tactique politique à la fin des années 1980. Certains militants, y compris au niveau de la direction du groupe, ont alors considéré que la proposition de création d'un département basque pouvait constituer un point de départ acceptable pour le projet politique d'IK. La plupart d'entre eux, en revanche, ont continué à défendre l'autonomie du Pays basque sans accepter d'objectif intermédiaire. Ce désaccord conduit Filipe Bidart et Ttotte Etchebest à se dissocier de la commission anti-répression (CAR) d'IK pour créer leur propre structure d'aide financière aux prisonniers (*Lagundu*). Néanmoins ces divergences se sont estompées pour donner lieu en 1993 à la publication du texte « Vingt ans de lutte. Autonomie et avant-projet » où se trouvent réaffirmés le fait que « l'étape de l'autonomie nous semble un passage obligé, un premier pas vers la liberté, vers la constitution d'une *Euskadi* libre, unifiée et socialiste » (31 mars 1993, p. 6, 12 *sq.*) ainsi que la recherche d'un modèle économique basé sur la justice, faisant place à l'autogestion, à la satisfaction des besoins de base des membres de la communauté et à la solidarité (« Vingt ans de lutte. Autonomie et avant-projet », 31 mars 1993, p. 23 *sq.*).

CHAPITRE 2

Hegoalde, Iparralde : deux contextes distincts

Le recours à des moyens politiques extra-légaux voire à la violence ne peut jamais être expliqué indépendamment du contexte sociopolitique dans lequel ils sont convoqués, de même qu'il ne saurait être isolé des autres formes de contestation et de conflictualité présentes dans le cas étudié (voir Crenshaw, 1995). On ne peut comprendre la violence politique en la dissociant des instances d'action politique environnantes ni en la réduisant à des explosions de violence, témoignant de tensions passagères, de privations matérielles ou de pathologies individuelles. La violence politique s'inscrit dans un maillage complexe de relations sociopolitiques, impliquant une pluralité d'acteurs tels que des institutions politiques et sociales, des acteurs institutionnels et des groupes de pression, des contre-mouvements, des partis politiques et des médias. Une perspective d'analyse interactionniste, soulignant que la coercition s'exerce rarement à sens unique, s'impose. Dès lors, il est pertinent de s'interroger sur les effets de rétroaction ainsi que sur leur historicité.

La mise en œuvre d'un répertoire d'actions incluant la violence résulte d'un arbitrage effectué au regard des opportunités et des contraintes apparues dans les épisodes de controverses, et ce afin d'atteindre des objectifs politiques de court et de long terme (voir Alimi, 2011 ; Alimi, Bosi & Demetriou, 2012 ; Bosi, Demetriou & Malthaner, 2014 ; Della Porta, 1992 ; Oberschall, 2004 ; Tilly, 2003)[1]. Quatre facteurs déclencheurs au moins de formes de violence politique peuvent être identifiés : des changements d'environnement politique, une répression étatique, une concurrence entre

---

1   Pour une présentation exhaustive des recherches appliquant la théorie des mouvements sociaux et des mobilisations contestataires à l'étude de la violence politique, voir Gunning, 2009.

mouvements sociaux et l'existence de contre-mouvements (Bosi, 2012, p. 178), comme nous le verrons dans le développement et la perpétuation des groupes armés au Pays basque.

Celui-ci se partageant entre deux États, nous distinguerons les contextes espagnol et français et préciserons les différences de régime (franquisme, post-franquisme) dans le premier cas pour y saisir avec plus de finesse le développement des groupes armés de chaque côté de la frontière. Du côté espagnol, nous reviendrons sur le franquisme et les mesures répressives prises par la dictature franquiste contre les Basques, sur les caractérisations de la transition postfranquiste vers une démocratie formelle pour enfin évoquer l'acharnement répressif de l'État espagnol et de ses gouvernements successifs sur le mouvement abertzale. Cette répression a compromis une évolution positive des représentations de l'État chez certains Basques (voir l'épisode des GAL, la liquidation des CAA à Pasajes en 1984), à laquelle s'est associée une absence de volonté nette de négociation du côté du gouvernement espagnol dans les années qui suivirent. Nous reviendrons, du côté français, sur la réception des politiques publiques d'aménagement du territoire ainsi que des revendications de reconnaissance culturelle portées par la communauté basque.

Nous envisagerons les dynamiques et interactions entre contextes sociopolitiques et élection des répertoires d'actions à partir de plusieurs questions surgissant dans le débat public et ayant constitué des points d'appui de délégitimation de l'action des organisations armées étudiées, en particulier d'ETA. Ces questions s'articulent toutes de façon analogue : pourquoi la violence persiste-t-elle après la mort de Franco ? Pourquoi se poursuit-elle dans les années 1980 et après l'élection du gouvernement socialiste ? Pourquoi ETA perpétue-t-elle des actions armées dans les années 2000 ? Le conflit au Pays basque entre les années 1990 et 2010 dévoile par excellence l'aspect interactionniste de la relation qui conduit à la violence. En ce sens, il est essentiel de souligner l'importance d'une contextualisation du « terrorisme » consistant à envisager son inscription historique et temporelle ainsi que la vie du groupe avant l'usage des armes, l'imbrication de la violence dans des pratiques plus larges, l'évolution des stratégies violentes et leur association avec des actions n'ayant pas recours à la violence (voir Della Porta, 2013, p. 14).

2.1 Contexte au Pays basque sud

2.1.1 Pourquoi la violence persiste-t-elle après la mort de Franco ?

L'élucidation de cette interrogation suppose d'examiner plusieurs dimensions macrosociales ainsi que les interactions entre choix politiques et stratégies des organisations illégales, ETA n'étant pas la seule actrice du conflit. Nous soulignerons les effets de la persistance du personnel politique et militaire sur le positionnement des organisations armées, les conséquences du maintien d'une répression très sévère à l'égard du mouvement abertzale ainsi que de l'adoption d'une Constitution qui paraît nier les conditions d'autonomie attendues au Pays basque.

L'analyse du contexte dans lequel ETA, les CAA, les GRAPO, le FRAP ont émergé et, pour certains, perduré suppose de distinguer plusieurs périodes de l'histoire de l'État espagnol. La question la plus saillante toutefois – et dont les commentateurs s'étonnent toujours – est celle de la persistance de la violence politique après la fin du franquisme. Nous tenterons d'élucider ce point en identifiant les caractéristiques et événements marquants de la période. Nous distinguerons la période strictement postérieure à la mort de Franco, de 1975 à 1978, d'une part, de la période post-constitutionnelle jusqu'à l'élection de Felipe González, d'autre part. Celle deuxième phase coïncide avec les années 1978-1982, durant lesquelles se tient le référendum sur le Statut d'Autonomie en 1979. Elle se distingue par l'approfondissement de la politique antiterroriste puis par la mise en place, par le gouvernement de Felipe González, des groupes paramilitaires. Bien que la délimitation des bornes temporelles de la transition « démocratique » – que nous préférons désigner par l'expression de « transition vers la démocratie » – soit historiographiquement l'objet de contestations et de polémiques[2], on peut considérer qu'elle s'étend de la mort de Franco à l'élection d'un gouvernement socialiste à l'automne 1982 (voir Canal, 2014,

---

2   Sur les débats autour de la périodisation de la « transition démocratique » en Espagne, voir Aguilar, 1996 ; Baby, 2012 ; Canal, 2009 ; Reig Tapia, 1985 ; Richard & Vorms, 2015.

p. 242-260)³. En dépit de l'approbation d'une nouvelle Constitution le 6 décembre 1978, la période demeure perturbée puisque l'Espagne connaît, le 23 février 1981, une tentative de coup d'État (appelée 23-F) menée par le lieutenant-colonel Antonio Tejero.

Sur le plan institutionnel et macrosocial, des éléments factuels contribuent à nourrir la perception de l'absence d'une réelle sortie du franquisme. Lorsqu'ETA voit le jour, en 1959, Franco a pris le pouvoir à la suite d'un coup d'État mené le 17 juillet 1936. La guerre civile (1936-1939) entre républicains et nationalistes a coûté la vie à 400.000 personnes et la dictature franquiste ne prend fin qu'avec la mort de Franco le 20 novembre 1975. Le 25 novembre 1975, le roi Juan Carlos libère presque tous les prisonniers politiques. 1.000 sont immédiatement mis en liberté. 500 sont relâchés en juillet 1976 (voir Della Porta, 2013, p. 52).

Adolfo Suarez qui, semblait attaché à la démocratie, a toutefois assez peu rompu avec le régime franquiste. Bien que le pacte de Moncloa fasse allusion à une politique de réforme et que des signes d'une réforme démocratique soient cependant donnés, la quasi-totalité du personnel politique et de la structure d'État est maintenue après le franquisme (voir Jaime-Jiménez et Reinares 1998, p. 176). Trois personnes loyales au régime franquiste reçoivent des responsabilités dans le gouvernement de transition : Torcuato Fernández-Mirando est nommé président des Cours organiques et conseiller du roi, Manuel Fraga Iribarne ministre de l'Intérieur et José María de Areilza ministre des Affaires étrangères⁴. Pour une part, les organes les plus

---

3   Certaines lectures de cette période concluent toutefois que «la mise en échec de la dernière tentative de coup d'État par le colonel Tejero le 23 février 1981, puis l'alternance politique réussie qui conduisit le Parti Socialiste Ouvrier Espagnol (*Partido Socialista Obrero Español*, PSOE) au pouvoir en 1982 marquèrent la consolidation durable du régime démocratique» (Richard & Vorms, 2015, p. 5).

4   Dans un document rendu public, ETA-m qualifie le «Juancarlisme» de fausse illusion démocratique et l'accuse de s'inscrire dans les pas du Caudillo. L'organisation reproche leur «passivité» à plusieurs groupes politiques, leur attitude ayant contribué au crédit de la monarchie. ETA fait ainsi implicitement référence au PNV dont la «stratégie est exclusivement politique» (voir Nuñez, 1993, tome IV, p. 79). ETA déclare : «No podemos aplazar la lucha, porque la democracia liberal no representa para nosotros sino un objetivo táctico desde el que proyectarnos hacia la democracia popular. Para ello no nos sirven las organizaciones pacifistas sino que hemos de crear organizaciones de lucha, capaces de triunfar sobre el poder de la oligarquía,

emblématiques du franquisme sont supprimés : les Cortès se sont auto-dissoutes en adoptant la Loi pour la réforme politique en novembre 1976. Tel est également le cas en 1977 du syndicat unique ou Mouvement national, et des instruments de la répression politique comme le Tribunal de l'ordre public ou la Brigade politico-sociale. Néanmoins, pour une autre part, les structures administratives ont pour la plupart perduré et le personnel du régime, plutôt que d'être épuré, a été intégré aux nouvelles institutions postfranquistes (voir Baby, 2015, p. 52). La signature des pactes de la Moncloa en 1977 évoquait la nécessité d'une réforme des institutions policières héritées du régime précédent mais cet accord de principe n'a pas été mis en œuvre. Jusque dans les années 1980, les structures policières et militaires de l'État espagnol sont restées tributaires d'un appareil militaire conçu et composé par et pour le régime de franquiste (voir Lopez Garrido, 1987).

Le 30 juin 1976, Adolfo Suarez González est nommé président du gouvernement. À l'extérieur du régime, on s'étonne de la continuité politique entre la période franquiste et le postfranquisme. *Le Monde* souligne que la nomination d'Adolfo Suarez révèle une continuité politique plutôt qu'une rupture démocratique radicale (*Le Monde*, 19 juin 1976 ; voir aussi Richard et Vorms, 2015, p. 5). Le gouvernement Suarez révoque plusieurs cadres de l'armée, de la garde civile et de la police, tout en investissant de fonctions centrales dans le gouvernement de transition le lieutenant général José Vega Rodríguez, directeur général de la garde civile, nommé chef du premier état-major de l'armée. L'absence de purge est considérée comme le signe de la continuité du régime antérieur. Comme le disent souvent les militants : Franco est mort mais tout continua comme avant (voir Clark, 1984, p. 123)[5]. Le 30 juillet 1976, une amnistie est prononcée pour

---

tanto si éste se ejerce bajo formas dictatoriales como si lo hace bajo formas liberales. Y las organizaciones de lucha no se crean sino en la lucha misma » (cité *in* Nuñez, 1993, tome IV, p. 80).

5 Nicolas l'évoque de façon imagée : « En Espagne, on passe à tabac ou on torture. Ils ont torturé des milliers de personnes. Aujourd'hui encore là on cherche au bord des routes des gens qui ont été fusillés et enterrés au bord de la route, de la guerre civile. Et qu'aucun fasciste n'a été jugé. C'est le seul gouvernement au monde où il y a eu une dictature et personne n'a été jugé. Ils sont devenus, du jour au lendemain, démocrates. Ils se sont couchés fachos, ils se sont levés démocrates. C'est miraculeux ! Et si eux, ils sont morts parce qu'ils sont trop vieux, il y a la suite qui a pris le

les prisonniers politiques à l'exception de «ceux ayant attaqué la sécurité de l'État», ce qui exclut nombre de militants d'ETA. En revanche, «les partis politiques s'accordèrent pour ne pas revenir sur le passé, renonçant notamment à la poursuite judiciaire des crimes de la dictature» (Richard et Vorms, 2015, p. 5). La mort de Franco qui engendra beaucoup d'espoirs produisit, à terme, beaucoup de déceptions et de frustrations. Alors que la loi d'amnistie adoptée le 15 octobre 1977 était initialement conçue pour les délits politiques commis pendant le processus de transition, par ETA notamment, elle a contribué, dans les faits, à exclure toute possibilité de poursuite des crimes franquistes.

Face à ces circonstances, ETA-m déclare que les conditions politiques dans lesquelles continue de vivre le peuple basque sont similaires à celles qui ont rendu nécessaires la lutte armée. Dans le *Document Y* où ETA-m formule une proposition pour KAS, Juan Carlos est présenté comme un héritier de Franco et, de ce fait, constitue un ennemi d'ETA. Le PSOE et le PNV sont dépeints comme de simples représentants de la bourgeoisie libérale, le régime libéral étant appréhendé comme la simple continuité de la domination de la bourgeoisie espagnole. Dès lors, la libération du peuple basque suppose nécessairement de vaincre l'oligarchie espagnole en organisant le peuple derrière la classe ouvrière («ETA-m à KAS», in *Documentos Y*, vol. 17, p. 514, cité *in* Nuñez, 1993, tome IV, p. 80). ETA-pm, pour sa part, estime que la lutte armée renforcera le combat des masses. ETA-m et ETA-pm décident donc de poursuivre la lutte et la lutte armée. Néanmoins ETA-pm, du fait d'importantes pertes et d'un appareil militaire plus faible, se limite à la seule défense des prisonniers basques, à la levée de l'impôt révolutionnaire et aux enlèvements d'industriels ainsi que d'entrepreneurs basques. ETA-m, de son côté, prend pour cibles des mairies et toute personne ayant des liens avec le régime. S'initie également une campagne pour la défense de l'*ikurriña* (le drapeau basque).

L'instabilité de la période s'exprime de façon emblématique avec le coup d'État du 23-F mais coïncide plus largement, sur le plan macrosocial, avec un contexte où la violence se déploie de façon quotidienne. 3.200 événements

---

relais. Et ils sont toujours démocrates tant qu'on les presse pas parce que si on les mène à bout ils vont ressortir... C'est ça une transition !!». Elliot a une appréciation comparable du régime et de son devenir.

violents (avec plus de 700 morts) ont été recensés entre le décès de Franco et la fin de l'année 1982, ce recensement ne constituant qu'un « minimum » (Baby, 2012, p. 43). Ces événements ne consistent pas seulement en actes de violence politique classique mais en actions multiformes ayant entretenu un climat de violence durant toute cette période, qu'il s'agisse de menaces, d'émeutes, de protestations ou de troubles dans l'espace public où se mêlent violence des opposants et des agents de l'État. De la même façon, Paloma Aguilar et Ignacio Sánchez-Cuenca ont réalisé une base de données recensant toutes les victimes tuées du fait de la violence politique entre 1975 et 1982. Parmi ces 665 victimes, un quart (24 pour cent, *i.e.* 162 personnes) sont mortes du fait des actions répressives de l'État (Sánchez-Cuenca, 2015, p. 9). 503 autres personnes ont été victimes de la violence terroriste, ce qui souligne les caractéristiques propres du contexte politique espagnol, en ceci bien plus violent que les contextes grec ou portugais où les périodes post-dictatoriales, initiées en 1974 c'est-à-dire quelques mois avant celle qu'a connue l'Espagne, ont été bien moins sanglantes. Entre 1960 et 2013, quatre-vingt-quatorze personnes ont été tuées par les forces de sécurité de l'État que ce soit dans des commissariats, des postes de contrôle (*checkpoints*) ou au cours d'affrontements. Soixante-treize l'ont été par des groupes paramilitaires et d'extrême droite, dont soixante-et-une lors d'attaques commises par les GAL (Groupes Antiterroristes de Libération), le BVE, le GAE (Groupes Antiterroristes Espagnols), l'ATE (Antiterrorisme ETA) ou la Triple A (Alliance Apostolique Anticommuniste – *Alianza Apostólica Anticomunista* – AAA), quatre à la suite des enlèvements, trois lors de mobilisations sociales, trois sont portées disparues, deux femmes ont été violées puis tuées par ces groupes (Carmena, Mirena Landa, Múgica & Uriarte, 2013, p. 14). Le contexte espagnol postfranquiste s'avère donc, en tant que tel, violent. Dès lors, il importe de ne pas singulariser ou isoler la violence d'ETA alors que sont à l'œuvre des groupes paramilitaires et que la violence d'État est dénoncée par des organisations internationales. Il existe ainsi des phénomènes d'interactions entre la répression d'État et la poursuite des actions illégales par les groupes clandestins dont ETA fait partie.

L'absence de réelle transition ne se perçoit pas seulement dans la permanence du personnel politique et répressif aux fonctions gouvernementales mais aussi dans la répression illégale du « terrorisme » basque. En particulier, les groupes paramilitaires d'extrême droite jouent un rôle actif dans la liquidation des militants abertzales, notamment la Triple A, l'ATE et les Guerriers du Christ Roi. Le 23 juillet 1976, Eduardo Moreno Bergaretxe, dit *Pertur*, membre du comité exécutif d'ETA-pm, est enlevé en Iparralde puis tué. Quatre jours après sa disparition, la triple A et l'ATE revendiquent son exécution. Les paramilitaires sont à l'œuvre aussi bien en Hegoalde qu'en Iparralde. En Iparralde, la pression policière se renforce sur les réfugiés basques. Certains sont envoyés en exil sur l'Île d'Yeu. Les auteurs présumés de l'attentat contre Txomin Iturbe et José Miguel Beñaran, dit *Argala*, en mars 1976 sont arrêtés. Toutefois ce commando anti-ETA, composé d'une Française, d'un Espagnol et d'un Italien est immédiatement relâché, cette libération attestant d'une dissymétrie manifeste dans le traitement étatique de la violence illégale. En effet, entre 1975 et 1976, on compte 150 attaques contre des personnes liées à la gauche abertzale quels que soient leurs horizons (voir Nuñez, 1993, tome IV, p. 98).

ETA-m voit dans ces événements une persistance des fondamentaux du franquisme et une évolution favorable à l'oligarchie mais défavorable au peuple. ETA dénonce de façon récurrente un simulacre de sortie du franquisme[6]. Non seulement le même personnel politique perdure mais les procédés de répression sont comparables. La logique action-répression-action ou ce qu'ETA nomme la « continuité répressive » permane. L'Opération Galaxia qui prépara le coup d'État du 23-F, dans lequel sont impliqués plusieurs militaires haut gradés ainsi que des officiers de la garde civile (en l'occurrence le capitaine Ricardo Saenz de Ynestrillas et le lieutenant-colonel Antonio Tejero Molina), constitue, pour l'organisation, une illustration emblématique de cette continuité.

La persistance d'une très forte répression d'État à l'égard des Basques joue donc un rôle majeur dans la poursuite des actions violentes par ETA.

6 « Qué sentido tiene hablar de democracia en Euskadi… […] hace dos años, bajo la batuta de Fraga, asesinaron en Gasteiz a cinco luchadores obreros, son los mismos que hace apenas un año ametrallaron a nuestros compañeros *Zaharra* y Goikoetxea en Itsaso y son los mismos que hoy, a las órdenes del democrático Suárez, continúan reprimiendo las aspiraciones populares, como en el caso de la Central Nuclear de Lemoiz » (*Communiqué d'ETA au peuple basque*, 8 mars 1978, cité *in* Nuñez, 1993, tome V, p. 60).

Le ciblage de la répression gouvernementale offre l'une des raisons du sentiment de continuité entre l'avant et l'après Franco. La police et les cours de justice espagnoles traitent les membres d'ETA avec une sévérité bien plus grande que les autres opposants politiques et économiques. La police avait coutume de torturer toute personne liée à ETA mais assez peu les autres opposants au régime. Or la torture s'inscrit dans un système de répression étatique visant à démobiliser la société (voir Dorronsoro, 2012). Elle a été systématiquement utilisée pour réprimer l'activisme au Pays basque[7]. Si, dans certains cas, elle peut donner lieu à une démobilisation, elle nourrit, dans d'autres cas, une dynamique de radicalisation qui renforce la mobilisation comme dans le cas du Pays basque – ainsi qu'on l'observe également sur d'autres zones de conflit telles les provinces à majorité kurde du sud-est de la Turquie. Les caractéristiques de cette répression, qui s'est fortement abattue sur les membres d'ETA, poussent ces derniers à ne voir aucune différence dans le comportement de la police avant et après la mort de Franco. Ces formes de répression alimentent l'idée que « rien n'a changé avec la transition ». En revanche, pour la plupart des autres secteurs de la société, la différence entre l'avant et l'après Franco est notable. De ce fait, le besoin de résistance y décroît (voir Ibarra Güell, 1987a, p. 85-88 ; 1987b, p. 78-79, 132-133, 149-155). Cette divergence de traitement contribue à expliquer les différences de *perception* de la structure des opportunités politiques (SOP) – sur laquelle nous reviendrons ultérieurement – par les militants basques et les autres opposants politiques (voir infra chapitre 3 ainsi que les éléments objectifs mettant en question la réalité de la transition postfranquiste).

Du point de vue politique et concernant les revendications portées par la gauche abertzale, se cristallisent de fortes divergences autour de la Constitution et de son élaboration qui interrogent l'ouverture de la SOP pour la gauche abertzale. Après les élections de 1977, celle-ci refuse de participer au processus d'élaboration de la nouvelle Constitution espagnole. Plusieurs propositions constitutionnelles semblent inacceptables : la

---

7   Voir le rapport de l'ONU, 2008 ; les six condamnations de l'État espagnol par le Tribunal Européen des Droits Humains (TEDH) depuis 2010 ; le rapport de l'Institut Basque de Criminologie de l'Université du Pays Basque issu du Projet de recherche sur la torture et les mauvais traitements au Pays basque entre 1960 et 2014.

réforme de la monarchie, l'adoption du système capitaliste, l'absence de liberté d'expression et d'opinion, la persistance des structures du franquisme après la mort de Franco, le refus de reconnaître et d'accorder le droit à l'auto-détermination des nations, la loi antiterroriste, la division du Pays basque, le caractère obligatoire de l'apprentissage du castillan, le processus de disparition de la langue basque, l'absence de liberté.

En avril 1978, les « Tables d'Alsasua » réunissent l'alternative KAS, la Convergence Socialiste Basque (ESB), l'Action Nationaliste Basque (EAE-ANV) et le Parti pour la Révolution Basque (EIA)[8]. Une nouvelle formulation de l'alternative KAS est adoptée, s'énonçant en cinq points : 1. l'amnistie, c'est-à-dire la libération de tous les prisonniers politiques basques ; 2. les libertés démocratiques, c'est-à-dire la légalisation de tous les partis politiques indépendantistes ; 3. le retrait de la garde civile, de la police nationale et de l'armée espagnole du Pays basque ; 4. l'amélioration des conditions de vie et de travail pour les classes populaires, en particulier pour la classe ouvrière ; 5. un statut d'autonomie, impliquant notamment la reconnaissance de la souveraineté nationale du Pays basque, son droit à l'autodétermination incluant le droit à la création d'un État indépendant, le contrôle des forces armées présentes sur le territoire par le Gouvernement basque, la reconnaissance de l'*euskara* comme langue officielle et prioritaire du Pays basque.

Au cours de ces réunions, les forces indépendantistes basques rejettent la nouvelle Constitution dans la mesure où elle dénie les droits des minorités et confère à l'armée la fonction de défendre l'unité nationale (article 8)[9]. La nouvelle Constitution est fondée sur « l'unité indissoluble de la nation espagnole (article 2). Pour beaucoup de Basques, l'esprit et la structure franquistes semblent perdurer dans l'influence qu'exerce l'armée sur l'élaboration de la Constitution espagnole et le fait que celle-ci privilégie une logique d'unité nationale (art. 2 de la Constitution) à l'encontre des

---

8   *Eusko Abertzale Ekintza* – Acción Nacionalista Vasca (EAE-ANV) ; *Euskal Iraultzarako Alderdia* (EIA).
9   Citons pour mémoire l'article 2 de la Constitution : « La Constitución se fundamenta en la indisoluble unidad de la Nación Española... », et l'article 8 : « Las fuerzas armadas... tienen como misión garantizar la soberanía e independencia de España, defender su integridad territorial y el ordenamiento constitucional ».

minorités territoriales, refusant de ce fait toute compétence fédérale aux communautés autonomes (art. 145) (voir Nuñez, 1993, tome V, p. 65-66)[10]. La nouvelle Constitution que se donne l'État espagnol est adoptée sans être approuvée au Pays basque. *Herri Batasuna* s'oppose à la Constitution[11]. Dans un entretien proposé au *Monde*, ETA-m récuse le caractère démocratique de l'État espagnol après la mort de Franco, argumentant qu'en dépit de l'existence d'un gouvernement socialiste, la tradition d'un État conservateur perdure (voir *Le Monde*, 7 janvier 1983)[12]. Les interactions entre les parties en présence ont donc des effets sur les positionnements respectifs des acteurs dans le jeu politique.

Ces interactions opèrent également sur le plan méso-social et expliquent partiellement la poursuite des actions armées et de la violence par ETA notamment dans les années 1978-1980. Durant ces trois années ETA-m, persistant dans la défiance face aux réformes menées par Suárez, continue de mener des actions militaires contre des politiciens, des officiers de police et des journalistes. Alors qu'entre 1968 et 1977, l'organisation tue en moyenne dix sept personnes par an, dans les années 1978 à 1980, il s'est agi de plus de soixante-cinq personnes. Cette augmentation supporte plusieurs explications de nature méso-sociale. 1. En premier lieu, la peur aiguë d'une disparition linguistico-culturelle aurait poussé certains membres du groupe dans des actions inhabituellement violentes (voir Payne, 1979, p. 167 ; Zirakzadeh, 1991, p. 195). 2. Ensuite, la rivalité dans le recrutement

---

10 « Las fuerzas armadas españolas, caracterizadas durante largo tiempo por un alto nivel de reproducción endogámica, habían forjado una doctrina, que procedía del siglo XIX, según la cual su misión más relevante era la defensa de la unidad de la patria contra el enemigo interior » (Tuñon de Lara, 1992, p. 124).

11 HB (Unité populaire) est une coalition politique fondée le 27 avril 1978, favorable à un Pays basque socialiste et indépendant.

12 « La démocratisation du régime espagnol est très relative. La police, l'armée, sont restées franquistes, tout particulièrement au Pays basque. La forme du pouvoir peut bien avoir changé, le fond, lui, est le même. En second lieu, ce qui peut arriver à Madrid regarde les Espagnols, pas nous. Sauf si ce nouveau gouvernement, qui dispose d'une majorité absolue et homogène aux Cortès, acceptait enfin la révision qui s'impose, et osait défier l'armée, l'oligarchie, les nostalgiques du franquisme. Mais c'est, pour le moins, improbable... Alors, à nos yeux, la mobilisation est plus que jamais à l'ordre du jour » (Iñaki Esnaola (HB), *Le Monde*, 7 janvier 1983).

de nouvelles personnes et la peur de perdre des militants conduisent les organisations armées concurrentes au sein d'ETA à surenchérir par leurs actions et à réaffirmer, à travers elles, leur existence. La rivalité des organisations pèse sur les options stratégiques et le choix des actions perpétrées (voir Della Porta, 1995). ETA-m, plus favorable à une stratégie armée, est à cette époque minoritaire. Or la difficulté à se procurer des armes et à recruter des militants trouve une issue en mai 1977 à l'occasion d'une nouvelle scission au sein d'ETA-pm. Les groupes *Bereziak* quittent ETA-pm et rejoignent avec leurs armes ETA-m. L'apport de ces nouveaux militants a probablement joué un rôle dans l'offensive menée par ETA-m à la fin de l'année 1977. 3. Enfin la multiplication des actions militaires a d'abord une fonction stratégique : craignant de perdre du terrain du fait des réformes postfranquistes et considérant que la possibilité d'une réforme politico-économique radicale a été perdue, les groupes *Bereziak* et ETA-m tentent de rester des figures centrales du paysage politique en forçant le gouvernement espagnol à prendre en compte leurs revendications (voir Clark, 1984, p. 106 ; Ibarra Güell, 1987, p. 107, 116-127). Plusieurs facteurs mésosociaux permettent donc, à leur tour, d'expliquer la poursuite et l'augmentation des actions militaires d'ETA après 1977. En premier lieu, la fin de difficultés internes à l'organisation induite par plusieurs scissions. Deuxièmement, la division entre modérés et radicaux au sein du mouvement abertzale résultant de décisions prises à l'issue des élections générales de 1977. Enfin, sur le plan macrosocial, la chute des mobilisations populaires après l'amnistie de 1977.

2.1.2 *La transition vers la démocratie*

Les éléments précédemment évoqués permettent de comprendre pourquoi dans les années qui ont immédiatement suivi la fin de la dictature se sont poursuivies les opérations armées des groupes illégaux. Si d'un point de vue normatif ou axiologique, on peut s'étonner que les actions militaires d'ETA se perpétuent durant la période de transition – dans la mesure où l'on voudrait qu'une perspective de démocratie institutionnelle apaise tous les conflits –, de même, d'un point de vue structurel et analytique, la persistance de l'instabilité politique peut surprendre une fois la Constitution adoptée et la transition vers un régime démocratique initiée.

Plusieurs éléments permettent d'élucider ces questions qu'il s'agisse des enjeux politiques associés à la décision d'ETA de s'engager dans le cycle action-répression-action[13], des effets de la violence ainsi que du terrorisme d'État ou de la transformation du conflit en une guerre d'usure.

Pourquoi la violence illégale persiste-t-elle dans un contexte de transition vers et d'instauration d'un régime démocratique ? On a coutume de condamner ETA au motif que le nombre d'attentats commis par l'organisation est supérieur après la mort de Franco à ceux commis durant la dictature (voir Loyer et Aguerre, 2008 ; Loyer, 2015). Pourtant la littérature en sciences politiques montre que la violence politique (guerres, guerres civiles, terrorisme) s'accroît dans des régimes en transition ou dans des régimes mixtes (appelés « anocracies »), c'est-à-dire dans des régimes où s'associent des éléments démocratiques mais aussi des éléments autoritaires (voir Fearon & Laitin, 2003 ; Gleditsch, Hegre & Strand, 2009 ; Gurr, 1993 ; Hegre, Ellingsen, Gates & Gleditsch, 2001 ; Mansfield & Snyder, 1995 ; Muller & Weede, 1990 ; Snyder, 2000). En effet, dans une dictature, d'une part, la répression est tellement forte qu'elle décourage de potentiels rebelles. De ce fait, les protestations violentes sont annihilées dans l'œuf. *A contrario*, dans des démocraties consolidées, la répression est faible. Les opportunités politiques sont favorables à une action politique collective. Dans un régime de transition enfin, d'un côté, l'État perd une partie de son pouvoir répressif mais, d'un autre côté, les droits garantissant des revendications pacifiques ne sont pas totalement assurés. Ainsi lorsque la contestation survient, elle peut très facilement devenir violente. On peut alors formuler l'hypothèse de l'existence d'une courbe en U inversée entre la violence et les droits civils (Sánchez-Cuenca, 2009, p. 16). En ce sens et cette hypothèse semble pertinente pour expliquer la violence politique durant la transition espagnole, les phénomènes de violence sont d'autant plus importants que le régime est en transition. Ce serait donc par ce type de processus politiques que s'expliquerait le répertoire d'actions d'ETA (en l'occurrence illégal et militaire) et d'autres

---

13   Que nous analyserons en détail dans les chapitres 3 (3.2) et 6.

groupes armés durant la période préconstitutionnelle et la phase de transition vers la démocratie[14].

Réciproquement, la répression exerce sur la mobilisation un effet curvilinéaire et par conséquent un effet de radicalisation majeur, lorsqu'elle se situe à un niveau *intermédiaire* (Tilly, 1978), qu'il s'agisse d'une répression continue ou d'une brusque accélération. Or ce facteur joue un rôle décisif au Pays basque. Enfin, l'instauration d'un régime démocratique peut conduire les militants qui ont pris le plus de risques dans l'opposition à une très forte désorientation. Ce type de phénomène, qui caractérise les transitions démocratiques négociées par les élites, pose la question des effets durables de la répression dictatoriale et, plus précisément, des conséquences de la radicalisation politique sur les formes du militantisme (voir Cuadros, 2013, p. 53).

L'approche interactionniste permet de mieux saisir l'effet des phénomènes de répression et l'incidence de la politique d'État en la matière sur les groupes clandestins. En effet, dans certains contextes, la répression contribue à radicaliser les activistes (Gurr, 1970 ; Della Porta, 1995). Plus les stratégies de la police sont brutales, moins elles semblent capables de surmonter la radicalisation de la protestation. Si, pour une part, la répression tend à décourager les militants les plus modérés, qui retournent à leur vie privée et laissent ainsi la place, au sein de la protestation, aux franges les plus radicales du mouvement (voir Tarrow, 1989), pour une autre part, la répression tend à radicaliser les plus modérés, comme on le perçoit dans le cas basque où un événement particulièrement marquant de répression cristallise un moment clef, un tournant de l'engagement des personnes interrogées, ainsi que nous le verrons ultérieurement (voir chapitres 4-5). En particulier, la répression indiscriminée est celle qui semble la plus contre-productive, dans la mesure où elle élargit le cercle des victimes et accroît les sentiments d'injustice (voir infra le cas de Xavier). La militarisation du territoire aussi bien que la torture des militants arrêtés nourrissent la colère des opposants et l'usage de moyens violents par ces derniers (Della Porta, 2013, p. 67). De

---

14 En outre à la suite du 23-F de très nombreuses arrestations ont lieu ce qui peut expliquer la réduction du nombre des actions militaires au cours des années ultérieures. Des aspects organisationnels s'associent aux facteurs macrosociaux pour expliquer les variations dans la perpétuation des actions militaires par ETA.

même, plus la répression est perçue comme indiscriminée et injuste, plus la solidarité de la population est grande ou au moins la tolérance à l'égard des groupes clandestins (voir Della Porta, 2013, p. 284). Ce phénomène s'illustre dans la solidarité que démontre le Pays basque nord avec les militants du sud persécutés pendant la période franquiste puis ultérieurement avec les réfugiés et les acteurs clandestins.

Ainsi les mesures de répression indiscriminées et très étendues, au même titre qu'une répression injustifiée contre l'ensemble de la population, sèment le doute dans une partie de la communauté basque quant à la réalité de la transition vers la démocratie après la mort de Franco. De multiples arrestations sont menées lors de manifestations ainsi que des violences pouvant aller jusqu'à la mort. La violence policière est déployée contre des civils lors de manifestations pacifiques. La répression des mouvements sociaux se perpétue le 3 mars 1976 à Vitoria-Gasteiz où cinq ouvriers sont tués dans une église[15], en 1977 durant la semaine pro-amnistie qui se tient du 8 au 15 mai dans les provinces d'Álava, Guipúzcoa, Biscaye et Navarre où une amnistie complète – y compris pour les « crimes de sang » est revendiquée –, le 8 juillet 1978 aux fêtes de Pampelune (fêtes de Saint Fermin, dites Sanfermines) à la suite du déploiement d'une banderole demandant l'amnistie totale des prisonniers basques[16], et y compris lors de manifestations contre la répression comme en décembre 1979 (*El País*, 4 décembre 1979).

Bien que la politique d'Adolfo Suarez soit plutôt orientée vers le compromis, elle s'est avérée assez ambivalente à l'égard du nationalisme basque comme l'ont montré le faible soutien à la législation du drapeau basque (l'*ikurriña*) et l'exclusion de la loi d'amnistie de 1975 et 1976 des membres d'ETA alors prisonniers. La loi d'amnistie (*Ley de Amnistía* 46/1977) du 15 octobre 1977 concerne tous les crimes et délits politiques commis avant le 15 décembre 1976 (article I, a) ainsi que d'autres plus tardifs liés « au rétablissement des libertés publiques ou à la revendication des autonomies », lorsqu'il n'y a pas eu de « violence grave contre la vie ou l'intégrité des personnes ». Elle exclut ainsi les auteurs de crime de sang ou d'atteinte

---

15 <https://www.eitb.eus/es/radio/radio-vitoria/3-de-marzo-de-1976/noticias/detalle/4680328/41-aniversario-masacre-3-marzo-1976-vitoriagasteiz/>; <https://www.eitb.eus/es/radio/radio-vitoria/3-de-marzo-de-1976/>.
16 Un étudiant est tué et 150 personnes blessées.

à l'intégrité physique d'autrui et par conséquent une grande partie des prisonniers d'ETA (article I, c). Bien que prononçant l'amnistie des délits de nature politique entre la fin du franquisme et les débuts de la transition, cette loi a eu pour effet de garantir l'impunité pour les actes de violence institutionnelle effectués sous la dictature, c'est-à-dire pour les criminels franquistes responsables de violations des droits de l'homme, en levant la responsabilité judiciaire des auteurs d'attentats de cette période et en écartant la possibilité de poursuites judiciaires à leur endroit. Ni les responsables de tortures ni les auteurs d'abus de pouvoir sous la dictature ne peuvent être poursuivis[17]. Pour cette raison, la loi d'amnistie est considérée par beaucoup comme une loi d'impunité, qui bloque toute tentative d'instruction des crimes du franquisme, y compris ultérieure par des juges comme Baltasar Garzón (voir Baby, 2015, p. 50 ; Richard & Vorms, 2015, p. 5)[18].

Ce contexte contribue à détourner les Basques du soutien à la Constitution quoique le Statut d'Autonomie, approuvé en décembre 1979 par le Parlement, reconnaisse les compétences du gouvernement et du parlement basques – à l'exception de ceux de Navarre – sur les questions de police, de culture, d'éducation, de santé, d'industrie et d'agriculture[19]. Ces institutions reçoivent le droit de collecter l'impôt et l'*euskara* est reconnu comme langue officielle. Une radio et une télévision basques sont créées. Toutefois pendant de nombreuses années encore la répression des mobilisations est restée très conséquente (voir Jaime-Jiménez & Reinares, 1998, p. 173).

---

17   En échange des dispositions de la loi d'amnistie, les réformistes du régime sortant ont accepté la libération de tous les prisonniers politiques, la légalisation du Parti communiste espagnol et des élections libres en juin 1977 (voir Rozenberg, 2006, p. 177).
18   En dépit de l'adoption en 2007 de la *Ley de Memoria Histórica* (la loi de «mémoire historique») qui, pour la première fois en Espagne depuis la fin de la dictature, condamne le franquisme.
19   Le statut de Guernica, approuvé en 1979, donne une autonomie au Pays basque mais la Navarre est exclue de ce statut. Elle a sa propre communauté autonome. En 1980, ETA rejette ce Statut d'Autonomie et «la division du Pays basque» en deux communautés autonomes.

Hegoalde, Iparralde : deux contextes distincts 53

La répression paramilitaire sévit contre les militants abertzales[20] et la persécution des représentants politiques de la gauche abertzale se poursuit au cours des années 1980 puis ultérieurement[21]. Ces éléments ont contribué à drainer de nouvelles recrues vers ETA et à renforcer le mouvement dans sa logique de violence politique[22]. Les vingt-sept assassinats commis par les GAL entre 1983 et 1987 ont également fourni des arguments à tous ceux qui contestaient la réalité de l'évolution de l'Espagne vers un État de droit. Ultérieurement, dans les années 1980, plusieurs collectifs basques sont inscrits sur la liste des organisations terroristes et considérés comme faisant partie de la sphère d'action d'ETA : KAS, *Xaki, Ekin, Jarrai-Haika-Segi, Gestoras Pro-amnistía, Askatasuna, Batasuna* (c'est-à-dire *Herri Batasuna* et *Euskal Herritarrok*). Les associations de jeunesse et journaux de la gauche abertzale sont relégués au rang d'organisations radicales et illégitimes par les nouvelles autorités, entraînant le plus souvent répression violente et criminalisation des protestataires, dans une logique de répression large et indiscriminée. Les réactions du pouvoir et son intransigeance face à ces formes d'expression et de militantisme nourrissent la radicalité, comme nous le verrons avec l'intégration d'ETA par les jeunes générations (voir Ekhine et Oier). La loi organique 7/2000 adoptée le 22 décembre 2000 statue sur la responsabilité pénale des mineurs, en relation avec des délits de terrorisme. Elle vise à sanctionner les actions de *kale borroka* (combat de rue) en les intégrant au champ de la répression du terrorisme comme une forme de « terrorisme de basse intensité ». Les jeunes abertzales participant

20 L'enlèvement puis l'assassinat de José Antonio Lasa et José Ignacio Zabala le 15 octobre 1983 à Bayonne en est un des exemples les plus connus. Voir la conférence de presse donnée par Jokin Gorostidi, dirigeant de la table nationale d'HB (*El País*, 4 mai 1982 ; <https://elpais.com/diario/1982/05/04/espana/389311214_850215.html>).
21 Vingt-trois dirigeants d'*Herri Batasuna* sont condamné à sept ans de prison ferme par le Tribunal suprême espagnol, le 1er décembre 1997, pour collaboration avec un groupe armé et apologie du terrorisme. La décision est annulée par le Tribunal constitutionnel le 20 juillet 1998.
22 Pour une comparaison avec d'autres conflits, voir l'Irlande du nord (O'Dochartaigh [1997], 2005, chapitre 8 ; Bosi, 2012, p. 358).

à la *kale borroka* se voient associés par l'État à la répression du terrorisme, poussant certains d'entre eux à entrer en clandestinité[23].

De la même façon, la violence paramilitaire dont il sera rapidement établi qu'elle est liée au gouvernement espagnol participe de la radicalisation des groupes clandestins basques[24]. L'étude statistique menée par Sánchez-Cuenca (2009) suggère des résultats inattendus concernant les effets de la violence d'État et de la violence paramilitaire sur les actions menées par ETA. Alors que les actions des GAL semblent ne pas avoir d'incidence directe sur celles d'ETA, tel n'est pas le cas des attentats menés par l'extrême droite. La guerre sale perpétrée par les GAL, organisée et contrôlée par le gouvernement socialiste de Felipe González (voir Guittet, 2000), paraît ne pas avoir d'effet sur le cycle de la violence d'ETA pas plus qu'elle ne semble provoquer de réaction à ces actions quoique les GAL aient plutôt œuvré en Iparralde[25]. Cependant la violence moins organisée et plus spontanée de l'extrême droite entre 1978 et 1982 a eu un effet statistique sur les actions d'ETA : l'accroissement des actions violentes de l'extrême droite est corrélé à la recrudescence de la violence d'ETA. Toutefois une analyse plus précise est requise afin de déterminer le rapport de causalité entre les actions de ces groupes et pour comprendre lequel des deux réagit aux actions de l'autre (Sánchez-Cuenca, 2009, p. 13). Les actions menées par l'extrême droite pour neutraliser ETA ne contribuent donc pas à réduire ses agissements, bien au contraire. Tel n'est pas le cas, en revanche, concernant les GAL que ce soit sur le court terme ou avec un décalage temporel (Sánchez-Cuenca, 2009, p. 14). Ainsi des facteurs macro- et mésosociaux expliquent la poursuite

---

23 Entre 2004 et 2008, 149 personnes sont arrêtées en lien avec la *kale borroka* et quatre-vingt-treize entre 2008 et 2011 (chiffres du ministère de l'intérieur espagnol).

24 Parmi les cinquante militants d'ETA rencontrés ayant connu, dans les années 1980, l'époque des GAL en France, vingt-trois ont fait mention d'une expérience directe (attentats contre leur personne) ou indirecte avec les GAL (*i.e.* qui a touché des familiers). Tel est également le cas pour trois membres d'IK ayant vécu dans le contexte où les GAL frappaient.

25 Ce qui ne signifie toutefois pas que les actions des GAL soient sans conséquence puisque celles-là ont par exemple, sur le court et le moyen terme, contribué à renforcer le soutien à ETA et ont ébranlé la légitimité du gouvernement espagnol au Pays basque.

de la lutte armée par certaines organisations illégales dans une logique d'interaction réciproque.

2.1.3 Pourquoi la violence persiste-t-elle dans les années 1980 et après l'élection du gouvernement socialiste ?

Afin de saisir sur la période historique des années 1980 les raisons de la poursuite des actions des organisations illégales, plusieurs facteurs doivent être pris en compte qu'ils soient de niveaux méso- ou macrosocial. Il s'agit en particulier des politiques répressives légales et illégales de l'État espagnol, de la forclusion de la négociation politique et de l'échec des négociations politiques, des effets d'une guerre d'usure entre les organisations illégales et l'État espagnol, d'un conflit qui s'enlise, ETA tentant de maintenir une pression sur l'État espagnol, celui-ci durcissant, en réaction, sa politique antiterroriste.

Sur le plan institutionnel et après le référendum sur la nouvelle Constitution, se sont succédé à la présidence du gouvernement espagnol Adolfo Suárez González de l'Union du centre démocratique (1977-1981), Felipe González Márquez (socialiste) qui gouverne de 1982 à 1996, José María Aznar du Parti Populaire (PP) qui succède à F. González de 1996-2004, puis José Luis Rodríguez Zapatero du PSOE de 2004 à 2011 et enfin Mariano Rajoy (PP) de 2011 au 1er juin 2018. Au terme de cette période, ETA annonce sa dissolution le 2 mai 2018.

En matière de répression et d'usage illégal de la violence par l'État, le gouvernement espagnol socialiste persiste dans le recours à des mesures fortement répressives à l'encontre du mouvement abertzale et de ses revendications. Ainsi l'essentiel de l'arsenal juridique espagnol contribuant à la définition et à la lutte contre le terrorisme a été élaboré dans les premières années de la démocratie espagnole. Non seulement la politique répressive ne réduit pas son intensité mais la violence paramilitaire croît tout de même que les revendications de la gauche abertzale peinent à faire entendre leur voix[26]. Ainsi le ministre de l'Intérieur, José Barrionuevo, s'attèle

---

26 « Hay una cosa que no se quiere entender. Claro que el Estado español ha cambiado, ha habido progreso… pero yo no soy español. Es como si miras la Península Ibérica

à l'instauration d'un plan pour « restaurer l'ordre public » au Pays basque. Le plan ZEN, *Zona Especial Norte* (Zone Spéciale Nord) est présenté aux députés espagnols en juin 1983 et officialisé en septembre de la même année. Il propose une coordination des institutions politiques et policières au Pays basque, mobilisées dans la lutte contre le Mouvement de Libération Nationale Basque (MLNV) en général et contre ETA en particulier (voir Guittet, 2000). Le plan, aussi nommé « doctrine Damborenea » du nom du Secrétaire général du PSOE au Pays basque, Ricardo Damborenea, reprend les discussions engagées sur le rétablissement de l'ordre dans cette région à l'époque du gouvernement Suarez et qui s'étaient tenues, au sein du ministère de l'Intérieur avec Juan José Roson et Francisco Laina (ancien directeur de la Sécurité d'État sous le gouvernement Suarez) (voir Guittet, 2000). Le plan ZEN vise à « éradiquer l'influence de l'ETA au sein de la population basque et à détruire son appareil militaire » (CEDRI, 1990, p. 81). Il affirme la nécessité de nouer des liens avec l'ensemble des représentations et organisations politiques, sur le plan local (*i.e.* au Pays basque), national et international afin d'isoler ETA. Le plan s'appuie sur les forces de sécurité, les médias, la coopération antiterroriste internationale ainsi que sur un arsenal juridique (voir la loi 9/1984). Il participe enfin à la création des GAL dont l'activité est la plus intense en 1984-1985 et qui porte à son compte trente-et-une morts et vingt-cinq blessés entre 1983 et 1986 (voir *Le Monde*, 18 août 1995). Le plan ZEN obéit à une logique de guerre (Guittet, 2000, p. 68), visant à nier la dimension politique des revendications abertzales, et dont des témoignages comme celui d'Isée confirment la réalité du déploiement au Pays basque sud.

Or la perception de l'implication des institutions d'État dans la violence paramilitaire au Pays basque accroît le doute quant à la qualité démocratique du système en place[27]. La répression qu'a connue le Pays basque durant la dictature se perpétue après la mort de Franco, comme ce fut le

---

    con una lupa y sólo te fijas en Madrid. En Euskadi jamás se ha torturado tanto. Los socialistas españoles son los que han puesto en marcha el *Plan ZEN* » (Eugenio Etxebeste, *Libération*, 5 février 1985, voir aussi *El País*, 5 février 1985).

27 Pour une comparaison avec l'Italie où l'État a également soutenu les actions militaires illégales de l'extrême droite contre l'extrême gauche, voir Della Porta, 2013, p. 42.

cas en Italie pour l'extrême gauche (voir Della Porta, 2013, p. 44). Les assauts mortels menés par la police ou les assassinats conduits par l'extrême droite incarnent des événements transformatifs (*transformative events*), désignant de nouveaux tournants dans la spirale de la violence pour les militants abertzales. Ces événements nourrissent la mémoire collective et sont le support d'émotions intenses chez les militants, tels l'assassinat à Tolosa par la garde civile le 17 octobre 1979 de Francisco Aldanondo Badiola, dernier prisonnier d'ETA-pm à avoir été amnistié et libéré en décembre 1977. L'exécution arbitraire de certains militants en offre d'autres exemples, tels Juan Mari Ormazabal, dit *Tturko*, le 29 août 1991, ou le sort réservé à José Antonio Lasa et José Ignacio Zabala, enlevés et torturés en octobre 1983 par les GAL et dont les corps sont retrouvés en janvier 1985 dans le sud de l'Espagne. On pourrait encore évoquer le cas de Juan Calvo Azabal qui meurt le 19 août 1993 des suites de la torture dans la caserne de l'*Ertzaintza* à Arkaute[28]. Il avait été arrêté par la *Ertzaintza* sur le soupçon d'avoir volé une voiture. Il est retrouvé mort à l'hôpital de Txagorritxu de Gasteiz. Son corps est entièrement contusionné et l'autopsie révèle qu'Azabal est mort par asphyxie.

Le jeu des forces politiques partisanes perpétue également les clivages de l'époque franquiste, comme en témoigne Flavien, évoquant le contexte de son engagement, c'est-à-dire les années 1980 :

> En Navarre, le principal débat a été l'union institutionnelle avec le reste des territoires basques ou une institutionnalisation différenciée. La seconde a été imposée, mais il s'agissait d'un processus très conflictuel. Les franquistes se sont faits passer pour des démocrates de toujours et il y a eu beaucoup de colère et de frustration parce qu'il n'y a pas eu de véritable rupture avec la dictature. C'était précisément le débat d'époque : rupture (démocratisation radicale avec purge de l'appareil d'État, poursuite des crimes de la dictature, droit à l'auto-détermination des peuples, processus constitutif...) *vs.* réforme (passage de la loi à la loi, continuité des appareils d'État, oubli du passé, non-jugement des responsables de la dictature...). Ce fut un débat très intense et violent. La droite, qui continuait d'être encore franquiste, était anti-basque, autoritaire et dépourvue de culture démocratique. Il convient de rappeler que l'un

---

28 <http://gara.naiz.eus/paperezkoa/20070820/34367/es/Los-mismos-que-mataron-Calvo-han-querido-impedir-su-homenaje>; <https://elpais.com/diario/1995/02/24/espana/793580407_850215.html>.

des débats de ces années a porté sur l'élimination d'un symbole franquiste dans l'emblème de la Navarre. La droite a produit une défense totale de la dictature tout se réclamant de la démocratie. Cela nous a semblé brutal. Quand je vois maintenant le retour de ce franquisme d'extrême droite, je me souviens de ces années. Cette droite semblait forte et savait qu'elle marquait les limites de la transition. Cela a provoqué beaucoup de rejets, bien sûr.

Or la littérature sur les mouvements sociaux montre que plus la police adopte un comportement tolérant, sélectif, précis et souple, plus la contestation se diffuse. En revanche, plus les techniques de maintien de l'ordre sont répressives, indiscriminées et violentes, plus la contestation pacifique des masses se trouve découragée, pour une part, mais, pour une autre part, la frange la plus déterminée de la contestation se voit davantage galvanisée (voir Della Porta, 2013, p. 48). De même, les politiques antiterroristes peuvent, comme telles, être à l'origine d'un surcroît de radicalisation. Ainsi le conflit au Pays basque sud illustre la façon dont les politiques coercitives et répressives maintenues sur le long terme, « transforment en profondeur les pratiques protestataires, leurs sens et leurs enjeux » (Geisser, Karam & Vairel, 2006, p. 197-198). Le développement du phénomène de la *kale borroka*, des sabotages et de l'insurrection urbaine à partir de 1995 en offre un exemple (voir Ferret, 2012, 2014). Ces événements ont été le point de départ d'une criminalisation de la jeunesse basque à laquelle sont appliquées les lois antiterroristes en cas de rébellion (voir «Kale borroka mintzo», *Herria Eginez*, novembre 1995)[29].

29 «Euskal Herria, ante la estrategia criminal de los estados francés y español, que quieren hacerla desaparecer como pueblo, tiene derecho a utilizar cualquier tipo de lucha para hacerse dueña de su futuro.» «Golpeamos cuando vemos que es necesario y posible. Algunas veces como respuesta a la represión, otras ante un hecho especial, muchas veces acciones que tienen un carácter puramente ofensivo [...] los sabotajes no los hacemos sólo para responder, sino también para atacar, aunque medimos mucho las acciones que hacemos, no solo tomando medidas en torno a nuestra seguridad, sino también analizando las consecuencias que pueden tener los sabotajes. Ponemos mucho cuidado para que no ocurran consecuencias que no deseamos» (*in* Egaña, 2005, tome IX, p. 187). Interprétation du phénomène par ETA : «la *kale borroka* debe tener su propio sentido. Los que la practican deben medir muy bien sus objetivos y su voluntad de compromiso, y saben que si quieren elevar ese nivel de compromiso, si quieren estar a favor de Euskal Herria de

Après l'exécution de Miguel Ángel Blanco en juillet 1997, la politique antiterroriste de l'État espagnol semble amorcer une nouvelle étape. Le 6 octobre 1997, la Cour Suprême accuse certains membres de la Table Nationale (*Mahaikides*) de « collaboration avec un groupe armé » en raison de l'introduction, dans leur campagne publicitaire, du slogan « Alternative Démocratique » associé à ETA[30]. Le 1er décembre 1997, cette même juridiction condamne vingt-trois dirigeants d'HB à sept ans de prison pour collaboration avec un groupe armé et apologie du terrorisme. Néanmoins la décision est annulée par le Tribunal constitutionnel le 20 juillet 1998 (*El Mundo*, 20 juillet 1999). Quelque temps plus tôt, la rencontre d'Ajuria Enea du 28 septembre 1997 poursuit la discussion sur le sort des prisonniers en maintenant HB à l'écart des pourparlers, cette exclusion provoquant des insurrections urbaines (*kale borroka*) et une riposte d'ETA. À la même époque, le dialogue entre les porte-paroles de l'organisation et le gouvernement espagnol est marqué par une succession d'échecs que ce soit en Algérie dans les années 1988-1989, en 1990 à Saint-Domingue ou en 1998-1999 à Zurich. Le 4 avril 1989, ETA publie un communiqué affirmant que les négociations d'Alger ont été rompues du fait que le gouvernement n'a pas respecté les points sur lesquels un accord avait été obtenu (voir *Euskadi Información*, n° 60, 1989). Le conflit s'enlise et les velléités de discussion finissent dans l'impasse. À dix ans d'intervalle et jusqu'au début des années 2000 s'observe une forclusion des conditions du dialogue et de la négociation politiques. Le gouvernement espagnol reste sur ses positions. ETA conserve sa ligne et ses moyens d'actions pour maintenir la pression sur le gouvernement, dans une logique de guerre d'usure, mais fait face à de nombreuses arrestations.

L'assassinat de Miguel Ángel Blanco n'est donc pas « l'événement » ni le facteur exclusif ayant conditionné les politiques répressives du gouvernement espagnol. Il existe une constance de ces dernières à l'encontre de la gauche abertzale que l'on note avant et après 1997. En particulier, le 25 mai 1996 est instauré un nouveau code pénal qui étend le champ d'application de la qualification de terrorisme aux actes de sabotage urbain

---

un modo organizado, existen numerosas organizaciones, ETA entre ellas » (*Egin*, 6 juillet 1997, *in* Egaña, 2006, tome X, p. 149).

30 <https://www.elmundo.es/nacional/sentencia/sentencia2.html>.

dans le cas où ils sont commis par les «groupes Y» liés à ETA. Cette qualification s'applique à toute forme d'insurrection urbaine, telle les jets de cocktails Molotov. Ce nouveau code pénal évacue la notion de «terrorisme d'État» et soustrait ainsi les GAL à la qualification de terrorisme. Le juriste Álvaro Reizabal qualifie ce nouveau code de «loi Jarrai», en référence aux mouvements de jeunesse (*Egin*, 19 décembre 1996). Un exemple d'usage (ou d'instrumentalisation) de cette qualification est donné le 7 août 1997, lorsque l'Audience de Bilbao condamne Daniel Ortiz à plus de dix ans de prison pour avoir jeté un cocktail Molotov sur des policiers de l'*Ertzaintza* (*El Pais*, 8 août 1997). José Ricardo de Prada, juge à l'Audience Nationale, considère toutefois qu'une telle condamnation, pour les actes commis, est inconstitutionnelle.

D'autres formes de répression touchent également les prisonniers via la perpétuation de la politique de dispersion. En dépit des manifestations de janvier 1996 à Bilbao réclamant le regroupement des prisonniers politiques basques et la condamnation par le Parlement européen de l'Espagne, le 19 janvier 1996, pour sa politique de dispersion des prisonniers, l'appel lancé au gouvernement de respecter la législation en la matière reste lettre morte. En complément, la loi organique 7/2003 du 30 juin 2003 réforme l'accomplissement intégral et effectif des peines de prison. La répression s'abat également sur les médias puisque le 24 août 1994, le directeur de la rédaction d'*Egin*, Pepe Rei, est envoyé en prison par le premier juge de l'Audience Nationale, Carlos Bueren, pour collaboration avec ETA[31]. Fernando Alonso et Andoni Murga, journalistes à *Egin*, sont arrêtés en août 1996 (*El Pais*, 3 décembre 1997 ; 19 novembre 1999). Le 19 février 1997, c'est au tour de six membres d'HB d'être arrêtés[32]. Au cours du mois de février, vingt-cinq responsables politiques élus d'HB ont été convoqués par les juges. Le 15 juillet 1998, le quotidien *Egin* est interdit et la station de radio *Egin Irratia* fermée.

Dans les années 2000, le gouvernement prend une série de mesures pour interdire toutes organisations lui semblant relever de la mouvance d'ETA ou soutenir le groupe. Il fait évoluer le code pénal pour élargir le

31   Il sera acquitté le 20 avril 1997.
32   <https://www.nytimes.com/1997/02/19/world/6-basques-arrested-in-spanish-roundup.html>.

champ de l'antiterrorisme. Le 22 décembre 2000, la loi organique 7/2000 du code pénal modifie l'âge de la responsabilité pénale en matière de délits de terrorisme. Elle statue sur l'âge de la responsabilité pénale des mineurs qui passe à 14 ans, en relation avec les délits de terrorisme et vise les actions de *kale borroka*, qualifiées de terrorisme de basse intensité ou de terrorisme urbain[33]. De même, la loi organique 6/2002 du 27 juin 2002 sur les partis politiques, appelée «loi des partis»[34] permet la dissolution des partis dans les cas caractérisés d'association à des organisations illégales[35]. L'indétermination des termes de la loi («un parti est déclaré illégal lorsque ses activités fragilise les principes démocratiques») permet des décisions d'illégalisation aux modalités très souples. Ainsi un parti peut être interdit lorsqu'il «promeut, encourage ou légitime la violence», «s'associe et soutient politiquement des actions terroristes», «promeut, apporte son soutien ou participe à des célébrations» en l'honneur d'individus ayant commis des actions violentes[36].

Parallèlement, les mouvements de jeunesse *Jarrai* puis *Haika* sont interdits le 10 mai 2001 par le juge Garzón au motif qu'ils constitueraient «un appendice intégré dans la structure terroriste d'ETA» et serviraient de «centre de formation des militants» d'ETA[37]. Le 23 mai 2001, *Herri Batasuna* est dissout. Au cours du même mois, le magazine d'investigation *Ardi beltza* subit une fermeture préventive. Les partis politiques ne sont pas les seuls attaqués. La presse est également visée : le 11 juin 2001, le procureur de l'Audience Nationale lance un mandat contre la direction du journal *Gara* pour menaces terroristes et justification d'actes terroristes après une rencontre avec deux militants d'ETA publiée quatre jours plus tôt dans le quotidien[38]. Le 27 décembre 2001, à la suite des attaques perpétrées par Al-Qaïda aux États-Unis, le gouvernement

---

33 <http://noticias.juridicas.com/base_datos/Penal/lo7-2000.html>.
34 <http://noticias.juridicas.com/base_datos/Admin/lo6-2002.html>.
35 <http://noticias.juridicas.com/base_datos/Admin/lo6-2002.html#a10>.
36 <https://www.elmundo.es/especiales/2002/08/espana/batasuna/como.html>. S'y ajoute la loi organique de la sécurité citoyenne 4/2015, dite loi Mordaza ou loi des gangs, du 30 mars 2015. Elle s'accompagne de la création du registre (ou fichier) central des infractions contre la sécurité citoyenne et participe de la lutte antiterroriste.
37 <https://www.elmundo.es/eta/entorno/jarrai.html>.
38 <https://www.elmundo.es/eta/entorno/gara.html>.

espagnol obtient, lors du sommet européen de Laeken, un élargissement de la liste européenne de mesures spécifiques de lutte contre le terrorisme et une inscription d'ETA sur la liste européenne des personnes et organisations terroristes. Le 4 avril 2001, le juge Garzón déclare *Egin* illégale, pour motif de « cogestion subordonnée » et du fait d'avoir « un objectif commun » avec ETA. Le 31 juillet 2001, 31 membres d'*Ekin* sont arrêtés pour appartenance ou collaboration avec ETA.

En janvier 2002, le conseil d'administration de la Radio Télévision Espagnole (RTVE) adopte un texte de référence s'inscrivant dans le dispositif antiterroriste du gouvernement. L'article 2 recommande la « prise de position des médias » contre ce phénomène – c'est-à-dire une couverture partiale et biaisée des événements (voir Ramírez de la Piscina, Murua Uria & Idoiaga Arrospide, 2016 ; Thouverez, 2004) – et l'article 5 approuve l'adoption d'un « langage qui exclut la justification ou la promotion de l'activité des terroristes » (voir Idoiaga & Ramírez de la Piscina, 2002). Le 5 février 2002, le juge Garzón déclare illicite les activités de *Segi*, considérée comme apparentée à ETA. Cette politique répressive s'approfondit encore lorsque le gouvernement des États-Unis demande que soient ajoutés à la liste de personnes et de groupes terroristes ETA, *Euskal Herritarrok*, *Herri Batasuna*, *Jarrai-Haika-Segi*, *Gestoras Pro-amnistía*[39]. La garde civile collige les noms de ces individus et les actions permettant de les accuser. Le 27 mai 2002, *Jarrai* est illégalisée interdite. Vient ensuite le tour des deux associations de prisonniers *Askatasuna* et *Gestoras Pro-Amnistía*. Parallèlement, 149 personnes ont fait l'objet d'arrestations dans le cadre de la violence de rue (*kale borroka*) entre 2004 et 2008[40] et quatre-vingt-treize entre 2008 à 2011[41].

Les partis politiques sont également visés. Dans un premier temps, les activités de *Batasuna* sont suspendues pour trois ans, le 26 août 2002 par le juge Garzon. Ses sièges et sa page internet sont fermés. Le 5 juin 2003, le Conseil de l'Europe décide d'allonger la liste des personnes et groupes terroristes en y incluant *Batasuna*, *Herri Batasuna*, *Euskal Herritarrok*,

---

39 <https://factoriahistorica.wordpress.com/2011/09/13/la-politica-antiterrorista-despues-de-la-tregua/>.

40 C'est-à-dire respectivement pour chaque année 7, 12, 27, 14, 76, 21 personnes ont été arrêtées.

41 Elles ont concerné respectivement pour chaque année 21, 57, 20, 11, 5 personnes.

Jarrai-Haika-Segi, ainsi que d'autres organisations de la gauche abertzale, toutes sont considérées par l'Union européenne comme faisant partie du «groupe terroriste ETA». Le 20 février 2003, le seul quotidien en langue basque *Egunkaria* est déclaré illégal et fermé. Puis le 28 mars 2003, la Cour suprême espagnole interdit *Batasuna, Euskal Herritarrok* et HB[42]. En juin 2005, l'Audience Nationale ordonne la dissolution de *Jarrai, Haika* et *Segi* au titre d'associations illégales. Un an et demi plus tard, le 19 janvier 2007, *Jarrai-Haika-Segi* sont déclarées par la Cour suprême organisations terroristes et interdites. La Cour demande l'arrestation de vingt-trois de leurs membres[43]. Le 4 octobre 2007, le juge Garzon fait arrêter vingt-deux dirigeants de *Batasuna*. Le 11 septembre 2008, le Tribunal constitutionnel interdit la tenue d'un référendum au Pays basque décidé par le gouvernement régional sur le droit du peuple basque à l'autodétermination. La Cour suprême dissout l'ANV (Action Nationaliste Basque) les 16-18 septembre 2008. *Batasuna* présente un nouveau parti, *Sortu*, «rejetant» pour la première fois la violence armée, dans l'espoir de pouvoir se présenter aux élections locales de mai 2011, mais le Tribunal suprême espagnol décide le 23 mars 2011 de refuser son inscription en tant que parti politique[44].

2.2 Contexte du Pays basque nord

Au Pays basque nord, les actions d'IK s'amorcent et se déploient au cours des années 1970-1980, dans le contexte d'un régime présidentiel marqué par l'alternance droite-gauche. Valéry Giscard d'Estaing remplace Georges Pompidou de 1974 à 1981, année où François Mitterrand est élu

---

42 Voir <https://www.scribd.com/document/95048329/Sentencia-Ilegalizacion-Batasuna>; <https://www.elmundo.es/especiales/2002/08/espana/batasuna/index.html>.
43 <https://www.elmundo.es/eta/entorno/jarrai.html>.
44 Voir <https://docs.google.com/document/d/1Ry5HkfgHBvl5X1haXKOXaAXxb59gpErp27Oi5vCEyQs/edit?hl=es#!>.

au suffrage universel. En dépit d'une période de cohabitation de mars 1986 à mai 1988, F. Mitterrand est réélu et préside le pays jusqu'en 1995. Durant cette période, l'Iparralde devient la cible de politiques d'aménagement du territoire principalement articulées autour du tourisme. Le schéma d'aménagement touristique de la côte Aquitaine est approuvé le 20 avril 1972 par le Comité interministériel d'Aménagement du Territoire. L'outil de sa promotion est la Mission Interministérielle pour l'Aménagement de la Côte Aquitaine (MIACA) qui œuvre de 1967 à 1988. Elle est «chargée de définir le programme général d'aménagement de la Côte Aquitaine, d'en déterminer les moyens d'exécutions et d'en suivre la réalisation par l'État, les collectivités publiques, les collectivités locales et par tout organisme public ou privé agissant avec l'aide de l'État ou sous son contrôle» (article 4). Elle est dirigée par un conseil interministériel formé de représentants de tous les ministères concernés (Défense, Agriculture, Intérieur, Équipement, Économie et Finances) qui se réunissent en présence du préfet de Région, des préfets des départements littoraux, du commissaire général au Plan, d'un représentant de l'ONF, sous l'égide du président de la Mission. Ces politiques publiques sont initiées par les instances publiques nationales, telles la DATAR ou le Comité Interministériel d'Aménagement du Territoire. Un groupe régional d'études animé par l'urbaniste, M. Tagliani, placé sous l'autorité du président de la Mission, est installé à Bordeaux auprès du préfet de Région au début de l'année 1968. En Gironde et dans les Landes, l'objectif est d'intégrer l'exploitation touristique dans le développement économique et social du territoire. Il s'agit au Pays basque d'améliorer l'organisation urbaine de l'agglomération côtière. La MIACA s'est appuyée sur une politique foncière active et un programme général d'équipement et de services. Les décisions prises par la Mission sont marquées du sceau de l'autorité de l'État bien qu'elle ne dispose d'aucun crédit propre jusqu'en 1970 et se voit financée au «coup par coup» pour des opérations particulières.

L'arrivée de l'élu local Jacques Chaban-Delmas au gouvernement, comme premier ministre, donne une impulsion décisive à ces projets d'aménagement. Les premiers travaux d'équipement sanitaire et le premier schéma d'aménagement (1972) sont entrepris dans les années 1970. Le schéma d'aménagement s'éloigne rapidement du modèle languedocien en privilégiant le développement de stations existantes baptisées Unités Principales d'Aménagement (UPA) entre lesquelles devaient s'intercaler sept secteurs d'équilibre naturel (réserves naturelles), tels le Parc naturel régional des Landes de Gascogne créé en 1970. En effet, le schéma d'aménagement touristique de la côte aquitaine, conçu dans les années 1960, comportait des objectifs économiques très ambitieux visant une augmentation drastique de la fréquentation touristique de la côte. L'objectif était d'exploiter le « gisement touristique » d'une côte océanique encore intacte en retenant une partie des devises étrangères qui s'enfuyait vers l'Espagne. Ces opérations d'aménagement devaient être menées à bien par la MIACA après accord des communes intéressées. La Mission interministérielle créait des zones d'aménagement concertées par l'intermédiaire des préfets, dans une logique d'urbanisation du front de mer. Ainsi de grandes opérations d'aménagement sont organisées telles le projet touristique immobilier situé sur le littoral landais entre le canal de Capbreton et la commune d'Hossegor. Ce projet d'équipement touristique dit de « Notre-Dame » (du nom du terrain litigieux), inscrit à l'origine au schéma d'aménagement touristique de la côte aquitaine, prévoyait la création de 6.000 lits en front de mer. Il est à l'origine de la construction de la station balnéaire d'Hossegor.

Parallèlement et depuis les années 1970, existe en Iparralde la revendication d'un département basque (voir Loyer, 2003 ; Perrotin, 2002), laquelle n'a jamais été satisfaite. Cette demande a d'abord été lancée par le mouvement *Enbata*, en 1963, qui voulait également que l'*euskara* (langue basque) ait un statut particulier dans ce département. Une Association pour un nouveau département est créée en 1975. Au cours de la campagne électorale F. Mitterrand avait promis, dans ses « 110 propositions pour la France », la création d'un département basque en Iparralde mais cette promesse ne s'est pas concrétisée. En 1992, à l'initiative du sous-préfet de Bayonne, des représentants des milieux politiques, économiques et associatifs établissent un rapport « Pays basque 2010 » visant à proposer des scénarii d'évolution pour la région. Un conseil de développement et un conseil des élus sont créés en 1994 et 1995 pour mettre en œuvre les recommandations de ce « club prospective Pays basque 2010 »[45]. Le conseil des élus négocie

---

45   Voir <http://www.lurraldea.net>.

les financements pour la réalisation des orientations choisies. À sa demande est créé en 1997 le pays «Pays basque» au sens de la loi Pasqua. En 1999 une consultation organisée par l'assemblée des maires (*Biltzar*) auprès des conseils municipaux recueille deux tiers de «oui» pour un département basque, pour 101 réponses sur 158 communes (Loyer, 2003, p. 126)[46].

En octobre 2000, dans un communiqué publié dans le quotidien *Gara*, Iparretarrak revendique la co-officialité de l'*euskara* et la nécessité d'organiser une mobilisation supérieure à celle du département basque, envisagé comme un «pas tactique» vers la souveraineté. Gorka Torre, membre d'*Abertzaleen Batasuna* (AB), déclare que «c'est une violence que de ne pas faire un département Pays basque ou que la langue basque ne soit pas reconnue» (*La Semaine du Pays basque*, 21 décembre 2001).

Le 14 décembre 2002, est créée une «plate-forme de revendications pour le Pays basque : un département, une chambre d'agriculture, une université de plein exercice, et la co-officialisation de la langue». Cette plate-forme qui regroupe 110 associations, syndicats et mouvements prend le nom de *Batera* («Tous ensemble»). Elle revendique que «la langue» soit l'*euskara*, pour laquelle est demandée une «co-officialisation» et parallèlement la modification de l'article 2 de la Constitution par lequel «le français est la langue de la République» ainsi que la ratification de la charte européenne des langues régionales ou minoritaires[47]. Parallèlement, le Conseil de développement publie un rapport en février 2003 rappelant qu'il «a adopté en octobre 1999 un avis favorable à la création d'un département Pays basque». Sans qu'il soit encore question de département[48], le 1er janvier 2017 est créée la communauté d'agglomération Pays basque, regroupant 158 communes et s'appuyant sur un Établissement public de coopération intercommunale (EPCI).

---

46   Pour d'autres résultats de sondages favorables à la création d'un département basque auprès d'autres populations que les élus locaux, voir Loyer, 2003, p. 126 *et sq*.
47   Pour l'égalité de statut entre le français et le basque en Pays Basque, l'obtention du droit d'apprendre et d'utiliser la langue basque pour tou.te.s les habitant.e.s du Pays Basque, une politique de ré-appropriation linguistique sérieuse et efficace (<http://www.batera.info/la-charte/>).
48   Le ministre de l'Intérieur Manuel Valls réaffirme en 2013 que la création d'un département basque n'est aucunement à l'ordre du jour (*Le Parisien*, 30 mai 2013).

2.3 Effet du contexte sur les trajectoires clandestines

L'effet des contextes et notamment de la répression sur les parcours militants, mis en avant par la littérature, s'illustre également dans les récits recueillis auprès des membres d'IK et d'ETA. Afin d'étudier le rôle du contexte parmi les facteurs ayant pesé sur les trajectoires militantes, nous avons procédé en deux temps. (α) En premier lieu, nous avons relevé l'évocation spontanée, dans la première phase de l'entretien, du contexte c'est-à-dire l'évocation prédominante, notamment au sud, des formes de répression touchant les Basques et les militants politiques. (β) Puis nous avons analysé la nature des « événements décisifs » que les enquêtés évoquaient, lorsque cette question leur était posée.

(α) Il est commun, quand on demande aux militants de raconter leur trajectoire, qu'ils évoquent spontanément le contexte dans lequel ils ont grandi ou encore soulignent l'importance, pour comprendre leur trajectoire, de se remémorer les circonstances de l'époque. Les militants procèdent alors à une recontextualisation spontanée mais réfléchie de leur engagement dans les organisations clandestines. Les différences sont toutefois assez nettes selon qu'il s'agit du nord ou du sud du Pays basque. Ainsi pour les membres d'IK c'est plutôt un contexte familial, puis l'agitation des années 1980 au Pays basque nord ou encore le contexte international de révolutions tiers-mondistes qui les ont porté vers la militance et certaines formes de radicalité. Sur les douze militants interrogés d'IK, trois confèrent une place de premier plan au contexte historique dans les motifs de leur engagement, ce paradigme étant également présent, quoique de façon moins marquée, dans quatre autres entretiens. Ce faisant, cette mention intervient dans plus de la moitié des discours recueillis.

Au sud, l'évocation est quasi systématique puisque trente-neuf personnes sur cinquante mentionnent spontanément la forte répression et la violence du contexte dans lequel elles ont grandi[49]. Le contexte désigne à

---

49 À ces trente-neuf occurrences, trois autres doivent être ajoutées pour des entretiens où le contexte sans jouer un rôle de premier plan est toutefois évoqué comme un élément fondamental dans l'engagement individuel. Il intervient donc dans les discours de quarante-deux personnes parmi les cinquante membres d'ETA entendus.

la fois la répression (voir Idris) ainsi que l'*habitus* familial de la militance. Les militants des premières générations ont grandi dans la violence, ainsi que nous le rappelions antérieurement. Ils ont vu la répression s'abattre sur leurs parents, arrêtés à la maison. Ils ont été réveillés à 6 h du matin, alors qu'ils étaient enfants par la garde civile venue arrêter leurs proches (voir Élodie, Zachary). La référence à la répression sera d'autant plus prégnante que les individus sont d'une génération qui leur a fait connaître le franquisme (c'est-à-dire qu'ils sont, au plus tard, adolescents à la mort de Franco). Cependant certains entretiens, comme celui de Laureline ou Ferrucio, permettent d'éclairer la persistance de ce contexte répressif même après la mort de Franco. Ferrucio, né en 1953 et interrogé sur le contexte de l'époque et de son intégration dans ETA, est explicite :

> C'était une période très exaltée sur le plan social et national. Il y avait fréquemment des détentions, des tortures, des actions contre les forces répressives, des grèves générales pour les droits sociaux et en faveur de l'amnistie… Franco était mort mais le franquisme, la violation des droits, le refus d'écouter le peuple et la répression continuaient comme avant.

La référence à la répression reste pregnante chez des individus très jeunes (Elyana) ayant incorporé ETA dans les années 2000, cette époque étant celle de l'insurrection et de l'insoumission au Pays basque sud (voir Martial et Ianis), autrement nommé par le gouvernement espagnol « violence urbaine/de rue ». La question est alors celle d'une inversion éventuelle de l'origine de la violence dans les discours de légitimation de cette dernière. Durant cette période, l'État espagnol promeut la thèse du « tout est ETA », c'est-à-dire que les organisations de jeunesse, les journaux et radios, les associations abertzales sont considérés comme des viviers ou des supports actifs d'ETA et, de ce fait, systématiquement réprimés, interdits ou interdits[50].

Le contraste entre les recontextualisations opérées par les militants au nord et au sud est éclairant : plus la répression est forte, plus celle-ci se

---

50   Voir la note du Centre d'analyse et de prospective du ministère de l'intérieur, 23 novembre 2003 <http://www.guardiacivil.org/quesomos/organizacion/organosdeapoyo/gabinete/cap/nota02.jsp>.

voit évoquée comme facteur d'engagement. Si, d'un point de vue objectif, on peut considérer qu'elle ne serait pas mentionnée si elle n'existait pas, cette fréquence révèle toutefois à quel point, d'un point de vue subjectif, elle marque les acteurs. Il est incontestable que les sources orales doivent être mobilisées avec prudence, dans la mesure où elles constituent des reconstructions typiques *a posteriori* de souvenirs ou d'événements où l'enquêté comme l'enquêteur sont tentés «de dégager une logique à la fois rétrospective et prospective», d'établir «des relations intelligibles, comme celle de l'effet à la cause efficiente ou finale, entre les états successifs, ainsi constitués en *étapes* d'un développement nécessaire» (Bourdieu, 1986, p. 69). Néanmoins, dans cette reconstruction, certains événements comme les arrestations, les emprisonnements, les jugements, la répression sont connus pour être des moments émotionnellement forts dans la carrière militante (voir Codaccioni, 2013, p. 30). Dès lors, ils contribuent, de façon privilégiée, à l'élaboration du récit de soi, lequel s'orchestre à partir du choix de certains événements significatifs donnant sens à une «histoire de vie» (Bourdieu, 1986).

(β) L'incidence du contexte sur les trajectoires militantes s'apprécie également à la lumière de ce que les enquêtés identifient explicitement comme des «événements décisifs» susceptibles d'avoir joué un rôle dans leur parcours[51]. La question posée à ce sujet était ouverte, permettant aux personnes de mentionner tout type d'événement. Plusieurs catégories de faits se dessinent selon qu'ils sont familiaux ou personnels, macrosociaux ou historiques, mésociaux (telle l'existence d'ETA[52] ou liés à un environnement de vie donné, à un réseau militant) ou encore associés à la répression. Celle-ci toutefois, qu'elle soit paramilitaire ou légale, peut se décliner soit à une échelle macrosociale, en particulier avec le procès de Burgos, soit à niveau microsocial, qu'elle s'abatte sur des familiers, des amis ou ait affecté

---

51   Nous posions, lors des entretiens, la question : «Y a-t-il des événements qui ont eu, pour vous, un rôle décisif?».

52   Pour IK, il s'agit de façon récurrente de la mort de Txomin et Ramuntcho, militants morts le 26 mars 1980 alors qu'ils allaient désamorcer la bombe placée sous la voiture de l'épouse du sous-préfet Jean Biacabe dans la cour de l'hôpital de Bayonne.

l'enquêté lui-même. La synthèse des occurrences citées est proposée dans le Tableau 31 (voir annexe 2). Plusieurs événements ayant pu être allégués, les occurrences sont supérieures au nombre d'enquêtés. Ce constat numérique soulève plusieurs questions : celle de l'autojustification, celle du paradigme et de la rhétorique de l'inversion de l'origine de la violence, celle des effets de la répression sur la mobilisation. Il demande également d'aborder la question de l'incidence des contextes politiques d'ouverture ou de fermeture des opportunités politiques sur les luttes armées.

En premier lieu, le souvenir de la répression, quelle que soit sa forme, constitue un événement majeur dans le parcours des militants ainsi que dans la mémoire individuelle car elle coïncide avec un tiers des occurrences citées et représente la classe d'événements la plus souvent invoquée par les personnes entendues. Ces « événements décisifs » et répressifs jouent ensuite un rôle de tournants (*turning points*) et constituent des événements transformatifs. De façon récurrente, on observe qu'un événement répressif constitue, sur les plans micro- et mésosocial, un facteur déclencheur d'un processus de radicalisation, faisant entrer les individus mais aussi les groupes dans un cycle de provocation-répression-violence (voir Sommier, 2008, p. 60). Ainsi lorsque, dans les années 1970, les mouvements sociaux ouvriers sont intenses et fortement réprimés, ETA réajuste sa stratégie politique. Tel est également le cas face à la répression des mouvements de jeunesse d'insoumission au cours des années 2000. Aux antipodes de l'intention qui la sous-tend, la répression intervient alors comme une ressource politique. Elle joue un rôle de renforcement et d'extension du mouvement par la solidarité qu'elle suscite, mais aussi de justification de la nécessité de construire l'organisation.

L'expérience vécue de la répression constitue en outre, sur les plans micro- et mésosocial, un événement qui permet de conforter le cadrage relatif à la répression illégitime de l'État oppressif et colonisateur, dans le cas du Pays basque, et d'intérioriser une vision de l'histoire interprétée en termes de répression, de discrimination voire « d'ennemis de classe » (Codaccioni, 2013, p. 35). La répression entretient un « sentiment d'adversité » face aux « autres » (Codaccioni, 2013, p. 38), en particulier les agents répressifs, l'élite politique institutionnelle et les moyens de communication voire contre les Basques soutenant le pouvoir espagnol.

2.3.1 La répression, un processus plutôt qu'une série de coups

Si les questions posées lors des entretiens conduisaient tendanciellement à mettre en évidence des événements, dans leur singularité, ceux-ci prennent toutefois place au sein de *processus*. Ces derniers se définissent comme des enchaînements d'échanges de coups entre acteurs individuels et collectifs (organisations ou institutions). Ces processus se composent donc d'événements sans pourtant s'y réduire. Dès lors, on peut distinguer la répression «comme processus (soit une stratégie déployée dans telle ou telle direction et sur la base de l'anticipation des coups des adversaires comme des alliés)», d'une part, et, d'autre part, «les événements répressifs comme [des] coups joués à un moment donné du temps» (Bennani-Chraïbi et Fillieule, 2012, p. 793).

Le contraste entre les situations au sud et au nord du Pays basque permet d'envisager l'incidence des contextes politiques d'ouverture ou de fermeture des opportunités politiques sur les luttes armées. Le concept de structure des opportunités politiques (SOP), après avoir connu une fortune notable, a soulevé des critiques. L'une de ses limites réside dans son caractère statique. En effet, ce concept suggère une causalité unidirectionnelle des structures contextuelles vers les choix des acteurs. Or la radicalisation est un processus qui se développe de façon relationnelle. Ce qui constitue des opportunités et des contraintes, pour un groupe opposant, émerge au fil des interactions avec l'État. Dès lors, une bonne partie de l'explication de la radicalisation ne réside pas tant dans les préconditions politiques mais plutôt dans le processus d'interaction entre les parties (voir Della Porta, 2013, p. 35). Dans le cas espagnol, on passe d'un régime autoritaire, de la dictature franquiste, à un régime ouvert où des élections sont organisées. Pourtant ETA tend à accroître sa lutte et à multiplier ses actions militaires après la mort de Franco. Cette accélération se comprend lorsque l'on distingue l'institution d'une démocratie formelle et la perception que certains Basques ont de l'évolution de la situation dans leur région après la mort de Franco. La situation au Pays basque avant et après la mort de Franco, c'est-à-dire avant et après l'émergence d'une démocratie formelle, paraît mettre en question les théories politiques liant la nature du contexte sociopolitique et la violence politique.

Ainsi le cas basque souligne la pertinence et l'importance de la dimension subjective de la théorie de la SOP et donc de la *perception* qu'ont de la clôture ou de l'ouverture de cette dernière les acteurs. La dimension subjective sous-jacente à la perception de la SOP se nourrit des éléments factuels précédemment décrits (voir 2.1.2). La répression alimente le *sentiment* et la *perception* d'une absence d'alternative au *statu quo* ou au *statu quo ante*. Elle est appréhendée comme la preuve de la nécessité de prendre les armes pour résister à un État autoritaire ou à un autoritarisme larvé dans le cas de la démocratie espagnole en transition. Plus un régime fomente une politique d'exclusion, plus il nourrit les actions violentes, dans la mesure où ceux qui s'y spécialisent tendent à prospérer. En effet, ces derniers sont vus, par une partie de la population, comme plus réalistes et potentiellement plus efficaces que les politiciens modérés qui tendent à être perçus comme désespérément inopérants, posture incarnée en Hegoalde par le *Partido Nacionalista Vasco* (PNV – Parti Nationaliste Basque) (voir Goodwin, 1997, p. 18).

L'expérience de la clôture ou de l'ouverture de la SOP s'opère de façon privilégiée à partir d'un contexte de proximité pour les acteurs. Ceux-ci réagissent plutôt à des facteurs proches d'eux, tels la surveillance ou le contrôle des mouvements de protestation, la façon dont la police et l'armée les gèrent. Ainsi les acteurs réagissent davantage aux politiques répressives qu'à la division fonctionnelle du pouvoir ou aux degrés de décentralisation de ce dernier (Della Porta, 2013, p. 35). La gestion de la contestation et les politiques de répression ont un effet direct sur les répertoires de la protestation et traduisent quelque chose de l'ouverture effective des opportunités politiques dont une illustration, par défaut, est donnée dans la concentration de militaires des deux côtés de la frontière sur le territoire basque. Les politiques répressives ont donc un effet direct sur les mouvements sociaux et constituent, pour ces derniers, une sorte de baromètre de la disponibilité des opportunités politiques. Elles ont également une incidence sur les répertoires d'action choisis par les acteurs. Police, opposants, mouvements sociaux et États s'influencent réciproquement et ont une incidence sur leurs stratégies réciproques, lesquelles supposent adaptations et transformations. En outre, la perception de la clôture ou de l'ouverture de la SOP non seulement varie selon les acteurs mais évolue de façon relationnelle.

Hegoalde, Iparralde : deux contextes distincts 73

L'analyse des politiques répressives permet ainsi de comprendre l'escalade de la violence. Les opposants et la police, les mouvements sociaux et l'État s'influencent réciproquement en fonction des choix stratégiques qu'ils font, dans un processus impliquant innovation et adaptation des parties prenantes (voir McAdam, 1983).

Ainsi à l'occasion d'épisodes fortement répressifs[53], des personnes antérieurement impliquées dans des mouvements de revendications de droits non-violents, tels les mouvements en faveur de l'amnistie (comme *Gestoras Pro-Amnistia*), peuvent prendre conscience que voter ou défiler dans les rues n'apportera aucun changement et que celui-ci ne pourra venir que de l'usage de moyens illégaux et d'actions militaires. La radicalisation de ces acteurs passe alors par un rejet de l'ordre politique établi. La violence paramilitaire et la répression de l'appareil d'État nourrissent chez ces individus la conviction que les formes non-violentes de contestation sont finalement inutiles. Flavien, d'abord membre de *Jarrai* puis d'HB, évoquant les questions qu'il s'est posé au moment d'entrer dans la lutte, en témoigne :

> Je sentais comme partie de cette atmosphère de protestation et de désir de quelque chose de nouveau. La répression était très forte, la Garde Civile était très violente face à toute protestation sociale. C'était une violence brutale et aveugle contre quiconque se trouvait dans la rue lorsqu'il y avait une manifestation. C'était impressionnant de voir la bestialité des actions policières. Je vivais sur la place la plus centrale de la ville et je l'avais vue de mes propres yeux depuis mon enfance.

Les acteurs de la protestation entrent ainsi dans un processus dit de radicalisation les conduisant vers un activisme politique violent.

2.3.2 *Effets de la répression sur l'engagement militant*

Ainsi la variable « répression » peut aussi bien inhiber la protestation que contribuer à la galvaniser (voir Sommier, 2008, p. 28) comme on le

---

53   Voir la répression des mouvements sociaux des années 1980, la politique de terreur menée par les GAL et soutenue par le gouvernement socialiste à la fin des années 1980, puis la politique d'interdiction des organisations de la gauche abertzale au cours des années 1990.

voit à partir des facteurs de radicalisation lors de la fin des cycles de violence. Elle peut «accélérer ou freiner la formation de coalitions larges et donc l'extension de la mobilisation» (Bennani-Chraïbi & Fillieule, 2012, p. 781)[54]. Il est commun, comme nous le rappelions, que la répression ait un effet globalement décourageant sur la masse des militants tout en contribuant à la radicalisation d'une minorité d'entre eux (voir Nikolski, 2013). Cet effet incitatif repose sur deux mécanismes distincts. D'une part, la répression peut avoir un rendement *extérieur* en termes d'image, de notoriété ou de stratégie d'alliances. D'autre part, elle peut avoir un rendement *intérieur* considérable, en alimentant l'engagement. Nourrissant une représentation héroïque de soi chez les militants, la répression est au principe d'une rétribution spécifique du militantisme – que l'on qualifie d'escapiste – fondée sur le plaisir retiré de la mise en jeu de scénarios d'action romantique, exaltante et anti-routinière (Nikolski, 2013). La répression radicalise les opposants en instaurant des codes binaires (voir Alexander, 2011, p. 3), lesquels accélèrent l'ébranlement voire l'effondrement de la légitimité du pouvoir, alors même que la violence indiscriminée et la brutalité de la répression fomentée par le pouvoir visent, pour leur part, à réduire la mobilisation. De même, des individus qui ont assisté à des manifestations violemment réprimées, qui ont vécu des gardes à vue musclées, des passages en prison ou ont fait l'expérience de la torture ont pu ultérieurement s'engager intensément dans la cause basque. Ces événements coïncident, dans leur trajectoire, avec un «choc moral» (Jasper, 1997 ; Traïni, 2009).

Isabelle Lacroix confère un rôle spécifique à l'expérience de la répression dans la cohésion sociale de la communauté basque. Elle identifie, en Iparralde, des «processus de réactivation de l'engagement reposant sur des actions ritualisées contre la répression policière et pénale autour de la défense des prisonniers politiques basques, sur de nombreuses fêtes qui produisent une sociabilité intense et sur un contrôle social par le groupe de l'investissement de ses membres qui renforcent la loyauté envers les

---

54   Sur les effets ambivalents de la répression sur les groupes contestataires comme sur les individus, voir Combes & Fillieule, 2011.

engagements sacrificiels » (Lacroix, 2013, p. 48). Le traitement des prisonniers met en scène de façon aiguë l'adversaire étatique. Il participe du ciment de la communauté militante. L'indignation face au traitement des prisonniers politiques basques continue de mobiliser la communauté. « La pérennité de cette figure sacrificielle du prisonnier permet aux organisations abertzales de garder l'étiquette militante "radicale" et de ne pas entrer dans le qualificatif "régionaliste", attribué par les champs scientifique et militant » (Lacroix, 2013, p. 49). D'autres auteurs considèrent que le mouvement abertzale détourne la signification historique originelle de fêtes populaires, telles la commémoration des *gudariak* (« soldats ») de la guerre civile espagnole, les cérémonies mémorielles du *Bizkargi* et de l'*Aberri Eguna* au Pays basque, au profit de la légitimation de la violence et du culte des « martyrs » d'ETA (Petithomme, 2015), ce réinvestissement signifiant de cérémonies traditionnelles permettant à l'organisation clandestine d'entretenir une mémoire propre et des mythes fondateurs.

Il n'est pourtant pas simplement question de représentations ou d'instrumentalisation de l'histoire. À partir des années 1980, le gouvernement socialiste en particulier développe une nouvelle stratégie répressive consistant à couper ETA de tous les mouvements sociaux et à criminaliser l'ensemble de la gauche abertzale. Des représentants et sympathisants d'HB sont tués. Des adolescentes sont enlevées par la garde civile. Les groupes paramilitaires sont à l'origine d'attaques indiscriminées contre la population basque. L'application de la loi antiterroriste conduit à l'arrestation de 2.140 personnes, c'est-à-dire quatre fois plus qu'en 1979. La politique antiterroriste espagnole s'amplifie avec la création de deux mandats : le mandat unifié de la lutte antiterroriste (MULA – *Mando Unificado de la Lucha Antiterrorista*) et le mandat unique pour la lutte antiterroriste (MULC – *Mando Único para la Lucha Contraterrorista*). Ils sont le fruit d'un accord entre le roi Juan Carlos I et le chef de l'armée espagnole. L'état d'urgence est approuvé par le Congrès. Le 9 mai 1981 et à la suite de la visite du roi au Pays basque, vingt-cinq personnalités politiques d'HB sont arrêtées en Navarre, dix-huit en Guipúzcoa, neuf en Biscaye, onze en Álava. Sont également incarcérées les personnes ayant pris par à la conférence de presse informant les médias des arrestations : Francisco Letamendia, Periko Solabarria, Jon Idígoras, Mikel Arizaleta, José Luis

Cereceda et Karmel Etxebarria (*El País*, 10 mai 1981). Les prisonniers d'ETA-m et des CAA sont déplacés de la prison de Carabanchel à celle de Puerto de Santa María, dans le sud de l'Andalousie. Des arrestations de membres d'HB ont lieu jusqu'en 1994. À l'occasion d'une réunion de l'OTAN en mars 1983, le gouvernement de Felipe Gonzalez demande une intensification de la coopération dans l'extradition des réfugiés politiques (*El País*, 13 mars 1983). À partir de 1984, le gouvernement français expulse les réfugiés basques espagnols vers des pays tiers. Un accord sur la coopération antiterroriste est signé le 30 janvier 1985 entre le gouvernement espagnol et le président de la communauté autonome du Pays basque. La coopération anti-terroriste avec la France est confirmée en juillet 1985 par le roi Juan Carlos I et l'ancien franquiste Francisco Fernández Ordóñez en visite à Paris (*Le Monde*, 11 juillet 1985). La déportation est largement utilisée comme moyen répressif contre ETA.

Bien que l'année 1986 puisse présenter une forme d'assouplissement avec la légalisation d'HB et la mise sur pied d'une politique de réinsertion des militants basques «repentis», l'énoncé formel de la loi ne doit pas être confondu avec la réalité de la réinsertion (Guittet, 2000, p. 67). De plus, dès 1987, le gouvernement espagnol met en place des mesures de dispersion des prisonniers politiques basques à fonction répressive. Le pacte d'Ajuria Enea est signé le 12 janvier 1988 par l'ensemble des forces politiques basques et espagnoles mais exclut HB, perçu comme un groupe soutenant l'action violente et la négociation avec des mouvements clandestins. Ainsi la mise à l'écart politique de la gauche abertzale se poursuit.

La variable «répression» n'a pas simplement des effets mésosociaux en termes d'intensification de la protestation mais également sur le plan microsocial. Certains événements, notamment de répression, jouent dans les parcours individuels le rôle de «*turning points*». Ces mécanismes ne sont pas spécifiques au Pays basque puisqu'on les trouve à l'œuvre sur d'autres scènes de conflit (voir Huët, 2015, p. 74). De façon inaugurale, l'exécution de Javier Etxebarrieta Ortiz, dit *Txabi Etxebarrieta*, a marqué ETA et ses militants. Le 7 juin 1968, le garde civil José Antonio Pardines Arcay est accidentellement tué par Javier Etxebarrieta Ortiz lors d'un contrôle policier. Le même jour, Javier Etxebarrieta est tué par la police à Beasain/Tolosa. ETA publie alors un communiqué dénonçant la façon dont la garde civile a assassiné à bout portant Etxebarrieta sans aucune autre forme de procès[55]. De même, l'enlèvement puis la disparition le 15 octobre 1983 de José Antonio Lasa Arostegi, dit *Joxean*, et José Ignacio Zabala Artano, alias *Joxi*, par les GAL et dont les corps ne seront retrouvés que quinze mois plus tard, le 20 janvier 1995, participent de ces événements transformatifs au même titre que les tortures infligées à Joseba Arregi Izaguirre à la Direction Générale de la Sécurité de Madrid, tortures dont il meure le 13 février 1981.

Ces « événements transformatifs » s'incarnent, dans les discours militants plus volontiers dans le procès de Burgos (voir Fabienne), ou dans la répression de certaines manifestations (voir Ekaitz et d'autres). Les événements répressifs transformatifs (*transformative repressive events*) intervenant dans le conflit basque et tels qu'ils sont mis en évidence par les enquêtés varient en fonction des générations. Pour les premières générations, les procès de Burgos – cités une dizaine de fois – ont joué un rôle décisif. Le procès de Burgos désigne d'abord une procédure militaire qui s'est tenue en décembre 1970 contre seize militants d'ETA dont six ont été condamnés à mort. Sous la pression internationale, ces condamnations sont transformées en peine de prison. Le procès de 1970 est évoqué par quatre personnes. En revanche, l'exécution de Txiki et Otaegi et des trois membres du FRAP le 27 septembre 1975 (mentionné notamment par Françoise, Grazi, Isaac, Isée, Ekaitz) a constitué un tournant dans l'engagement des premières générations d'individus rencontrés au sein de l'organisation clandestine[56]. Aucune grâce n'est alors prononcée, bien que Franco soit mourant et que les militants condamnés aient chacun une vingtaine d'années. Pour les

55   Communiqué d'ETA : « Ante tanto sensacionalismo y tanta información tendenciosa por parte del aparato informador fascista-capitalista, ETA sale al paso para dar a conocer en lo posible al pueblo la muerte de Xabier Etxebarrieta. Txabi Etxebarrieta fue asesinado en Tolosa, no cabe duda alguna. Los testigos presenciales, las quemaduras de la camisa y la autopsia efectuada así lo confirman. Los mantenedores del Orden Capitalista muestran sus métodos: Txabi Etxebarrieta fue sacado del coche y sin tan siquiera pedirle la documentación fue esposado, colocado junto a la pared y muerto de un tiro en el corazón, a quemarropa ».

56   Il ne s'agit pas de la première génération qui s'est engagée dans ETA, l'organisation ayant été créée en 1959 et le travail d'enquête initié en 2016. Le doyen des membres d'ETA rencontrés est né en 1941 mais a intégré ETA « tardivement », c'est-à-dire lorsqu'il avait une trentaine d'années.

plus jeunes générations, l'interdiction des organisations abertzales a joué le rôle d'événement macrosocial répressif transformatif, mentionné de façon récurrente par les plus jeunes membres d'ETA. *A contrario*, le coup d'État du 23-F est intervenu, pour certains Poli-milis (ETA-pm), comme un événement ayant joué un rôle transformatif dans leur trajectoire de désengagement (voir Franck et Tanguy).

De façon générale, parmi les événements transformatifs rapportés par les enquêtés, la classe rassemblant le plus d'occurrences est sans conteste celle de la répression (voir Tableau 31). Si la répression «légale» ou antiterroriste ne manque pas d'être désignée, les formes qu'elle prend – en particulier sa violence et son arbitraire (*i.e.* le caractère indiscriminé des cibles et des actions perpétrées) – ainsi que la répression illégale (chasse aux réfugiés en Iparralde, commandos paramilitaires, GAL) sont les phénomènes qui ont le plus marqué les esprits et les trajectoires. L'incidence de la répression, si ce n'est sur les parcours, au moins telle qu'elle se dessine dans les récits rétrospectifs des militants se marque de la façon la plus nette, lorsque sont violemment réprimés des mouvements sociaux et des manifestations non violentes, notamment dans les années 1970 après la mort de Franco[57] ; lorsque des familiers ou des proches sont pris pour cible par des groupes paramilitaires (Etan, Élodie, Mona), c'est-à-dire sont tués ou, dans d'autres cas, torturés (Flavien, Idris) ; et enfin du fait du comportement arbitraire, violent, injuste de la police, de l'impunité dont elle bénéficie, que les enquêtés songent à des récits de torture, à une répression systématique des Basques abertzales ou républicains, à une

---

57 Ekaitz, né en 1964, se souvient : «J'étais assez petit. J'ai vu de la fenêtre de chez moi, il y avait une manif dans le quartier, tout le monde qui partait en courant. Dans le quartier, il y avait des petites maisons avec des portes aux carreaux en verre. Une voiture de la police fait demi-tour, dans ma rue, il y avait des garçons qui couraient devant mais à très peu de mètres. L'un d'eux a essayé de rentrer, il a cassé le carreau, il était en sang partout. Ils l'ont attrapé à l'intérieur, et ils l'ont massacré, puis ils l'ont emmené. Je me suis dit : "Ces connards-là : il faut finir avec eux !! Non, c'est pas possible !" Là, j'étais assez petit, j'avais – je sais pas – 12 ans. Mais ça a été une image qui m'a marqué».

répression disproportionnée eu égard à la situation et aux actes commis par la personne qui la subit[58].

Ces occurrences interviennent comme des étapes dans les parcours militants mais également dans les mémoires individuelle et collective. Est-ce à dire, comme on le suggère souvent dans la littérature (Della Porta, 1995), qu'elles constituent des facteurs justifiant la violence ? La répression lorsqu'elle s'abat sur une communauté et sur des proches consolide et, dans certains cas, joue un rôle déterminant dans l'entrée en clandestinité, comme les jeunes Abertzales pris dans les vagues d'interdiction des années 2000 le montrent. Elle peut donner lieu à la mise en place de mécanismes relationnels, affectifs et cognitifs. La façon dont Elikia raconte son engagement politique permet de le saisir :

> J'ai toujours été dans des histoires de Gaztetxe, d'essayer de faire vivre un lieu où se passait pas mal de choses. De là, j'ai rencontré des gens. À la Fac aussi, j'étais toujours inquiète par ce qui se passait autour de moi, surtout les injustices, ça m'a toujours touchée, surtout m'énervée. J'ai jamais été une militante dans le sens du mot, quoi toujours… quelqu'un qui était un peu libre et puis je filais toujours un coup de main… plutôt dans mon village, plutôt autour de moi mais sans être une militante engagée. J'étais plutôt un peu un électron libre, on dirait.
>
> À la Fac, voilà tu commences à connaître plus de monde, peut-être c'est là que j'ai pris plus d'engagements politiques, si ça peut se dire comme ça. Surtout c'était par rapport aux histoires de problèmes à la Fac, c'était plus nous laisser faire nos études qu'en basque. Parce que à l'époque c'était ça la bataille. À l'époque, il y avait quelques matières qui voulaient pas le faire qu'en basque. Et il y a eu une lutte par rapport à ça à la Fac et au fur et mesure, j'ai filé un coup de main par ci, un coup de main par-là, et voilà. Et tu prends plus d'engagements et voilà. Moi, au bout d'un moment, parce que t'as pris des engagements plus ou moins politiques, voilà ta situation devient plus compliquée, au bout d'un moment on s'est aperçu qu'on avait les flics au cul et voilà du coup… On est venu en Iparralde pour éviter se faire arrêter et surtout de se faire torturer. Et voilà, là ça commence… Vraiment, le vrai engagement politique, si tu veux. Là, ça commence une vie d'illégalité, si tu veux. De la vraie vie de militante, quoi, enfin illégale[59].

58   Ce peut être un collègue, un camarade qui lors d'une manifestation reçoit en pleine tête une balle de gomme tirée par la garde civile et en reste invalide toute sa vie (cf. Dimitri).

59   Elyana, la plus jeune des enquêtées, née en 1984, restitue le contexte de son engagement en ces termes : «Je commencerais à dire comment je ressens ma militance,

Parmi les mécanismes affectifs suscités par la répression, on compte la rage ou la colère contre des institutions de répression (telles la garde civile) dont la violence paraît disproportionnée (Laureline évite l'assaut d'un camion de la garde civile qui voulait l'écraser, Oier à qui on applique des mesures antiterroristes et la torture alors qu'il est mineur, Jules dont l'épouse est torturée alors qu'il est en fuite), injuste (la répression des manifestations), illégale lorsqu'il est question de torture (voir Xavier, Rémy, Justin). La rage contre des institutions qui ont voulu vous extorquer des informations que vous n'aviez pas ou qui vont vous conduire à faire des aveux sur des faits que vous ou d'autres n'ont pas commis peut nourrir un sentiment de vengeance (Xavier). Celle-ci trouverait alors à s'inscrire dans la logique de l'action-réaction/répression-action. La théorie de la vengeance a souvent été mise en avant pour expliquer la perpétuation des phénomènes de terrorisme (voir Crenshaw, 1981, p. 394). Pourtant, dans les entretiens menés, les occurrences de ce paradigme sont assez faibles[60]. S'agissant d'ETA, nous avons relevé un hapax (Xavier) dans le cas d'un militant qui a subi la torture aux mains de la garde civile avant même d'entrer dans l'organisation. Quatre autres membres d'ETA évoquent ce sentiment pour récuser son existence dans leur démarche (Etan, Julien, Jules, Ilyann, Xavier pour l'origine de son engagement).

Les propositions formulées dans la littérature sur la théorie de la vengeance s'avère non pertinentes dans le cas basque : les Basques abertzales se vivent comme un peuple opprimé par un État colonisateur[61] – la répression

---

mon existence ici comme Basque. Je pense que je suis née dans un pays qui a été dans un conflit politique et armé à l'époque surtout. Alors moi, j'ai connu, ma génération et les générations antérieures aussi, ma génération chaque jour a été réprimée par les États. J'ai connu depuis que j'étais petite des personnes qui ont été, dans mon entourage, arrêtées, torturées, poursuivies pour ses idées politiques, pour sa militance. Je me suis sentie comme Basque, comme femme aussi, comme jeune à l'époque qu'il y avait beaucoup de droits qui nous manquaient, beaucoup de choses qui nous répercutaient directement. À l'époque, je me suis engagée dans la lutte armée pour faire face à toutes ces violences – je pense – qui m'entouraient. J'ai réfléchi aussi et c'était aussi pour la peur... pour avoir peur, parce que nous, on habitait ici, on avait peur chaque jour, peur d'être arrêté, d'être torturé, peur de se promener tranquille. On se disait ça peut pas continuer comme ça. Qu'est-ce que je peux faire ? »

60 Comme nous l'avons déjà montré à l'occasion d'autres travaux (Guibet Lafaye, 2019).
61 Depuis la IVe Assemblée d'ETA (printemps 1965).

n'étant pas perçue comme quelque chose qui serait dirigée vers un individu mais bien comme supportée par un peuple entier. En outre, le militant qui entre dans l'illégalité sait que la durée de vie des commandos d'ETA est en moyenne de trois ans. La donnée de la répression est intégrée – y compris de la torture – et fait partie de ce qui est accepté pour devenir militant d'une organisation clandestine. Si la vengeance peut intervenir de façon ponctuelle – elle n'est, comme nous l'avons souligné, mentionnée que de façon très marginale dans les discours – elle ne semble en aucun cas constituer un moteur du cycle de la violence.

À la jonction des mécanismes affectifs et des mécanismes cognitifs induits par la répression, on peut mentionner les expériences vécues par les enfants basques qui ont vu leurs parents – ou des voisins – frappés, arrêtés, exilés, torturés ou tués par la garde civile dans le cadre du conflit avec l'État espagnol, franquiste puis démocratique. Élodie raconte comment la garde civile a détruit le seul souvenir qu'elle avait de son grand-père républicain lors d'une perquisition à la fin des années 1960.

Face aux agissements des institutions de répression ou à la violence des groupes paramilitaires, des mécanismes cognitifs s'enclenchent. Ils constituent des ressorts contribuant à nourrir le conflit. Ces mécanismes s'alimentent de raisons tirées de l'expérience personnelle ou de témoignages recueillis autour de soi. Ils participent à la délégitimation de l'État et du monopole de la violence légitime, du fait de sa disproportion, de son illégalité et de sa brutalité. Les propos d'Etan l'illustrent :

> Cette réalité de violence met en relief le caractère antidémocratique... plus particulièrement de l'État espagnol mais aussi, quelque part, de l'État français. Ça a été quelque part l'élément qui a... construit mon engagement, c'est-à-dire le fait de vouloir construire une situation de démocratie dans le territoire et de retourner cette situation de violence. Je situe dans ce sens-là mon engagement.

La rationalisation de son parcours d'engagement par Etan souligne le rôle des mécanismes cognitifs par lesquels se trouve mise en question la réalité de la transition démocratique en Espagne[62]. Elle s'accompagne d'une évolution des représentations de l'État portant vers son discrédit, d'une

---

62 Voir aussi Xavier et Julien.

cristallisation de la figure de l'ennemi incarné par l'État espagnol (Julien), par ses symboles (Thierry) ou son bras armé[63] ainsi que de la conscience qu'une forme spécifique de répression s'abat sur le peuple basque (Ekaitz, Carlito, Laure)[64] ou sur la gauche abertzale (Elyana). Ces mécanismes cognitifs œuvrent jusque dans les plus jeunes générations comme en atteste le discours d'Elyana :

> La situation politique [...] était très répressive à l'époque. L'illégalisation, ne pas pouvoir militer de façon légale, ne pas pouvoir lutter pour tes idées sans une répercussion politique... Pour faire partie d'un mouvement de jeunes comme *Segi*, tu pouvais être arrêté. Il y avait une idée qui disait que tout était ETA, tous les mouvements indépendantistes, de gauche, radical – «radical», je sais pas. Pas radical ! Il y a des journaux, des radios qui ont été fermés aussi.

Les arrestations, la torture, les jugements, la répression interviennent comme des moments émotionnellement forts dans les parcours militants. Ils ne contribuent pas seulement à l'élaboration du récit de soi mais valident un cadrage – fourni par les organisations contestataires – d'un État illégitime et oppressif et participent de l'intériorisation d'une vision de

---

63 Voir Ekaitz infra p. 256. Ekaitz mentionne «l'ennemi» en évoquant la police espagnole.

64 «En face, il y a toujours la répression de la police, de la police espagnole qui vient en face, qui parlait en espagnol. Tu les avais toujours en face, d'une façon très violente, très violente. Et pas seulement comme ça mais quand tu marchais dans la rue, pour aller chez un copain... Dans les bars, ils rentraient comme des fous, ils mettaient tout le monde contre le mur. C'était une situation vraiment exceptionnelle. Et à partir de participer dans une lutte comme ça, je me suis rendu compte qu'on habitait à *Euskal Herria* et que nos droits comme peuple, ils étaient complètement massacrés, disparus, notre langue, notre culture, notre façon d'être. Et là petit à petit, j'ai pris la conscience que moi, je suis basque. Je suis pas mieux ni pire que les Français, que les Espagnols, que les Chinois, je suis moi. Et eux ils ne me laissent pas être moi. Dès qu'on essaie de faire n'importe quoi pour être nous, tu as une répression sauvage. C'était la fin de l'époque de Franco et le début de la dictature. Franco, il est mort en 75. La Constitution, elle a été faite en 78. Et moi, j'ai fini à l'ETA en 83. On venait de sortir de la dictature, si tu veux. Et à ce moment-là, je me suis dit : il y a un peuple qui existe, qui n'est pas dans la carte géographique mais il existe et il faut le défendre. Il faut le défendre. Et beaucoup de fois, la meilleure défense, c'est l'attaque» (Ekaitz). Voir aussi Carlito.

l'histoire en termes de répression et de discrimination. Ces mécanismes peuvent s'initier à l'occasion d'un événement vécu comme un déclic (Fabienne) ou jouant le rôle d'un choc moral (voir Enrike enfant devant la répression des manifestations). Ce choc se définit comme « un type d'expérience sociale se caractérisant par quatre traits complémentaires : cette expérience sociale résulte d'un événement inattendu ou d'une modification imprévue, plus ou moins brusque, de l'environnement des individus ; elle implique une réaction très vive, viscérale, ressentie physiquement parfois même jusqu'à la nausée [...] ; elle conduit celui qui y est confronté à jauger et juger la manière dont l'ordre présent du monde semble s'écarter des valeurs auxquelles il adhère ; enfin, cette expérience sociale suscite un sentiment d'épouvante, de colère, de nécessité d'une réaction immédiate, qui commande un engagement dans l'action et ce en l'absence même des facteurs favorables généralement soulignés par les théories de l'action collective » (Traïni, 2009). L'ensemble de ces dimensions se résume dans les propos de Julien se souvenant de la répression dont il a été témoin enfant :

> J'ai vu en 66 en face du bar de mes parents. Tout le monde était révolté. Il y avait des barricades. C'était le procès de Burgos. Plus tard, en 74, il y a le fusillement de Txiki et Otaegi, les trois du FRAP. Même à l'école, au collège, on a fait la première grève, j'avais 14 ans, 13 [ans]. C'était Puig Antich, qui s'est fait fusillé, le Catalan. *C'est des trucs qui te bouleversent, qui te font voir la réalité autrement*. Là, tu t'éloignes des discours officiels, tu t'éloignes de ce que tu as appris à l'école, tu t'éloignes de la vérité avérée, convenable. Tu commences à avoir un esprit critique que c'était pas construit, que c'est induit par le contraste de la réalité, que tu vois ce qu'ils disent et comment ça se passe. Ça n'a rien à voir ! Tu nourris déjà une présence autrement. Tu commences à avoir une conscience que tu dois regarder les choses toi-même. Tu commences déjà à développer une autre attitude que c'est fondamental pour pouvoir franchir certains pas. (Nous soulignons)

Au-delà de ces événements synchroniques, l'escalade de la répression et de la violence, l'expérience quotidienne des affrontements avec la police, les agissements de groupes paramilitaires produisent des effets cognitifs et nourrissent l'image d'un État injuste, de sorte que la répression politique pousse à la radicalisation (voir Hafez, 2004, p. 53)[65]. Or on vérifie

---

65 Les souvenirs de Julien en sont une illustration exemplaire : « Là ça s'est incorporé dans le panorama, dans la perspective du jour à jour. Au départ tu vois une situation

dans plusieurs configurations sociopolitiques qu'un État, perçu et vécu comme s'en prenant à soi ou à sa communauté, est jugé injuste. Lorsqu'il use de méthodes illégales, il est considéré comme illégitime (voir le discours de Julien)[66]. Ces expériences concrètes valident la crédibilité de

---

que sans, c'est déjà violent, le régime dictatorial exerce le monopole de la violence sans aucune légitimité sociale, et après il y a une réaction. Tu arrives à 16-17 ans, tu es au lycée. Tu as des rêves. Mais la cadence de la répression fait que, tous les jours, il y a des événements que tu sens comme des agressions contre ton peuple, un suivi assez intense où il y a des épisodes de guerre sale, il y avait les escadrons de paramilitaires, para-policiers, d'extrême droite, choses bizarres quand le régime n'est pas d'extrême droite. Ça veut dire que c'est le propre système et l'État qui est en train de développer tous ces moyens, c'est l'habitude en Espagne. Je ne vais pas dire qu'ailleurs ils le font pas, mais différemment et autrement. Mais là c'était la réalité. Je me souviens au lycée, tu es déjà éveillé, tu es en train de prendre conscience, et c'était un bouleversement, tout le monde attendait quelque chose, nous voulions provoquer quelque chose, nous avions besoin d'un changement profond du *statu quo*. De toute façon, la cadence, c'était que toutes les semaines ou toutes les deux semaines, il y avait un mort dans les contrôles policiers ou il y avait une attaque des forces paramilitaires ou de guerre sale. C'était assez développé dans la réalité. Il y avait même eu dans les années 80, les escadrons d'extrême droite, des paras-policiers, ils séquestraient, kidnappaient les gens, même pour quelques heures. Ils les amenaient en montagne, ils les torturaient, ils les utilisaient pour effrayer les gens. Ils leur faisaient la croix gammée, des agressions sexuelles aux femmes, des humiliations pour les mecs, pour les jeunes. Dès qu'ils te repéraient que tu étais actif, tu étais dans son collimateur. Ça fait un tout qui laisse pas beaucoup de doute où tu dois y aller.» «Après des copains dans la même situation, qui ont eu de vrais soucis. Un bon copain qui est mort il y a quelques années, il y avait une balle dans le foie depuis 82. Dans une barricade, un flic en civil lui a mis une balle. C'est la réalité [qui] te fait cogiter autrement» (Julien). Voir aussi Idris.

66 «Déjà, le régime, il n'avait pas droit, pas de légitimité pour exercer la violence qu'il exerçait. Déjà on parle d'un État gouverné par un putschiste qui a renversé la légalité en ce moment. Donc pourquoi pas poser la confrontation dans les mêmes termes ? Quand il n'y a pas aucune autre issue autrement». «Après, une fois les années 80 engagées, une fois la transition faite, bon ils ont quand même eu un moment jusqu'à ce qu'ils ont commencé à avoir un peu de légitimité pour défendre le système démocratique. Il était pas aussi démocratique parce que Felipe Gonzalez, c'est le [Señor] X des GAL. Quelle légitimité pour dire qu'il faut pas utiliser des moyens violents quand lui il les utilise, en ayant tous les moyens d'exercer la violence institutionnelle, il passe au-delà, il utilise des violences extra-légales contre la population. Encore, ça

cadres rhétoriques antisystèmes dans un contexte de répression étatique constante. Elles fournissent des arguments au déploiement de la violence à l'encontre du régime et de ses soutiens (voir Hafez, 2004, p. 53).

L'engrenage de la violence et la répression comme processus – c'est-à-dire comme stratégie déployée sur la base de l'anticipation des coups des adversaires et des alliés – qui se sont mis en place au Pays basque trouvent des analogies dans d'autres contextes, la comparaison permettant de déspécifier le cas basque et, en particulier, la violence d'ETA. En Italie, la violence politique des années 1970 a été nourrie par un phénomène d'escalade où « les opérations paramilitaires du maintien de l'ordre face aux troubles de rue ont débouché sur des processus de radicalisation des mouvements sociaux. Ce phénomène se retrouve partout où l'irruption d'un mouvement social rencontre une réaction hostile des pouvoirs publics » (Della Porta, 2010, p. 278)[67]. La répression tend à renforcer la politisation de la jeunesse (voir Cigerli et Le Saout, 2005, p. 35) ainsi que les témoignages recueillis auprès des plus jeunes militants basques rencontrés le confirment également. La cohésion des militants se trouve stimulée par la répression qui s'abat sur eux. Si la répression policière conduit, pour une part, à une riposte violente, elle provoque également la solidarité d'autres acteurs interpellés par le niveau de violence employé par les forces de l'ordre (Sommier, 1998, p. 78). Gaya est sur ce point explicite :

> Il y a deux phases : quand les réfugiés politiques venaient, on les aidait. C'est comme si le Secours catholique les accueillaient : il y avait Franco, la répression et on les aidait. Au village d'à côté, le premier réfugié, c'est le maire qui lui a trouvé l'appartement et le curé...
>
> C'est ce qu'on avait appris à la maison, ce que nos parents avaient fait pendant la guerre de 36. Un oncle avait fait cela. Il y a toujours eu... la frontière existe vue de Paris. Mais mon grand-père est de l'autre côté : on a les liens avec la famille, la contrebande, les Basques. Il y a pas de frontière dans notre tête et notre cœur. Il y a cette phase où la France les accueillait, donnait les papiers, et après la mort

---

a été valide. Alors tu as besoin de confronter via les armes à ces gens-là, à ces élites-là parce qu'il entend pas une autre chose ».

67 On trouverait d'autres exemples de ce phénomène dans Khawaga, 1993 ; Rasler, 1996 ; Goodwin, 2001 ; Bennani-Chraïbi et Fillieule, 2003 ; Einwohner, 2003 ; Hafez, 2003 ; Bianco, 2005 ; Dorronsoro, 2005 ; Francisco, 2005.

> de Franco – c'est la deuxième phase –, on savait qu'il y avait encore de la torture. Dans ma tête... la première fois que j'ai réalisé que les garçons que je logeais faisaient des actions violentes, c'était dur parce que je les adorais... Le premier choc, c'est le procès de Burgos : jusque là, j'étais Basque normal, de fait, je me suis posé la question : Franco peut tuer les Basques pour leur idées.
>
> Après c'est les grèves de la faim, les loger. Après, la France a changé d'attitude : en disant que c'est pas des gens qui luttent pour leur pays mais des terroristes. Il y a trois phases... j'ai participé aux trois phases. Je me suis retrouvée vers la fin : c'était presque les enfants de ceux que j'ai logés en premier qui venaient.

Son soutien aux militants du sud s'approfondit après la rafle de 1979 en Iparralde.

> Il y avait eu en 79 une rafle énorme. Ils avaient raflé 100 réfugiés en janvier, je crois que c'était en janvier 79, partout ici. Ils les avaient envoyé à Valensol. On vous avait déjà parlé de ça ? Donc là tous les gens qui étions un petit peu sensibilisés... Je me souviens dans le canton de Baïgorry, on avait fait une réunion et on avait dit : "il faut qu'on les aide". Donc on s'était mis à deux... chargés d'aider ceux qui avaient besoin. Mais ma pauvre, on se connaissait tous, c'est qu'ils étaient dans la rue, jusque là ils étaient pas cachés. Ils vivaient dans la rue, comme tout le monde, ils allaient dans les mêmes discothèques que nous. Donc on se connaissait. Tout le monde était dans la rue. Il y avait des gens qui venaient aussi [en exil] pas pour avoir fait grand chose, pour avoir lancé trois papiers dans la rue mais Franco, c'était Franco.

La conflictualité au Pays basque constitue donc un exemple paradigmatique de mécanismes illustrant les conséquences de la clôture des opportunités politiques et des effets d'une répression disproportionnée. L'approche interactionniste permet de souligner l'existence, dans ce contexte, de mécanismes qui autorisent un autre regard sur ETA, organisation armée qui a eu la plus longue durée de vie en Europe occidentale. Elle conduit à déplacer la perspective pour considérer conjointement le positionnement des institutions politiques légales, dans le conflit, et la répression qu'elles ont entretenue. Ces mécanismes incarnent une constante des interactions entre pouvoir et mouvements protestataires. Leur mise en évidence permet d'éviter la réification de certaines catégories d'acteurs, en l'occurrence celle des « terroristes », spécialisés dans une forme spécifique d'action politique (voir Tilly, 2004, p. 5). Il convient, au contraire, d'étudier les interactions entre les acteurs étatiques et non-étatiques du conflit et les conditions qui conduisent à recourir à l'usage de moyens illégaux de contestation. En ce sens, il n'y a pas lieu de singulariser les phénomènes advenus au Pays basque, quand bien même on a souvent insisté sur le caractère insolite de l'accroissement des violences de la part d'ETA après la fin de la dictature[68]. De même et quand bien même ces actions sont assez rares de la part d'ETA, il existe des raisons poussant certains groupes à prendre pour cibles des civils plutôt que des objectifs militaires ou policiers à un certain moment sur un territoire donné (voir De la Calle, Findley & Young, 2012, p. 494). Si l'on a pu considérer que le recours à ce type d'actions était lié à l'idéologie, aux capacités opérationnelles des groupes, à l'environnement stratégique, il importe toutefois de resituer ces faits dans le contexte spatio-temporel qui permet de spécifier leurs raisons. L'enjeu de la réflexion consiste alors à déplacer la perspective du constat du passage à une démocratie formelle à la prise en compte fine des formes de répression persistantes et de l'ouverture effective du champ politique aux revendications de la gauche abertzale. En ce sens, la thèse selon laquelle les mouvements sociaux ne peuvent émerger et se développer que dans le cadre d'une « ouverture des opportunités politiques » demande à être reconsidérée. La présente étude vise à apporter une pierre à la sociologie des mobilisations laquelle a fréquemment sous-évalué les effets de la répression ou de la menace de répression sur l'action collective[69].

68   Le discours proposé par certains historiens est paradigmatique de ce type de position : « On pense souvent qu'en principe la démocratie et la liberté d'expression devraient être des antidotes au conflit armé, à la guerre. Comme si le bien-être et la liberté pouvaient nécessairement ou automatiquement préserver de la violence physique. Cette conviction est répandue, et c'est la raison pour laquelle les actes terroristes sont en général présentés comme une réponse ultime à une situation d'oppression ou d'injustice. [...] En vertu de cette définition, encore dominante aujourd'hui, d'une ETA résistante contre la dictature, l'organisation aurait dû arrêter ses actions avec la démocratisation, entre 1976 et 1978. Il n'en a rien été. L'ETA a tué quarante-trois personnes avant la mort de Franco, plus de 800 après. L'offensive a même été brutale pendant la période constitutionnelle, ce qui aggravait le risque d'un coup d'État militaire et d'un arrêt du processus démocratique [...]. Compte tenu de ces données, on peut penser qu'une histoire de l'ETA contemporaine serait plus intelligible si on la faisait débuter après l'amnistie générale de 1977 qui permit la libération de tous ses prisonniers » (Loyer et Aguerre, 2000, p. 112-113).

69   Comme l'ont souligné Goldstone et Tilly (2001).

L'étude diachronique du conflit au Pays basque autorise donc l'ouverture d'une perspective longtemps ignorée par la sociologie des mobilisations qui, jusque dans la première moitié des années 2000, a centré son attention sur les ressources s'offrant aux mouvements sociaux – dans une approche rationaliste de l'action collective – en délaissant les facteurs environnementaux, parmi lesquels figure l'action de l'État. De même, la notion de « structure des opportunités politiques » (McAdam, 1999) masque les échanges de coups entre pouvoirs et contestataires. L'approche qui la convoque raisonne à partir de variables dichotomiques (ouverture/fermeture du système politique) ne permettant pas de rendre compte de la complexité de la perception des menaces et de la répression au sein des collectifs militants. Elle tend à aborder « l'État » à partir de qualifications réductrices ou indigentes, telles que « État fort » ou « État faible » en omettant de considérer, d'une part, que « l'État » est constitué d'une diversité d'agences dont les intérêts, les pouvoirs et les sous-cultures peuvent être irréductibles les uns aux autres, et d'autre part, que l'action de l'État ne s'inscrit pas exclusivement dans une logique purement instrumentale par rapport à une volonté politique unique (voir Fillieule & Della Porta, 2006, p. 17-18). Enfin, on tend à appréhender de façon également réductrice, l'action des forces de l'ordre à travers la catégorie univoque et intemporelle de « répression policière » (voir Della Porta, 1995 ; Fillieule, 1997), alors même que celle-ci ne peut simplement se penser en termes d'ouverture ou de fermeture des opportunités.

CHAPITRE 3

Pourquoi un conflit armé ?

3.1 Comment des moyens d'action dits violents en viennent à être vus comme une nécessité

Le recours à la lutte ou à la propagande armées et au terrorisme a été expliqué à partir de facteurs sociaux (théories de l'apprentissage social, accent porté sur la pauvreté et les inégalités économiques), politiques (absence d'opportunité politique, types de régime politique, faiblesse et déclin des États) mais aussi internationaux (effet de la globalisation économique et culturelle, existence de réseaux internationaux). Afin d'identifier les facteurs objectifs – ou perçus comme tels – qui ont conduit les acteurs dans la lutte armée, nous les avons confrontés à plusieurs interrogations que nous analyserons ici. À partir de l'identification, dans le cours de l'entretien, des objectifs qui étaient les leurs à l'époque de leur engagement ou plus généralement en évoquant ceux de leur organisation, nous leur demandions : «Est-ce que, de votre point de vue, il était/serait possible de parvenir à ces objectifs sans recourir à la lutte armée ? Pourquoi ?». Nous étudierons ici les argumentaires, proposés par les acteurs, pour justifier ce type d'engagement illégal et dont nous verrons qu'ils sont comparables des deux côtés de la frontière. Les réponses formulées se distribuent en une dizaine de catégories susceptibles d'être regroupées thématiquement. Les enquêtés font référence, sur le plan politique, à des blocages allant de «Paris faisant la sourde oreille» (Grégoire)[1] à la dénonciation de la dictature franquiste associée à de multiples discriminations et répressions portées à l'encontre des Basques. Le fait de répondre à la violence d'État

---

1   Voir aussi *Ildo*, n° 2, été 1978, p. 33.

par une violence comparable[2] constitue un paradigme remarquable de justification du recours à ce répertoire d'action. Ainsi la situation au Pays basque illustre de façon paradigmatique l'usage de la violence comme un élargissement du répertoire de l'action politique.

Nombre des militants rencontrés, en particulier du côté nord et parce que l'absence de dictature le permettait, ont pratiqué l'action politique légale avant d'en dénoncer les limites et de passer à une autre forme de lutte. Tel est le cas d'Alexis, Grégoire, Laure, Maud, Paul, Frédéric, Patxi[3]. En ce sens, l'action illégale se déployant de façon violente est bien conçue comme un outil politique, outil qui s'impose dans un contexte de clôture perçue de la SOP. Il se voit investi de différentes finalités, qu'il soit pensé *a posteriori* comme ayant permis la défense du peuple basque, la préservation de son identité et comme participant de sa reconnaissance (dix-neuf occurrences ; voir annexe 2, Tableau 33) ; comme un moyen de s'imposer dans un rapport de force avec l'État, un outil inséré dans une stratégie politique plus globale et participant de différents fronts de lutte (vingt-et-une + douze occurrences) ; comme un répertoire d'action tourné non pas seulement vers le pouvoir d'État mais vers la population et ayant une fonction de propagande (treize occurrences). Dans les cas évoqués, la violence intervient comme *l'un* des répertoires de l'action collective. Elle est conçue par les acteurs comme intégrée au sein des luttes menées collectivement sur le territoire. En revanche, vingt occurrences sur les soixante-trois entretiens envisagent la violence et, en l'occurrence, la guérilla comme un moyen incontournable d'un changement radical de régime sociopolitique, qu'il soit question de lutte de libération (douze) ou de l'aspiration à une transformation révolutionnaire (huit) vers un État socialiste et indépendant (ou indépendant et socialiste) ou comme une alternative au capitalisme. Sur la question de la mise en œuvre de certains répertoires d'action, tels la guérilla urbaine ou l'usage de moyens illégaux à titre de propagande politique, on perçoit l'effet d'un contexte international porteur dans le domaine.

---

2   Auquel on pourrait ajouter les seize interprétations du recours à la violence sous la modalité de l'auto-défense.
3   Cette démarche est confirmée dans *Ildo*, n° 2, été 1978, p. 7.

Le paradigme de la lutte de libération trouve une certaine prégnance parmi les militants basques abertzales et pas seulement parmi la génération qui s'est engagée dans les années 1970. On perçoit ainsi le rôle central d'un «cadrage» de la situation en termes fanoniens ainsi que les effets «pratiques» de la réinterprétation cognitive – que Della Porta désignerait comme une «radicalisation cognitive» – en ce qu'elle autorise en termes de moyens mis en œuvre dans la lutte. Le rôle des phénomènes de cadrage n'est pas seulement souligné par la sociologie mais également par la philosophie, notamment sartrienne[4]. La lecture du conflit basque comme une situation d'occupation et le fait de concevoir le pouvoir central castillan ou français comme une *force d'occupation* est facilitée par un contexte international où fleurissent et parfois réussissent les luttes de libération. Songeons au Vietnam et à l'Algérie. Le contexte national mais aussi et surtout le contexte international où les mouvements de libération sont forts et porteurs d'espoir joue un rôle crucial dans la sélection des répertoires d'action. Parmi ces mouvements, on compte la révolution cubaine, les mouvements de libération nationale en Colombie dont l'Armée de Libération Nationale (ELN) et au Venezuela les Forces Armées de Libération Nationale (FALN) puis pour les années 1970, au Nicaragua, le Front Sandiniste de Libération Nationale (FSLN) qui accède au pouvoir en 1979 et pour les années 1980 au Salvador le Front Farabundo Martí de Libération Nationale (FMLN). S'y ajoutent pour l'Europe occidentale, les luttes contre l'autorité des pouvoirs en place en Irlande du Nord, en Italie et en Allemagne. Les propos de Ferrucio sont là pour le rappeler lorsqu'on l'interroge sur ce qui l'a poussé à s'engager :

---

4   Sartre rappelle la nécessité d'une médiation cognitive et axiologique pour que le sentiment se transforme en autre chose qu'un ressenti : «L'ouvrier de 1830 est capable de se révolter si l'on baisse les salaires car il conçoit facilement une situation où son misérable niveau de vie serait moins bas cependant que celui qu'on veut lui imposer. Il ne se représente pas ses souffrances comme intolérables, il s'en accommode, non par résignation, mais parce qu'il manque de la culture et de la réflexion nécessaires pour lui faire concevoir un état social où ces souffrances n'existeraient pas. [...] Elle [sa souffrance] ne saurait donc être par elle-même un *mobile* pour ses actes. Mais tout au contraire, c'est lorsqu'il aura fait le projet de la changer qu'elle lui paraîtra intolérable» (Sartre, 1943, p. 489).

L'atmosphère de lutte et de répression, fondamentalement. Les morts faits par la police, les coups portés à l'Organisation, qui était une véritable avant-garde populaire à cette époque. De même, l'ambiance mondiale a favorisé l'implication dans la lutte : les luttes de guérilla en Amérique du Sud, la lutte armée pour l'émancipation nationale et anticapitaliste en Europe. J'ai compris que la lutte armée était nécessaire pour réaliser un monde plus juste, et qu'il fallait s'y engager.

3.2 Perception de la structure des opportunités politiques

Nombre de travaux ont été réalisés, en sciences sociales, sur la relation entre, d'une part, les changements de la structure des opportunités politiques (SOP) – en particulier les transformations affectant la structure institutionnelle et les relations informelles au sein d'un système politique – et, d'autre part, la mobilisation des mouvements sociaux (voir McAdam, McCarthy & Zald, 1996). Ces travaux se sont notamment intéressés à la façon dont la SOP contraignait ou facilitait les cadres de l'action collective[5]. La mobilisation en faveur de l'autonomie voire de l'indépendance au Pays basque constitue un mouvement social qui peut être envisagé comme un ou plutôt des acteurs instrumentaux rationnels, essayant de mobiliser des ressources, à la fois matérielles et symboliques, dans leur environnement. Le radicalisme ou la modération adoptée par ces mouvements dépendent, en particulier, de la réaction que ces mouvements rencontrent dans leur environnement (voir Della Porta, 2010, p. 274), qu'il soit question de la réponse des autorités, de la force et des positions de leurs alliés et de leurs adversaires potentiels ou de l'état du droit à leur égard.

Dans sa formulation initiale en sciences politiques, la SOP a été conçue comme un facteur explicatif de la possibilité des révoltes (voir Eisinger, 1973, p. 11-12 ; Meyer & Staggenborg, 1996 ; Tilly, 1978). Initialement la SOP désignait l'ensemble des éléments de l'environnement et du contexte politiques, exerçant une influence positive ou négative sur l'engagement

---

5   Voir Anheier, Neidhardt & Vorkamp, 1998 ; Benford & Valadez, 1998 ; Evans, 1997 ; Flam, 1996 ; Johnston & Snow, 1998 ; Marullo, Pagnucco & Smith, 1996.

Pourquoi un conflit armé ? 93

dans une protestation collective (voir Eisinger, 1973). On considère alors que la manière dont les individus et groupes du système politique agissent n'est pas simplement fonction des ressources qu'ils maîtrisent, mais des *ouvertures*, points faibles, obstacles et ressources du système politique lui-même » (Corcuff, 1995, p. 12).

La caractérisation de la SOP peut s'opérer à partir de plusieurs facteurs, qu'il s'agisse du degré d'ouverture ou de fermeture des institutions politiques, de la stabilité ou de l'instabilité des alignements politiques, de la présence ou de l'absence d'alliés influents apportant leur soutien au mouvement considéré, de l'existence de conflits et de divisions entre les élites (voir Tarrow, 1994, p. 85-89) ou, dans un modèle ternaire, de la structure formelle de l'État, des procédures informelles et des stratégies dominantes des autorités politiques à l'égard des opposants, ainsi que de la configuration du pouvoir dans le système des partis (Kriesi, 1995). Dans une étude comme la nôtre, il est pertinent d'identifier les caractéristiques de chaque système politique national, exerçant une influence positive ou négative sur l'apparition et le développement d'un même mouvement (ou d'un ensemble de mouvements), dans plusieurs pays. Le contraste des contextes politiques au Pays basque nord et sud permet de mettre en évidence une relation significative entre les stratégies et impacts des mobilisations et le degré d'ouverture ou de fermeture de la SOP de chaque État (voir Kitschelt, 1986), ou encore une forte dépendance des stratégies, des modes d'organisation, ou de leurs chances de succès au regard du type d'État auquel elles s'affrontent. La théorie politique estime que lorsque le système politique est « ouvert » (cas de certaines démocraties), il tend à produire des stratégies dites assimilatives : les mouvements utilisent les institutions en place pour faire valoir leurs positions car le système politique offre des points d'accès et des leviers dans la compétition politique (pétitions, participation au jeu électoral ou à des procédures référendaires, etc.). En revanche, quand le système politique est « fermé » et adopte une attitude de rejet systématique des revendications, les mouvements assument inexorablement des stratégies de confrontation avec l'État (actions violentes, attentats, etc.), tout en s'exposant davantage à la répression. De façon générale, le contexte dans lequel surgissent des mobilisations est composé à la fois d'éléments proprement « politiques » mais également d'éléments « culturels ». Aux dimensions « stables » (comme l'organisation institutionnelle du pays) se mêlent des aspects plus conjoncturels ou «volatils», tels les dossiers qui font l'actualité du moment (voir Gamson & Meyer, 1996).

En effet, le concept de SOP ne doit pas être mobilisé comme une donnée statique, qui tendrait à suggérer une causalité univoque de la structure contextuelle vers les choix des acteurs. La radicalisation est un processus qui se développe de façon relationnelle. Les opportunités et les contraintes, pour certains groupes contestataires, émergent et se créent dans le cours des interactions répétées avec l'État. Ainsi une large part de l'explication des phénomènes de radicalisation ou d'engagement illégal ne réside pas dans leurs pré-conditions politiques mais plutôt dans le processus à travers lequel ils se développent. Le concept d'opportunités politiques s'est, sur le plan théorique, étendu de façon croissante, s'adjoignant sans cesse de nouveaux aspects. Il a fini par désigner un ensemble extraordinairement complexe de caractéristiques contextuelles contingentes ou stables qui tendent, pourtant, à s'éloigner de leur appréciation et de leur prise en compte par les acteurs. Tel est le cas par exemple de la division fonctionnelle du pouvoir ou du degré de décentralisation du pouvoir (voir Della Porta, 2013, p. 35). L'extension du concept d'opportunité politique l'a conduit à absorber des caractéristiques contextuelles aussi bien contingentes que stables tout en l'éloignant, dans le même temps, de plus en plus de leur appréciation par les acteurs, la division fonctionnelle du pouvoir ou les degrés de décentralisation en étant des exemples paradigmatiques.

Charles Tilly, de son côté, intègre la notion d'opportunité à un «modèle de mobilisation» (*mobilization model*). Associée à celle de «menace» (*threat*), elle contribue à rendre compte des interactions entre un groupe en voie de mobilisation et son environnement, en désignant «le degré auquel les autres groupes, y compris les gouvernants, deviennent vulnérables devant de nouvelles revendications qui, en cas de succès, pourraient accroître la capacité des contestataires à atteindre leurs objectifs» (Tilly, 1978, p. 133). Avec McAdam (1982), la SOP coïncide avec l'émergence de conditions politiques, susceptibles d'accroître la puissance des groupes contestataires et de les rendre moins vulnérables à la répression, le coût de celle-ci étant accru. Ainsi les développements proposés par McAdam permettent de dépasser la perspective «ressourciste» et de comprendre pourquoi des groupes, disposant des ressources nécessaires à leur passage à la contestation, se révèlent incapables de le faire. Indépendamment de la capacité mobilisatrice du groupe concerné, la possibilité d'émergence d'une action protestataire dépend également des évolutions conjoncturelles du système politique – évolutions qui le rendent plus ou moins vulnérable ou réceptif à la contestation sociale (voir Mathieu, 2002, p. 77) ainsi que le montrent les chronologies des actions d'ETA, du contexte en Hegoalde et des politiques répressives de l'État espagnol. Or des deux côtés de la frontière, c'est précisément la perception – et la conviction associée – d'une clôture des opportunités politiques qui va conduire une minorité des militants à prendre les armes. Ainsi la SOP ne doit pas être appréhendée tel un donné objectif comme l'usage du terme « structure » pourrait le laisser croire[6]. Certains auteurs lui préfèrent d'ailleurs la notion de « configuration des opportunités politiques » (Brockett, 2005), désignant une constellation de situations aussi bien que des dynamiques grâce auxquelles les acteurs politiques peuvent, à certains moments, trouver ou construire des alliances et des espaces de mobilisation.

La littérature s'est efforcée, ultérieurement, de préciser les facteurs supposés exercer un effet décisif sur l'ouverture ou la fermeture des opportunités. Sidney Tarrow propose, pour sa part, quatre éléments : le degré d'ouverture ou de fermeture des institutions politiques ; la stabilité ou l'instabilité des alignements politiques ; la présence ou l'absence d'alliés influents apportant leur soutien au mouvement considéré ; l'existence de conflits et de divisions entre les élites (Tarrow, 1994, p. 85-89). Hanspeter Kriesi (1995) identifie trois facteurs déterminant le degré de facilitation ou de répression, au même titre que l'éventualité de succès ou d'échec, d'une mobilisation : la structure formelle de l'État[7], les procédures informelles et les stratégies dominantes des autorités politiques à l'égard des challengers ainsi que la configuration du pouvoir dans le système des partis (c'est-à-dire la « distribution du pouvoir » entre les différents partis et les relations

6 Sur les débats autour de l'interprétation objectiviste ou subjective de la SOP, voir Diani, 1996 ; Gamson & Meyer, 1996 ; Giugni, 1995 ; Kriesi, Koopmans, Duyvendak & Giugni, 1995 ; Kurzman, 1996 ; Mathieu, 2002 ; Tarrow, 1988.

7 Kriesi propose ainsi de distinguer entre États « ouverts » ou « fermés », « faibles » ou « forts », selon leur degré de centralisation, l'existence de procédures de démocratie directe, la plus ou moins grande autonomie entre les domaines judiciaire, exécutif et législatif, ou encore la cohérence interne de l'administration. Une première prise en compte de l'influence de la structuration de l'État sur l'activité contestataire avait été esquissée par Pierre Birnbaum (1983).

qui les unissent). Dans ce type d'interprétation toutefois, le concept de structure des opportunités souligne ce que l'activité protestataire doit à son *environnement politique* et contribue à montrer que des groupes disposant pourtant des ressources nécessaires à leur passage à l'action contestataire et, dans le cas qui nous occupe, à la violence politique voire à la lutte armée ne peuvent le faire qu'au moment où le contexte politique leur devient favorable.

On pourrait considérer que l'accroissement des actions meurtrières d'ETA, dans la période postfranquiste, illustre cette thèse. Du côté d'IK, il est difficile de considérer que le contexte social et politique était d'emblée favorable aux actions armées, quand bien même a fini par se dessiner un soutien de la part de la population aux militants clandestins ainsi qu'aux actions de l'organisation. En revanche, les actions d'IK ont été bien plus nombreuses après l'élection de François Mitterrand qu'avant[8]. Dans le cas qui nous occupe, les discours et représentations des acteurs tendent plutôt à expliquer le passage à la lutte armée par un sentiment de clôture des opportunités politiques, sentiment qui donne lieu à une requalification des fonctions que peut revêtir la violence politique (comme instrument politique, levier dans un rapport de force, outil de propagande politique).

Cette dimension subjective, c'est-à-dire le prisme de la perception des acteurs, peut s'avérer plus explicative que la structure objective des opportunités politiques, ainsi qu'une perspective constructiviste le rappelle. On parle alors d'« attribution d'opportunités » (voir McAdam, Tarrow et Tilly, 2001). Ainsi, parmi les discours recueillis, on peut identifier des perceptions d'une réduction de l'espace favorable à des protestations pacifiques, associées à celles d'un élargissement des conditions et des possibilités pour une action violente. L'interprétation strictement objectiviste de la SOP tend à occulter la capacité des acteurs à percevoir et à se saisir des opportunités offertes par les transformations du secteur politique[9]. Aucune opportunité,

---

8   On dénombre treize actions entre le premier attentat commis par IK et celui de juillet 1981 à Hasparren sur un total de 165 actions revendiquées (dont certaines ont toutefois été attribuées à l'organisation par la presse).

9   « Les analystes n'ont pas clairement signalé s'ils considéraient les opportunités politiques comme des facteurs objectifs ou subjectifs : l'utilisation du terme "structure" se réfère ordinairement à des forces qui opèrent indépendamment de la conscience

même objectivement ouverte, ne peut inviter à la mobilisation si elle n'est pas, d'une part, visible des protestataires potentiels et, d'autre part, perçue comme une opportunité» (McAdam, Tarrow & Tilly, 2001, p. 43 ; voir aussi Chazel, 2003, p. 124). Ainsi opportunités et menaces ne constituent pas un donné stable et «objectif». Bien plus décisive est *l'interprétation* que les protagonistes se font de l'attitude et de la détermination de leurs adversaires. Se trouve à l'œuvre une transformation des mécanismes cognitifs, en l'occurrence une transformation des représentations que les contestataires se font du «jouable» ou du «risqué» (voir Mathieu, 2004, p. 569). À travers leurs discours, il s'avère possible de prendre quelque distance avec la vision statique et «classique» des mouvements contestataires, au profit d'une appréhension plus dynamique et relationnelle. L'attention ne se porte alors plus seulement, comme dans le «modèle classique», sur les différentes variables pertinentes d'explication d'un mouvement social qu'il s'agisse des opportunités, des structures sociales et des organisations, des répertoires de l'action collective. Se trouvent en revanche introduits une dimension événementielle ainsi qu'un éclairage sur le développement d'un épisode contestataire au cours duquel différents mécanismes interagissent pour donner sa dynamique propre au processus (voir Mathieu, 2004, p. 569).

Ce sont ces perceptions, certes recueillies *a posteriori*, que nous analyserons à travers les entretiens menés. Il s'agira, en l'occurrence le plus souvent, de représentations de «clôture» de la SOP, ces représentations contribuant à confirmer la thèse d'un nécessaire abandon des instruments politiques légaux, démocratiques et représentatifs au profit du passage à une action armée ou spectaculaire.

De même, des approches *subjectivistes* de la théorie de la SOP ont été proposées[10], que ce soit par D. McAdam en mobilisant la notion de «libération cognitive» (McAdam, 1982, p. 48-51) – processus par lesquels les

---

des acteurs. Mais si l'action collective est stratégique, *une opportunité ne doit-elle pas être perçue* pour pouvoir affecter la conduite d'un acteur ? Si les opportunités doivent être perçues pour être acceptées, alors les analystes devront consacrer davantage d'attention aux perceptions des protagonistes et aux prises de décision à l'intérieur des mouvements» (Tarrow, 1988, p. 430).

10 La tension entre objectivisme et subjectivisme est abordée, de manière différenciée, dans Berger & Luckmann (1966), Bourdieu (1980) et Giddens (1984).

acteurs des mobilisations décoderaient les ouvertures de la structure des opportunités[11] – ou via la *frame analysis*, c'est-à-dire l'analyse des « cadres de l'expérience ». Les cadres consistent en principes organisateurs de l'expérience qui permettent aux individus d'identifier, de donner sens et de s'ajuster aux différentes situations qu'ils rencontrent dans le cours de leur existence quotidienne (voir Goffman, 1991). Ce processus est inhérent à l'activité cognitive ordinaire et n'a rien de spécifique aux organisations politiques ou aux mouvements sociaux. Ainsi le recours à une pièce du répertoire d'action – telle que la violence politique – plutôt qu'à une autre répond à la fois à des considérations tactiques et stratégiques, et à une activité de cadrage déployée par les contestataires pour imposer le sens de leur mouvement.

En outre, la manière dont les opportunités politiques contraignent ou facilitent l'action collective est, en partie, conditionnée par les cadres proposés par les acteurs du mouvement et autres parties prenantes (voir Koopmans & Duyvendak, 1995). En effet, comme nous le voyons à travers les extraits d'entretiens recueillis les opportunités politiques sont rarement, sinon jamais, une entité clairement intelligible. On le perçoit dans les propos de Laure : « À l'époque, il y avait des blocages en face. Si on n'avait pas des arguments un peu plus percutants, pour changer les esprits, on n'allait pas avancer ». Florian, acteur du sud, s'accorde sur une interprétation identique en revenant *a posteriori* sur son engagement :

> De par mon expérience, je commence à me rendre compte que la situation d'injustice dans laquelle on vit me semble de moins en moins acceptable, d'une part, et en plus que malgré l'énergie qu'on déploie ici, toute notre bonne volonté, on n'avance pas tant que ça. On se heurte à un mur d'incompréhension, de rejet, même de répression de la part de l'État, etc. Et là je comprends qu'à un moment donné, on pourra plus avancer, il faudra peut-être passer à autre chose et je comprends mieux la démarche

[11] Un changement d'attitude des autorités politiques devant leurs revendications laisserait, par exemple, entendre aux acteurs qu'elles seraient plus vulnérables et que la situation serait devenue favorable à une action contestataire efficace. Les « challengers » passeraient ainsi d'une résignation fataliste à une confiance accrue dans leur force collective. Néanmoins cette conceptualisation pose de multiples problèmes, qui ont conduit à son abandon par McAdam. Ces derniers ont notamment été relevés par François Chazel qui a critiqué sous l'expression d'« illusion romantique » l'idée selon laquelle la mobilisation supposerait une rupture préalable avec les modes de pensée ou croyances antérieurs (Chazel, 1997, p. 194-195).

de Txomin, je comprends mieux la lutte politico-militaire. À ce moment-là, je m'intéresse plus à la littérature, à l'opération Ogro, les livres qui sont sortis sur la lutte politico-militaire d'ETA.[12]

L'existence et le degré d'ouverture des opportunités politiques sont ainsi soumis à interprétations. Les acteurs d'un mouvement et les parties prenantes d'une configuration peuvent les «cadrer» différemment au cours du temps, «le cadrage des opportunités politiques» étant une «composante essentielle des cadres de l'action collective» (Gamson & Meyer, 1996, p. 285)[13].

La situation contrastée des Pays basques nord et sud souligne, de façon paradigmatique, le rôle de la *perception* de la SOP dans l'action collective. Les réponses à la question proposée sur les moyens d'action requis pour parvenir à certaines fins (voir Tableau 3) confirment l'intérêt de déplacer l'attention des «effets de structure» vers les modalités de leur perception et de leur mobilisation par les acteurs. Bien que les contextes dans lesquels les organisations clandestines basques ont émergé puis se sont développées soient fortement distincts au nord et au sud (voir chapitre 2), s'exprime un identique sentiment de clôture de la SOP. En particulier, du côté nord, sept des douze militants font allusion à ce motif pour expliquer leur démarche. Du côté sud, huit y insistent en faisant référence au franquisme mais quinze autres la mentionnent également, lorsqu'il est question de la période postfranquiste. En somme, le paradigme intervient dans vingt-trois discours de militants d'ETA sur cinquante-et-un. La différence de contexte national pour l'Iparralde et l'Hegoalde souligne que le facteur décisif n'est pas tant la structure objective des opportunités politiques que la *perception* très marquée de la fermeture des horizons politiques qui joue un rôle moteur dans la sélection et l'usage de répertoires d'actions illégaux. Les interprétations de la *nécessité* d'une lutte armée renvoient donc de façon remarquable au paradigme de la clôture de la SOP avec trente occurrences, s'exprimant ainsi dans plus de la moitié des discours.

12 Voir aussi Alexis.
13 Les organisations doivent redéfinir les perceptions des acteurs, ou tenter de s'y ajuster, afin de les convaincre de participer à l'action collective.

Tableau 3 : Cadrage de la nécessité de l'action illégale

Clôture de la SOP		Réaction	Auto-défense/ résistance	Outil politique			Outil de changement social radical	
Clôture de la SOP dans le contexte d'une dictature	Clôture de la SOP dans le contexte d'une démocratie de façade + limites de l'action légale	Réponse à la violence d'État + lutter contre l'oppression	Défense du peuple basque qui peut aller jusqu'à la lutte armée pour sa reconnaissance + lutte de résistance + auto-défense (7)	Outil politique dans un rapport de force (+ négociation) ou dans une stratégie politique globale	Outil politique pour obtenir quelque chose	Outil de conscientisation de la population, propagande politique	Lutte de libération	La révolution implique la violence
8	22	21	16	21	12	13	12	8
30		21	16	46			20	

Pourquoi un conflit armé ?

L'analyse des discours permet une appréhension fine de la nature de cette perception de la clôture des opportunités politiques. Parmi les militants que nous avons rencontrés, l'évocation d'un contexte reflétant une situation de forclusion de la SOP se retrouve dans quarante-et-un discours, représentant les deux tiers de l'échantillon (voir Tableau 4). La répression des manifestations témoignant de l'impasse de toute formulation de revendications s'exprime explicitement dans vingt-trois récits. L'évocation d'éléments ou d'exemples attestant d'un blocage de la situation sociopolitique s'accompagne, dans certains cas mais pas toujours, d'un sentiment d'absence d'alternative quant aux moyens restant à disposition des militants, en particulier de moyens légaux[14]. Ainsi trente-huit personnes qui ne sont pas toujours celles évoquant une clôture de la SOP[15] estiment que la lutte armée était le seul moyen politique, susceptible d'apporter une réponse efficace à une situation de blocage institutionnel, s'appuyant sur une répression systématique ou très marquée. Un militant d'HB, plusieurs fois arrêté, résume la situation du Pays basque sud dans la description qu'il propose de la morale au fondement du recours à la lutte armée :

> Je crois que c'est une éthique de la légitimité démocratique de l'action armée fondée sur l'absence de possibilités d'action pacifique. Je crois que c'est une éthique historiquement nourrie par la répression et qu'il ne faut pas l'oublier, puisque depuis la mort de Franco, la lutte armée d'ETA vise à imposer une négociation politique avec l'État. Dans la mesure où l'État espagnol refuse de négocier, la légitimité de la persistance de la lutte armée se construit sur ce refus.

Le Tableau 4 reprend de façon synthétique les occurrences de l'expression objective et de la perception subjective de la clôture de la SOP.

Tableau 4 : Représentations et perceptions de la clôture de la SOP

Forclusion de la SOP	*Sentiment d'absence d'issue*	*Total des discours*
42	37	63

---

14 Voir, pour les militants d'IK, Alexis, Grégoire, Nahil, Laure, Maud, Patxi.
15 Voir Fabienne, Gaya, Louisa, Rémy, Maud, Mona, Pierre.

> **Encadré 1 : Élaboration du Tableau 4**
>
> La première colonne du Tableau 4 tient compte des discours évoquant des éléments de description objective (répression des manifestations et des grèves, revendications ignorées, échec des négociations, etc.) de la situation sociopolitique. Figurent dans la deuxième colonne les occurrences de discours où les individus suggèrent qu'il n'était pas possible de procéder autrement que par des moyens illégaux. S'y exprime un *sentiment* d'absence d'alternative – qui peut être étayé par des arguments objectifs (voir première colonne) et – qui se traduit dans des expressions telles qu'« on n'avait pas le choix », « il n'y avait pas d'autre issue, pas d'autres moyens (de se faire entendre) » que la lutte armée dont Julien donne une illustration de façon emblématique : « S'il y a recours à la violence, il y aura recours à la violence, c'est parce qu'il y a pas d'autre issue. Chacun, il verra… Je suis contre le monopole de la violence par le *status quo*. Je crois pas que c'est un moyen légitime [la lutte armée]. C'est un moyen légitime quand il le faut ».

La perception de la clôture de la SOP, fondée sur la référence à des éléments objectifs, est plus marquée parmi les premières générations de militants abertzales. Cette représentation n'est pas sans lien avec le milieu dont sont issus les militants. Ainsi lorsque les parents des enquêtés ne s'inscrivent pas dans la mouvance abertzale, la clôture de la SOP n'intervient pas comme un motif structurant de leur discours. Tel est le cas pour Elikia, Dimitri, Leonardo, Gaya, Pharel. Lorsque la socialisation primaire à la cause abertzale est absente, les individus font moins intervenir dans la description du contexte et des raisons de leur engagement des éléments objectifs de clôture de la SOP. Parmi les dix-huit individus concernés, sept considèrent toutefois qu'il n'y avait pas d'autre option politique que l'action illégale. Qu'est-ce qui justifie alors, pour ces acteurs, le recours à l'action illégale ou militaire ? Plusieurs motifs se dégagent : la défense de

Pourquoi un conflit armé ?

la cause (*i.e.* l'indépendance du Pays basque), le fait d'avoir été militant dès leur plus jeune âge, c'est-à-dire l'*ethos* du militant, la réaction à une situation d'injustice souvent suscitée par la répression.

Du côté nord les enquêtés, engagés avant les années 1970-1980 dans des formes d'action politique légales et non violentes, prennent conscience qu'aucun changement ne viendra du vote ou de manifestations de rue mais seulement par la force physique (voir encadré 1). Leur radicalisation signifie un rejet de l'ordre politique de l'État central. La violence paramilitaire et policière ainsi que la répression par l'appareil d'État au sud les renforcent dans la conviction de l'inutilité des formes de protestation pacifique. De leur point de vue, l'alternative pratique la plus crédible et la plus efficace réside dans la lutte armée. Ils ont le sentiment qu'un pas doit être franchi dans la lutte et qu'ETA est l'organisation qui permet de le faire. Ce passage de la contestation politique à l'activisme politique violent s'exprime de façon emblématique dans les propos de Rémy (voir infra 3.3, p. 109) mais aussi de Basques du sud tels Franck :

> Initialement, je crois qu'idéologiquement je pensais comme les autres mais de façon plus méditée et avec une autre philosophie. Par exemple je ne croyais pas qu'imposer les choses pouvait servir à améliorer la société. De plus, j'avais le sentiment qu'au niveau idéologique, je suis plus de gauche que nationaliste et... si j'ai utilisé la violence, c'était de façon défensive mais pas pour imposer à quelqu'un une façon de voir le monde mais parce que c'était impossible de manifester et de revendiquer des droits de n'importe quel type et je vis aujourd'hui encore avec cette sensation.

Le sentiment de clôture des opportunités politiques, mis en évidence dans les discours des enquêtés, est convoqué par ETA dès les années 1970, c'est-à-dire dès les origines de la transition, comme une raison de la poursuite des actions illégales. En particulier, face à la perception de l'échec des manifestations pacifiques, ETA-m, au cours de l'année 1977, intensifie ses attaques violentes au titre de stratégie alternative : « après la marche pour la liberté et les dernières manifestations pour l'amnistie, les mobilisations populaires se sont effondrées et les masses se sont converties d'acteurs en spectateurs au sein du jeu parlementaire » (voir *Zutik*, n° 69, 1977, cité *in* Sánchez-Cuenca, 2009, p. 20). Un jeu d'interaction s'opère sur les plans micro- et méso-organisationnel.

De plus, la persistance du sentiment de perception de la clôture de la SOP et de l'impasse à laquelle sont voués les moyens politiques légaux s'expriment à travers toutes les générations de militants que ce soit au nord comme au sud. Elikia, née en 1971, l'exprime avec autant de force que Martial né en 1975 (voir encadré 2). Leurs propos font strictement écho à ceux de Franck, né en 1953, mais aussi de Rémy, né en 1961, et de Flavien né en 1966 (voir encadré 2). Si, d'un point de vue objectif, la forclusion de la SOP paraît plus évidente pour les plus anciennes générations en particulier du côté sud, la *perception* de cette clôture demeure très présente chez les jeunes générations liées à ETA au sud ainsi que parmi les dernières générations ayant intégré IK. Il est vrai qu'au sud, les générations les plus récentes ont connu une persistance de la répression ainsi que les processus d'interdiction des organisations abertzales par l'État espagnol. Ces différences générationnelles ne permettent pas de valider, dans l'ensemble du cas basque (nord et sud), les thèses proposées par D. Della Porta concernant les variations de motifs d'entrée dans la clandestinité. L'auteur estime, d'une part, que les réseaux familiaux pèsent davantage sur l'engagement dans les premières générations alors que les secondes générations de militants, bien plus socialisées à la violence, intégreraient l'organisation clandestine par identification à la communauté (Della Porta, 2013, p. 131 ; p. 144). L'existence de ce « climat de radicalité » est admise par les dernières générations d'IK, dont Paul, né en 1963, fait partie[16]. En revanche, cette grille de lecture ne peut s'appliquer, comme nous le verrons en détail (chapitre 5) aux multiples générations d'ETA, qu'il soit question de l'âge d'entrée dans l'organisation clandestine ou de la participation à son soutien, du rapport à la répression et du climat de violence dans lequel les acteurs ont grandi.

---

16 « On était dans ce milieu-là de radicalité. Voilà, c'était évident de rentrer dans une organisation pour moi. Éthiquement, ça me posait pas de problème et je pense que la lutte armée était complémentaire des autres formes de lutte. »

> **Encadré 2 :** Témoignages de la perception d'une clôture des opportunités politiques à travers les générations militantes
>
> *Engagement après le franquisme (fin des années 1970)*
>
> L'argument intervient dans le discours de Mathieu, décrivant sa morale, son éthique : «Pour moi, une position éthique, c'est quand il y a une agression permanente contre ton peuple, au niveau politique, social et culturel, toi comme personne et par principe pacifique, tu dois développer des actions pacifiques mais il arrive un moment où l'éthique te dit que cela n'a plus de sens, si ce n'est accompagné d'autres types d'action pour dépasser cette répression. Et mon éthique – que je considère révolutionnaire –, est celle-là qu'il faut lutter contre l'agresseur, lutter contre celui qui réprime, lutter contre l'oppresseur.»
>
> Répondant à la même question, Ferrucio avoue que «lorsqu'il n'y a pas d'autre moyen, l'éthique de la défense des plus défavorisés, de ceux qui sont constamment opprimés, des droits bafoués par un État qui foule les droits des individus et des peuples.»
>
> De même, Laureline souligne : «Le fait [que] ... le franquisme à l'époque soit fini, entre guillemets, ne changeait pas la base de ce qu'on avait en face. C'est-à-dire ne changeait pas la caractérisation de la lutte. Il changeait la forme, mais pas le fond. Prétendre, même maintenant, prétendre qu'on va pouvoir, en face de cette barrière de... enfin, de l'armée, de la police, qu'on va pouvoir changer quoi que ce soit, en ayant qu'une action législative comme... ou bien de mobilisation, ou même les deux ensembles, voire trois, on savait que ça ne serait pas possible.»

Engagement au cours des années 1980

Rémy se souvient d'événements répressifs caractéristiques de cette clôture : «En 77-78, 78 peut-être. À l'époque, Franco venait de mourir, il y a pas longtemps. Mais encore tous les syndicats étaient illégalisés, certains partis politiques aussi. Donc les ouvriers, à l'époque, ils étaient pas organisés en syndicats mais ils se réunissaient en assemblée dans leur cuisine. Dans ces années-là, dans la ville où j'étais, à Gasteiz, il y a eu des énormes grèves générales dans les usines. Moi à l'époque, j'étais étudiant là-bas, on faisait la grève, on sortait dans les manifs aussi. Le 3 mars, il y a eu une assemblée d'ouvriers en grève dans une église à Gasteiz. L'église, elle était complètement remplie d'ouvriers et d'autres personnes aussi. C'était une assemblée pour décider de ce qu'on faisait de la grève. Donc la police nationale a encerclé l'église et elle a chargé à feu réel : donc il y a eu cinq morts et des centaines de blessés par balles. Ils ont encerclé l'église et ont jeté des gaz lacrymogènes à l'intérieur, donc tous les gens qui étaient à l'intérieur sont sortis comme ils ont pu et en sortant ils se sont fait arroser par la police à balles réelles. Donc ça aussi, je l'ai vécu d'assez près. Donc voilà, c'est des faits qui te marquent. À l'époque, j'avais encore 16 ans peut-être.»

Flavien a en mémoire le climat de l'époque : «La garde civile, dans mon village, quand on les voyait, il valait mieux partir, surtout s'il y avait une manifestation dans la rue, parce qu'ils attaquaient tout le monde. Toujours armés. Ils nous menaçaient et nous identifiaient mal, parfois sur la route aussi. Les contrôles de police étaient terrifiants. Juste du fait de la façon dont tu étais habillé, tu pouvais avoir des problèmes. C'est ainsi que j'ai rencontré la garde civile et déjà à Pampelune, la police était pareille. Rien qu'à les voir, tu avais peur. Et cette sensation dure toujours».

Pourquoi un conflit armé ?

> *Engagement à la fin des années 1990*
>
> Ces aspects se retrouvent dans le discours d'Elikia : « Peu importe quelle manifestation. Par exemple, les Gaztetxe, c'était à l'époque des bâtiments qu'on occupait. Une occupation, ça pouvait finir... Pouf ! S'ils étaient sympas, tu finissais au commissariat, sinon... !! Ça, c'était s'ils étaient sympas. Peu importe quelle manifestation, il y a eu une manifestation à Bilbao dans les années 90 – je ne me souviens plus quand exactement – pour ramener les prisonniers basques plus près de leur famille – c'est juste mettre en pratique la loi, c'est juste un truc de droit commun, de droit humain. Les flics sont sortis mais vraiment avec des armes, des vraies armes et ils ont tiré sur la foule. […] Il y avait des personnes âgées, des enfants. C'est juste un exemple mais il y a 1000 comme ça. La répression, elle avait vraiment un poids important dans le quotidien. »
>
> Martial : « Une fois qu'on a commencé, disons, à militer ou l'engagement, on va dire que c'est, je ne sais pas, des centaines de fois [les rapports avec la police], non ? Parce qu'après tout, la répression a été forte, aujourd'hui elle l'est d'une autre manière, mais elle a été forte, et ils chargeaient dans les manifestations contre les insoumis, ils t'identifiaient, te plaquaient contre le mur pour avoir mis des affiches, ils t'arrêtaient pour avoir fait une caravane de voitures, c'est-à-dire pour faire du travail politique, qui dans d'autres pays ne poserait aucun problème ; nous avons subi une répression un jour sur deux (*un día sí y otro también*). Donc, imaginez que pour mettre des affiches ou peindre des slogans, il fallait y aller... on y allait en groupe, certains posaient l'affiche pendant que d'autres guettaient. Pourquoi ? Parce qu'ils pouvaient même t'arrêter pour avoir collé des affiches. Donc, ça a été une constante, dans le militantisme, mais pas que le mien, dans le militantisme de la gauche abertzale. Pourquoi ? Parce qu'en *Euskal Herria*, […] c'est le pays avec la plus forte densité policière par habitant d'Europe. Et c'est incroyable. On les voit presque tout le temps ».

3.3 « Faire de la politique autrement »

Le recours à des actions illégales voire violentes ne répond pas nécessairement à des déterminismes sociologiques ou psychologiques (Guibet Lafaye, 2016b), mais s'inscrit plutôt dans des configurations sociales, historiques et politiques singulières. Bien que la violence soit souvent appréhendée comme une déviance, des formes de violence modérées sont, dans les démocraties libérales, jugées banales et acceptées. Ces usages, qu'il s'agisse d'occupations illégales de la voie publique, de barrages routiers, de déprédations bénignes, d'actions spectaculaires de destruction matérielle (explosions, incendies), voire de séquestrations, constituent une manière de « faire de la politique d'une autre façon »[17] et sont inscrites *de facto* dans le jeu institutionnel commun. Il s'agit bien, pour les militants, de continuer par des moyens illégaux à « faire de la politique autrement » ainsi que les témoignages recueillis dans d'autres campagnes d'enquêtes le soulignent également (voir Guibet Lafaye, 2019). Un membre d'ETA n'appartenant à notre échantillon y insiste aussi : « Pour entrer dans ETA ? Non, d'une certaine façon, je ne me suis pas posé la question. C'est-à-dire que [...] c'était la seule façon de faire de la politique que d'attaquer le régime violemment parce qu'il n'y avait pas d'autre façon de faire de la politique » (Reinares, 2001, p. 87).

Face au contexte précédemment décrit et à sa perception sous la modalité d'une clôture des opportunités politiques, appuyée par un cadrage organisationnel allant dans ce sens, les actions armées en viennent à être considérées et théorisées par les organisations clandestines basques comme une façon de « faire de la politique autrement » (Braud, 1993). Au Pays basque sud, en 1965, six ans après la création d'ETA, son comité exécutif déclare que le groupe est « une organisation clandestine dont l'objectif unique est de parvenir à l'indépendance aussi rapidement que possible, en utilisant tous les moyens possibles, y compris la violence » (Clark, 1984,

---

17 Voir Braud (1993) et Guibet Lafaye (2017d) mais aussi Sorel (1908), Merleau-Ponty (1947), Fanon (1961), Simone de Beauvoir (1947) pour qui la violence a une place importante en politique.

p. 37). Le rôle de l'action politique militaire, comme manière de « faire de la politique autrement », est également théorisé par les groupes clandestins du nord. Frédéric, l'un des plus anciens membres d'IK entendus, est explicite sur la fonction de la lutte armée dans une perspective politique :

> À l'époque, on a mené tous ensemble... tous les militants de notre génération-là, toute une réflexion qui nous a amenés à cette conclusion-là que la lutte était nécessaire, y compris la lutte armée. [...] La lutte armée, c'est quand même des actions armées qui sont suivies dans des secteurs particuliers avec des revendications bien précises dans le cadre d'une lutte plus globale, avec une stratégie, qui est basée *aussi* sur la lutte armée, avec un mouvement politique, avec des comités de soutien, avec des structures solidaires, tout ça qu'on met en place. C'est ça qui est intéressant dans la lutte armée. En fait, c'est toute cette organisation-là de solidarité. On sort de la théorie. On commence à la mettre en pratique, à prendre les moyens, à contester l'ordre établi : l'administration, la police, l'armée, et à mettre en place des contre-pouvoirs, et à dire, à montrer qu'on peut se prendre en charge, qu'on peut mettre en place nos propres structures, qu'on n'a pas besoin de ces gens-là, et on n'est pas obligé de toujours dire *amen*. Et ça c'est important de savoir, de pouvoir, de montrer qu'on peut dire « non ». On n'est pas d'accord : « C'est non ! » Et à partir de là, ça perturbe ceux qui sont habitués à ce qu'on les obéisse toujours et puis qu'on peut commencer à discuter. Mais la lutte armée, elle-même, n'est pas absolument nécessaire, non.

Les actions armées sont donc envisagées par les organisations clandestines basques comme un moyen supplémentaire pour « obtenir quelque chose », ainsi qu'en attestent douze discours, ou qu'elles soient pensées comme une façon de peser, d'influer sur le rapport de force politique existant, pour notamment conduire le gouvernement vers une négociation. Ainsi ce sont vingt-et-un individus sur soixante-trois qui estiment que l'action militaire est un moyen d'influencer les rapports de forces politiques. Les militants interrogés sont explicites sur ce point, quelle que soit la génération à laquelle ils appartiennent. Rémy, né en 1961, développe cette interprétation de la lutte armée comme d'un outil politique :

> Sans la lutte armée, ça aurait été impossible. Sans la lutte armée, le Pays basque aurait disparu. Aujourd'hui, ça serait un petit endroit magnifique pour venir en vacances, avec de jolies danses. Je sais pas si tu as remarqué les bus qui s'appellent les Basques bondissants, c'est un peu... Si l'ETA et IK n'auraient pas fait ce qu'ils ont fait, ce qu'on a fait, le Pays basque, les Basques, ça serait ça : les Basques bondissants, un truc tout à fait folklorique, la force basque, ces costauds de Basques qui font

n'importe quoi devant les touristes ! Mais ça aurait disparu. Je suis convaincu. De toute façon, l'histoire du Pays basque, je sais pas si tu connais peut-être un peu... Il y a toujours eu quelqu'un ou un groupe qui a dit : ça suffit. Donc toute notre histoire, toute l'histoire qu'on connaît, ça a été une éternelle lutte de résistance. Donc l'ETA aussi, au moment où elle est née à la fin des années 1950, elle est née parce que c'était la seule manière que le Pays basque ne disparaisse pas : se battre pour survivre. Je pense qu'on a réussi à ça largement. On n'a pas réussi à avoir l'indépendance comme on le rêvait mais on a réussi à sauver le Pays basque. Maintenant la lutte armée s'est arrêtée pour des raisons diverses mais on a fait un grand pas en avant. Et demain, on verra. Moi, je dis que la lutte armée, c'est toujours nécessaire avant, maintenant et après. Et voilà. Nous, on a fait ce qu'on a fait jusqu'à maintenant. Peut-être que d'ici à 10, 20, 150 ans il y aura un groupe qui dira : si on fait pas la lutte armée, on va disparaître. Peut-être que d'ici là on a réussi l'indépendance. Mais même comme ça, je pense que la lutte armée – ça, on en discutait souvent en prison –, la lutte armée, c'est toujours nécessaire parce que sinon les gens au pouvoir oublient ce qu'il y a là. Il faut leur rappeler pourquoi ils sont là. Je suis convaincu que même demain, si on a l'indépendance et que ce sont les Abertzales qui vont au pouvoir, tôt ou tard, ils vont se faire bouffer par le pouvoir économique donc il faudra toujours un groupe armé pour leur dire : « c'est pour ça que vous y êtes ».[18]

18 Concernant la possibilité de parvenir aux objectifs d'ETA sans lutte armée, Ferrucio né dix ans plus tôt que Rémy, en 1953, affirme sans détour : « À mon avis, donner au peuple basque la possibilité de choisir son avenir en tant que peuple prendra encore beaucoup de temps, étant donné les positions fermées de l'État. Par ailleurs, il n'y a pas d'autre choix que d'accumuler autant de volontés que possible pour atteindre notre objectif, dans le plus grand respect de toutes les positions politiques mais en ayant très claire la légitimité de nos revendications. Nous nous trouvons devant un ennemi qui utilise toutes sortes de tromperies, subterfuges, mensonges et répression pour éviter de donner la parole au peuple. » Carlito, à peine plus âgé (né en 1957), souligne la clôture de la SOP dans les processus de radicalisation : « Radicalisation ?! C'est quand tu manifestes contre l'autorité... pour récupérer une langue, tu manifestes pour qu'ils légalisent un drapeau. La langue est interdite, le vote contre l'OTAN, l'Espagne a voté pour, nous, non. À cette époque, à n'importe quelle époque, si on ne te laisse pas par des voies légales ou par des manifestations, des manifestations de la classe ouvrière, s'ils te laissent pas manifester, on va prendre un chemin de radicalisation. D'abord on se radicalise dans les manifestations, contre la police, qui commencent à développer les émeutes. On utilisait des pierres, n'importe quoi – mais pas des armes sinon ça va être un massacre – contre la police. Tu vas te radicaliser dès jeune. »

Dans la logique stratégique des organisations illégales basques, les actions armées ont revêtu plusieurs rôles. Elles ont d'abord été investies d'une fonction de propagande, la propagande armée étant pensée comme un outil politique. Le recours à cette forme de propagande plonge ses racines dans la fin du XIXe siècle où, lors du congrès de Londres des délégations anarchistes de l'Association internationale des travailleurs (AIT), le 14 juillet 1881, sont mises en exergue les limites intrinsèques de la théorisation. On y encourage l'action violente en proclamant que «l'heure est venue de passer [...] à la période d'action, et de joindre à la propagande verbale et écrite, dont l'inefficacité est démontrée, la propagande par le fait et l'action insurrectionnelle». Au XXe siècle, le recours aux actions armées dans le contexte urbain est théorisé par Carlos Marighella (1969) qui développe le concept de la «guérilla urbaine», en transposant la théorie du *foco* de Che Guevara de la campagne à la ville et du Tiers-Monde aux métropoles du Premier monde. Ce concept, émergeant à la fin des années 1960, est conçu comme une nécessité historique au nom de la guerre de classe. La doctrine de la propagande par le fait se caractérise par un recours à l'illégalité ou à la violence fondé sur l'idée qu'elles polarisent les conflits, conduisant à des préférences plus radicales ; qu'elles contribuent à faire surgir la conscience de classe – en permettant aux travailleurs et aux groupes dominés de saisir la valeur des formes illégales de protestation contre le système.

Illégalité et violence ouvrent un chemin que d'autres suivront et mettent en lumière la fragilité du système qui paraît alors ne plus être invincible, contrairement à ce que les travailleurs pensent souvent. Enfin ces actions poussent l'État à montrer son véritable visage répressif. Ce type de démarche entend dépasser la radicalité discursive et le militantisme antiautoritaire en opérant un travail de propagande armée ou de «propagande par le fait» (Portis, 1997). L'interprétation de la lutte armée comme «dépassement de la théorie» est présente dans IK, ainsi que Frédéric le rappelle :

> La lutte armée, c'est quand même des actions armées qui sont suivies dans des secteurs particuliers avec des revendications bien précises dans le cadre d'une lutte plus globale, avec une stratégie, qui est basée aussi sur la lutte armée, avec un mouvement politique, avec des comités de soutien, avec des structures solidaires, tout ça qu'on met en place.

Cette interprétation et ces stratégies sont également à l'œuvre au sud, comme en témoigne Faysal, ex-militant d'ETA : «Nous, on voyait la lutte armée pour, petit à petit, amener d'une façon ou d'une autre le gouvernement espagnol à... céder ou à négocier quelque chose pour le Pays basque.»

Le travail de propagande armée s'organise autour du principe idéologique selon lequel le fait insurrectionnel (attentats, assassinats, sabotage, récupération) «est le moyen de propagande le plus efficace et le seul qui [...] puisse pénétrer jusque dans les couches sociales les plus profondes et attirer les forces vives de l'humanité dans la lutte»[19]. Ce principe a été mis en œuvre bien au-delà du Pays basque, en l'occurrence en Europe, aux États-Unis, en Russie, avec pour cibles des gouvernants, des policiers, des magistrats, des religieux, des opposants politiques comme des « bourgeois», c'est-à-dire des individus représentant des rouages fondamentaux de l'organisation économique et politique.

Dans le contexte de la dictature franquiste, ETA mène ses premières actions de propagande illégale à travers la réalisation d'actions symboliques consistant en graffitis, notamment du slogan « *Gora Euskadi askatuta*» («Longue vie au Pays basque!»), ou en déploiements publics du drapeau basque qui, à l'époque franquiste, était interdit. La législation franquiste réprimait l'usage des langues et des drapeaux régionaux. Autour de ces signes d'identité s'est cristallisée une résistance plus ou moins publique contre le franquisme. Ces actions de résistance d'apparence aujourd'hui anodine étaient pourtant susceptibles de faire l'objet d'une très forte répression durant les années 1950 jusqu'au milieu des années 1970, comme Isabella, née en 1956, le raconte[20] :

> Quand on chantait en basque dans les fêtes de village, on se faisait arrêter. Il y en a qui avaient des amendes très importantes, qu'ils payaient pas, donc ils passaient en prison. Tout ça, ça nous poussait à... lutter contre... On était jeune en plus. On sentait que c'était pas juste. On n'avait pas le droit de parler basque, on n'avait pas le droit d'avoir notre drapeau, de faire des fêtes comme on aimait. On pouvait rien faire !

19 Lettre de Carlo Cafiero et Errico Malatesta à la Fédération jurassienne, in *Bulletin de la Fédération jurassienne*, n° 49, Sonvillier (Suisse), 3 décembre 1876.
20 L'engagement militant d'Isabella remonte presque aux origines d'ETA pour notre échantillon (fin des années 1960).

> Pour les festivals de chanteurs basques par exemple, il fallait demander l'autorisation au gouverneur civil, il fallait amener la traduction de tout ce qu'ils allaient chanter. Souvent il donnait pas l'autorisation et s'il y avait l'autorisation, il y avait toujours la guardia civile qui était avec le maire du village, qui normalement à l'époque, il était toujours franquiste, parce qu'ils étaient choisis… Et ils étaient là, pour voir si on se tenait… C'était pour tout. On se sentait étouffé dans notre vie. On commence à s'engager dans de petites choses, puis à aller un peu plus, ça vient comme ça.

Toutes actions de résistance, même les plus anodines, sont sévèrement réprimées. Certains militants racontent comment leurs grands-parents leur ont montré dans leur jeunesse ou avant leur mort l'*ikurriña* cachée dans un coin de la maison.

Au-delà de ces formes de résistance, la logique de la lutte armée (ou de la guérilla urbaine) comme outil de conscientisation des masses – ou de la population – participe des conceptions stratégiques d'ETA. Le groupe considère, au début des années 1970, que « grâce à l'activité militaire – mais en réalité politique – d'ETA, le peuple basque, violement et récemment encore réprimé, s'est réveillé de sa léthargie » (*Resolución sobre la lucha armada*, document interne, 1972, *in* Ibarra, 1989, p. 86-87). La théorisation de l'action illégale voire violente comme moyen d'éveiller les consciences est développée par Krutwig (1963), dans l'ouvrage *Vasconia* où il avoue que « la violence peut être utilisée pour provoquer une large mobilisation populaire. De son point de vue, « la violence est la mieux utilisée lorsqu'elle survient comme un acte de protestation populaire contre une injustice spécifique commise par un gouvernement et lorsque les autorités tentent de calmer les protestataires »[21]. Les discours recueillis illustrent l'assimilation de cette lecture par les militants ainsi qu'une compréhension du jeu politique sous la modalité du rapport de forces, au sein d'une construction dynamique. L'option stratégique théorisée par Krutwig se déduit de la prise en compte de plusieurs éléments : 1. en premier lieu, des combattants entraînés doivent intervenir afin de provoquer des dommages physiques au personnel gouvernemental ; 2. les autorités y répondront par une violence indiscriminée qui tendra à provoquer des troubles encore plus importants ; 3. davantage de protestation et de violence conduira à une répression accrue, selon le

---

21   La *kale borroka* entrerait dans ce type de stratégie.

schéma «Action-Répression-Action» (Zirakzadeh, 1991, p. 161) ainsi qu'à l'éveil ou à une prise de conscience politique du peuple (voir Zumalde, 2004, p. 19)[22]. La force, dans le jeu politique et pour autant qu'elle se distingue de la violence à strictement parler[23], apparaît ainsi comme «une action sur l'action, sur des actions éventuelles, ou actuelles, futures ou présentes», un ensemble d'actions sur des actions possibles» (Foucault, 2013). Le rapport de force se traduit alors dans des actions sur des actions : inciter, induire, détourner, rendre facile ou difficile, élargir ou limiter, rendre plus ou moins probable.

Le recours à la violence politique comme outil de pression et moyen de négociation correspond à un moment très précis dans l'histoire et l'évolution d'ETA, en l'occurrence les années 1978-1980 où ETA-m a fait le choix d'une stratégie offensive à finalité politique : dans un communiqué au peuple basque, ETA s'avoue décidée à se battre jusqu'à ce que les cinq points de l'alternative KAS soient réalisés, tout en soulignant sa volonté d'arrêter l'effusion de sang. L'accroissement des actions militaires visait à obliger le gouvernement à s'asseoir à la table des négociations et à prendre en considération l'alternative KAS[24]. Elles s'efforçaient également d'envoyer un signal montrant que la répression policière n'arrêterait jamais le mouvement. De même, la série d'enlèvements menés par ETA-pm au cours des

22 Sur le développement de cette logique, voir aussi Txabi Etxebarrieta, à propos de l'*Aberri Eguna* de 1968. «Creí en ello, y pensé que lo mejor de nuestra juventud estaba dispuesta a combatir por esa causa. Pronto me di cuenta que los idealistas, los soñadores y los guerrilleros estábamos solos. El pueblo, nuestro pueblo, estaba aletargado, y sólo cuando practicamos la guerra revolucionaria, mediante la estrategia de la acción-represión-acción, conseguimos despertarlo» (Zumalde, 2004, p. 19).
23 La violence porte sur des corps, des objets ou des êtres déterminés dont elle détruit ou change la forme, alors que la force ne s'applique qu'à d'autres forces et s'actualise dans un rapport, au sein d'une construction dynamique.
24 Nicolas l'exprime avec lucidité : «La lutte armée ne peut pas gagner en Espagne. On n'est pas au Venezuela, on n'est pas dans la jungle, on n'est pas à Cuba dans les années 50. La lutte armée, en ville en plus, ne peut jamais gagner un État. La lutte armée, ça ne sert jamais qu'à *attendre* qu'il y ait les conditions pour autre chose. Les conditions, c'est la population, la conscientisation de la population. La population doit prendre le relais. La lutte armée ne peut rien gagner d'elle-même, dans le contexte où je parle. [...] Pour nous, on n'a jamais été tarés au point de dire : on va gagner, on va les plier parce qu'on leur tue trois généraux et deux capitaines.»

Pourquoi un conflit armé ?

années 1979-1980, à la suite de la campagne sur le Statut d'Autonomie du Pays basque, avait pour objectifs de pousser le gouvernement espagnol à libérer les prisonniers basques et à résoudre la question de la violence institutionnalisée au Pays basque (voir Nuñez, 1993, tome V, p. 98-99). Leur finalité était politique.

L'inscription de leurs actions dans le registre de la « propagande par le fait » est très fortement affirmée par les militants d'IK. Elle est évoquée dans six des douze entretiens (contre sept militants d'ETA parmi lesquels plusieurs assuraient des fonctions logistiques). Grégoire, membre de la deuxième génération d'IK et qui a passé dix-sept ans en prison, le reconnaît sans détour :

> La violence utilisée par Iparretarrak… n'est pas de la lutte armée. Moi, j'ai appelé ça de la *propagande armée*, c'est-à-dire que nous avons utilisé une certaine forme de violence uniquement pour faire entendre des revendications. D'où le mot propagande armée. La lutte armée, c'est autre chose : ETA, accord ; AD, OK. Mais moi, je préfère utiliser le mot de propagande armée. La violence qu'on avait utilisée – violence de basse intensité – qui était pour moi de la propagande armée et on a toujours eu le souci de ne pas viser la personne humaine, c'est-à-dire de ne pas ôter la vie à quiconque.[25]

On perçoit ici combien « non seulement le choix de l'action directe engage la personne dans sa position éthique, mais constitue un marqueur d'identité politique qui va particulièrement se manifester dans les débats autour de la question de la violence » (Pleyers et Capitaine, 2016, p. 251). En ce sens, les actions menées par IK – mais également par ETA comme nous y reviendrons en détail au chapitre 6 – portent l'empreinte du motif de leur combat (voir Walzer, 1999). La mise en œuvre de moyens illégaux dont

---

25 Le type de violence utilisée est, pour Grégoire, constitutif de la spécificité de son organisation (voir aussi *Ildo*, n° 2, été 1978, p. 5). De même Fabienne, membre des commandos d'ETA, déclare, lorsqu'on lui demande si elle considère qu'il était juste d'avoir agi comme elle l'a fait : « Juste, j'en sais rien si c'était juste. À ce moment-là, ça m'a paru en tout cas… idoine. *Franchement, je n'ai jamais remis en question ce que j'ai fait*… Il fallait le faire, pour faire bouger les choses, parce que quand même il y avait toujours un but, un but propagandiste, propagandistique aussi. Quand même, il y avait toujours ce rôle derrière de… C'était quand même didactique. »

certains sont perçus comme violents s'inscrit dans le cadre d'une action politique dont les objectifs et les outils sont pensés comme maîtrisés. Tel est le cas, par exemple, des actions conduites par IK contre les agences immobilières. Concernant IK mais également ETA, aussi surprenant soit-il, si le passage à l'action est envisagé comme une nécessité, ses limites le sont dans un même geste ainsi que le suggérerait déjà Grégoire : « On a toujours eu le souci de ne pas viser la personne humaine [...] alors qu'il y a eu des moments dans notre période d'actions, où beaucoup de gens auraient trouvé légitime qu'on passe un cap important. »[26] Les actions illégales, spectaculaires et armées sont mobilisées comme des moyens d'action et comme la possibilité de faire de la « politique autrement ». Telle était par exemple la stratégie initialement mise en œuvre par IK, ainsi qu'elle est décrite dans les publications du groupe, à travers la distinction entre « action à chaud » et « action à froid » (voir *Ildo*, n° 2, été 1978, p. 15), ou par l'un de ses fondateurs, dans une logique révolutionnaire de remise en question du rapport de force existant[27].

26 Nous renvoyons au tableau 1 sur le degré de sélectivité des actions d'ETA élaboré par Luis De la Calle et Ignacio Sánchez-Cuenca (2006, p. 13). Alors que les actions indiscriminées représentent 4,8 pour cent des opérations d'ETA-m, 26,8 pour cent sont des actions ciblées et 54,9 pour cent des actions génériques. Laureline le souligne également (voir infra chapitre 6, p. 224).

27 « Les premières actions ont été menées en lien avec des conflits dans les entreprises, ou dans des problèmes de terre qui étaient enlevées aux paysans, ou on ciblait ceux qui faisaient de la spéculation foncière. Et après on a commencé à s'attaquer à la politique du tout tourisme. Ça, c'était les premières actions, les premières années. C'est ce qui a motivé la création, la naissance d'IK. Au départ et même à l'arrivée d'ailleurs, c'était clair, pour nous, que la lutte armée qu'on allait utiliser, c'était une lutte armée de très basse intensité, qu'on allait adapter à la situation politique et à la conscience politique ici de la population, des actions qui sont... acceptables, on va dire. Donc c'est pour ça que ça a toujours été, dans notre manière de faire, toujours de faire des actions matérielles. Mais forcément quand on pratique la lutte armée et qu'on prend les armes, forcément, à un moment donné on est amené à les utiliser, donc il y a des morts et des blessés des deux côtés. Mais les actions qu'on a ciblées, qu'on a délibérément effectuées, qu'on a préparées, etc. ont toujours eu pour objectif de faire des actions matérielles, des actions d'éclat, et des actions qui ont le plus de retentissement possible, pour pouvoir dénoncer une situation ou appuyer des revendications, ou faire des propositions. Voilà. Mettre en place un rapport de force,

Pourquoi un conflit armé ?

L'élection de ce répertoire d'actions s'explique du point de vue subjectif des militants par le paradigme des limites de l'action légale et, sur le plan analytique, par la référence à la clôture de la SOP, ainsi que nous l'avons vu précédemment (supra 3.2). Les limites inhérentes au discours théorique et politique conventionnel, mises en exergue par des anarchistes tels Karl Ludwig Sand[28], sont à de nombreuses reprises soulignées par les acteurs des luttes politiques. Face à une situation sociale donnée, le passage à un autre type d'action paraît nécessaire pour que percent les revendications portées par ces acteurs. Cette dynamique est au principe du passage à l'action d'IK tout comme d'ETA. Pour ces groupes, le paradigme de la surdité de l'État national, français comme espagnol, est récurrent. C'est en référence à cet immobilisme que le passage à une autre forme d'action, dans IK, est justifié par un de ses membres fondateurs :

> À un moment donné, ben, on a pris la décision de franchir un cap parce que... la situation ici au Pays basque nord était tellement dramatique, à plusieurs niveaux, qu'il fallait réagir. Il y avait tous les notables locaux, l'église, tout ça, qui maintenaient un certain carcan sur la société traditionnelle basque, et tout ça. «Basque» mais surtout très branché tradition, folklore mais français, quoi. Et donc c'est une sorte de rébellion par rapport à ça à dire : on est basque et on veut... faire vivre le Pays basque, et que le peuple basque se prenne en charge et se fasse pas manipuler par les notables et l'église et l'État français, etc. Et donc, voilà, il nous est apparu nécessaire, indispensable, vital de réagir même de manière violente donc par la lutte armée. [...] J'aime pas du tout le mot «violence politique» : on fait l'amalgame avec le terme violence, terrorisme. Pour nous, ça a toujours été la lutte armée. C'est une des manières de mener la lutte qui est pas la seule, qui vient aider toutes les autres formes de lutte. C'est notre manière de penser et d'agir. C'était ça. La lutte armée vient aider les autres formes de lutte. Ça a jamais été la lutte armée pour la lutte armée, et uniquement pour faire des actions armées. [Elle] a toujours été en lien avec des objectifs, avec des structures, des contre-pouvoirs qu'on mettait en place par ailleurs. C'était à l'intérieur d'un mouvement beaucoup plus vaste. Et donc l'organisation armée a pu s'alimenter dans ce mouvement-là, et se développer à l'intérieur de ce mouvement. Et même [se] développer après au-delà du mouvement, en faisant vivre les solidarités

---

qui remet en question l'ordre établi et qui fait d'autres propositions» (Frédéric ; voir *Ildo*, n° 2, été 1978).

28 «Puissé-je enfin répandre la terreur sur les méchants et les lâches, et le courage et la foi sur les bons ! Les discours et les écrits ne mènent à rien – les actions seules peuvent» (cité *in* Charnay, 1981, p. 11).

> qu'il y avait, même parmi les gens qui n'avaient pas trop de conscience politique au départ mais qui étaient, on va dire, par instinct solidaires. Ils se disent : c'est des fils de chez nous, on comprend peut-être pas tout mais ils ont leurs raisons, donc on les soutient. (Frédéric ; voir aussi *Ildo*, n° 2, été 1978, p. 47)

De même, dès les années 1970, ETA conçoit la lutte armée et le « travail révolutionnaire » comme des moyens d'avancer des revendications et d'éveiller la conscience des masses (voir *Zutik*, n° 164, mai 1974, p. 379, *in* Ibarra, 1989, p. 86), conformément à la doctrine maoïste visant à « armer le prolétariat de la volonté de s'armer » et qui s'illustre dans les déclarations publiées d'ETA[29]. En 1975, la rivalité entre ETA-pm et ETA-m induit une intensification des actions, portant les deux organisations à attaquer la garde civile et la police dans une logique visant à obliger le gouvernement espagnol à s'asseoir à la table des négociations (voir Tejerina, 2001, p. 44). Comme ces extraits et témoignages le montrent, il n'y a pas de déconnexion, dans la dynamique des groupes étudiés, entre l'action légale et illégale. Les acteurs établissent, bien au contraire, un *continuum* entre les différentes formes de lutte menées, dont ils soulignent soit la complémentarité dans les modes opératoires soit la complémentarité des actions[30]. En particulier, la complémentarité des actions, qu'elles interviennent sur le plan culturel, social, parlementaire et extra-parlementaire, caractérise les mouvements de libération nationale se déployant au Pays basque et se

---

29 « Grâce à l'activité militaire – et, en réalité, politique – d'ETA, les masses basques, violemment et récemment réprimées, sont sorties de leur léthargie » (*Resolución sobre la lucha armada*, document interne, 1972, *in* Ibarra, 1989, p. 86-87).

30 Comme le note Alexis, « on considérait la lutte clandestine comme un accompagnement, pas forcément des luttes abertzales d'ailleurs, non, non, de tous ceux qui se battaient contre... l'anéantissement – on va dire – de l'identité basque et du Pays basque en tant que tel. Mais il y avait des luttes qui n'étaient pas du tout impulsées par des Abertzales. Si nécessaire, on les accompagnait, et en ayant pris la température et l'avis. Si on voyait que là, c'était pas bon d'intervenir, on n'intervenait pas. C'est l'accompagnement de processus de luttes existant dans le cadre légal. Ne jamais subordonner une lutte politique légale à la lutte politique clandestine, jamais. » Voir également *Ildo* évoquant « la combinaison de la lutte de masse et de la lutte violente (armée ou non ») (n° 1, 1974, p. 5) et *Ildo*, n° 2, été 1978, p. 27-28.

Pourquoi un conflit armé ?

voit très fortement revendiquée comme telle par les acteurs[31]. Au nord, les propos de Florian (voir encadré 3) sont, sur ce point, explicites. Ils font écho à la ligne suivie par IK déclarant que

> La lutte illégale, violente ou non, est dès à présent, complémentaire de cette lutte de masses : soit lorsque l'action légale n'a pas abouti, soit comme facteur de radicalisation. Il ne peut s'agir aucunement d'un activisme palliant l'inertie des masses, mais au contraire une action articulée avec l'action politique et tributaire de celle-ci. La lutte de masses est indispensable car elle suscite la prise de conscience de la réalité sociale. C'est dans ce sens que l'on peut affirmer que la lutte de masses, la lutte à l'intérieur du système et la lutte illégale (armée ou non) forment un tout qui permet d'envisager non pas l'aménagement du système actuel mais son renversement et la construction d'une société basée sur une finalité et une légalité différentes. (*Ildo*, n° 1, 1974, p. 5)

Au-delà des déclarations de principe, les acteurs sont souvent passés d'un militantisme légal à un engagement illégal comme la trajectoire vers ETA de Mathieu, d'abord militant syndical et culturel, en atteste (voir encadré 3). La plupart des acteurs rencontrés n'ont pas manqué de souligner, au cours des entretiens, la pluralité des fronts politiques, sociaux et culturels sur lesquels ils s'étaient engagés, y compris à des époques où la violence s'exerçait avec une intensité supérieure. Ces discours reflètent notamment la stratégie adoptée par ETA, lors de sa première Assemblée en 1962. Cinq fronts d'action y sont définis, respectivement dévolus aux publications internes et à la communication, à l'analyse, à la propagande de masse, aux activités et actions légales et enfin aux actions illégales. Ensuite, la Ve Assemblée, qui se tient en 1966-1967, redéfinit quatre fronts, respectivement culturel, politique, ouvrier et militaire, cette dernière strate ne résumant pas l'ensemble des actions de l'organisation. Dès lors, la conjonction des répertoires d'action autorise certains acteurs, tels Louisa interrogée sur sa première action illégale, à relativiser le rôle des initiatives les plus spectaculaires, ayant marqué les esprits et les mémoires (voir encadré 3).

---

31   Voir les déclarations de la Ve Assemblée d'ETA et de Laure en encadré.

Encadré 3 : Interprétations, par les ex-militants clandestins, de la complémentarité des luttes sur le territoire basque

Il peut s'agir l'évocation par Laure de la pluralité des luttes menées sur ce territoire à l'époque de son engagement : « C'est à replacer complétement dans le contexte de l'époque. C'était un contexte complétement différent, où il y avait une lutte sur tous les secteurs, c'était une bataille, une bataille dans les rues, une bataille économique, une bataille culturelle. Mais vraiment quand on dit "bataille", c'est qu'il fallait tout arracher, parce que rien n'était donné. Il y avait tout à créer, il fallait tout arracher. Il y avait des fronts multiples avec des batailles sur plein de secteurs. »

De l'interprétation dans la lutte armée comme complément et soutien des luttes légales comme le développe Florian :

« Plus on avance dans notre réflexion, on se rend compte que la voie politico-militaire, c'est... Il y a une chose aussi dont on est très conscient – que j'ai pas dit avant sur les raisons du choix de la lutte armée – dans IK, on pense qu'on est dans la complémentarité des luttes et dans la convergence des luttes. C'est-à-dire qu'on n'est pas le fer de lance d'une lutte mais on est complémentaire des autres luttes. Et donc par rapport aux slogans et aux revendications qui étaient claires dans ma tête (le peuple doit vivre au pays, la langue), c'est sur ces terrains-là que nous visions nos actions. Pour nous, c'était pas incompatible que les *Ikastolak* revendiquent par une manifestation la légitimité de l'enseignement de la langue basque et en même temps qu'IK fasse une action contre un symbole de l'État français pour demander que la langue soit officielle, que l'enseignement en basque soit reconnu. Ça venait vraiment en complémentarité des autres luttes. Et ça c'était important, d'autant plus que ça fait écho à d'autres luttes parce que, des fois, les luttes des *Ikastolak* ne sont pas entendues – mais ça permet aussi d'éveiller les consciences au Pays

Pourquoi un conflit armé ?

basque : c'est pas que par rapport aux médias ou par rapport à l'État français mais ici au Pays basque. Alors c'est très clivant, la lutte armée mais au moins ça met en exergue un certain nombre de sujets qui ne seront peut-être pas évoqués. Alors que là, par le biais de nos actions, il y a forcément discussion » (Florian).

Cette interprétation des complémentarités forge à la fois les parcours individuels et les conceptions de l'action politique efficace comme le discours de Mathieu en témoigne : « Je travaillais dans le champ syndical, politique, culturel, et toutes les initiatives qui allaient au-delà de ce qu'acceptait le régime s'affrontaient à la répression. On ne pouvait pas aller au-delà. La contribution pacifique – si on peut la définir de cette façon – n'avait aucune forme d'efficacité réelle. C'est pour ça, voyant ce que faisait ETA, que j'ai décidé d'entrer dans ETA. Parce que j'ai compris que ce serait un moyen, un outil pour parvenir à nos objectifs. »

Néanmoins cette lecture de la complémentarité des luttes restitue en la déspécifiant l'action militaire ainsi qu'y insiste Louisa :

« Pour moi, l'histoire, c'est une autre, c'est pas les actions à mener... c'est tout ce que tu as fait pour y arriver à ça. C'est pas le cas particulier, si tu as tué à quelqu'un, si tu as mis une bombe, si tu as... C'est pas raconter ça. Pour moi c'est plus fort que tout ça la lutte. Ce sont des anecdotes dans la lutte. Il y a par exemple la lutte contre la centrale nucléaire de Lemoiz, tout ça qu'on faisait de rentrer... dans le bureau, ta ta ta ... Ça se faisait, il fallait le faire. Comment te dire ? Comme ça on est arrivé que la centrale nucléaire de Lemoiz avec l'aide de la lutte armée... La côté basque ... parce qu'il y avait des autres projets... Tous les projets se sont arrêtés. Tu vois. On veut construire un pays sans énergie nucléaire, sans ça, sans ça, sans ça. Ça a été clair, à ce moment donné de l'histoire de notre pays, de la lutte, ce qu'il fallait faire à ce moment-là. Ça s'explique parce qu'on veut pas un pays comme ça. Tu vois ? Ce sont des choses concrètes »[32].

---

[32] Rappelons qu'une bombe posée par ETA en protestation contre la centrale a tué accidentellement un ouvrier.

La complémentarité des démarches de lutte est ainsi très marquée dans la gauche abertzale, qu'il soit question de la bataille pour la création des *Ikastolak* – écoles en langue basque –, de la promotion de la culture basque, de maisons d'édition, de la mise en place de coopératives et d'institutions politiques locales à vocation participative. Cette complémentarité n'a pas seulement un sens pratique, c'est-à-dire qu'elle n'est pas simplement saisissable dans l'articulation des luttes, mais elle a été théorisée, à un plan stratégique, par Krutwig qui a explicitement distingué les révolutions sociales des révolutions nationales. Dans le premier cas, seuls trois fronts sont requis : les fronts politique, économique et militaire. En revanche, dans les révolutions de libération nationale, telles celle du Pays basque qui a dû adopter une tactique de guérilla anticolonialiste selon Krutwig, un front culturel est nécessaire du fait de la nature linguistique, culturelle et nationale spécifique du Pays basque par rapport à ses oppresseurs. Or ce front est considéré comme la « direction suprême » des autres fronts (voir Jauregui Bereciartu, 1986, p. 602).

3.4 Facteurs cognitifs et idéologiques du recours à des moyens d'action illégaux

Le choix de certains répertoires d'action plutôt que d'autres ne dépend pas seulement de facteurs structurels, relativement stables, à court et moyen terme, mais également de facteurs cognitifs, tels que l'expérience accumulée dans des actions collectives antécédentes, que ce soit directement ou au travers de l'observation voire de l'étude de groupes similaires[33]. Ainsi

---

33 C. Tilly (1978) propose une qualification typologique des répertoires d'action collective en quatre entrées : (a) dans le « modèle de pure efficacité », le groupe adopte les moyens les mieux adaptés aux fins poursuivies, sans tenir compte des moyens d'action qu'il a déjà employés. (b) Le « modèle de répertoire rigide » désigne en revanche une récurrence des modes d'action qui seraient, en l'occurrence, les plus familiers au groupe. S'y associent deux modèles intermédiaires, (c) le « modèle de répertoire flexible » et (d) le « modèle d'avantage à la familiarité ».

la rigidité relative des répertoires d'action collective tiendrait d'abord à la tendance des acteurs collectifs à préférer user de formes d'action qui leur sont les plus familières, notamment en ce que ce sont celles dont ils pensent avoir la meilleure maîtrise. On considère alors que face à un mécontentement, la sélection du (ou des) mode(s) d'action approprié(s) relèverait d'une forme de «cela-va-de-soi pré-réflexif», d'un certain «sens pratique» plus que d'un *véritable choix* (voir Contamin, 2005, p. 5). Dans le cas qui nous occupe, le sentiment de forclusion des opportunités politiques – relevant de facteurs cognitifs – joue, comme nous l'avons vu, un rôle central dans les choix de répertoires d'action par une frange des militants également soutenus par une partie de la population. De même le contexte théorique, idéologique et historique de l'époque pèse sur l'élection de certains registres d'action. Sur le plan idéologique, plusieurs inspirations tendent à légitimer le recours à des stratégies illégales voire violentes.

En premier lieu, la lecture marxiste du combat politique articulée autour d'un rapport de forces et de la lutte des classes (voir *Capital*, livre II) constitue l'horizon des interprétations proposées, au cours des années 1960-1970, par les organisations politiques basques étudiées. La pensée marxiste appréhende la politique comme le produit de la non-congruence des intérêts des fractions des classes dominantes et des rapports de force, qui les opposent aux fractions des classes subalternes. Or ce type d'interprétation traverse la production écrite d'ETA et d'IK. L'État y incarne la condensation d'un rapport de force entre classes et fractions de classes. L'État bourgeois n'apparaît pas seulement comme l'«instrument» de la classe dominante, mais représente à la fois l'intérêt général de la classe bourgeoise, au-delà des capitalistes particuliers, et le rapport de force entre les classes. Au Pays basque, l'État bourgeois est indissociablement celui qui impose une langue et un pouvoir central, c'est-à-dire une forme de domination politique, culturelle et symbolique. Conformément à la lecture marxiste reprise dans les organisations révolutionnaires basques, l'État apparaît comme l'instrument par lequel la classe dominante reproduit sa domination, en stabilisant le conflit de classes ou entre groupes sociaux. Dès lors la légalité et le droit se présentent «comme l'instrument par lequel une classe impose sa domination à une autre, donc à la fois comme un outil dans une lutte et comme la résultante d'un rapport de force entre classes antagonistes. La loi n'est pas, comme dans la théorie hobbesienne, ce qui met fin à la guerre de tous contre tous, c'est au contraire ce qui prolonge la guerre en la stabilisant ; elle est le résultat de cette forme particulière de la guerre civile qu'est la guerre sociale » (Foucault, 1973, p. 33). L'intériorisation de cette lecture explique que la barrière entre le légal et l'illégal s'efface dans le regard militant.

Dans le cas particulier du Pays basque, l'influence des thèses fanoniennes et du rôle conféré à la violence des opprimés et des dominés dans les guerres de libération revêt, en second lieu mais conjointement, une importance cardinale. La pensée de Frantz Fanon, centrée sur l'expérience coloniale, apporte à l'idée de rupture violente une théorisation que Jean-Paul Sartre radicalise dans sa préface aux *Damnés de la terre* (1974). En réponse à la violence originelle de la domination étrangère, Fanon recommande la violence comme moyen de libération. La violence représente alors un moyen historique nécessaire de la libération et indique le chemin vers une reformulation des rapports entre force et libération, à l'horizon d'un humanisme radical. Fanon propose ainsi une philosophie de l'action violente consistant en un déploiement de l'autodéfense en défense explosive, voire agressive, qui se traduit par un appel à répondre, ou à montrer que l'on peut répondre « coup pour coup ». Quand Fanon décrit la violence, dans son discours d'Accra en 1960 « Pourquoi nous employons la violence », comme l'« unique solution » dans la lutte pour l'indépendance algérienne (Fanon, 2011, p. 418), il part du constat que la violence est à l'origine une composante intégrale du colonialisme pris comme forme spécifique de domination, et que la domination coloniale s'installe et s'impose dans la durée par la violence. Dans ces conditions, face au canon d'une arme pointée, il faut répondre par un coup de feu. L'autodéfense se comprend alors comme une contre-offensive, ce paradigme traversant les discours des militants basques ainsi que nous le verrons ultérieurement (voir chapitre 6, 6.2.γ). Dans cette perspective, « la décolonisation est toujours un phénomène violent » (Fanon, 2011, p. 451) et la *praxis* de la libération doit nécessairement tenir compte de la violence incorporée par les colonisés.

Fanon justifie l'inutilité de la résistance non-violente dans un contexte colonial en invoquant notamment une logique fonctionnelle reprise par les enquêtés basques : puisque le colonialisme est une forme de domination ayant fait la preuve de sa violence intrinsèque, celle-ci ne peut être supprimée que par l'usage de la violence. D'autre part, la nécessité de la violence révolutionnaire se nourrit d'une philosophie matérialiste de l'histoire, qui ne vise pas seulement le renversement des relations objectives, mais encore la réhabilitation du sujet. En ce sens, la critique de Fanon revêt également une dimension socio-ontologique. Si la violence jusque-là absorbée conduisait à une autodestruction individuelle ou collective des colonisés (Fanon, 2011, p. 465), « le colonisé découvre le réel et le transforme dans le mouvement de sa *praxis*, dans l'exercice de la violence, dans son projet de libération » (Fanon, 2011, p. 468).

La contre-violence des colonisés n'est donc jamais un fait de nature purement psychologique, sans valeur historique ou morale, une agression aveugle résultant d'effets psychiques. Sa signification doit être comprise en fonction du rôle qu'elle revêt à l'intérieur du processus historique : elle est « la violence soufferte et intériorisée, et en tant que telle, elle est un phénomène objectivement historique, progressivement dotée de valeur » (Améry, 2005, p. 439). La violence de l'opprimé est une violence en réponse à celle qui prétend nier son être, ainsi que le revendiquent les militants basques. Elle est la modalité même de la *praxis* de la libération. Pour Fanon, « la violence possède une justification historique, et fournit elle-même la justification de l'histoire, à savoir l'instauration du droit à avoir une histoire, dans un avenir imminent » (Améry, 2005, p. 438). En tant que telle, elle ouvre, à travers la fissure de l'ordre colonial, un espace rendant possible le début du politique, c'est-à-dire la réinvention de soi et de la société dans un horizon de liberté.

Le rapport entre liberté et violence se manifeste alors sous trois dimensions : d'une part, sous la forme de la libération d'une domination structurellement violente dont nous verrons les échos dans les interprétations proposées par les acteurs de la violence (chapitre 5)[34], d'autre part, dans le caractère lui-même violent de cette libération, et enfin dans la libération du « soi » opprimé et la réinvention de relations sociales entre individus

---

34 Pour de plus amples développements sur l'interprétation de la violence par les ex-militants clandestins, voir Guibet Lafaye, 2020b.

émancipés de cette violence, dont on retrouve le sens dans les luttes portées par les militants clandestins basques. L'émancipation, dès lors, se comprend comme une double négation : négation de la violence découlant des relations objectives, mais aussi négation de la déformation du sujet qui lui était lié. Ainsi la libération de la violence semble aller de pair avec une violence procédant de la sortie de l'état de sujétion.

CHAPITRE 4

Pourquoi s'engager dans une organisation clandestine ?

> Le but : c'est la constitution d'une *Euskal Herria* libre, indépendante, pas machiste. C'était ça mon rêve.
>
> — Madeleine

> Aux yeux de la majorité des Espagnols, les membres d'ETA sont des terroristes sanguinaires. Pour celles et ceux qui brandissent les photos dans les Jardins d'Albia[1], ce sont des «prisonniers politiques» ou des «patriotes». «Pourquoi avons-nous tué certains des ennemis de notre peuple ? Parce qu'ils nous y ont contraints», lance Manuel, oncle d'Irantzu Gallastegui (dite *Amaia*), impliquée dans la triste affaire de l'enlèvement de Miguel Angel Blanco, jeune conseiller municipal basque assassiné [en juillet 1997].
>
> — *The Observer*, 29 juillet 2009

4.1 Pour une typologie des raisons de l'engagement illégal

Nous avons, dans le précédent chapitre, mis en exergue les argumentaires justifiant le recours à un répertoire d'action politique illégal. Les entretiens menés avec d'anciens membres des organisations clandestines basques permettent également une exploration des mobiles et des raisons de l'engagement de l'illégal[2]. Cet engagement a-t-il pour unique mobile

---

1 Manifestation pacifique à Bilbao de femmes défilant avec des portraits de fils, filles, époux, épouses, frères et sœurs incarcérés d'ETA.
2 La méthodologie, consistant à interroger d'ex-militants clandestins plutôt qu'un large groupe de la gauche abertzale ou la population basque en tant que telle, ne permet que de formuler des hypothèses – autour des effets de la répression par

une farouche volonté d'indépendance pour son pays ou s'agit-il, plus largement, d'instaurer un autre paradigme de société, d'apporter une alternative au modèle de l'État central porté par la France et par l'Espagne. Les membres d'ETA et d'IK sont-ils également mus par un ressort indépendantiste ? S'agit-il de défendre voire de promouvoir une identité perçue comme menacée ou en danger ? Est-il question d'une réaction à la répression et aux politiques publiques imposées par les pouvoirs centraux ? Doit-on voir dans les actions de ces groupes, une volonté d'affirmation de soi face à la clôture des opportunités politiques imposée par les gouvernements espagnol et français ? Le recueil de données primaires, c'est-à-dire de la parole des acteurs, permet de parvenir à une description plus fine des ressorts idéologiques, politiques, motivationnels animant les groupes clandestins abertzales et leurs membres, ainsi que de leur approche d'une indépendance du Pays basque.

Deux types d'attitudes caractérisent les militants. Il s'agit, pour une part, d'une posture défensive (contre le franquisme, contre l'oppression, contre l'appareil d'État) et, pour une autre part, d'une volonté de promotion d'un modèle socioculturel alternatif s'exprimant dans la défense de la langue basque, s'incarnant sur le plan politique dans un désir d'autonomie et s'exprimant à divers degrés qu'il soit question d'un statut d'autonomie, d'un département basque pour l'Iparralde, d'un « Pays basque » indépendant, de la réunification des sept provinces historiques, mais aussi dans la réalisation d'un autre modèle de société, qu'il se nomme socialiste comme ETA l'a réaffirmé des origines aux années 2010 ou se nourrisse du refus de la domination sociale et patriarcale. Cette articulation d'aspirations à l'autonomie, à l'indépendance et à la réalisation

---

exemple – sur les raisons pour lesquelles peu d'individus se sont engagés dans la clandestinité, y compris dans un contexte fortement répressif comme celui du franquisme. Nous avons en outre privilégié une analyse des carrières militantes de type interactionniste qui favorise une approche de ces engagements, non pas à partir de la question du « pourquoi » mais à partir de la question du « comment », abandonnant ainsi la recherche de causes générales, pour procéder à une analyse processuelle, visant à suivre la « radicalisation pas à pas » (Collovald & Gaïti, 2006, p. 32), selon le modèle séquentiel de Becker (1985, p. 46).

Pourquoi s'engager dans une organisation clandestine ?

d'un autre modèle social explique les velléités de certains acteurs de se distinguer du nationalisme et de rappeler l'ancrage à gauche de leurs orientations politiques. Ainsi le paradigme de la libération nationale, envisagée comme étant intrinsèquement une libération sociale, dont l'héritage fanonien est manifeste (voir supra chapitre 3, 3.4), persiste y compris dans les jeunes générations.

Afin de considérer d'un point de vue analytique la revendication d'indépendance et de la contextualiser, nous avons recensé les motifs et objectifs des acteurs tels qu'ils se sont exprimés dans les entretiens, en particulier, lorsqu'ils étaient interrogés sur «la signification de leur engagement»[3] ou encore sur les objectifs qui étaient les leurs au moment de fonder ou d'entrer dans l'organisation clandestine[4]. Nous avons choisi de recenser plusieurs occurrences dans les réponses à ces questions, car il aurait été réducteur de privilégier un objectif plutôt qu'un autre lorsque l'enquêté en propose plusieurs, d'autant que l'affirmation historique d'ETA était double, en l'occurrence un «Pays basque indépendant et socialiste». Une telle recension permet en outre une forme de hiérarchisation des mentions proposées par les enquêtés.

---

3   La question «Quelle signification avait pour vous l'engagement ?» était posée à chacun.

4   La question précédente était complétée de la relance : «Quel était votre but en rejoignant cette organisation ? Qu'est-ce que vous vouliez [y] faire ?». Lorsqu'en Iparralde, une critique des politiques publiques est mentionnée à d'autres occasions dans le discours d'enquêtés comme Laure, celle-ci n'a pas été comptée dans les occurrences du Tableau 5.

Tableau 5 : Synthèse des motivations individuelles de la lutte politique clandestine

	Revendications culturelles et/ou identitaires	Revendications politiques défensives			Revendications sociopolitiques positives				Figures du militant
	Défendre le pays (la langue, le peuple)	S'opposer aux politiques publiques	Clôture des opportunités politiques (et propagande politique)	Résistance/ réponse à l'oppression	Statut d'autonomie, auto-détermination	Réunification des 7 provinces historiques	Indépendance/ lutte de libération	Un autre type de société («utopies»)	
ETA	11	0	3	19	5	1	28 (6 occurrences de l'indépendance)	28 (8 occurrences du socialisme)	16
IK	3	1	6	2 (résistance)	2	3	5 (3 indépendance)	1 (1 socialisme)	4
Total	14	1	9	21	7	4	33 (21 de la libération)	29 (9 socialisme)	20
Regroupement	14	10		21	44			29	20

Pourquoi s'engager dans une organisation clandestine ? 131

Le Tableau 5 autorise une approche fine et nuancée des revendications émanant des acteurs du Pays basque. Si la demande d'indépendance – que nous avons envisagée de son niveau le moins exigeant d'autonomie ou d'application du droit à l'auto-détermination à celui maximaliste de réunification des sept provinces basques – apparaît majoritairement avec quarante-quatre occurrences, elle s'explicite le plus souvent en termes de libération (vingt-et-une occurrences) – libération nationale – laquelle est rarement conçue sans le corollaire de la libération sociale[5]. En effet, la volonté de lutter pour une autre forme de société, moins injuste, moins discriminante, plus sociale, plus ouverte à la diversité dans la perspective de la construction d'un projet commun s'exprime dans plus de la moitié des discours (N = 29 sur 63)[6]. Bien que les individus appartenant aux jeunes générations d'ETA nées dans les années 1970-1980, en particulier, soient faiblement représentés dans notre enquête (N = 9), il apparaît qu'au sein de ceux-là l'aspiration à un autre modèle social est fortement présente (six occurrences). Toutefois l'engagement comme réaction à l'oppression n'est pas non plus absent des motifs qui ont porté ces jeunes générations vers l'organisation clandestine[7]. Le sentiment d'une clôture de la SOP s'exprime fortement, en particulier parmi les militants du sud où le contexte

---

5   Évoquant les motivations de son engagement, Etan est explicite : «C'est pas quelque chose qui s'est construit dans un registre de haine ou de vengeance, loin de là. J'ai pas de haine, pas de vengeance vis-à-vis de l'État français ou de l'État espagnol mais c'est plutôt le sens des responsabilités qui m'a poussé à m'engager dans une organisation qui a permis ou qui a été, à mon avis, un élément qui a réveillé une conscience, dans ce territoire, et pas qu'une conscience nationale, surtout une conscience sociale, je dirais, et qui a réveillé ou théorisé – l'un des éléments, à mon avis, les plus importants – c'est qu'il ne peut pas y avoir de libération nationale, dans ce territoire, sans libération sociale et qu'il ne peut pas y avoir de libération sociale sans libération nationale. Tout engagement ou toute prise de conscience de l'injustice sociale naturellement me menait à m'engager dans l'organisation, ce que j'ai fait très tôt.»
6   Voir le discours de Paul (encadré 4) voulant «changer la société, la rendre plus juste, plus équitable, plus écolo, plus verte, plus durable».
7   On évoquera le fait qu'un certain contexte de répression des organisations de jeunesse au Pays basque sud a permis à ETA de faire grossir ses rangs en offrant aux jeunes Abertzales inquiétés par la police et la garde civile la possibilité de la clandestinité (voir Ianis).

franquiste est celui d'une répression extrêmement dure, où les minorités sont étouffées et opprimées, où la clôture de la SOP est totale en particulier pour les Basques. Ainsi vingt individus font mention de la volonté de s'opposer à l'oppression. Les propos de Thibault, ayant d'abord appartenu à ETA-pm, résument les dispositions d'esprit d'une partie d'entre eux :

> Notre engagement initial évidemment, c'était une réponse à cette répression absolue. Après une fois passé l'engagement initial, nous on a évolué sur un engagement plus politique mais au début, c'était pas une question de comme ça… que tu étudies dans un livre et tu décides : « Je vais devenir militant ». Tu t'engages parce que « il faut » et après petit à petit, tu commences à habiller un peu ton engagement.

La question culturelle – en particulier la défense de la langue basque – ne s'exprime, dans l'enquête, qu'à travers quatorze occurrences dans la mesure où l'exploration de l'engagement individuel était axée sur la participation à une organisation clandestine. Toutefois au-delà des réponses à la question des motivations de l'engagement politique, vingt-neuf des personnes interrogées, c'est-à-dire plus de la moitié, font état, au cours de l'entretien, de leur préoccupation concernant une possible disparition de la langue basque. Nous avons associé à ce volet le souci de la « défense du peuple basque », traduisant une dimension identitaire, ce peuple étant « cadré » comme portant une spécificité niée voire annihilée par les gouvernements des deux États.

Face à l'interrogation sur le sens de leur engagement, certains acteurs se sont orientés vers une réponse de type subjectiviste évoquant moins les objectifs de la lutte politique que la signification personnelle de leur engagement. Le nombre non négligeable de ces occurrences (N = 20) explique la catégorie « figures du militant » désignant des individus dont l'existence se déploie dans le militantisme, quelles que soient les formes qu'il a pu prendre au long cours[8]. Dans cette catégorie, plusieurs types se dessinent qu'il s'agisse (α) de « militants corps et âme » pour qui l'engagement est l'axe cardinal de leur vie et dont les propos de Ianis offrent

---

[8] On notera que cette réponse de nature subjectiviste ne recouvre pas strictement une opposition de genre puisque dix des réponses formulées émanent de sujets masculins.

une description paradigmatique : « C'était ma vie. Ça a donné sens à ma vie. L'engagement du point de vue plus général, ça donne sens à ma vie même en ce moment, quand je travaille avec les jeunes migrants. C'était une partie hyper importante. Depuis [l'âge de] 13 ans... je conçois pas ma vie sans engagement » (voir Guibet Lafaye, 2019 ; Rapin, 2000, p. 61 ; Yon, 2005, p. 142). S'y inscrivent également (β) des militants professionnels (voir Fillieule & Mayer, 2001 ; Yon, 2005) pour qui, quelle que soit leur situation sociale, familiale, géographique, ils seront militants (Isée, Louisa, Laureline, Vicenzo). On y trouve encore (γ) des personnes exprimant le fait de vouloir participer à une cause (mouvement ou mobilisation) (Franck), en ayant le sentiment d'en être partie prenante, avec (δ) la nuance, pour celles qui se sont notamment spécialisées dans la logistique, de « contribuer à » matériellement et à leur niveau (Madeleine, Gaya). Sans considérer que ces acteurs s'engageraient dans n'importe quelle cause, le fait de se sentir concerné et d'agir en conséquence est une caractéristique de leur positionnement. Tel Ianis qui aujourd'hui, après six ans de prison, s'occupe de jeunes migrants. Tel autre milite dans la défense des prisonniers ou pour les droits de l'homme. Une partie des militants d'ETA ont rejoint aujourd'hui *Sortu*, formation politique de la gauche abertzale, créée en 2011, tel Jokin Etxebarria.

Encadré 4 : Sur l'expression d'une société alternative

Le discours de Paul est emblématique du désir de société alternative qui traverse les plus jeunes générations de militants abertzales : « Moi je veux que ma culture soit ouverte. La langue et la culture vont de pair, habillent, font ce territoire. Mais celui qui arrive ici... j'espère qu'on va être assez attrayant, que notre culture va être assez attrayante, que nous on va être assez sympas, assez ouverts pour donner envie à la personne qui arrive ici, parce qu'il y a tellement de brassages maintenant humains, pour qu'il se reconnaisse, qu'il ait *envie*, lui aussi, d'être basque. Et plus il y aura de gens d'autres

> couleurs et plus ça sera bon signe. Parce que nationalisme, c'est pas ça. Nationalisme, pour beaucoup de gens, c'est Le Pen, c'est le Front National, avec cette vision : "on est chez nous ; on reste chez nous. Non à l'étranger et tout ça". Et moi, c'est pas du tout ma façon de voir, ou d'envisager l'avenir pour ce pays. C'est un endroit en plus de passage, où il y a énormément de brassages. Donc il faut que ces gens-là, il faut qu'ils restent ici. C'est ensemble qu'on doit construire ce pays du moment qu'il reconnaisse qu'il arrive dans un pays qui a ses particularités, et qu'il a *envie* de connaître cette langue, notre langue, qu'il a envie de connaître cette culture, et que lui-même il devienne *acteur* de ce combat d'émancipation. Ce qu'on doit déterminer c'est ça : c'est de reconstruire ce pays, nous prendre en charge, nous doter d'outils de plus en plus d'autogestion et pas que de reconnaissance territoriale, etc. C'est aussi changer la société, la rendre plus juste, plus équitable, plus écolo, plus verte, plus durable, voilà. C'est tout ça. Il y a tellement de combats... Combattre aussi le machisme, l'homophobie, c'est plein de... rendre cette société meilleure même au Pays basque. Au Pays basque, il y a énormément de cons aussi et donc il y a énormément de boulot ici. Donc au-delà de la libération nationale, c'est la libération sociale. Et au niveau social, il y a énormément de boulot à faire. Et moi, j'ai pas envie de rendre ce pays indépendant, si c'est pour avoir toujours les mêmes rapports de dominés et de soumission, enfin économique ou le patriarcat ou une société homophobe et tout ça.»

4.2 Libération nationale et socialisme

Les motifs de leur engagement, revendiqués par les acteurs clandestins, se comprennent à la lumière de l'émergence et de la constitution historique des organisations clandestines étudiées. Le Pays basque sud en particulier a adopté une stratégie de guérilla anticolonialiste dont l'origine remonte à Krutwig qui l'expliqua en distinguant les révolutions sociales des révolutions nationales (voir chapitre 1). De la même façon que les discours des militants basques sont marqués par une référence à ces luttes de libération, leurs propos continuent de laisser transparaître un attachement persistant à l'utopie socialiste. Les occurrences du socialisme s'expliquent par des raisons historiques, sociales et idéologiques. Elles interviennent dans une dizaine de discours et s'avèrent plus présentes chez les individus ayant intégré ETA après la transition démocratique (γ 3), c'est-à-dire dans les années 1980[9]. À l'origine d'ETA, se trouvait une branche communiste. Sur le plan idéologique, s'opère, dès les années 1970, une connexion entre discours nationalistes et discours de libération nationale et sociale. De même, d'un point de vue pratique et opérationnel, certains militants d'ETA, au début de l'existence de l'organisation, participèrent à plusieurs vagues de manifestations ce qui eut d'importantes conséquences sur l'idéologie organisationnelle du groupe. Cette participation conduisit à l'adoption d'un langage de lutte des classes jusqu'alors absent. Les luttes ouvrières entraînèrent des changements dans la logique d'ETA ainsi que l'usage de concepts comme « bourgeoisie, classe ouvrière, lutte de classe, conditions objectives pour la révolution ». L'organisation commença à porter l'accent sur la nécessité de créer un lien direct entre la lutte pour la libération de la nation basque et les demandes de la classe ouvrière. Elle introduisit une distinction entre le nationalisme de la classe moyenne et le nationalisme du peuple (voir Jauregui Bereciartu, 1986, p. 595).

Ces éléments expliquent qu'ETA se définisse, à la fin des années 1970, 1. comme une organisation indépendantiste, poursuivant une stratégie basque, c'est-à-dire promouvant l'instauration d'un État basque réunifié, cet État étant conçu comme la solution unique et définitive à l'oppression nationale ; 2. comme une organisation révolutionnaire au service de la classe laborieuse, c'est-à-dire promouvant la conquête du pouvoir par les classes populaires, sous la direction de la classe ouvrière, ainsi que l'instauration d'une société socialiste, fondée sur la socialisation des moyens de production ; 3. ETA promeut enfin, au sein de la démocratie bourgeoise, une stratégie de pouvoir populaire, reposant sur l'autonomisation et la

---

9   La répartition des occurrences est la suivante : $\gamma\ 1 = 2$; $\gamma\ 2 = 2$; $\gamma\ 3 = 6$.

responsabilisation des groupes organisés des classes populaires basques, cette stratégie étant privilégiée sur la participation au mécanisme électoral (voir *Zutik*, n° 67, 1976, p. 5, *in* Ibarra, 1987, p. 110). Ainsi «ETA tentera d'exister et de se battre de la façon la plus appropriée pour la création d'un État socialiste basque, indépendant, réunifié et de langue basque» (*Deia*, 21 mars 1978, *in* Clark, 1984, p. 106-107). Cette déclaration, également promulguée dans les années 1970, le confirme encore :

> Nous envisageons la lutte armée comme la forme suprême de la lutte de la classe ouvrière. Notre libération en tant que classe et en tant que peuple sera possible par l'insurrection armée du prolétariat et du reste de la population au Pays basque grâce à une articulation révolutionnaire et technique avec le reste de la population qui compose l'État espagnol. (*Resoluciones de la primera parte de la VI asamblea de Eta-V*, août 1973, *in* Ibarra, 1989, p. 86)

Or cette détermination demeure aujourd'hui très présente dans les discours des personnes rencontrées. La conjonction de la libération nationale et du socialisme, théoriquement proclamée dans les années 1970, se perpétue dans les années 1980. Le groupe déclare alors que «le mouvement basque de libération nationale et sociale s'est développé au cours des dernières années comme la conséquence de la réalité objective de l'oppression nationale et de classe, ainsi que des conditions subjectives de la conscience et de la volonté révolutionnaires... KAS a présenté un projet politique concret qui dépassait l'alternative stratégique d'une rupture démocratique et des objectifs stratégiques d'un Pays basque réunifié, bascophone, indépendant et socialiste» (cité *in* Ibarra, 1989, p. 142). Toutefois ETA était également consciente de la difficulté d'articuler les luttes sociales des travailleurs et la lutte armée, quand bien même le postulat était que «l'activité armée ne se substituerait jamais à la lutte de masse mais devait en être un complément et la renforcer» (cité *in* Ibarra, 1989, p. 92). Dans les faits, ETA a néanmoins développé sa propre organisation syndicale avec une ouverture sur les masses populaires, en fondant par exemple le syndicat LAB en 1974.

4.3 Discrimination et défense d'une identité

Au-delà de ces éléments théoriques, pourquoi a-t-il semblé nécessaire aux acteurs d'en passer par la violence politique pour défendre l'identité basque ? La lutte illégale contre les décisions imposées par le gouvernement espagnol ou français sur le territoire basque a constitué, pour nombre de militants, une façon, d'une part, de défendre l'identité culturelle basque et, d'autre part, de revendiquer en particulier au sud un sens de l'honneur, une fierté pour eux-mêmes et pour le peuple basque. Avec l'arrivée du franquisme, les statuts de la Catalogne et du Pays basque furent abolis. Dans cette seconde région, l'uniformisation centralisatrice fut poussée plus loin, au point de discriminer les provinces basques entre elles. Les statuts dérogatoires, essentiellement fiscaux, de Guipúzcoa et de Biscaye furent annulés, tandis que la Navarre et l'Alava les conservaient. La discrimination linguistique que ce soit dans l'espace public ou à l'école a été forte au Pays basque nord comme au sud (voir Clark, 1984, p. 153 ; Garmendia, 1980, vol. 2, p. 81-82 ; Unzueta, 1988, p. 65). Bien souvent les enfants élevés en zone rurale vivent leur première expérience de répression et de discrimination à l'école où ils se voient obligés de parler castillan, alors qu'ils ne connaissent pas un mot de cette langue. On peut considérer qu'ultérieurement la critique fanonienne de l'impérialisme culturel résonnait chez les militants, issus du monde rural où la langue basque était couramment pratiquée mais était aussi perçue comme très primitive. Nombreux sont ceux – eux-mêmes ou leurs ascendants – à avoir été tournés en ridicule par les autorités espagnoles alors qu'ils parlaient en basque à l'école, sur leur lieu de travail ou dans l'espace public. Cette dépréciation est à l'origine de sentiments de gêne ou de rage.

La disqualification linguistique et sociale imposée par l'État espagnol en particulier à l'époque franquiste faisait écho aux thèses de Frantz Fanon (1961) convaincu que l'arme essentielle des colonisateurs était l'imposition de l'image des colonisés sur les peuples assujettis. Dans la logique fanonienne, la libération suppose en premier lieu de se départir de ces images de soi dépréciatives. Les groupes dominants tendent à renforcer leur position hégémonique en inculquant une image d'infériorité aux groupes soumis. La lutte est le vecteur d'un changement de l'image de soi à la fois dans l'esprit du dominé et contre le dominant. La reconnaissance forge l'identité.

Les acteurs impliqués dans ce qu'ils perçoivent et définissent comme des luttes de libération, qu'ils aient été clandestins ou semi-clandestins, se pensent comme capables de faire advenir les conditions d'une transformation sociale, d'assumer par leur engagement une opposition et une résistance aux gouvernements des deux États face à ce qui leur paraissait être des injustices. Leur combat s'inscrit explicitement dans une lutte pour la reconnaissance. Paul le souligne avec force :

> Culturellement, personne ne nie qu'il y a un Pays basque avec sa langue, avec sa culture, etc. Alors pour certains... c'est une région de la France et une région de l'État espagnol mais pour nous et, je pense, pour beaucoup de gens... J'espère qu'un jour l'ONU par exemple va nous reconnaître comme un peuple à décoloniser ou qui a droit à s'autodéterminer.[10]

Parmi les soixante-trois personnes interrogées, vingt-huit expriment explicitement un souci pour le statut de la langue basque, qu'il soit question de sa reconnaissance ou de la prévention de sa disparition. En ce sens, il serait réducteur de considérer que l'engagement des militants basques illégaux n'était qu'une lutte pour l'indépendance. Il s'agit plutôt, dans la majorité des cas, d'exprimer des positions divergentes ou alternatives dans un contexte politique en évolution où ils s'emploient à soutenir des mouvements sociaux ouvriers, s'opposent au développement du recours à l'énergie nucléaire, à travers la lutte contre la centrale de Lemoiz, ou œuvrent à une société plus juste (voir Etan, Paul supra, encadré 4)[11].

---

10   Patxi et Thierry tiennent un discours comparable sur l'absence de reconnaissance de la langue basque.

11   On se souvient la façon dont Louisa dévaluait la place des actions armées en soulignant l'importance des mouvements sociaux qu'elles sont venues appuyer. Voir aussi Faysal. Vicenzo raconte comment son père, ancien ouvrier sidérurgiste, qui a subi la répression à Madrid lors de manifestations visant à «défendre son travail», a «pu avoir une retraite» grâce au soutien d'organisations illégales : «heureusement qu'il y a eu des actions armées qui ont soutenu cette lutte», qui ont aidé à résister aux forces répressives dans les occupations d'usines.

Pourquoi s'engager dans une organisation clandestine ? 139

La lutte armée est appréhendée par nombre de militants, en particulier en contexte franquiste ou dans le cadre d'un État très centralisé comme la France des années 1970-1980, comme une façon de garder la tête haute, de conserver le contrôle de sa propre vie et de son destin, de se battre contre le déni d'identité, d'obtenir une voix dans le *quorum* politique voire de changer le cours de l'histoire (voir Julien), l'ensemble de ces éléments faisant de la lutte armée un combat pour la reconnaissance. Zachary développe le sens de son engagement, qui remonte au début des années 1960, autour de la notion de reconnaissance :

> C'est dommage la nécessité d'avoir fait tout ce qu'a fait l'organisation. Normalement, si la démocratie avait existé, si on avait condamné le coup d'État. Et si avec une transition on avait tout changé démocratiquement en Espagne, l'organisation ETA n'était pas nécessaire. Nous, on a fait normalement la demande naturelle, ils ont toujours dit non, non, non et après répression, répression, répression. La défense, c'est la défense. Et c'est pour ça qu'on a fait l'organisation. Malheureusement, ça fait soixante ans, c'est long, c'est trop long. Pourquoi ? Pour le même [pour rien], il y a pas d'évolution dans la liberté du Pays basque, il y a pas d'évolution de la dignité dans le Pays basque, seulement avec la répression, répression, répression. Nous, on a commencé à faire répression-action-répression. [...] Il y a pas de reconnaissance du Pays basque. Nous sommes administré par le gouvernement français et par le gouvernement espagnol, et on n'a pas de personnalité propre, et c'est dommage.[12]

Contrairement à ce que prétend la littérature secondaire ou la presse, l'engagement dans les organisations armées basques n'est pas dû à des personnalités présentant des désordres psychologiques, à l'exclusion sociale ni à la détresse individuelle. Au contraire, la décision de rejoindre ces organisations clandestines est avant tout liée à une lutte pour la reconnaissance de la communauté nourrie par le sentiment d'être traité comme des citoyens de seconde zone[13], sentiment partagé à la fois par ceux qui se sont engagés mais aussi largement présent dans la population (abertzale). L'activisme armé se présente alors comme l'affirmation d'une identité. Les militants qui s'engagent pendant le franquisme conjoignent

---

12 Voir aussi Maud pour IK infra, note 2.
13 Pensons seulement à l'interdiction de parler basque dans les lieux publics en Espagne et aux brimades subies par les enfants basques dans l'école républicaine ou franquiste.

la revendication d'un sens de la dignité, de l'honneur, la fierté de la communauté nationale, d'une part, avec l'objectif politique plus large de l'indépendance du Pays basque, d'autre part. Ils voient dans la stratégie de la lutte armée une chance de changer le cours de leur propre histoire, ce qu'ils n'avaient jamais éprouvé auparavant, ce sentiment étant présent y compris chez les militants des générations ultérieures, des deux côtés de la frontière.

Au début de la formation d'ETA et jusque dans les années 1980 voire 1990, la lutte armée constituait le seul environnement susceptible de donner sens et permettant que s'accomplisse réellement, effectivement un sens de l'engagement pour certains militants. Ainsi Ekaitz reconnaît qu'avant d'entrer dans ETA : « J'ai participé dans la gauche abertzale et tout ça mais je n'ai jamais milité avant dans quoi que ce soit. C'était clair pour moi que le plus efficace, c'était ça »[14]. ETA offrait un cadre d'action, le seul efficace face à l'État et c'est en tant que tel que la structure drainait des militants. ETA ou IK n'attireraient pas les activistes uniquement pour des raisons idéologiques et théoriques mais également pour des motifs pragmatiques, dans la mesure où elles constituaient les structures les plus actives dans l'horizon des moyens pertinents que les acteurs identifiaient parmi les organisations existantes. Tanya considère en avoir été témoin s'agissant de l'instauration des *Ikastolak* en Iparralde : « J'ai été confrontée vraiment à l'inefficacité de l'essai de négociations sans rapport de force. Des manifs de milliers et de milliers de personnes ne faisaient rien bouger puis bizarrement, quand un local explosait... Moi je pense que l'action d'IK a énormément aidé à la reconnaissance des *Ikastolak*. »

Dès lors, l'engagement dans la lutte clandestine ne constitue pas seulement le fruit d'un alignement idéologique (sur la tradition nationaliste basque par exemple ou sur le mouvement abertzale) – si ce n'est autour du plus petit dénominateur commun de la défense du peuple basque, de la préservation de sa culture et de sa langue – mais participait d'une lutte

---

14 Ekaitz intègre l'organisation à 19 ans, en 1983. Il souligne que « depuis très jeune j'avais la conscience que l'outil le plus efficace pour faire face à l'État espagnol, c'était la lutte armée ». Voir aussi Vicenzo ou Julen Madariaga, *Las cinco primeras Asambleas*, Punto y Hora de Euskal Herria del 18-24 de agosto de 1977, p. 22.

Pourquoi s'engager dans une organisation clandestine ?

pour la reconnaissance efficace que ce soit sur le plan individuel comme sur le plan collectif. Ainsi Maud, interrogée sur la possibilité de parvenir aux objectifs d'IK (et aux siens) sans violence, est lucide :

> L'indépendance, non, on y arrivera pas. Déjà on est quand même dans deux États différents. Eux [au sud], ils veulent l'indépendance. Nous, il faudrait déjà qu'on ait notre autonomie avant l'indépendance ! C'est toujours pareil. Au moins qu'on ait une reconnaissance, une vraie reconnaissance. Ils sont tous en train de dire : «c'est la plus vieille langue d'Europe, et si et ça. On sait pas d'où ça vient». Et on est en train de batailler, et on se la perd la langue ! C'est malheureux.[15]

Grégoire va plus loin en théorisant le rôle de la langue : «Si vous avez un tantinet d'honnêteté avec vous-même ou un minimum de conscience, vous voyez que la question linguistique, la question simplement de l'acquisition d'une langue est fondamentalement politique». Cette interprétation de l'engagement dans la lutte armée est donc comparable à celle proposée pour des mobilisations collectives se formant en vue de la reconnaissance d'identités ou pour avoir une voix sur le plan politique (voir Fraser, 2003 ; Hobson, 2003 ; Honneth, 1996 ; Philips, 2003 ; Roy, 2004). La préservation de l'*euskara* constitue bien le plus petit dénominateur commun dans les revendications au Pays basque nord : d'une part, le mouvement abertzale a émergé autour de la revendication d'un enseignement en langue basque au cours des années 1970. La première *Ikastola* a été ouverte en Iparralde en 1969. Tout en remontant au début du XXe siècle (1914) au sud, la véritable impulsion du mouvement des *Ikastolak* intervient également en Hegoalde dans les années 1960 (Iban Iza, 2011). D'autre part, ce souci de préservation de la langue basque intervient dans neuf des douze discours de militants impliqués dans IK.

---

15 La représentation que Maud porte de l'État est également explicite : c'est «l'oppression. Tout simplement. C'est tout. C'est l'oppression, c'est le dédain de toutes les langues, tant que ça les concerne pas... voilà. Les langues, d'accord ! Pourvu que ça soit l'anglais ou le latin, mais après les langues régionales qui sont aussi importantes...».

4.4 Reprendre le flambeau d'une lutte de résistance

La fierté de faire partie d'une tradition vue comme «glorieuse» – notamment à travers la référence aux *Gudarik* de la guerre civile espagnole (Petithomme, 2015)[16] – et d'être membre d'une organisation respectée joue également un rôle notable dans l'engagement. De ce point de vue, la mémoire revêt une fonction centrale dans le processus de formation d'une identité et d'«invention des traditions d'un groupe social» (Hobsbawn & Ranger, 1983, p. 15). Elle participe d'un travail de production des symboles de la reconnaissance et de la légitimation. L'inscription dans ces lignées traditionnelles glorieuses permet d'aborder et de requalifier sa propre lutte dans les termes d'une résistance. La lecture de la résistance violente comme résistance à l'autorité existante visant à se soustraire à toute subordination à l'oppresseur se trouve chez F. Fanon (1961), au même titre que l'idée selon laquelle le fait d'assumer cette lutte engendre une fierté personnelle, une confiance collective et la volonté de se risquer à espérer.

La référence à la résistance est souvent interprétée sous la modalité du développement d'un mythe parmi les Basques abertzales (voir Della Porta, 2013, p. 218). Au-delà de la construction du mythe, il convient de rappeler que le Pays basque sud (Hegoalde) a apporté son soutien aux Républicains espagnols qui ont reconnu l'indépendance de ces provinces. À l'époque de la guerre civile, les Basques se sont majoritairement trouvés du côté de la résistance au franquisme. Le PNV pris part au conseil de la Résistance durant la seconde guerre mondiale. Certains considèrent que l'esprit de résistance d'ETA émane de cette participation (voir Alcedo Moneo, 1996) comme semblent le montrer le numéro de *Zutik* intitulé «25ème année résistance» ainsi que le numéro 26 de *Zutik* publié en 1964 et développant le concept de «résistance» (voir *Document Y*, vol. 3, p. 299-300). ETA structure son activité militante et politique autour de la notion de résistance et de légalité authentique comme plusieurs textes publiés

---

16   «Soy un militante de ETA, un *gudari*, y lucho por la autodeterminación. La única salida al conflicto es la negociación y no precisamente el recurso a los tribunales» (Pakito Mujika, *in* Garmendia, 1980, p. 9).

Pourquoi s'engager dans une organisation clandestine ? 143

permettent de le comprendre[17]. Dans les discours du groupe, la notion présente un large spectre qui s'étend de l'idée d'avant-garde à celle de résistance/désobéissance civile (voir Alcedo Moneo, 1996, p. 347-348 ; *Zutik*, Aberri Eguna 1963, *Doc. Y*, vol. 1, p. 445).

Quand bien même on parlerait de mythe, l'évocation de la résistance joue un rôle identificatoire fort au sein du mouvement abertzale ainsi qu'une fonction idéologique de premier plan. La philosophie de KAS – bloc dirigeant de la révolution basque – passe, en 1985, de l'idée que « résister est vaincre » à l'idée que « résister est avancer », suscitant moult débats et confrontations. Elle s'oriente ainsi d'une logique de défense vers une logique constructive. En outre, on ne peut se satisfaire de l'interprétation de la référence à la résistance en termes de mythe : au sens strict, il s'agit bien d'une résistance en tant que s'affirment dans la lutte et le combat mené par les acteurs une posture d'opposition au pouvoir politique légitime, une volonté de freiner les politiques mises en place par l'État central (cas de la France) (voir Guibet Lafaye, 2019). En son sens littéral, la résistance désigne l'« action de résister à une agression, une contrainte, une oppression physique ou/et morale » (*Trésor de la Langue Française*) qu'elle s'entende comme une « défense, riposte par la force à un adversaire, à un ennemi qui a déclenché les hostilités » ou qu'elle consiste dans le « refus d'accepter, de subir les contraintes, violences et/ou vexations, jugées insupportables, qui sont exercées par une autorité contre une personne, les libertés individuelles ou collectives » (*TLF*). Les propos de Florian résument l'ensemble de ces analyses :

17 « La lucha por la libertad del pueblo vasco no constituye para ETA una actividad política *stricto sensu*, sino una actividad de resistencia ; pero para comprender bien el auténtico sentido de esta actividad de resistencia es preciso previamente establecer la distinción entre la legalidad que pretende imponer el estado opresor y la legalidad auténtica, la del pueblo vasco » (Jaúregi, 1981, p. 228). Déjà la IIIe Assemblée d'ETA déclarait : « il y a une légalité de fait: celle de l'oppresseur. À cette légalité, nous devons opposer notre légalité nationale, la nôtre, celle qui deviendra aussi, le moment venu, notre légalité de fait » (IIIe Assemblée d'ETA, p. 18). « Il faut rompre une fois pour toutes avec le concept et le respect (presque "tabou") de la "légalité", de l'"ordre" et de l'"autorité établie" (même profondément ancrée dans la mentalité de notre peuple). Elle est incompatible avec l'occupation et le régime de pillage dont souffre le Pays basque » (IIIe Assemblée d'ETA, p. 18).

Je sais pas si ma réflexion à l'époque, elle était aussi élaborée que celle que j'ai maintenant. Mais ce que je peux dire c'est le sentiment que j'en ai. On se disait qu'on s'inscrivait dans une lutte insurrectionnelle, tôt ou tard – telle que j'imagine la lutte insurrectionnelle : nous, on est les premiers, on est les pionniers, on met des choses en évidence… mais tôt ou tard, le peuple basque il va se réveiller, il va venir avec nous. Il va y avoir quelque chose de l'ordre de l'insurrection. Bon ça, on s'est bien planté. […] Mais les fondements, les motivations des Basques existent toujours. Donc première chose : lutte insurrectionnelle et ça va suivre après.

Et surtout, il y a trois choses : 1. la lutte politico-militaire. D'abord, il y a forcément de la répression dans ce qui est militaire, il y a quelque chose comme de la *réaction*, quelque chose de la *résistance* et de la réaction face à une attaque de l'État français. L'État français, je le mets comme ça. Ça englobe tout, que ce soient les politiques locaux qui devraient représenter les Basques mais qui en fait ne sont que les relais pour nous du pouvoir politique parisien ; que ce soient les politiques, les policiers, les juges, etc. Donc il y a quelque chose de l'ordre de l'action-réaction. Il y a un petit peu de ça même si aucune des actions – ou c'est très rare quand on le fait directement en réaction à quelque chose. C'est arrivé par exemple comme pour protester contre les arrestations. Mais nos actions, c'était toujours des actions politiques… 2. La deuxième motivation pour la lutte militaire, c'était de mettre en évidence des situations qui n'étaient pas acceptables que ce soit sur le plan du tourisme, que ce soit sur le plan de la terre, au niveau de la langue. Par exemple, quand on fait sauter une maison, là on veut mettre bien en évidence quelque chose qui, par voie de communiqué – la presse ne s'en empare pas. Même si on fait une manif, peut-être localement il y a quelques lignes dans le *Sud-Ouest* et bien sûr ça n'allait pas plus haut. L'intérêt de l'action violente, c'est que la presse s'y intéresse vraiment et que l'État commence à bouger : « qu'est-ce qui se passe là-bas ? Qu'est-ce qu'ils nous font ? ». Donc à travers une action violente comme ça, spectaculaire pour qu'on s'y intéresse, on attire les gens sur l'action et donc on peut parler du fond : voilà, aujourd'hui le problème c'est la terre, c'est le foncier, des riches de Paris viennent piquer la terre de nos paysans et en font n'importe quoi. Et aujourd'hui, les paysans ne sont plus maîtres de leur terre parce que la loi du fric, etc. Ou le tourisme aujourd'hui, il y en a que pour le tout-tourisme, aujourd'hui on est en train de devenir petit à petit une espèce d'aire de jeux pour les gens d'ailleurs, pour des gens friqués, des golfs machin. C'est vraiment des actions qui mettent en avant ça. Et puis la troisième raison… ça c'est l'écho qu'amènent ces actions, et la troisième raison, c'est une façon de montrer notre résistance. Nous, les Basques on n'est pas d'accord avec la situation et on est prêt à aller jusqu'au bout, on montre notre détermination. Voilà. Comme je le dis, quand j'ai 17-18-19 ans, c'est peut-être pas aussi élaboré que ça mais c'est ça, c'est ça qui nous motive.

Cette lecture de la micro «radicalisation» abertzale appelle une révision de la littérature secondaire qui tendait plutôt à expliquer son émergence à partir d'une perspective de long terme fondée sur une référence à l'indépendantisme.

4.5 Répondre à la violence d'État

De la même façon, l'engagement politique armé est fréquemment objet de condamnations, y compris morales, sans que l'on cherche toujours à en saisir les ressorts ni à l'appréhender dans une logique d'interaction avec les organisations gouvernementales. Le déploiement de violence souvent imputé à ETA par le rappel des 857 personnes tuées par l'organisation (Loyer, 2015, p. 24) ne peut toutefois se comprendre – et pas seulement se dénoncer – qu'en la resituant dans le cadre de l'escalade de conflits sociaux, dans des interactions de long terme entre mouvements, contre-mouvements et États, ainsi que des effets qu'ils produisent sur les militants. Comme nous l'avons souligné par l'étude de la perception de la SOP (chapitre 3, 3.2), il est requis pour comprendre ce type de phénomènes de saisir les interactions et processus qui nourrissent l'escalade de la violence. Les acteurs de cette escalade sont pluriels, qu'il s'agisse des organisations clandestines mais aussi du mouvement social, de la police, de l'État ainsi que de ses appareils paramilitaires. Chaque partie s'adapte et «innove» dans ses réponses aux parties prenantes adverses (voir Della Porta, 2013, p. 39 ; McAdam, 1983). Police et contestataires intensifient leurs répertoires d'action et leurs réactions dans un jeu d'adaptation réciproque. Lorsque des victimes sont faites du côté de la protestation, ces victimes vont justifier la violence illégale et parfois pousser les militants dans la clandestinité. La violence de l'État, vécue et perçue comme une «violence subie», justifie des réponses radicales. Ainsi parmi les militants entendus, vingt-et-un légitiment leur engagement dans les groupes clandestins en référence à la répression d'État.

Toute personne issue de l'horizon du nationalisme basque a subi l'épreuve de la violence d'État que ce soit personnellement par la mort d'un familier, par l'emprisonnement, la persécution, l'exil ou via les blessures physiques de proches. L'expérience de la répression est très largement partagée par l'ensemble de la population basque (Pérez-Agote, 2006, p. 99). En contexte franquiste en particulier, le régime se rapporte à la population basque sous la modalité de la violence (voir Reinares, 2001, p. 89). Les militants gardent des souvenirs ineffaçables de l'état d'exception[18]. K. de Zunbeltz (1968) le rappelle en soulignant la répression dont faisait l'objet tout signe basque[19]. Le maintien de l'ordre et la répression, en particulier au Pays basque sud, ont été intenses dès l'époque franquiste. Le Pays basque, loyal à la République durant la guerre civile, est occupé en juin 1937 par les troupes de Franco. Une répression indiscriminée s'abat sur la région s'illustrant en exécutions massives, camps de concentration, travaux forcés. Ces années sont connues comme « l'époque du silence » (Richards, 1998).

18 « L'état d'exception conférait aux habitants le sentiment d'une raison d'être commune, d'un destin partagé (*a sense of shared purpose*). Parce qu'elle était victime de la violence de l'État, la population s'est sentie collectivement et en tant que communauté (*communally*) agressée... l'emprisonnement ou l'exil ont cessé d'être dégradants. Au contraire, le stigmate a été transféré à l'État, en particulier aux forces de sécurité... [...] En même temps l'oppression par l'État a renforcé le réseau qui convertit cette violence en un sujet de communication interpersonnelle » (Pérez-Agote, 2006, p. 115).
19 « Es significativo en esa primera época hasta 1964 la insistencia en llenar paredes con las siglas *ETA*. Cierto que unas siglas no significan nada cuando no van asociadas a algo que tenga de por sí importancia. [...] Cuando, ante un determinado letrero aparecido en una pared, se produce una espectacular movilización de las fuerzas de la Guardia Civil y la Policía, para taparlo, primeramente, y para descubrir el autor, después, no cabe duda de que alguna significación posee ese letrero. [...] Los mismos efectos que los letreros murales tenían las regadas de octavillas y la colocación de banderas. Era la represión que inmediatamente se desencadenaba la que confirmaba el contenido popular de resistencia a esos murales, octavillas y banderas » (K. de Zunbeltz, 1968, p. 106-107, cité *in* Nuñez, 1993, p. 92-93). « En 1964 se empezó a utilizar la dinamita contra placas conmemorativas del opresor español. Sin embargo, estas nuevas actividades no siguieron un cambio fundamental respecto al valor simbólico del activismo anterior. También estas acciones recibían e la brutal represión consiguiente, su principal contenido » (Zunbeltz, 1968, p. 105).

Les provinces de Biscaye et du Guipúzcoa – d'où provient une large part des militants d'ETA – sont déclarées provinces « traîtres ». L'*ikurriña* est interdite. 150.000 Basques quittent l'Espagne, c'est-à-dire 11,5 pour cent de la population des provinces d'Álava, de Biscaye et du Guipúzcoa. 150.000 meurent au lendemain de la guerre civile et 16.000 sont arrêtés car soupçonnés d'être nationalistes. Ces formes indiscriminées de répression se poursuivent après la fin de la guerre (voir Jaime-Jiménez et Reinares, 1998, p. 168). Entre 1939 et 1944, presque 200.000 personnes sont exécutées pour des raisons politiques. La répression se perpétue sans que les Alliés n'interviennent. Les États-Unis apportent leur soutien à Franco. Devant cette évolution des relations internationales, les partisans de la République optent pour le chemin de l'exil ou du désengagement.

L'expérience sociale de la répression est éprouvée aussi bien individuellement que collectivement. La politique et la violence sont des expériences quotidiennes, des sujets quotidiens d'échange et de communication dans un contexte où les manifestations populaires deviennent de plus en plus fréquentes après 1970. Isée raconte comment elle a vécu, enfant, l'instauration de la Zone Spéciale Nord dans son village de Rentería (voir encadré 5). Or certains moments répressifs sont vécus comme des « événements transformatifs » marquant des tournants dans l'escalade de la violence ainsi que nous l'avons précédemment rappelé (voir chapitre 2, 2.3.2). Ils marquent aussi la mémoire des militants et sont à l'origine de mécanismes cognitifs spécifiques. Au cours de la transition et durant la période de consolidation du régime, la persistance de la répression et la présence militaire au Pays basque ont été vécues comme une agression à l'encontre de la communauté. En 1980, 17 pour cent des troupes militaires espagnoles étaient encore déployées au Pays basque, c'est-à-dire sur 3,5 pour cent du territoire espagnol.

Cette réalité et la répression persistante induisent un rapport aux forces de l'ordre problématique. Historiquement, l'instauration du franquisme coïncide avec une réorganisation des forces de l'ordre. La Policía Armada est créée et se trouve largement constituée de vétérans de la guerre s'étant battus contre la République – ce qui explique partiellement la brutalité avec laquelle sont ensuite traités les militants abertzales lors des arrestations. Cette nouvelle force de police, associée à la garde civile, est en outre investie de la mission de lutter contre toute forme d'opposition politique. Toutes les manifestations publiques sont interdites. En 1959, la loi sur l'ordre public est promulguée. Elle prévoit des procédures de répression des manifestations. En 1969, est créée la Compagnie de Réserve Générale. Elle reçoit les mêmes objectifs. Sa structure est militarisée et son état d'esprit comparable à celui de la Policía Armada. Elle est dotée d'équipements anti-émeutes (voir Jaime-Jiménez et Reinares, 1998, p. 170). Ces dispositifs expliquent qu'au cours des années 1960-1970, le nombre de personnes tuées par la police lors de manifestations demeure très élevé. Les lois antiterroristes, qui sont utilisées contre les opposants politiques, se multiplient[20].

S'ajoute à ces éléments, qui pèsent sur les représentations militantes de l'État et des forces de sécurité, la suspicion d'une collaboration secrète entre ces dernières et l'extrême droite, visant et tuant des militants et proches d'ETA jusqu'en France. Ces groupes illégaux sont responsables depuis 1975 de 509 attaques et quarante-et-un meurtres. Les actions de l'extrême droite s'intensifient en 1979 avec onze meurtres, trente-sept personnes blessées et quatre enlèvements. En 1980, ces chiffres s'élèvent respectivement à vingt-et-un, cinquante-cinq et deux. Or ces groupes clandestins illégaux se composent d'individus loyalistes au franquisme et ont des liens étroits avec l'appareil de sécurité de l'État. Des enquêtes judiciaires révèlent également le financement par l'État espagnol, durant le mandat du PSOE, des GAL où opèrent des agents de l'État ainsi que des mercenaires.

Ces éléments contextuels expliquent que la brutalité du régime soit perçue comme justifiant la violence politique. Les discours des militants convergent pour affirmer que ce sont «eux» – l'État, les forces de sécurité – qui utilisent la violence. La figure de l'«inversion de l'origine de la violence» apparaît ainsi dans cinquante-trois discours sur soixante-trois, qu'il s'agisse d'une évocation simple de la violence des forces de l'ordre de l'époque, de la mise en évidence et de la dénonciation explicite de violences antérieurement commises par l'État ou d'une accusation de terrorisme d'État. Le sentiment et la conviction selon lesquels on *doit* mettre en œuvre la violence sont largement répandus au sein de la population, en particulier

---

20 Dès le 2 mars 1943, une loi est adoptée pour réprimer toute opposition armée. Elle est reprise et renforcée par un décret de 1947 sur le banditisme et le terrorisme, par un code de justice militaire publié en 1945 ainsi que par un autre décret sur la rébellion militaire, le banditisme et le terrorisme en 1960.

parce que le régime qui réprime est lui-même violent[21]. Fanon (1961) déjà recommandait la violence comme moyen de libération, en réponse à la violence originelle de la domination étrangère (voir chapitre 3, 3.4). De ce fait, ETA est apparue, aux yeux de nombre d'activistes, comme le groupe le plus efficace dans un contexte hautement répressif. Le choix d'entrer dans l'organisation armée apparaît dès lors comme quelque chose de normal ainsi que s'en souvient un de ses anciens membres : « To enter in ETA ? No, in some way, I did not ask myself. That is, my problem is that it was the only way of doing politics to attack a regime violently, because there was no other way of doing politics » (Reinares, 2001, p. 87). Les armes sont vues comme l'unique façon de faire de la politique, pour autant qu'elles permettent d'attaquer violemment le régime.

De même, une représentation négative mais largement partagée de la violence de la police comme identique à celle connue par le passé et sous le franquisme a poussé la population à soutenir les actions d'ETA (voir Pérez-Agote, 2006, p. 146). Des souvenirs directs ou indirects de la répression sont souvent mentionnés par les acteurs – de notre enquête comme d'autres enquêtes – comme des raisons de se révolter. La violence se trouve alors justifiée dans le registre de l'auto-défense de la communauté, comme l'évoque ce témoignage :

> Bien plus que les aspects sociaux et nationalistes, c'est l'intensité avec laquelle j'ai vécu la répression de notre pays... Ce n'est pas que j'ai été particulièrement maltraité... C'est qu'ils nous ont tués, ils nous ont tiré dessus, ou à tout le moins ils ne nous ont pas permis d'être au minimum libres, non ? Du moins, c'est ce que je ressentais. Je pensais que c'était une expression de rage, de réaction à la répression, mais plutôt de légitime défense. (Cité *in* Reinares, 2001, p. 129)

---

[21] D'autres témoignages attestent de cette logique : « I have male comrades who I've talked to, and who're in prison. For whom there's no fun, nor joy, in going to kill someone. But they kill because they believe in the struggle, for liberation. I think Jean Genet said it very clearly: brutality is one thing, violence is another. [...] Identity cards [controls] and roadblocks are brutal and negating. In contrast, violence, with all the harshness and cruelty that it can also entail, I think it's an act of affirmation. And violence can be a volcano starting up, a chick breaking an egg and exploding. The birth of a child is a violent act. Or the bud of wheat when it explodes, too » (N4 *in* Hamilton, 2007, p. 920).

Or l'expérience directe de la répression d'État engendre des processus de radicalisation. Au-delà de l'expérience immédiate des affrontements, des processus cognitifs se mettent en place : un État qui tire sur moi ou sur ma communauté est nécessairement perçu comme injuste. Dans ce type de configurations, des «cadres antisystème et radicaux» finissent par trouver une crédibilité empirique (voir Hafez, 2004, p. 53) et confèrent des arguments pour un déploiement de la violence à l'encontre de toute personne soutenant le régime et défendant sa légitimité. La répression a également pour effet de nourrir la conviction – la perception et la représentation – de ce qu'il n'y a pas d'autre voie. Elle constitue la preuve de la nécessité de prendre les armes pour résister à un régime autoritaire. De fait, plus un régime produit de l'exclusion, plus il nourrit l'action violente dans la mesure où ceux qui s'y spécialisent tendent à prospérer pour autant qu'ils sont appréhendés par nombre de personnes comme plus réalistes et potentiellement plus efficaces que des politiciens modérés qui paraissent désespérément inefficaces (voir Goodwin, 1997, p. 18). Telle est l'une des raisons pour lesquelles les organisations clandestines ont, pendant un temps au moins, attiré des militants.

Encadré 5 : *Souvenirs de l'état d'exception dans la Zone Spéciale Nord (Hegoalde)*

Isée avait à l'époque 14 ans : «Dès que tu sortais tu te faisais arrêter parce que tu portais des tennis, un jean, ça c'est ce qu'on appelait la Zone Spéciale Nord. Le Plan ZEN, Zone Spéciale Nord, tous ceux qui portaient une tenue vestimentaire comme ça se faisait arrêter au milieu de la... En plus tu voyais qu'ils étaient complétement drogués, tu vois... les yeux... ouverts, ils ne raisonnaient même pas, c'était... ils embarquaient tout le monde, tabassaient quand ils sont rentrés dans ma ville en 78 après... ce qui s'est passé à Pampelune... ils ont tué Germán Rodriguez dans la place... la place des taureaux-là... Il y avait eu des contestations à San Sébastian et ils avaient tué Joseba

Barandiaran, un jeune de 19 ans, mitraillé au milieu de la manif, et nous, dès qu'on avait su ça, chez nous, à Rentería, que c'était la petite Belfast, qu'on l'appelait, on a fait des manifs pour Baran pour protester contre cette montée encore de répression, parce qu'ils tuaient des gens comme ça, parce qu'ils tiraient sur les gens. Et la ville a été prise pendant trois jours par trois compagnies de la Police Nationale de Miranda de Ebro, et moi, je me rappelle, qu'on était... 3000-4000 personnes au milieu de la rue en train de les voir arriver, comme ils prenaient toute la sortie de la ville, qu'est-ce qu'il allait se passer, qu'est-ce qu'ils faisaient là... Ils portaient des foulards à l'époque, le foulard rouge, le foulard jaune et le foulard camouflage... c'était les plus sauvages de tous. Et ils sont rentrés, ils ont saccagé, saccagé... il y a des photos en train de brûler des magasins, de voler, ils ont tabassé tout le monde. Pendant trois jours je n'ai pas pu rentrer chez moi, eh ? Il y avait que des barricades et toutes les maisons ouvertes. Ils rentraient dans les maisons, ils jetaient du gaz... J'avais 14 ans, et moi, j'ai dit, "mais non, attends... c'est quoi cette horreur !". On ne peut pas vivre comme ça... Pourquoi ils font ça ? Pourquoi ?" [...] Et après, c'était pendant les fêtes parce que Rentería était une ville très punie, très châtiée, parce qu'il y avait une conscience très très forte, il y avait beaucoup de prisonniers déjà, et pendant trois jours on ne nous a pas laissé marcher à plus de deux dans les trottoirs, interdit de siffler, interdit de chanter, et... bien sûr, tous les drapeaux basques, interdits, alors, on avait un grand drapeau espagnol qu'ils avaient mis et qui mesurait au moins 12 mètres de long. Ils étaient cons parce qu'il arrivait presque par terre, donc on l'a brûlé facilement. [...] Pendant six jours ils étaient armés, ils tiraient... Là, on a fait un truc, avec des petites trompettes... On a donné 3500 trompettes, on a distribué dans la ville, et tout le monde jouait l'hymne des fêtes. Et on dansait comme ça, alors, comme on descendait du trottoir sur la route, voilà, ils sont arrivés de tous les côtés, et une compagnie entière, cent et quelques flics ont tabassé tout le monde, et surtout moi, à sept. Il y a un qui m'a dit en plus, il m'a attrapée par les cheveux, un machin énorme, je suis restée... buah... je vais crevée là avec celui-là, il m'a dit, "toi et ta turuta", la turuta c'est la petite trompette. "Toi et ta petite trompette" et il a commencé à me tabasser comme un malade. Je ne tombais pas mais par la peur. Il m'a frappée avec la matraque qu'ils avaient… Et il m'a tapé dans la tête, il m'a tapée dans le cou, il m'a tapée dans la poitrine, et il a dit, je me rappelle bien, il a dit "cette pute elle ne tombe pas". Je me rappelle très bien "esta puta no se cae". Et quand il a vu que je tombais, parce que j'étais… morte… "eh… là je meurs", il m'a frappé dans les genoux, par derrière, ça a fait un tour entier, il a frappé d'un côté et le bout du machin, m'a tapé l'autre genou, imagine comme elle était… comme elle avait déjà chauffé. Il y avait eu 200 et quelques blessés, tous les postes de secours, pleins, des gens qui venaient avec des chauffeurs de taxi qui venaient de toute la province pour amener les blessés et les familles à l'hosto. Il y a eu pas mal d'arrestations, les parents qui nous ont cherchés à tous pendant des heures, ma mère était au Gouvernement Civil en essayant de savoir si j'avais été arrêtée parce qu'elle ne me trouvait pas… Un vrai champ de bataille, quand j'ai levé la tête, il n'y avait que des corps. Moi j'étais par terre, tout le monde criait, ils ne laissaient même pas les secours arriver. Les gens de la Croix Rouge qui essayaient de nous… se faisaient tabasser aussi… Comment tu vas vivre avec des trucs pareils ? Ce n'est pas possible ! Ce n'est pas possible ».

CHAPITRE 5

Chemins vers l'activisme clandestin : des variations générationnelles

5.1 Trois générations de militants clandestins

Dans les précédents chapitres, nous avons exploré les raisons contextuelles (chapitre 3) et les mobiles subjectifs (chapitre 4) qui ont pu conduire les acteurs à embrasser la lutte armée. Il ne s'agissait pas encore d'étudier la variété des trajectoires individuelles et générationnelles. La littérature qui s'est intéressée à ETA a suggéré l'existence de deux générations de militants, l'une pour laquelle les réseaux familiaux étaient plus importants et une seconde pour laquelle une communauté plus large a joué un rôle prédominant (voir Della Porta, 2013, p. 131)[1]. Ces deux générations se distingueraient par des critères à la fois sociodémographiques, par leur environnement politique et leur attitude à l'égard de la violence. L'enquête réalisée et son analyse révèlent les limites de cette interprétation, s'agissant en particulier de l'existence d'une très forte continuité dans l'attitude des générations successives de militants face à la violence politique. L'étude des générations de militants que nous proposons à présent exploite leurs parcours de vie à partir d'une lecture microsociologique, en proposant un pas de côté eu égard à l'histoire événementielle (niveau macrosocial)

---

[1]   Au-delà des limites de l'analyse de D. Della Porta que nous mettrons en évidence à partir du terrain basque, l'hypothèse qu'elle formule semble d'autant moins adaptée que l'auteure prétend rendre raison de la constitution de générations de militants aussi bien pour ETA que pour l'extrême gauche et l'extrême droite italiennes ainsi que pour des réseaux politico-religieux comme Al-Qaïda. L'ouvrage propose une construction intellectuellement séduisante mais qui peine à rendre compte des phénomènes microsociaux.

pour mettre en évidence ce qui fait sens, dans l'engagement militant et de façon différenciée, au sein des diverses vagues d'individus entrés dans les groupes clandestins basques. Nous distinguerons, à partir des récits de soi recueillis et des lectures rétrospectives de leurs trajectoires par les acteurs, les facteurs ayant subjectivement pesé sur les étapes des parcours d'engagement mais également la variété des interprétations de l'engagement et de la violence politiques dans une perspective d'étude des représentations. Nous esquisserons la variabilité des trajectoires militantes et des chemins qui conduisent vers l'activisme clandestin à partir de ces « récits de soi ». Ces derniers offrent une matière permettant de prendre ses distances avec une explication monocausale qui irait en particulier exclusivement du contexte (niveau macro) vers les parcours individuels (niveau micro). Leur analyse autorise une lecture plus fine du phénomène complexe d'intégration dans un groupe clandestin et contribue à mettre en évidence la multiplicité des mécanismes intervenant dans ces parcours, dans une perspective que nous voulons dynamique et interactive. Si certains de ces mécanismes se retrouvent dans l'ensemble des trajectoires d'engagement des militants rencontrés, des nuances se dessinent qu'elles concernent les motivations individuelles, les processus de recrutement, les réseaux mobilisés par ce dernier, la progressivité de l'intégration clandestine, le rapport à la répression et au contexte sociopolitique.

D'un point de vue historiographique, plusieurs événements semblent pertinents pour articuler les générations de militants dans la mesure où ils sont considérés comme ayant provoqué des ruptures majeures dans l'histoire du conflit basque. Il s'agit en premier lieu du procès de Burgos[2] mais aussi de la mort de Franco en 1975 ; puis de l'adoption du Statut d'Autonomie du Pays basque en 1979 ; du coup d'État avorté du 23 février 1981 dit 23-F ; de la scission ETA-m et ETA-pm en 1982, 1982 étant également l'année de l'élection du gouvernement socialiste et de la fin de la transition politique en Espagne ; de l'exécution de Miguel Ángel Blanco en 1997 ; ou encore des années 1990-2000 avec l'interdiction de toutes les structures de la gauche

---

2   On distingue le premier procès de Burgos où sont jugés seize militants d'ETA le 3 décembre 1970 et le second procès de Burgos, bien plus marquant dans les trajectoires militantes, qui condamne à mort en septembre 1975 Jon Paredes dit *Txiki* et Angel Otaegi ainsi que trois membres du FRAP.

abertzale autour d'ETA. Toutefois et parallèlement à cette chronologie événementielle, les récits des militants font surgir d'autres dates ayant eu un rôle clef dans leur parcours et qui se distinguent de celles issues de l'historiographie officielle.

Parmi les militants du conflit basque que nous avons rencontrés, membres d'IK et d'ETA confondus, se dessinent plusieurs générations ainsi que différentes trajectoires d'engagement (voir Tableau 6)[3]. La périodisation pertinente pour IK, distinguant la génération des fondateurs puis celle des militants nés dans les années 1960, recoupe partiellement celle appropriée pour ETA, bien que cette dernière soit établie sur d'autres critères. Pour ces derniers, nous distinguerons, d'une part, les militants entrés dans ETA à l'époque franquiste (G 1), puis parmi ceux entrés dans l'organisation durant la période postfranquiste, d'un côté, ceux qui sont nés dans les années 1960 et qui ont 15 ans à la mort de Franco en 1975 (G 2) et, d'un autre côté, ceux qui ont 15 ans au moment de la consolidation de la démocratie avec l'élection de Felipe González à la tête du gouvernement en 1982 (G 3).

Tableau 6 : Répartition générationnelle des enquêtés

Générations civiles	ETA	IK	Total[a]
G 1	30	5	35
G 2	12	7	19
G 3	9	0	9

G 1 : militants nés dans les années 1940-1950.
G 2 : militants nés dans les années 1960.
G 3 : militants nés dans les années 1970.
[a]L'année de naissance de l'un des militants nous manque (Vicenzo).

Afin d'obtenir une distribution plus homogène des militants, nourrie de la périodisation historique et politique du Pays basque, nous avons privilégié une distinction générationnelle s'écartant légèrement des générations

[3] Les éléments d'analyse ici proposés sont tirés de l'exploitation de l'enquête menée par nos soins. Ils demanderaient à être consolidés à partir de données statistiques portant sur un échantillon plus large des deux organisations clandestines.

civiles (voir Tableau 7). Elle s'appuie sur l'histoire politique espagnole et les dates d'incorporation des acteurs dans l'organisation illégale avant la mort de Franco (novembre 1975) (γ 1), pendant la transition vers la démocratie, c'est-à-dire entre 1975 et 1982 (γ 2), après la scission entre ETA-pm et ETA-m et l'élection du gouvernement socialiste en 1982 (γ 3), ou au cours des années 1990 et ultérieurement (γ 4). Cette périodisation présente une pertinence supérieure au vu de la thématique d'étude des logiques d'engagement clandestin.

Tableau 7 : Répartition des enquêtés selon la génération d'entrée en militance

Générations d'entrée en militance	*ETA*	*IK*	*Total*
γ 1 (avant 1975)	16	1	17
γ 2 (entre 1975-1982)	15	8	23
γ 3 (après 1982)	10	3	13
γ 4 (1990-2000)	9	0	9

Ces générations de militants, telles qu'on peut les mettre en évidence à partir de leurs trajectoires de vie, ne se distinguent pas principalement par leur rapport à la violence – comme le voudrait D. Della Porta – mais à partir d'autres variables que sont l'engagement militant des parents, l'articulation de leur engagement politique légal et illégal, le projet politique auquel ils aspirent et leur rapport à l'idéologie, leur conception du recours à des moyens politiques illégaux, le contexte sociopolitique et structurel dans lequel leur action s'inscrit. Pour l'évoquer en quelques mots et de manière préliminaire, avant de l'aborder de façon approfondie, l'engagement de la première génération de militants (G 1 et γ 1) est caractérisé par une volonté de défense d'un peuple perçu comme menacé ; par une réponse à la discrimination et à l'oppression d'un régime dictatorial et centralisateur (négation des minorités) ; par le fait de vivre dans un environnement social de résistance au franquisme et de souvent bénéficier d'un héritage républicain ; d'avoir eu une enfance marquée par la répression de familles. Le parcours de la deuxième génération (G 2, γ 2 et γ 3) se caractérise par l'expérience d'une persistance de la discrimination dans une période pourtant postfranquiste ; par la conviction d'une absence d'épuration des structures politiques, judiciaires et policières ; par un sentiment de répression plus sévère à l'égard du peuple basque nourrissant la perception d'une clôture de la SOP au nord comme au sud ; par une interprétation de la lutte armée comme l'outil politique le plus efficace parmi l'éventail des moyens politiques à sa disposition ; par un idéal politique de société basque indépendante et socialiste (*i.e.* une utopie) et l'adhésion à un objectif de libération sociale et nationale. Cette deuxième génération conçoit enfin son engagement comme un sacrifice pour les générations futures. La troisième génération (G 3 et γ 4), en revanche, interprète en termes existentiels son engagement comme une injonction à l'action, à un engagement politique actif qui donne sens à sa vie. Cet engagement s'enracine en premier lieu dans une participation aux organisations de jeunesse puis se convertit en engagement illégal, le plus souvent sous la modalité des «petits pas». Cette génération a également été confrontée à la répression touchant des proches (famille ou amis) dans un contexte qui n'était plus ni dictatorial ni de transition mais s'affirmant comme authentiquement démocratique. Nous préciserons ces caractéristiques dans les pages qui suivent. Ces trajectoires représentent toutefois des idéaux-types qui n'excluent pas que les militants de la génération 1 aient aussi été tributaires de facteurs ayant plus particulièrement marqué la génération 2 ou qu'au sein d'une même génération, les facteurs d'influence prédominants n'aient pas également pesé sur chacun des membres de cette génération.

5.1.1 *Défendre un peuple et une culture : les premières générations de militants abertzales*

Pour les plus anciens militants (G 1 et γ 1), qui s'engagent dans l'organisation du sud avant la mort de Franco, existent une conscience et une posture familiale de résistance au franquisme ainsi que d'opposition au régime espagnol[4]. On trouve parmi eux une prééminence de militants

---

4   Une partie des membres d'IK a commencé sa carrière politique illégale en appui à l'organisation du sud, ETA.

issus de familles républicaines (N = 16), dont l'histoire familiale d'engagement a pesé sur leurs trajectoires. Ces familles, de tradition républicaine, ont combattu pendant la guerre civile puis se sont opposées au régime franquiste (voir chapitre 4, 4.4 et 4.5)[5]. Lorsque c'est le cas, les militants ne manquent pas de faire référence à cette histoire pour contextualiser leur engagement (voir Amandine et Madeleine). Toutefois, il s'agit rarement, pour ces militants, d'un héritage direct où la militance se transmettrait du père ou de la mère aux enfants. Davantage que la filiation directe (les parents), ce sont plutôt des familiers (un oncle, un parrain) dont l'engagement a marqué les individus. L'influence peut également être le fait de la *cuadrilla*[6] et souvent du bain de résistance dans le village. La militance s'organise autour de la *cuadra* de quartier (voir Carlito, Idris, Jaad).

L'engagement d'une partie de ces militants coïncide alors avec une volonté de défendre la communauté, le peuple basque (voir Carlito et Elliot) principalement au nord avant même peut-être de se définir en termes politiques (voir Carlito, Elliot et Maud). Cette frange des militants de la première génération civile distinguée est issue de familles où s'exprime une forte prégnance de la tradition indépendantiste et bascophone[7]. Pour les générations rencontrées et nées dans les années 1940-1950, quasiment la moitié des militants d'ETA sont issus de famille ayant un engagement politique (républicain ou abertzale) (voir Tableau 8). Cette proportion tombe à moins de la moitié pour celle née en 1960. En revanche, elle est supérieure à la moitié pour les militants les plus jeunes, nés dans les années 1970-1980.

---

5   Du côté d'IK, un seul militant appartient pleinement à cette génération (G 1 et γ 1). Deux femmes et deux homme s'y associent d'un point de vue générationnel mais ont rejoint ou sont venus en soutien de l'organisation illégale ultérieurement (en γ 2 et, pour l'un d'eux, en γ 3).

6   C'est-à-dire le groupe d'amis issus du quartier ou du village, au sein duquel se tissent des liens de solidarité très forts.

7   Sont de famille indépendantiste et bascophone Amandine, Estrella, Gaya, Iwann (dont les parents sont aussi communistes), Jaad, Jacques, Pantxo (qui a grandi dans un village où cette tradition était très prégnante), Madeleine.

Tableau 8 : Engagement militant des parents des activistes rencontrés

Parents militants	Oui	Non	Total
ETA	26[a]	25	
G 1	15	15	30
G 2	4	8	12
G 3	7	2	9
IK	2	10	12
G 1	1	4	5
G 2	1	6	7

[a] Avec un militant dont les parents étaient plutôt d'extrême droite.

Ainsi et que l'on aborde les générations de militants sous l'angle civil ou sous l'angle de l'entrée dans l'organisation clandestine (Tableau 8 et Tableau 9), on ne peut considérer que les générations qui ont intégré plus tardivement la militance ont moins eu de parents militants, contrairement à la thèse soutenue par D. Della Porta (2013). Il semble même que ce soit plutôt le contraire comme on le vérifie également avec le Tableau 9 et les générations d'entrée dans les formations clandestines.

Tableau 9 : Engagement militant des parents des générations militantes rencontrées

Parents militants	Oui	Non
ETA	25[a]	23
$\gamma 1$	7	9
$\gamma 2$	8	6
$\gamma 3$	3	6
$\gamma 4$	7	2
IK		
$\gamma 1$	0	1
$\gamma 2$	1	7
$\gamma 3$	1	2

[a] Avec un militant dont les parents étaient plutôt d'extrême droite.

Associés à cette posture de résistance, s'expriment dans leur démarche une volonté et un souci de préservation de l'identité et de la communauté basques que l'on identifie aussi bien dans les premières générations d'ETA comme d'IK. S'esquisse un projet d'auto-défense que l'on trouve au nord comme au sud plus affirmé dans les premières générations, pour lesquelles les *Ikastolak* n'existaient pas encore et dans un contexte où le Statut d'Autonomie du Pays basque sud n'était pas ratifié. L'engagement coïncide alors avec un sentiment de nécessité de défense de la langue, de l'identité et du peuple basques (voir chapitre 4, 4.3).

Toutefois pour une très large part des militants, l'engagement dans ETA est d'abord et avant tout un engagement se pensant comme politique et pour des motifs notamment d'opposition à la dictature ou de défense du peuple comme prolétariat ou comme classe opprimée (voir Tableau 23)[8]. Ce sous-groupe de militants est loin d'être toujours les héritiers de familles indépendantistes. Les activistes, qui se sont souvent engagés très jeunes dans l'organisation (voir Tableau 20), participaient avant cette incorporation à des mouvements syndicaux, politiques, religieux, de quartier dans la mesure de leur tolérance par le régime franquiste. Du fait des conditions propres à la dictature, cette génération de militants a rarement connu un engagement politique légal antérieur et sur le long cours, avant son engagement clandestin. Toute forme d'association, de rassemblement ou de militantisme autre que franquiste ou de soutien au régime était interdite et elle l'était d'autant plus qu'elle pouvait avoir une connotation basquisante. Dès lors, l'organisation clandestine apparaît comme le moyen de réaliser une « amplification identitaire », c'est-à-dire de se donner les moyens d'approfondir ce positionnement politique de résistance contre le franquisme ou un État oppresseur (voir Tableau 7).

La notion de « travail identitaire », dont l'« amplification identitaire » est une sous-catégorie, se comprend à partir des travaux réalisés par D. A. Snow et D. McAdam (2000). Le modèle développé par ces auteurs permet de saisir les modes d'adaptation des individus aux collectifs et les remaniements qu'ils impliquent. Snow et McAdam distinguent plusieurs

---

8 Voir Amandine, Fabienne, Faysal, Ferrucio, Franck, Jacques, Jayden, Laureline, Leonardo, Mathieu, Pierre, Thibault, Frédéric et Alexis.

types de «travail identitaire» dont le Tableau 10 reprend les sous-ensembles. La première sous-catégorie, autrement décrite comme la «convergence identitaire», désigne la rencontre entre des individus ayant une identité sociale quasiment isomorphe avec l'identité collective d'un mouvement (voir Voetgli, 2010, p. 216). Cette convergence s'opère soit par «appropriation identitaire» soit par la «recherche d'identité», c'est-à-dire que les individus s'engagent dans des mouvements dont l'identité collective est congruente avec leur identité sociale, comme c'est le cas dans certains mouvements religieux mais également abertzales. L'«appropriation identitaire» procède, pour sa part, de l'appropriation par des «entrepreneurs de mouvements sociaux» de réseaux de solidarité préexistants, les disposant à partager une identité commune.

Le travail identitaire peut également passer par une construction identitaire. Dans ce second cas, l'alignement entre identité sociale et identité collective nécessite un *travail* plus conséquent, allant d'un processus transformant de manière marginale la conception de soi d'un acteur à un changement radical. Dans le modèle de Snow et McAdam, la construction identitaire peut être le fruit de plusieurs processus qu'il s'agisse de l'«amplification identitaire», de la «consolidation identitaire», de l'«extension identitaire» ou enfin de la «transformation identitaire».

Le processus d'«amplification identitaire» consiste dans le renforcement d'une identité préexistante congruente avec l'identité collective d'un mouvement, la première n'ayant jusqu'alors pas été suffisamment saillante pour garantir la participation et l'activisme. Le processus de «consolidation identitaire» renvoie, pour sa part, à l'adoption d'une identité qui combine deux identités personnelles préalables, jusqu'alors jugées incompatibles. Tel est le cas, par exemple, des mouvements homosexuels chrétiens. L'«extension identitaire», quant à elle, fait référence au déploiement d'une identité *spirituelle* qui devient congruente avec l'identité d'un mouvement et embrasse pratiquement tous les aspects de la vie d'un individu, qu'il soit question de religion ou d'engagement comme au sein du Parti communiste français (voir Leclercq, 2008 ; Pudal, 1989). Enfin, la «transformation identitaire» renvoie au phénomène d'engagement où l'acteur est en situation de «reconstruction biographique» (Snow & Machalek, 1984) ou d'«alternation» (Berger & Luckmann, 1966), provoquant une césure nette entre l'identité préalable et celle du «converti» entré dans le mouvement.

Tableau 10 : Travail identitaire et intégration dans l'organisation clandestine des générations civiles

Générations	Recherche d'identité	Appropriation identitaire	Amplification identitaire	Extension identitaire
ETA				
G1	9	8	12	1
G2	5	3	2	1[a]
G3	1	5	2	1
IK				
G1	1	3	1	0
G2	0	4	3	0
Total	16	23	20[b]	3

[a] Consolidation identitaire : François.
[b] Et non 21 car Vicenzo n'est assignable à aucune génération.

Tableau 11 : Générations d'entrée dans l'organisation clandestine et travail identitaire

Générations	Recherche d'identité	Appropriation identitaire	Amplification identitaire	Extension identitaire
ETA				
γ1	6	4	5	1
γ2	4	3	7	0
γ3	3	3	2	1[a]
γ4	1	6	2	1
IK				
γ1	0	0	1	0
γ2	1	5	2	0
γ3	0	2	1	-
Total	15	23	20	3[b]

[a] Consolidation identitaire : François.
[b] Flavien ne figure pas dans la 2ème catégorie de générations (γ) d'où la différence portant sur un individu dans les totaux des Tableau 10 et Tableau 11.

Chemins vers l'activisme clandestin

Dans les récits de vie tissés par les acteurs, il est commun que s'exprime une mémoire de la répression s'abattant sur les proches. Les souvenirs d'enfance sont baignés par la répression[9] qui constitue le contexte dans lequel ces individus ont grandi[10]. Si une histoire de la résistance peut avoir pesé sur les parcours individuels, les militants insistent peu sur une transmission directe de représentations au sein de la famille (représentations du monde, de la politique, de l'ennemi, du pouvoir ; défense de la langue et de l'identité). Le silence sur les sujets politiques est souvent de mise (voir chapitre 4, 4.5). L'incidence de l'engagement militant familial sur la trajectoire individuelle pour les premières générations de militants n'est pas homogène selon que l'on se situe au nord ou au sud du Pays basque (voir Tableau 8 et Tableau 9). Du côté d'IK, il s'est agi d'une irruption de ces formes de lutte dans des milieux qui n'avaient pas développé de combat pour l'identité basque et la défense du Pays basque. Du côté sud, les traditions républicaines ont, dans certains cas, servi de terreau pour les militants et de référence pour envisager leur engagement comme s'inscrivant dans la continuité d'une lutte historique et familiale contre un même ennemi. Les nouvelles recrues ont souvent été présentées par des membres de la *cuadra* aux contacts de l'organisation clandestine.

La prégnance d'une atmosphère de résistance au sein de certains villages du sud ou de régions comme la Guipúzcoa conduit à vivre l'engagement dans les organisations clandestines comme « naturel » (voir Tableau 22)[11]. L'intégration de ces collectifs, comme c'est également le cas pour bien des engagements dans d'autres groupes illégaux, est considérée comme quelque chose de logique, de naturel, comme se situant dans la continuité d'un engagement antérieur (Guibet Lafaye, 2018). Aucune des personnes interrogées, dans le regard rétrospectif qu'elle porte sur son engagement, ne parle de basculement, de rupture pour désigner son entrée dans ces mouvements, quand bien même un événement décisif a pu jouer un rôle d'accélérateur

---

9 Voir Élodie et Madeleine.
10 Voir Estrella, Franck et Thibault.
11 Les archives policières (Carrión López, 2002) et judiciaires (Reinares, 2001) permettent d'établir que l'essentiel des militants d'ETA sont originaires de la province du Guipúzcoa et des villes de San Sébastian, Irún, Mondragon, Hondarribia et Tolosa.

dans l'incorporation au sein de l'organisation (voir Tableau 12, Tableau 16 et Tableau 17). Amalia, qui eut un rôle clef dans la reconstitution d'ETA au milieu des années 1970 et qui fût jugée au procès de Burgos, décrit son engagement comme le fait d'avoir « signé un contrat fixe, dans cette entreprise qui s'appelait ETA, un contrat à durée indéterminé, à vie. Et toute la vie, je suis restée dans ce contrat, toujours. » D'anciens militants comme Thibault font remarquer que celui qui n'appartenait pas à ETA, à l'époque de son engagement, était un « bicho raro » (une personne bizarre). Ainsi davantage que le milieu familial au sens restreint du terme, c'est l'environnement social dans lequel les acteurs ont grandi qui a pesé sur leurs trajectoires, quoique celui-ci joue toutefois un rôle notable dans l'engagement de chacune des générations de militants.

La première génération de militants rencontrés d'ETA a en outre été fortement marquée, surtout au sud, par les multiples formes de discrimination subies par les Basques en particulier à l'école et face aux forces de l'ordre (garde civile). La question linguistique est très présente parmi ces acteurs ainsi que les souvenirs d'ascendants ne parlant pas castillan ou français et qui sont moqués faute de maîtriser cette langue. Les acteurs se souviennent d'avoir été à l'école sans pouvoir parler le français ou le castillan du fait d'avoir grandi dans un environnement bascophone. Leur engagement est ainsi motivé non pas seulement par une résistance contre le franquisme mais également par une forme de lutte pour la reconnaissance, la dignité, la réinstitution d'un sens de l'honneur et du respect. La lutte, y compris clandestine, est nourrie par un sentiment de fierté de l'ensemble de la communauté[12]. Lorsque l'on considère ce combat pour la reconnaissance, l'engagement dans les organisations clandestines ne peut plus alors seulement se concevoir comme le produit d'un alignement ou de l'adhésion à une idéologie nationaliste traditionnaliste ou révolutionnaire héritée du marxisme (voir Justin). Ces aspects de l'engagement apparaissent d'autant mieux que l'on aborde leurs discours à partir d'une approche attentive aux multiples mécanismes et facteurs intervenant dans l'engagement politique illégal.

---

12   Voir Tableau 22 et Tableau 23 soulignant, dans cette génération, une plus grande diversité de motifs d'engagement dans l'organisation illégale.

Chemins vers l'activisme clandestin

Corrélativement à ce souci de reconnaissance, l'effet de la répression qui était à l'époque très forte sur les minorités est fréquemment mentionné dans les récits de vie. Pour une partie des militants d'ETA engagés pendant la dictature, l'expérience de la violence d'État est très présente au même titre que la répression indiscriminée et la discrimination instituée à l'encontre des Basques, en particulier dans la police et l'école au Pays basque sud. Leur engagement se présente ainsi comme une résistance et une réponse à ces injustices plutôt que comme l'expression d'une lutte pour parvenir à la réunification des sept provinces ou à l'indépendance du Pays basque.

Au-delà de l'environnement social immédiat dans lequel les militants évoluaient, des événements macrosociaux sont évoqués comme ayant pesé sur les trajectoires d'engagement. Comme le montre le Tableau 12, il est commun, parmi cette génération de militants, qu'un événement transformatif, incarné de façon récurrente par le procès de Burgos, ait été le point de départ et le moteur de l'engagement illégal. Cet événement incarne par excellence la répression politique qui persiste durant le régime franquiste, y compris à une époque où Franco est mourant.

Nous verrons toutefois que l'évocation de la répression traverse les récits de vie de chaque génération de militants.

Tableau 12 : Place d'un événement transformatif macrosocial dans le parcours d'engagement des membres d'ETA selon leur génération civile

Événements transformatifs macrosociaux	Oui	Nombre de militants
ETA		
G1	15	30
G2	8	12
G3	4	9
IK		
G1	2	5
G2	0	7

5.1.2 Se battre pour la libération nationale et sociale : la génération des années 1960

Les formes d'engagement de la deuxième génération de militants basques, née au cours des années 1960 (G 2) et qui se sont engagés après la mort de Franco dans ETA (γ 2, γ 3)[13], se distinguent par plusieurs caractéristiques liées à la fois au contexte macrosocial ou historique, aux représentations et à l'idéologie assumée, aux conceptions de l'action politique et de la lutte, aux formes de responsabilité impliquées par l'engagement militant. Ces militants ont rejoint ETA, pour le côté sud, après la chute du franquisme. Leurs discours mettent en évidence plusieurs motifs contextuels d'engagement : ils sont nombreux à insister sur la persistance des structures franquistes sur les plans politique, judiciaire et policier au cours de la période de transition. De leur point de vue, celle-ci ne présente aucune réalité si ce n'est formelle[14]. Ce sentiment de persistance des structures franquistes en contexte démocratique est confirmé par la répression qui continue de s'abattre de façon plus sévère sur le peuple basque ainsi que sur les mouvements sociaux. L'instauration des structures de la démocratie se révèle impuissante à effacer un sentiment de clôture de la SOP au sud du Pays basque (voir Tableau 14 ; chapitre 3, 3.2). Les sentiments d'injustice se nourrissent d'une asymétrie des procédures d'amnistie qui gracient les soutiens au régime franquiste et non ses opposants (voir chapitre 2, 2.1.2). S'y associe une insatisfaction des revendications formulées par la gauche abertzale renforçant encore le sentiment de clôture de la SOP. L'adoption du Statut d'Autonomie du Pays basque en 1979 est loin de satisfaire les ambitions de cette frange du paysage politique. De même, la violence persistante de la répression, qui s'abat en particulier sur les mouvements sociaux, jette un doute sur la transition et la sortie du franquisme (voir chapitre 2, 2.1.2, p. 48-54). Le cadrage de la situation politique espagnole

---

13   Il s'agit, pour IK, de la génération ultérieure à celle des fondateurs dont nous n'avons pu rencontrer aucun témoin.

14   À la question «pourquoi avez-vous choisi de vous engager ?», Louisa répond : «Dans certains endroits, tu voyais qu'il y avait l'illusion mais chez nous, jamais on n'a cru à la transition, jamais. On n'a pas vu qu'il y avait la transition. On a vécu la répression jusqu'à aujourd'hui.»

comme celle d'une transition vers une démocratie d'apparence, c'est-à-dire formelle mais sans réalité pour le peuple et le territoire basques est très prégnant chez ces militants.

Du côté d'IK, sept individus appartiennent à cette génération civile et huit (quoique pas toujours les mêmes) ont intégré le groupe entre la seconde moitié des années 1970 et la fin des années 1980. Le poids de la répression est mentionné par cinq de ses acteurs (de la γ 2) ainsi que de façon prépondérante la référence à des événements mésosociaux inhérents au groupe clandestin déjà constitué. De façon paradoxale, s'exprime dans le discours de ces acteurs un très fort sentiment de clôture des opportunités politiques, dans le contexte d'une démocratie qui voit l'élection d'un gouvernement socialiste présenté comme favorable à la création d'un département basque (voir Tableau 14 et Tableau 15).

Au-delà de ces différences contextuelles, se voit formulé, dans cet ensemble générationnel, tous groupes confondus, un sens de l'injustice puisant ses racines dans l'environnement local (voir Tableau 13). Ce sentiment constitue en outre un *facteur motivationnel* cardinal de l'engagement individuel. Jules, par exemple, souligne que « depuis petit, je commence à vivre l'injustice, l'injustice de ne pas être reconnu comme citoyen basque, ni dans ses droits, ni dans sa langue, etc. ». La perception de l'injustice nourrit la représentation d'une dichotomie entre « eux » et « nous » de plus en plus marquée au fil du temps et du conflit. L'expérience individuelle (ce que la personne voit autour d'elle et vit) pèse sur la décision singulière de s'engager dans l'illégalité. Nahil, 25 ans après être entré dans IK, le clame aujourd'hui encore avec force :

> Je suis issu de la classe ouvrière, du prolétariat basque. J'ai toujours connu mon pays coupé en deux, sous la domination des lois françaises et espagnoles, sous les contrôles des policiers, armés de mitraillettes. J'ai vu ma grand-mère qui ne savait ni le français ni l'espagnol – elle parlait seulement basque, la langue de son peuple – se faire rabaisser au supermarché par des Français comme une petite paysanne sortant de sa campagne. J'ai entendu mes parents me dire qu'il leur était interdit de dire un seul mot en basque à l'école sous peine de sanctions disciplinaires. Tout cela avec la collaboration de la bourgeoisie locale. J'ai grandi dans les actions d'Iparretarrak, d'ETA et des attentats des mercenaires du GAL payés par les polices françaises et espagnoles pour tuer du Basque. Sans oublier leur capitalisme comme le tourisme, l'immobilier de luxe en Pays basque nord. On ne peut pas imaginer tout ce qui a été

fait contre mon peuple, en lutte depuis des décennies. De véritables moyens de guerre sont toujours utilisés contre nous comme la torture pendant des jours de garde à vue ou le viol de militantes par les policiers et militaires espagnols.

Tableau 13 : Expression de sentiments d'injustice en lien avec les trajectoires d'engagement

	Sentiments d'injustice	Total des militants par générations
ETA		
G 1	3	16
G 2	5	15
G 3	4	10
G 4	3	9
IK		
G 1	0	2
G 2	3	8
G 3	1	2

Parallèlement, les luttes de libération nationale qui fleurissent dans les années 1970 ont une incidence notable parmi les facteurs d'engagement de ces militants[15]. Elles influencent les cadrages interprétatifs proposés par des organisations comme IK et ETA puisqu'elles autorisent une interprétation des situations en Hegoalde et en Iparralde sous la modalité d'une colonisation par des États étrangers. L'influence de Fanon et de Krutwig pour ETA, dans le cadrage de la situation vécue au Pays basque, est remarquable (voir chapitre 4). Ces luttes de libération nourrissent en outre des utopies qui surdéterminent les combats menés au Pays basque. Dans le cas des générations les plus anciennes de militants (G 1), l'incidence du

---

15 Jules le souligne également. Elles trouvaient déjà un écho parmi les militants les plus jeunes et les plus politisés de la G 1.

contexte macrosocial sur les trajectoires consistait dans le poids d'un événement transformatif sur les parcours. En revanche, pour cette génération de militants, l'incidence du contexte macrosocial est plutôt de niveau international. Elle se décline dans la diffusion et l'adhésion à une idéologie de libération nationale et sociale ayant marqué, en particulier, les années 1970. Dans les récits qu'ils formulent aujourd'hui encore, les militants avouent leur attachement à un idéal politique, à une utopie, se résumant dans l'aspiration à un Pays basque socialiste et libre. Cette utopie se nourrissait du contexte international de l'époque qui semblait alors la rendre accessible.

Le contexte international a pesé non seulement sur la formulation de l'utopie au nom de laquelle les acteurs se sont engagés mais également sur leur conception des outils politiques mobilisables dans cette quête. Du côté d'IK en particulier, les militants ont d'abord assumé des formes d'engagement légal mais devant leur impuissance à parvenir à leurs objectifs, ils ont envisagé la lutte armée – et, pour IK, la propagande armée – comme l'outil politique le plus efficace dans l'éventail des moyens à leur disposition. Des mécanismes analogues interviennent dans les processus d'engagement de part et d'autre de la frontière. Le discours d'Ekaitz est là pour le rappeler lorsqu'il évoque son entrée dans ETA :

> Je venais de faire les 19 ans. Avant ça, tu veux les motivations ? Le pourquoi ? Je suis né au milieu du conflit et depuis très petit, je voyais les gens, les arrestations. Ils ont arrêté le fils de je sais pas qui ou le mari de l'autre. La situation qu'on avait dans le quartier, les manifs, les affrontements. C'était une ambiance, pas une guerre déclarée mais d'un conflit politique... Avec une version violente, si tu veux, très claire. Et depuis très jeune j'avais la conscience que l'outil le plus efficace pour faire face à l'État espagnol, en ce temps-là c'était la lutte armée. Alors, si j'étais très jeune, c'était parce que c'était moi qui l'ai cherché. Ça a pas été que quelqu'un est venu me proposer. Non, ça a été moi qui l'ai cherché. [...] Oui, c'est moi qui suis allé... [vers l'ETA]. Et en plus c'était pas facile à l'époque, dans une ambiance de clandestinité, tu ne sais rien. En Irlande, par là, peut-être que c'était plus simple. Avec l'IRA, il était dans les quartiers. Tout le monde, il savait qui était qui. Une organisation comme l'ETA, non c'était beaucoup plus compliqué. C'était en 1983[16].

---

16 Voir aussi Florian, encadré 6.

On retrouve, de façon récurrente, parmi ces militants le sentiment que l'État espagnol ou français poursuit la destruction du peuple basque non pas seulement sur le plan politique mais également en termes d'identité, ce sentiment étant déjà présent parmi la première génération d'activistes. Dès lors, la réponse militaire semble la seule appropriée (voir Grégoire et Jovani, encadré 6). Ainsi l'existence d'une organisation déjà constituée et privilégiant des moyens d'action illégaux a été décisive dans ces parcours d'engagement.

Parmi ces militants, prévalent une représentation de la lutte armée comme juste et la conviction qu'il n'y a de changement possible que par l'action de chacun, étant entendu que la protestation non violente et la politique conventionnelle étaient, en la matière, inutiles. La lutte clandestine apparaît comme l'outil politique pertinent. Le contexte global de la fin des années 1960 et du début des années 1970 les conforte dans cette représentation pour autant qu'il leur semblait conduire inexorablement vers une radicalisation des conflits en Europe occidentale et dans le Tiers-monde. À leurs yeux, ce contexte justifiait, en dernière instance, le recours à la violence comme moyen stratégique contre les États français et espagnol. La lutte armée constitue alors un moyen – comme les enquêtés le soulignent souvent –, un instrument pour résister, exprimer leur colère, lutter contre l'État et la garde civile, peser dans le rapport de force avec l'État. Ce dernier prend la figure de l'ennemi contre lequel la violence politique doit s'exercer. La répression tend à confirmer ce cadrage de la situation comme fondamentalement injuste et motive une critique radicale des institutions, de l'État, de la transition «démocratique» en Espagne, les forces de l'ordre nationales étant perçues comme des forces d'occupation[17].

Se dessine, au sein de cette deuxième génération de militants, un ensemble de représentations partagées qui forgent une conscience de ce que serait le peuple basque[18]. Elles s'articulent autour de l'artificialité du

---

17 Voir le récit par Isée de l'atmosphère des villes touchées par le plan Zone Spéciale Nord (supra 4.5, encadré 5).
18 Quoique cette dimension soit toutefois déjà présente dans la première génération de militants.

découpage du Pays basque entre deux États, d'une forme de colonisation par deux États étrangers, d'un sentiment de discrimination et d'une absence d'égalité de traitement entre Espagnols et Basques, de la nécessité de se sacrifier pour le peuple basque. S'y associe une lecture de la nécessité de la lutte armée comme seul moyen de se faire entendre et de s'opposer au gouvernement espagnol. Ces interprétations sont nourries de la confrontation à un contexte oppressif, à l'existence d'un contexte politique qui déçoit des militants qui espéraient un réel changement politique après la fin de la dictature franquiste voire avec l'élection du gouvernement socialiste en France, pour les militants d'IK. Dans ce groupe générationnel, l'engagement est motivé par de fortes convictions idéologiques, enracinées dans une conscience de l'identité basque. Il s'appuie sur une volonté de résistance aux États français et espagnol, vécus comme une oppression d'États colonisateurs. La violence politique est alors appréhendée comme un répertoire d'action légitime permettant d'obtenir des avancées politiques.

Encadré 6 : *Extraits d'entretiens avec les militants du nord (IK) et du sud (ETA) sur la lutte armée comme outil politique le plus efficace à l'époque de leur engagement*

Grégoire, né en 1961 et entré à IK au début des années 1980, retrace son parcours en mobilisant explicitement ce motif : « Si vous avez un tantinet d'honnêteté avec vous-même ou un minimum de conscience, vous voyez que la question linguistique, la question simplement de l'acquisition d'une langue est fondamentalement politique. Je suis vite arrivé à l'engagement politique. J'étais dans un petit, micromouvement de gauche, écologiste, féministe qui s'appelait *Ezker berri* (Nouvelle Gauche), où il y avait beaucoup de gens qui ont été des cadres du mouvement abertzale ces dernières décennies. Et donc en étant dans ce parti, ce petit mouvement politique, j'ai fait mes premiers pas dans la politique légale, et là aussi *assez rapidement j'ai vu que la légalité avait ses limites*. Et j'ai fait partie de ces jeunes qui ont considéré que pour se faire entendre de Paris, il fallait utiliser la voie de la violence politique. Et donc c'est comme ça que je suis entré à Iparretarrak. En voyant justement les limites de l'action légale, c'était une période où il y avait pratiquement toutes les semaines [des] manifestations à Bayonne, Biarritz, Hendaye, pour les écoles basques, pour les réfugiés, etc. Donc une période où l'expression démocratique était forte mais insuffisante. En tout cas, on avait que des sourdes oreilles, voire du mépris, voire de la violence policière face à nous. Évidemment dans ce contexte, il était assez rapide pour moi de passer la frontière de la politique légale à la politique illégale, celle d'Iparretarrak.»

Florian, né en 1966 et entré à IK en 1983, lui fait écho : «On se retrouve à un moment donné en tant que militant abertzale très engagé. Sur une situation, au Pays basque, qui est de plus en plus difficile à supporter, parce que pour nous il y a une véritable injustice. On est de plus en plus conscient qu'on est un peuple, qu'on a, nous, une légitimité en tant que peuple de vivre comme on le souhaite et en plus c'est un droit international (les droits des peuples à disposer d'eux-mêmes). Je fais une petite parenthèse : il est même dit dans la charte des peuples du monde que tout peuple a le droit de résister, de mettre en œuvre... – je ne sais plus comment dans quels termes c'est – quand sa survie est menacée. Donc nous, on était dans cette application-là. Cette conscience est très exacerbée, de plus en plus exacerbée en tant que militant abertzale et en face, on voit un mur. On a un mur et on se dit que... moi, je me dis qu'il faut faire autre chose pour faire éclater ce mur-là et pour que nos revendications soient prises en compte. Et on veut exercer une pression importante pour qu'on nous prenne au sérieux. C'est ça que je me dis quand j'entre dans la lutte armée, c'est un outil qui nous permettra d'aller plus loin parce qu'on n'est pas assez entendu.»

Bien qu'ayant intégré ETA quelques années plus tard, Jovani, né en 1966 et entré à ETA à la fin des années 1980, explique également

> en référence à ce paradigme pourquoi il décida de prendre les armes : « Dans notre cas, ce n'est pas quelqu'un qui nous a dit de... et nous avons accepté. Mais nous avions déjà décidé d'entrer, et en fait, nous avons demandé à entrer dans un commando armé. En d'autres termes, nous voulions vraiment prendre les armes et lutter contre l'État. [...] Nous pensions vraiment, à l'époque, que les voies politiques ne nous donnaient pas la possibilité d'atteindre nos objectifs. Bien qu'ETA ait toujours défendu l'indépendance et le socialisme au Pays basque, elle a considéré que le droit à l'auto-détermination était un objectif intermédiaire. Ce que nous demandions en réalité, c'était que le peuple basque puisse décider de son avenir. Et cela a été continuellement nié, c'est-à-dire, non seulement nié, mais à l'époque, comme je vous le disais, ils mettaient des bombes dans une librairie qui vendait des livres en basque. Les groupes paramilitaires ont mis des bombes dans les magasins qui vendaient des livres en basque. En d'autres termes, il y a eu un déni de culture, alors bien sûr, nous avons pensé que la gauche abertzale, *Herri Batasuna*, pouvait se présenter aux élections, mais nous avons vu qu'il ne serait pas possible pour le gouvernement espagnol, sauf s'il y était forcé, de nous accorder le droit de décider librement de notre avenir. Nous pensions que ce n'était pas possible. Et c'est pourquoi nous avons dit que nous devions le forcer à... en fait, il y a eu plusieurs processus de négociation avec ETA. Le premier – et je pense que l'un des plus importants – était en 1989, à Alger. Des représentants du gouvernement espagnol et de l'ETA se sont assis pour tenter de négocier. Mais le gouvernement espagnol, comme toujours, a rompu... »

Parmi l'ensemble des possibilités pratiques de lutte, ETA et IK apparaissent donc aux militants comme les organisations les plus efficaces grâce auxquelles il semblait possible d'obtenir des changements dans ce qui leur paraissait être, à l'époque, un nouveau contexte sociopolitique au sud en particulier. La violence politique est perçue comme l'unique moyen et l'unique réponse à la situation politique imposée par les deux

États[19]. Les moyens d'action illégaux sont cadrés comme les outils les plus efficaces pour influencer une situation qui leur paraît bloquée que ce soit au nord comme au sud quoique pour des motifs distincts (voir Jules). Leur activité politique légale leur semble vouée à l'échec ou impuissante à faire aboutir la cause qu'ils défendent. Ce sentiment de clôture de la SOP est très prégnant parmi cette génération de militants comme le montrent les Tableau 14 et Tableau 15.

Tableau 14 : Sentiment de la forclusion des opportunités politiques parmi les générations civiles

Sentiment de clôture de SOP	Oui	Nombre de militants
ETA		
G1	20	30
G2	9	12
G3	3	9
IK		
G1	4	5
G2	5	7

---

19 Voir Laure et Jovani qui explique son choix de prendre les armes dans l'encadré 6.

Tableau 15 : Sentiment de la forclusion des opportunités politiques parmi les générations militantes

	Sentiment de clôture de SOP	Nombre de militants
ETA		
γ1	10	16
γ2	12	15
γ3	8	10
γ4	3	9
IK		
γ1	1	2
γ2	6	7
γ3	2	3

Ainsi et aussi surprenant cela puisse paraître, le sentiment de la forclusion de la SOP est plus prégnant et plus affirmé dans les générations qui entrent dans le militantisme après la mort de Franco ainsi que dans le contexte français d'un État dit ouvert. Ce sentiment s'explique notamment par la prégnance et la persistance des formes de répression à l'égard du peuple basque dans un contexte de sortie du franquisme (voir chapitre 2, 2.1.2).

En effet, les trajectoires d'engagement des militants nés dans les années 1960 et actifs au sein de deux États démocratiques sont caractérisées par le poids de la violence d'État, vécue comme un événement décisif pesant sur la trajectoire individuelle (voir Tableau 16). Les événements mentionnés au chapitre 2 trouvent dans ces tableaux leur expression subjective. Toutefois l'effet de la répression demeure marquant pour les plus jeunes générations de militants du sud.

Tableau 16 : Effet de la répression sur les trajectoires d'engagement selon les générations militantes

Occurrences de la répression	Oui	Nombre total de militants
ETA		
G_1	19	30
G_2	9	12
G_3	7	9
IK		
G_1	1	5
G_2	4	7

Tableau 17 : Évocation de la répression dans les trajectoires d'engagement en fonction de la génération d'entrée dans l'organisation illégale

	Mention de la répression	Nombre total de militants
ETA		
$\gamma 1$	10	16
$\gamma 2$	12	15
$\gamma 3$	7	10
$\gamma 4$	7	9
IK		
$\gamma 1$	1	1
$\gamma 2$	5	8
$\gamma 3$	2	3

Ainsi les générations nées dans les années 1960-1970 sont celles pour lesquelles la répression a joué un rôle marquant dans les processus d'engagement. Elle intervient de façon notable dans les récits de soi et s'y voit mobilisée comme un facteur d'implication politique récurrent.

Concernant les modalités de l'implication dans la lutte clandestine, elles ont été pour les membres de ce deuxième groupe (G 2, γ 2 et γ 3), plus graduelles (voir Laure, Julien). L'engagement est alors le fruit d'une pluralité de facteurs environnementaux (voir Tableau 18) quoique ces facteurs pèsent sur les trajectoires des militants de chaque génération.

Tableau 18 : Modalité d'intégration à l'organisation illégale

Intégration graduelle	Oui	Non	Indécidable
ETA			
$\gamma 1$	10	6	
$\gamma 2$	11	3	
$\gamma 3$	4	5	
$\gamma 4$	7	2	
IK			
$\gamma 1$	1	0	
$\gamma 2$	6	1	
$\gamma 3$	2	0	1

La persistance de la répression visant en particulier les militants a joué un rôle de premier plan dans le spectre des facteurs environnementaux. La mise en œuvre de la guerre sale (*i.e.* de la violence paramilitaire) soutenue par le gouvernement socialiste de Felipe Gonzalez a constitué un élément de confirmation de la continuité des modes d'action du franquisme au sein de la récente démocratie espagnole. Parmi les événements décisifs que les militants, qui n'avaient pas d'engagement politique antérieur, évoquent pour expliquer leur rapprochement avec l'organisation figure au premier plan la violence d'État et la violence paramilitaire contre les Basques. Pour partie d'entre eux, leur décision d'engagement intervient davantage comme une réaction à une situation jugée inacceptable parce qu'injuste (voir Tableau 13)[20]. Comme Tocqueville le soulignait, «plus un phénomène désagréable diminue, plus ce qu'il en reste est perçu ou vécu

---

20   Voir Fabienne, Franck et Idris.

comme insupportable». Le regard rétrospectif d'Isée, qui a passé vingt-trois ans en prison et sept ans en exil, sur sa trajectoire d'engagement est emblématique de cette posture. Évoquant son parcours militant, Isée ne manque pas de dépeindre, en premier lieu, le contexte dans lequel elle a grandi, dans sa ville de Rentería, lorsqu'elle avait 11-12 ans (*i.e.* en 1976), rappelant que c'était

> une époque des plus meurtrières au Pays basque. Il y a eu cinq morts dans ma ville, et moi, je ne savais pas, mais comme il y a eu quand même ces cinq morts, qui a fait bouger pas mal de monde, les manifs sont arrivées même dans notre quartier. S'il y avait des affiches, le lendemain [elles] étaient arrachées, on n'avait même pas le temps de les regarder, de prendre conscience. Et là, je me rappelle que la police, que pour moi, puisque tout le monde disait qu'ils étaient les bons dans le monde [...] ils ont commencé à tirer sur les gens, il a fallu que je me jette derrière une voiture complètement... parce que bon... ça tirait dans tous les sens, je comprenais rien... pourquoi ils faisaient ça alors que normalement ils étaient les bons, ils devaient protéger les gens, ça a été un choc pour moi, découvrir une réalité tout autre. Et quand je suis arrivée à l'école, le directeur disait qu'ils [les manifestants] allaient nous agresser. Alors, moi je me suis levée et j'ai dit « excusez-moi mais pour arriver à l'école, moi je ne me suis pas fait agresser par les manifestants mais par la police», qui tirait partout, tu vois ? [...] J'ai commencé à chercher un peu, à savoir, qu'est-ce qui s'est passé, pourquoi il y a eu des morts, pourquoi la police tirait sur les gens, pourquoi les gens protestaient, voilà. Et de là... c'est venu une conscience déjà d'injustice chez nous, d'une répression barbare, qu'on avait à subir.

Ainsi, pour Isée comme pour d'autres militants de cette deuxième génération, la situation du Pays basque se trouve considérée et décrite comme immorale et injuste. Dans le cas d'Isée – qui n'est pas une exception –, l'engagement peut être interprété comme une réponse émotionnelle à ce qui survient autour d'elle. Placés dans cette configuration, les acteurs tendent à considérer la politique comme une forme de violence. Ils sont convaincus que l'illégalité est le moyen le plus efficace de parvenir à une transformation sociale. Ils disent vouloir en finir avec l'humiliation sociale et la répression. Venant confirmer l'influence idéologique internationale, le contexte local – davantage que les convictions transmises au sein de la famille ou l'engagement familial – marque les trajectoires personnelles. L'engagement individuel s'apparente alors à une réaction à ce qui est perçu comme une société prise dans la tourmente et l'agitation (Shirlow,

Tonge, McAuley & McGlynn, 2010, p. 53), dans la production d'une injustice persistante. Ainsi c'est en resituant ses premiers engagements dans le contexte de son adolescence qu'Isée leur donne sens :

> Ils disaient que ça y est, qu'il y avait une transition, et il y avait une amnistie, et tout d'un coup la garde civile arrive, il y a eu je ne sais pas combien de balles... Je me suis dit, « non, ici il y a autre chose qui se passe, ce n'est pas normal, ce n'est pas normal ». Et voilà, en cherchant, en cherchant, je suis rentrée dans le comité pour l'amnistie à 13 ans, par une annonce que j'ai eue à la radio, parce que... je croyais que les prisonniers étaient des gens qui devaient souffrir énormément et que c'était eux qui avaient pris l'engagement le plus... comment dire, le plus sincère, de donner tout pour tous. Pour moi c'était buah... ! Pour moi la politique, vraiment, je n'ai pas cherché à comprendre... Pour moi c'était quelque chose à l'écart. Ça voulait dire un engagement personnel, émotionnel, intellectuel... contre l'injustice et contre les abus. Là, c'était le Pays Basque, mais bon, moi, depuis toute petite c'est contre n'importe. [...] Ça aurait été le Front Sandiniste, je serais partie avec le Front Sandiniste. Si, si, à l'époque c'était ça. Je voulais aller en Palestine, je m'en foutais, n'importe où. Oui, n'importe où, à batailler contre une injustice, voilà. J'y allais. Pour donner un coup de main. Je voulais donner un coup de main et un coup de cœur. Voilà !

Les facteurs de l'engagement consistent alors à la fois dans la nécessité d'apporter une réponse à la violence d'État mais également dans le besoin émotionnel de s'opposer à un ennemi (État, police, paramilitaires) continuant d'affirmer une force dissymétrique à l'encontre des Basques. L'autodéfense et la volonté de représailles interviennent comme des motivations entremêlées. Si certains activistes admettent cette dimension réactive dans le processus de leur engagement, ils sont loin d'être majoritaires y compris dans les générations $\gamma 1$ et $\gamma 2$, où ils sont les plus présents.

Tableau 19 : L'engagement comme réaction à un événement micro- ou macrosocial

ETA[a]	Engagement comme réaction	Total des militants
$\gamma 1$	3	16
$\gamma 2$	4	15
$\gamma 3$	1	10
$\gamma 4$	4	9

[a]On ne compte aucune occurrence parmi les membres d'IK.

Dans leur démarche d'engagement, les acteurs se sont donc moins nourris d'un héritage familial que de convictions personnelles. Au sein de cette deuxième génération de militants, les facteurs idéologiques s'affirment plus fortement que l'histoire familiale. L'incidence du contexte familial (de type abertzale) est soit absente soit n'a pas été mentionnée comme un des éléments ayant pesé sur l'engagement individuel (voir Tableau 8 et Tableau 9). Ces militants n'ont donc pas été recrutés au sein du cercle familial. Ils ont plutôt fait la démarche d'aller vers le groupe clandestin, dans une démarche de « recherche d'identité » (Snow et McAdam, 2000), en passant par des activistes dont ils connaissaient l'implication politique ou via leur réseau d'amis (voir Tableau 10 et Tableau 11). Au sud, ils ont cherché le contact avec l'organisation illégale parmi un groupe de proches, bien souvent de pairs, alors qu'ils ont plus souvent été contactés par l'organisation clandestine au nord. Ces acteurs ont intégré l'organisation illégale moins jeunes que ceux de la première génération (voir Tableau 20), fréquemment impliqués dès l'adolescence. Leur socialisation politique est souvent antérieure à leur entrée dans ce collectif (voir Tableau 24). Dans ce groupe, l'existence d'un réseau au niveau local (niveau méso) intervient de façon cruciale dans la décision de s'engager que ce soit dans les structures légales ou illégales[21].

Tableau 20 : Âge de l'entrée en militance illégale[a]

Générations d'entrée en militance	Avant 20 ans	Entre 20-23 ans	Entre 23-26 ans	Après 27 ans
γ 1	8	6	1	2
γ 2	7	8	4	3
γ 3	3	4	5	1
γ 4	0	4	5	1

[a]La période est indécidable pour Vicenzo.

21 Voir Floren, Grégoire, Laure, Paul, Patxi, Thierry pour IK et Flavien, Jovani, Louisa, Xavier.

Pour les générations 2 et 3 surtout (G 2 et G 3 ou γ 2 à γ 4), les individus, avant de s'engager dans des organisations clandestines, ont le plus souvent connu antérieurement une militance politique légale et pacifique (voir Tableau 24). Pour la deuxième génération (G 2), née dans les années 1960, l'engagement illégal intervient après un événement décisif qui tend à nourrir la conviction que seule la lutte armée est capable de conduire à un changement sociopolitique réel de la situation du Pays basque. Dans ce second groupe, se voient spontanément mentionnés comme ayant joué un rôle important dans les trajectoires individuelles des événements décisifs de niveau mésosocial plutôt que macrosocial, en particulier au nord (voir Tableau 21), dans la prise de conscience et les décisions d'engagement des acteurs. La mort de camarades est fréquemment mentionnée comme un événement marquant dans les parcours individuels ainsi que six récits des huit membres d'IK appartenant à la γ 2 le rappellent.

Tableau 21 : Rôle des événements liés à l'existence de l'organisation sur les trajectoires d'engagement selon les générations civiles de militants

Événements méso-sociaux	Oui	Nombre de militants
ETA		
G 1	7	30
G 2	3	12
G 3	2	9
IK		
G 1	2	5
G 2	5	7

Si, dans certains cas, des épisodes de l'histoire sociale ou de l'histoire de l'organisation, ont eu un « rôle transformatif », dans d'autres cas, les parcours individuels sont plutôt marqués par le fait de glisser « à petits pas » (Collovald & Gaïti, 2006) dans l'engagement illégal : c'est un service qu'on rend, de l'aide qu'on offre, un appui qu'on assure. D'autres militants se sont tournés vers ETA et ont consciemment cherché à entrer dans l'organisation (voir Tableau 10 et Tableau 11, colonne « recherche d'identité »), cette démarche pouvant advenir à la suite d'un événement transformatif (épisode de répression, procès de Burgos). En effet, il y a systématiquement des formes de continuité entre l'engagement clandestin et l'engagement légal, comme le suggère le Tableau 22, quand bien même les personnes ont dû se mettre en retrait de ce dernier, lorsque leur engagement illégal s'est noué. C'est en effet en ces termes que Julien explique la façon dont il a rejoint l'organisation :

> Quand je m'engage, c'est par échelons, on va dire. C'est pas par un coup précis. Il y a une définition d'entourage. C'est la réalité sociale qui fait... voir que tu habites à un certain endroit, dont tu es témoin d'une relation, d'un rapport, d'une réalité. Que cette réalité même dans l'enfance, elle était toute cachée parce qu'on pouvait pas parler. C'était pas interdit dans la famille mais les gens, ils parlaient pas, la transmission c'était un peu induit, pas direct mais après il y a une réalité physique, sociale, réelle qui ne peut pas cacher la réalité. [...] *C'est pas un élément précis, concret qui va te pousser à faire une démarche. C'est un tout où tu es immergé, submergé qui fait que tu réagis avec.* [...] C'est ça l'élément conditionnant, l'éveillement de la conscience à un moment avec une réalité sociale qui est bien réelle, bien présente, cruelle, violente, qui laisse pas beaucoup de choix. (Nous soulignons)

Tableau 22 : Interprétation du passage à l'engagement illégal

	Naturel, logique, évidence, continuité	Devoir	Participer, ne pas rester passif	Don de soi, engagement total, approfondi	Réaction contre l'oppression, résister	Indécidable	Total des militants
ETA							
γ 1	5	5	6	2	3 (1 résister)		16
γ 2	6	3	2	3	5 (2 résister)	1	15
γ 3	3	2	1	3	3		10
γ 4	4	5	3	5			9
IK							
γ 1	1	1	1	1			1
γ 2	5	2		1	1		8
γ 3	1						3
Total	24	18	13	14	12		

Bien que les individus décrivent selon plusieurs modalités leur intégration à une organisation clandestine[22], le motif de la continuité surdétermine leur interprétation du passage de la lutte légale à la lutte illégale, au soutien à une organisation déclarée terroriste. Une conception spécifique du sens de l'engagement politique émerge des récits de cette deuxième génération de militants. L'engagement est ici conceptualisé comme un sacrifice dont les individus ont conscience qu'ils ne bénéficieront pas des fruits. La visée étant un Pays basque socialiste et libre, leur action est pensée comme se déployant au bénéfice des générations futures. Les acteurs s'engagent consciemment dans un projet politique collectif. La motivation politique de leur engagement est alors prédominante (voir Tableau 23). Ils assument la responsabilité collective des actions menées par l'organisation qu'ils ont rejointe, y compris lorsqu'ils jugent qu'elle a commis des erreurs – en particulier pour ETA – et placent leur engagement individuel dans une dynamique collective qui bénéficiera, à terme, au peuple basque.

Le sentiment d'injustice, émergeant de nombreux discours, s'exprime dans l'intuition que ce que subit le peuple basque est inique. Il nourrit la conviction que «quelque chose doit être fait» comme le suggère le narratif convoqué par Patxi pour expliciter la signification de son engagement :

> On nous dit toujours : «il faut patienter, il faut suivre légalement ce qu'il y a à faire», mais c'est vrai que quand on fait pas de bruit, il y a rien qui avance. Et le «bruit», c'est le bon mot parce qu'à l'époque, c'était quelques bombes qui étaient posées sur les maisons secondaires, les bâtiments en construction. S'il y avait pas eu ça, on aurait été envahi, bétonné comme la Corse, le Sud-Est, etc. Donc c'est vrai qu'à l'époque ça a mis beaucoup de frein. Les prix ne se sont pas envolés. Maintenant, c'est vrai, ça repart de plus belle. Donc c'est vrai qu'on faisait pas les choses légalement, mais c'est un cercle vicieux, je dirais, parce qu'on dit : «c'est pas comme ça qu'il faut faire, c'est avec les votes» mais avec les votes, c'est pareil. Quand on fait avec les votes, ça avance pas mieux. C'est malheureux, il y a que quand on fait du bruit qu'on arrive à se faire entendre. On rentre jamais pour de grosses violences. On pense pas à ça. On pense à coller des affiches et ci et ça, ou des cocktails Molotov. Moi, j'ai jamais pensé à faire autant que ce que j'ai fait.[23]

22   Ce qui explique le nombre supérieur d'occurrences dans le Tableau 22 au nombre d'individus interrogés.

23   Patxi ajoute plus loin : «Pour moi, c'était un mal nécessaire malheureusement. Au niveau politique, il y a rien qui avance. Il y a eu pas mal de promesses. Je me

La nécessité de «faire quelque chose» constitue un motif commun de l'engagement chez nombre d'enquêtés. L'engagement illégal, en plus d'être considéré comme se plaçant dans la continuité d'engagements politiques antécédents, est de façon récurrente conçu sous la modalité d'un devoir soit vécu positivement comme une obligation morale ou comme «ce qu'il fallait faire», soit appréhendé comme le fait de n'avoir pas d'autre choix possible dans la situation de l'époque. La responsabilité de protéger et de défendre le peuple basque – présente dans seize entretiens sur soixante-trois (voir supra Tableau 3) – justifie non seulement le choix de l'engagement mais récuse également l'idée que cet engagement ait pu être contraint ou forcé. Les enquêtés assument la pleine responsabilité du choix de leur engagement et plus largement une responsabilité personnelle pour toutes les actions menées par ETA.

Tableau 23 : Facteurs ayant pesé sur l'engagement militant

	Motivation politique	Multitude de facteurs	Total des militants
ETA			
γ 1	9	4	16
γ 2	10	5	15
γ 3	9	1	10
γ 4	9	2	9
IK			
γ 1	1	1	1
γ 2	7	6	8
γ 3	2	1	3

---

rappellerai toujours d'une promesse que j'oublierai jamais, 81, notre petit tonton [François Mitterrand] qui nous avait promis un département. Elle a jamais été tenue.» Voir également Isée supra et Laure.

La deuxième génération de militants abertzales ayant pris des options illégales, entre la fin des années 1970 et les années 1990 (γ 2 et γ 3), se caractérise donc par une expérience politique antérieure légale et surtout par une socialisation politique précédant l'entrée dans l'organisation clandestine. Cette antériorité se vérifie au nord comme au sud (voir Tableau 24) puisque dix-neuf militants d'ETA sur vingt-cinq témoignent d'un engagement politique antérieur et neuf sur onze pour IK. L'engagement de ces acteurs est également marqué par le rôle d'événements décisifs, en particulier de répression. La violence d'État (policière ou paramilitaire) en contexte démocratique joue, pour cette génération, un rôle de premier plan qu'elle s'exerce sur des militants d'ETA ou sur la population basque plus largement. Pour ce groupe, le facteur décisif d'engagement coïncide donc avec des événements spécifiquement identifiables qu'ils relèvent de la biographie personnelle (voir Ekaitz) ou historique (tel le procès de Burgos de 1975, quelques mois avant la mort de Franco).

Tableau 24 : Socialisation politique des militants avant l'entrée dans l'organisation illégale

Socialisation politique antérieure	*Oui*	*Non*	*Indécidable*
ETA			
γ 1	7	9	
γ 2	11	3	
γ 3	9	1	
γ 4	7	3	
IK			
γ 1	1	0	
γ 2	7	1	
γ 3	2	0	1

5.1.3 Injonction à l'action et devoir d'engagement : la génération des années 1970

L'engagement politique des plus jeunes membres d'ETA (G 3 et γ 4) est marqué, de façon récurrente, par une participation aux organisations de jeunesse avant l'engagement illégal. La confrontation à la répression touchant des proches (famille ou amis) constitue également un trait distinctif de leur parcours. Mona, par exemple, a vu sur son père les séquelles de la torture. Ces activistes envisagent leur engagement sous la modalité d'une injonction à l'agir et leur engagement politique comme une immersion dans l'action. Comme le dit Ianis : « On est de la génération du "il faut le faire" ». Plus largement, ces militants conçoivent leur vie comme prenant sens à travers l'engagement politique, celui-ci trouvant alors une signification existentielle dont le témoignage de Martial, développant la « signification de son engagement », est emblématique. L'engagement,

> c'est le centre de ma vie. C'est pas seulement que c'est le thème de ma vie mais l'engagement a la signification… d'un engagement pour toute la vie. C'est pas un engagement pour 10 ans, 12 ans, 15 ans. Après tout, on lutte pour des objectifs politiques, pour qu'il y ait de la justice à la fois dans notre pays et dans le monde. Et ça, ça n'a pas de fin. C'est pour toute la vie. Ensuite, il peut y avoir des étapes dans ta vie où cet engagement a une intensité plus forte ou plus faible, mais c'est pour toute la vie… voilà, pour moi, ça a ce sens.

La plupart de ces militants du sud (huit sur neuf) ont participé aux organisations de jeunesse de la gauche abertzale et y ont reçu une formation politique avant d'intégrer ETA (voir Tableau 24). Leur incorporation dans la lutte clandestine ou armée procède d'un cheminement antérieur et intervient dans la continuité d'un engagement antécédent. Ces acteurs s'inscrivent donc, dans un premier temps, dans un réseau de militants structuré grâce auquel ils bénéficient d'une formation politique suivie, contrairement à ce qui a pu être affirmé dans la littérature secondaire (Reinares, 2004 ; Della Porta, 2013). Ainsi une partie des jeunes Basques a intégré ETA sous la modalité de l'amplification d'un engagement politique antérieur dans le mouvement abertzale ou dans les organisations de jeunesse (voir Tableau 10 et Tableau 11). L'engagement est vécu comme un appel à l'action. Leur choix a été motivé soit du fait d'un changement d'attitude du gouvernement à l'égard de l'activisme politique abertzale, à la suite d'un événement décisif tel l'interdiction des organisations de jeunesse, soit par la participation au mouvement politique de l'insoumission. Ces acteurs éprouvent un sentiment d'impatience à l'égard de ce qui se passe autour d'eux. L'engagement dans la lutte armée est vécu par ce groupe comme un moyen de transformer le monde en se portant vers un horizon meilleur, bien que l'utopie ne soit plus pour eux celle d'un Pays basque socialiste et indépendant. Celle-ci s'incarne désormais dans des préoccupations écologiques et de type altermondialistes. L'engagement constitue, pour ces activistes, une expérience personnelle d'accomplissement de soi, une façon de revendiquer une reconnaissance pour eux-mêmes et de rejeter ce qui est vécu comme une longue expérience de subordination du peuple basque.

Dans ce groupe, l'engagement politique violent est appréhendé comme un moyen de reconquérir une forme de respect refusé par les gouvernements espagnols et récusé par la présence policière au Pays basque. Il se voit motivé par une sorte de frustration face à la politique légale et aux discours légalistes. Le sentiment d'avoir un rôle à jouer et le fait d'éprouver une obligation générationnelle – une obligation eu égard à ce que les générations passées ont sacrifié pour le peuple basque – sont très présents. Interrogée sur la signification de son engagement, Blandine souligne :

> J'ai toujours grandi avec la sensation d'être dans un pays en guerre. Donc pour moi, c'était la signification, quelque part c'était quelque chose – j'allais dire – que je devais faire mais il y a une notion d'obligation que je ne sentais pas non plus. C'était vraiment une envie. J'avais une envie d'aider là où je pensais que je pouvais aider le plus, ou il fallait le plus. Je voyais qu'il y avait beaucoup de gens pour les manifs, beaucoup de gens pour les affiches et donc qu'il fallait aussi des gens prêts à s'engager, à engager leur vie entière.

L'action clandestine voire la violence politique constituent alors un moyen et une façon d'exprimer leurs opinions au sein du débat public et dans le cadre du conflit avec l'État. Dans les années 1990-2000, la *kale borroka* ou combat de rue en constitue une illustration paradigmatique (voir Ferret, 2012, 2014) mais tel est également le cas des actions militaires menées par ETA. L'organisation illégale est appréhendée par

Chemins vers l'activisme clandestin

les militants qui l'ont rejointe comme un instrument pour porter leurs convictions.

Rejoindre la lutte armée est également conçu par ces activistes comme la possibilité de peser sur le cours de l'histoire et le destin du peuple basque, de participer à une lutte dont ils se perçoivent comme les héritiers, dans la perspective d'un devoir moral à l'égard des générations antérieures. Cet engagement leur confère une fierté et le sentiment de reprendre le contrôle de leur destin, de pouvoir transformer les conditions sociales ainsi que le contexte sociopolitique. Il est conçu comme la possibilité à la fois d'influer sur le cours de l'histoire mais aussi de reconquérir une souveraineté perdue face aux deux États.

Le sentiment de fierté induit par le fait d'appartenir à une organisation de lutte pour le Pays basque se nourrit également du fait d'avoir été eux-mêmes capables de répondre à la nécessité de « faire quelque chose ». Loin de se considérer en tant que terroristes, ces militants basques conçoivent leur trajectoire politique comme une posture de résistance face à la répression de l'État espagnol. Au sein de cette génération, parmi laquelle on compte nombre de femmes[24], l'engagement politique s'est déployé dans le contexte des batailles de rue (*kale borroka*), des confrontations avec la police et surtout de l'interdiction des organisations de jeunesse. Certains acteurs sont issus des rangs des jeunes émeutiers protestataires de la *kale borroka* convaincus qu'une offensive active contre l'État espagnol et le maintien de la conflictualité constituent le meilleur moyen d'obtenir une évolution du conflit basque et de son traitement par l'État espagnol.

Une fois encore mais de façon peut-être plus revendiquée dans cette dernière génération, la plupart des personnes rencontrées assume une pleine responsabilité personnelle pour les actions collectivement menées par ETA. Celles-ci sont envisagées comme l'expression d'un refus de la situation sociopolitique imposée aux Basques du sud et une façon de répondre, avec fierté, à l'humiliation ressentie depuis des générations. Ces militants justifient leur choix de la lutte armée comme un refus de la domination, de la répression et des injustices. L'engagement dans cette voie est conçu, d'une part, comme une réaction à la violence structurelle et à la violence

---

24   Parmi les neuf militants rencontrés de cette génération, cinq sont des femmes.

d'État imposées au Pays basque sud et, positivement d'autre part, comme une volonté de changer de société, de lutter contre les injustices y compris de genre, le combat mené se pensant sur plusieurs fronts[25].

5.2 Une évolution générationnelle du rapport à la violence ?

Les éléments précédemment décrits conduisent à relire de façon critique l'analyse proposée par D. Della Porta (2013) des deux générations au sein d'ETA. La périodisation opérée par l'auteure établit une distinction entre la génération des fondateurs – qu'il n'est plus aujourd'hui possible d'interroger pour ETA – et la génération ultérieure. Cette caractérisation dichotomique ne peut être *a priori* pertinente pour une organisation comme ETA qui a connu un demi-siècle d'évolution, des scissions et par conséquent plusieurs générations successives de militants. Selon D. Della Porta, la première génération de militants serait plus liée à d'anciennes traditions politiques, en l'occurrence celles du nationalisme pour ETA[26]. Della Porta estime également que la participation au milieu nationaliste est facilitée par des liens familiaux ou amicaux puis s'intensifie avec l'expérience quotidienne de confrontations violentes avec la police et les groupes paramilitaires (Della Porta, 2013, p. 117). Cette interprétation omet l'appartenance, plusieurs fois vérifiée, des jeunes générations à des familles *abertzales*. Pour les plus jeunes activistes, leurs parents sont militants dans sept cas sur neuf. L'analyse des trajectoires et de leur enracinement familial (voir Tableau 8 et Tableau 9) invalide la thèse selon laquelle les premiers militants avaient une socialisation primaire antérieure

---

25   Sachant qu'il a commencé pour ces militants dans les organisations de jeunesse.
26   D'un point de vue historique, l'argument est, en tant que tel discutable, dans la mesure où les documents produits par les différentes assemblées d'ETA mettent en évidence une inspiration marxiste dès les origines du mouvement. De même, l'influence fanonienne – c'est-à-dire le paradigme de la libération nationale qui se distingue du nationalisme – était également fortement marqué (voir supra chapitre 2 et les éléments de critiques d'une réduction d'ETA à un mouvement nationaliste).

à l'engagement alors que les secondes générations sont portées par la radicalisation du fait d'un contexte sociopolitique répressif.

D. Della Porta estime que les fondateurs de groupes clandestins venaient souvent de familles engagées politiquement, dans lesquelles ils étaient socialisés à des valeurs spécifiques et dans lesquelles ils ont été nourris de récits, de narratifs spécifiques concernant le monde – ce qui ne se vérifie par exemple pas pour IK. De même, s'agissant d'ETA, cette identification est discutable. Argala était d'une famille abertzale mais José Luis Alvarez Emparanza, dit *Txillardegi*, n'est pas issu d'une famille bascophone. Bien qu'appartenant aux fondateurs d'*Ekin*, qui précéda ETA, il ne tient pas son engagement politique de son environnement familial. Tel est également le cas de Txomin Iturbe. En revanche, Julen Madariaga est issu d'une famille de militants du PNV. Il accompagna son père en exil au Chili durant la guerre civile espagnole (*El Mundo*, 20 juin 2006). Il participa également à la création d'*Ekin* ainsi qu'à la Ie Assemblée d'ETA qui eut lieu à Bayonne. S'agissant de Javier Etxebarrieta Ortiz, on sait qu'un de ses frères aînés José Antonio Etxebarrieta, plaida la défense de Xabier Izko de la Iglesia au cours du premier procès de Burgos (1970). Enfin, le père de Mikel Antza qui eut une position stratégique dans ETA, après l'arrestation de Bidart en 1992, figure également parmi les fondateurs d'Ekin.

D. Della Porta affirme en outre que les stratégies de recrutement des organisations clandestines à l'époque des fondateurs et des premières générations étant plus précautionneuses, l'intégration dans ces dernières était lente, impliquant une rupture graduelle avec les représentations du monde ultérieurement portées et nourries, dans le cas présent, par le nationalisme basque traditionnel. Cette interprétation est d'autant moins pertinente pour ETA que le Pays basque vit sous domination franquiste et que toute activité de promotion de l'identité basque était réprimée. Selon D. Della Porta, pour la première génération, la violence était apprise graduellement au sein des groupes clandestins (Della Porta, 2013, p. 144). Pourtant les militants des premières générations soulignent à foison l'environnement ultra-répressif et arbitraire de l'époque franquiste où la violence était le lot quotidien des Basques. Nombre d'entre eux ont des souvenirs d'enfance de parents malmenés par la garde civile, torturés voire tués par le pouvoir. Toutes les manifestations étaient marquées par la répression, la garde civile étant réputée pour sa gestion musclée de toute expression de la différence basque ou de toute revendication sociale. Les réunions politiques étaient réprimées et la liberté d'association bafouée. Le processus d'intégration au sein des organisations clandestines semble avoir au contraire toujours été caractérisé par la gradualité, si ce n'est un possible relâchement concernant ETA au cours des années 1980, après la disparition d'ETA-pm, mais surtout à partir années 1990. Cette progressivité constitue un principe cardinal des organisations clandestines, obligées de s'assurer du parcours et de la confiance qu'elles peuvent avoir dans leurs nouvelles recrues, cette « tradition » ou procédure ne s'effaçant pas avec le temps.

La grille de lecture générationnelle proposée D. Della Porta est fautive car plutôt que d'étudier des parcours de militants, l'auteure superpose une approche normative de ces parcours au nom de ce qui paraît être leur « rapport à la violence ». La raison sous-jacente à cette opposition – qui se donne pour générationnelle mais qui est en réalité normative – réside dans le rapport à la violence que l'on veut dénoncer dans la seconde génération, alors qu'il serait *a priori* légitime chez les anciens, justifié aux yeux de l'analyste par le franquisme, c'est-à-dire par une digne lutte de résistance à laquelle l'auteure accorde une valeur axiologique. D. Della Porta stigmatise la violence des « secondes générations » dans la mesure où elle surgit dans un contexte considéré comme démocratique. Ce biais interprétatif se retrouve dans la lecture défendue par Robert Clark (1984) qui estime que, pour la première génération, la violence soulevait des problèmes moraux. Pourtant l'extrait d'entretien sur lequel Clark s'appuie pour justifier cette conclusion énonce des arguments que l'on retrouve jusque dans les propos des plus jeunes générations rencontrées dans le cadre de notre enquête[27].

---

27 Goio interrogé donne une réponse à l'une des questions que nous posions dans notre investigation : « You think about that ask yourself questions, but, well, you think, you have to do it, because someone has to do it » (Reinares & Herzog, 1993, p. 29). Le sentiment du devoir et de la nécessité d'agir face à une situation perçue comme injuste sont très prégnants dans la G 2 ainsi que dans la G 3 où il est vécu comme une injonction existentielle à l'action (voir Elikia, Fabienne, Faysal, François, Isée, Jaad, Julien, Martial, Nicolas, Pantxo, Patxi, Thierry).

D. Della Porta estime également que la seconde génération de militants a grandi dans un environnement déjà radicalisé par les organisations clandestines[28]. Leurs traditions familiales étant plus variées, les militants seraient socialisés à la violence dès leur plus jeune âge et rejoindraient la clandestinité très jeunes. S'il est exact qu'au cours des années 1970, il existe une pluralité d'organisations d'extrême gauche en Espagne (GRAPO, FRAP, CAA) mais également d'extrême droite (BVE, Triple A, GAE) dans les années 1980, la confrontation à la violence ne s'opère pas nécessairement plus tôt que l'on appartienne à la G 2 ou à la G 1. Dans la majorité des cas et quelle que soit l'organisation, l'option de la clandestinité est prise au début de la vingtaine parce que les individus sont recherchés ou trop fortement soupçonnés par la police d'être des militants d'ETA pour persévérer dans une militance légale[29] (voir Tableau 20). On ne peut considérer que pour la G 2, « l'expérience de la violence précède l'entrée dans la clandestinité » (Della Porta, 2013, p. 144), dans la mesure où le rapport à la violence et à la répression constitue un facteur déterminant dans les parcours militants de chacune des générations (voir Tableau 16 et Tableau 17). La première génération (civile) est souvent marquée par un événement répressif de type macrosocial, tel le procès de Burgos, la deuxième par un événement répressif dont le militant a été témoin et qui a souvent touché son entourage proche, la troisième par la violence structurelle imposée au Pays basque et aux générations antérieures. Affirmer que « les conflits non résolus entre centre et périphérie en Espagne ont contribué à produire de nouvelles générations de militants ayant moins de tabous avec la violence » est partial d'un double point de vue au moins : d'une part, la période franquiste est associée à l'exercice d'un très fort degré de répression arbitraire et

---

28   D. Della Porta omet la dimension interactive dans la création d'un contexte. Si ETA a en effet adopté le schéma action-répression-action, il n'en demeure pas moins que la répression et l'interdiction systématique de toutes les organisations abertzales contribue à un effet de radicalisation. Sur la constitution relationnelle et interactive de l'environnement social, voir Fillieule, 1997.
29   Nous avons le cas exceptionnel d'un militant qui a rejoint l'organisation alors qu'il avait une trentaine d'années (Elliot) pour se consacrer à la collecte financière et à des thématiques logistiques.

indiscriminée mais également de discrimination ethnique ; d'autre part, on attribue l'usage de la violence aux militants, en omettant de tenir compte de la violence institutionnalisée qui prend pour cible le Pays basque[30]. Parmi les cinquante-et-un militants d'ETA rencontrés, Leonardo qui a quitté ETA après le 23-F (1981) et qui est très critique à l'égard du mouvement abertzale en général et d'ETA en particulier, est l'un des rares qui vérifie la thèse de Della Porta sur le rapport à la violence des différentes générations de militants du groupe[31].

Enfin D. Della Porta affirme que le recrutement dans le groupe de pairs se fait, dans la seconde génération, à un rythme plus soutenu, impliquant des activistes souvent très jeunes. La littérature secondaire considère souvent qu'avec le temps, les militants d'ETA sont de plus en plus jeunes et ont une expérience directe avec les actions armées avant même d'entrer officiellement dans l'organisation (Della Porta, 2013, p. 134). Cette perspective prête également le flanc à la critique dans la mesure où les anciennes générations ont commencé à militer très jeunes, à l'entrée dans l'âge adulte et parfois même durant leur minorité. Le Tableau 20 montre qu'au contraire au fil du temps les individus s'incorporent dans l'organisation à un âge plus avancé, ce qui correspond à un processus générationnel macrosocial de participation à la vie active tardive. Le service militaire obligatoire auquel

---

30   Les tabous que D. Della Porta projette sur les militants sont en réalité ceux de chercheurs issus de milieux et de sociétés ayant une forte aversion à la violence et oubliant que le rapport à cette dernière évolue historiquement et se trouve façonné socialement.

31   « Moi, j'ai vu les générations qui nous ont suivies, avec beaucoup moins de formation politique ou théorique, un niveau intellectuel beaucoup plus bas, une fanatisation, une radicalisation basée sur des mythes nationalistes. L'amalgame c'était le nationalisme : "être basque, c'est la chose la plus grande qui a pu m'arriver dans la vie". Cet amalgame de la part de tout un secteur de la gauche abertzale, de la gauche nationaliste qui a légitimé... Ils sont traités comme des égaux, pas comme des terroristes. Aujourd'hui encore, un mec qui a tué quatre personnes, il sort de prison, il est reçu comme un héros dans son village. Ça, c'est une perversion morale. C'est une morale, oui, la sienne ! La fanatisation, la radicalisation, c'est quand on est en possession de l'unique vérité, tous les autres se trompent et pire, ils sont des ennemis car ils ne se soumettent pas à nos dictats. »

les jeunes hommes basques n'ont pas échappé les familiarisait très tôt avec l'usage des armes et certains ont tiré profit de cette expérience au cours de leur engagement dans ETA. De façon générale, l'entrée dans la vie sociale était bien plus précoce pour les générations nées dans les années 1950-1960 que pour celles nées dans les années 1970. Ce qui est vrai pour l'ensemble de la société, que les individus soient activistes politiques ou non, vaut pour les militants illégaux. En revanche, après l'arrestation de Bidart en 1992, les cadres d'ETA sont plus jeunes et ont bénéficié d'une formation plus courte à leurs fonctions (voir Sánchez-Cuenca, 2009).

La variation dans les trajectoires d'engagement des générations successives réside moins dans leur rapport à la violence que dans une conscience et des motivations politiques qui évoluent et pèsent de façon distincte sur leur trajectoire d'engagement illégal. La motivation de l'entrée dans l'organisation se formule, au fil des générations, de plus en plus comme relevant de motifs politiques au détriment d'autres facteurs, notamment culturels (voir Tableau 23). Si plus de la moitié des militants d'ETA (neuf militants sur seize) dévoilent des motivations politiques à l'origine de leur engagement dans la première génération (γ 1), cette proportion passe au deux tiers avec la γ 2 (dix militants sur quinze) et concerne presque la totalité d'entre eux pour les deux dernières générations (γ 3 et γ 4 avec respectivement neuf militants concernés sur dix et dix militants sur dix). Cette évolution s'explique partiellement du fait de la place et de la reconnaissance données à la langue basque au nord comme au sud ainsi que par la transformation des institutions avec, notamment, l'adoption du Statut d'Autonomie du Pays basque sud.

L'indétermination de l'engagement qui s'exprime dans le fait de « faire quelque chose », de « participer » à un mouvement, à une résistance, de ne pas rester passif tend, au fil des générations, à se préciser (voir Tableau 22). Il s'agissait, à l'époque de Franco, de « faire quelque chose », ne pas se laisser faire mais cette expression de la motivation tend à s'effacer. *A contrario*, l'interprétation de ce type d'engagement comme un engagement total, un don de soi, un engagement existentiel s'affirme avec le temps et est d'autant plus présent que les générations nous sont contemporaines. Une constante de l'interprétation de l'engagement illégal par les acteurs eux-mêmes est de l'appréhender comme naturel, logique, évident, comme une continuité avec un engagement politique antérieur d'abord légal. L'auto-compréhension de sa propre trajectoire se place ainsi aux antipodes des discours publics et politiques sur l'entrée dans le terrorisme. Le saut ou le basculement à travers lequel on veut décrire communément l'entrée dans l'illégalité diverge fortement de l'interprétation, par les individus, de leur propre trajectoire.

CHAPITRE 6

Deux éthiques de la lutte

6.1 Cadrages de l'usage de la violence politique ou comment chaque groupe formule ce qui constitue son « éthique de la violence politique »

6.1.1 Adoption de la stratégie de la spirale de la violence et évolutions internes de l'organisation

Certaines interprétations de l'usage de la violence par ETA ont convoqué des paradigmes religieux et moraux, et considéré qu'à l'origine de l'organisation cet usage soulevait des dilemmes moraux. Des témoignages paraissent vérifier cette interprétation, tels celui de Goio, recueilli dans les années 1980 : « You think about that ask yourself questions, but, well, you think, you have to do it, because someone has to do it » (cité *in* Reinares & Herzog, 1993, p. 29). Goio se souvient que l'ordre de participer à une exécution, pour la première fois, n'arrivait qu'« après que vous ayez passé plusieurs années dans l'organisation » (Reinares & Herzog, 1993, p. 29).

Les convictions religieuses, très prégnantes à l'origine de l'organisation, ont ainsi pu susciter des dilemmes moraux[1] quoiqu'une partie du clergé ait soutenu la lutte de libération (voir Hamilton, 2007, p. 39-45). Les premières publications d'ETA font référence à « notre responsabilité devant Dieu et devant la patrie », signifiant l'importance des justifications éthiques de la violence. En 1965, ETA consulte un collectif de prêtres sur la légitimité du recours à la violence (voir Itcaina, 2007, p. 126). Sur ce fondement, on a considéré que si à l'origine de l'organisation, certaines actions étaient

---

1 Ce qui ne signifie toutefois pas que des militants d'ETA plus laïcisés et de générations ultérieures étaient hermétiques à ce type de réflexions.

appréhendées à l'aune des croyances religieuses, un désintérêt graduel pour la religion s'est manifesté dans les générations ultérieures (Pérez-Agote, 2006, p. 88). Si cette thèse peut paraître séduisante, il importe de se souvenir qu'une large part des membres d'ETA à l'époque de sa constitution historique était de tradition marxiste, les deux références intellectuelle et spirituelle coexistant au sein de l'organisation.

Le recours et le rapport à la violence d'ETA peuvent en premier lieu s'expliquer par les évolutions mésosociales internes à l'organisation. Cette approche explicative est l'une des plus courantes et des plus connues. Nous l'explorerons brièvement.

Dans les années 1960, ETA a déployé une « violence limitée » dans les conflits du travail (sabotages dans les usines, occupations d'usine, etc.). À cette époque, ce répertoire d'actions était justifié et soutenu par le bureau politique alors que la « violence indiscriminée » détruisant la vie humaine était dénoncée (Garmendia, 1980, vol. 1, p. 196-197). À une époque où les grèves de 1962 sont sévèrement réprimées, J. Madariaga écrit dans *Zutik* :

> Je suis parfaitement d'accord avec la non-violence et le pacifisme, compris au meilleur sens du terme. Cela [ils] présupposerai[en]t un climat de courtoisie civique et de justice objective minimum. Néanmoins ces prémisses n'existent malheureusement pas au Pays basque aujourd'hui. [...] Je dis que *la violence appelle la violence*. Cependant, comme Gandhi, je préfère voir mon peuple sur le pied de guerre que de le voir disparaître. [...] Tant que nous serons des enclumes nous supporterons, dès que nous serons des marteaux, nous frapperons. [...] Manzanas, Eymar et d'autres individus aussi vils ont repris leurs anciennes habitudes et refont les mêmes erreurs. Je voudrais les avertir par ces mots qu'ils paieront cher leurs crimes [...]. Le Pays basque, comme Israël, est petit. Et Eichmann a été arrêté et exécuté. (*In* Nuñez, 1993a, p. 79-80)

Progressivement et de façon plus affirmée lors de la IIe Assemblée, en mars 1963, s'accomplit l'adoption de la lutte armée comme méthode d'action. La révolution cubaine et celle du Che, la guerre de guérilla constituent alors des références, tout de même que la résistance en Algérie, en Tunisie et à Chypre. Cette logique s'approfondit avec la IIIe Assemblée d'ETA, en mars-avril 1964, qui se tient près de Bayonne. Le document *La insurreción en Euskadi* (1964) y est approuvé. S'y trouvent théorisés les fondements de la guerre révolutionnaire. La nouveauté réside dans la décision de se doter d'un *buruzagi*, c'est-à-dire d'un chef principal, comme

Deux éthiques de la lutte

ce fut le cas dans les conflits précédemment cités. Au sein d'ETA, ce rôle est tenu par un comité de coordination (voir Nuñez, 1993a, p. 128). La violence est conçue comme une nécessité, bien qu'elle soit systématiquement subordonnée à une idéologie, à un dessein politique[2]. Celle déployée par l'organisation illégale qu'est ETA est envisagée comme analogue à la violence dite légitime des États en place. Elle est comparée à celle du résistant, *Gudari*, comme le souligne cet extrait très illustratif :

> Le « terroriste » ne doit pas être considéré comme un criminel ordinaire (il le sera toujours par le tyran franco-espagnol). Il se bat, en effet, dans le cadre, les principes et la discipline d'une organisation ; sans intérêt personnel, pour une cause qu'il estime noble et qui est très noble, pour un idéal respectable, comme tout soldat en uniforme sur le front défendant son pays. Il tue sans haine sur ordre de ses chefs et dirigeants, des individus qui lui étaient souvent inconnus, et ce avec la même sérénité qu'un *Gudari* à Elgeta en 1936. Le terroriste devient ainsi la quintessence du combattant, avec bien plus de vertus et de risques que le pilote de chasse ou le soldat d'infanterie ou d'artillerie. (IIIe Assemblée d'ETA, p. 16)

La référence au *Gudari* participe du portrait mythique du militant d'ETA, dressé lors de la IIIe Assemblée, au même titre que d'autres images décrivant les qualités qui doivent être les siennes[3]. Au cours de la IVe Assemblée d'ETA, Zumalde, dit *El Cabra*, est élu responsable de la sixième branche, c'est-à-dire de la branche militaire. Émerge durant cette Assemblée, le principe de la « spirale action-répression-action »[4]. Il est théorisé par

2   « Pour le gudari-militant, engagé corps et âme dans la G. R. [guerre révolutionnaire], tricher/mentir, forcer/contraindre et tuer sont non seulement des actes déplorables mais nécessaires. En ce sens, il est moins scandaleux de tirer sur des traîtres que sur des ennemis » (IIIe Assemblée d'ETA, p. 7). « Aujourd'hui, c'est [la guerre d'Indépendance] une partie, révolutionnaire et militaire, au service d'une idéologie. » (IIIe Assemblée d'ETA, p. 8). La « G. R. ne peut naître que d'une volonté politique bien établie » (IIIe Assemblée d'ETA, p. 11).

3   « L'Etarra pratiquant la G. R. doit être – nous insistons – inaccessible, non reconnaissable et fuyant comme une anguille dans l'eau ; [il] se déplace comme un papillon dans l'espace (mouvements soudains et inattendus de droite à gauche, du nord au sud) et rapide comme un tigre affamé » (IIIe Assemblée d'ETA, p. 19).

4   « Suponemos una situación en la que una minoría organizada asesta golpes materiales y psicológicos a la organización del Estado haciendo que este se vea obligado a responder y reprimir violentamente la agresión. Supongamos que la minoría

Zunbeltz en 1967 dans le texte *Hacia una estrategia revolucionaria vasca*. En mars 1967, au cours de la Seconde Partie de la Ve Assemblée d'ETA, le principe de la « spirale action-répression-action » est adopté et approuvé officiellement. Le principe retrouve une actualité en 1974 avec la publication de *Fines y medios en la lucha de liberación nacional* de Zunbeltz. Ce principe s'appuie sur l'idée qu'

> à partir de la décade des années 1950, la violence exercée contre le peuple basque par les forces de répression espagnoles a été intégrée comme un autre élément du processus révolutionnaire basque. Les interdictions, les amendes, les personnes envoyées en exil, les tortures, les condamnations des tribunaux spéciaux, les contrôles massifs de la population, etc. permirent aux masses de prendre conscience de qui était leur ennemi. (*In* Letamendia 1975)

Du point de vue de l'idéologie et de l'action révolutionnaires, la stratégie de l'« action-répression-action » se conçoit conformément à l'idée que « la répression et l'action révolutionnaire grandissent ensemble et se conditionnent mutuellement. [...] À partir de nouvelles conditions, les moyens de répression produisent de plus fortes actions révolutionnaires ; et comme les actions révolutionnaires sont, à leur tour, contestées avec des moyens de répression encore plus spectaculaires, s'opère un processus en spirale où l'activité révolutionnaire et la répression se propulsent à chaque fois à des niveaux plus élevés. C'est à l'État oppresseur que ce processus d'action-répression-action nuit le plus, c'est-à-dire à la classe dominante qui agit à travers lui. En effet, les moyens dont dispose un État pour réprimer les masses, quand bien même ils sont nombreux, demeurent limités » (Zunbeltz, 1969, p. 81 *et sqq.*, cité *in* Letamendia 1975, p. 311). Il demeure que ce principe tactique s'inscrit au sein d'une stratégie plus ambitieuse. En effet, celle adoptée lors de la Seconde Partie de la Ve Assemblée consiste en une lutte en quatre fronts (culturel, économique, politique et militaire),

---

organizada consigue eludir la represión y hacer que esta caiga sobre las masas populares. Finalmente, supongamos que dicha minoría consigue que en lugar de pánico surja la rebeldía en la población de tal forma que esta ayude y ampare a la minoría en contra del Estado, con lo que el ciclo acción-represión está en condiciones de repetirse, cada vez con mayor intensidad » (Zunbeltz, 1965). Sur cette stratégie, voir Letamendia 1975, p. 389-392.

Deux éthiques de la lutte 201

opérant à partir de la méthode de la spirale action-répression-action, avec pour objectif la prise du pouvoir par le peuple basque (Letamendia 1975, p. 322).

La Ve Assemblée, organisée par Txillardegi et d'autres membres d'*Ekin*[5], contribue à la pérennité du principe de la violence stratégique. Elle se tient en décembre 1966. Les membres d'*Ekin* qui en ont eu l'initiative et qui soutiennent la théorie de la spirale de la violence reprochent aux nouveaux venus de gauche d'ignorer que la violence stratégique contribuerait à alimenter un soulèvement populaire. Ils les accusent d'être de simples partisans de réformes mineures plutôt que d'une véritable révolution. Néanmoins au sein du groupe mené par Txillardegi, existent plusieurs tendances. Se distingue, en particulier, un groupe de partisans de la théorie de la spirale de la violence accusant le bureau politique d'être «marxiste contre-révolutionnaire», manquant d'esprit révolutionnaire et de ce fait qualifié de «réformiste». La Ve Assemblée constitue ainsi un moment clef puisque la lutte armée qui jusque-là était sporadique y est acceptée au nom de thèses défendues par le Che, Mao et Fanon (Nuñez, 1993b, p. 34-35). Les méthodes d'action directe sont élaborées et mises en œuvre par Javier Zumalde, responsable de la branche militaire (voir Bkz, «Acción de ikurriña en Bergara», *in* Zumalde, 1980, p. 167).

Après la Ve Assemblée, les tenants de la théorie de la spirale de la violence prennent le dessus sur les anciennes générations et nomme l'organisation ETA-V. Txabi Etxebarrieta, partisan à la fois de la lutte armée et des mobilisations ouvrières, est choisi comme représentant du groupe *Branka*, fondé par Txillardegi et la branche culturaliste[6]. Etxebarrieta introduit

---

5   *Ekin* est le bulletin intérieur du groupe d'étudiants qui sera à l'origine d'ETA et qui s'est d'abord réuni à Bilbao en 1952. *Ekin* signifie «faire».

6   La branche culturaliste est menée par José Luis Alvarez Emparanza, dit *Txillardegi*, et Benito del Valle. Txillardegi est un linguiste basque. Son groupe refuse de considérer que le principal front de la lutte soit le front de classe. Il estime que «tous les mouvements ou partis basques qui luttent pour la désaliénation nationale du Pays basque via l'indépendance doivent faire partie du Front National Basque. À l'inverse, aucun mouvement ou groupe qui considère la dimension nationale du problème basque comme secondaire ou "oubliée" ne peut entrer dans le Front Basque. Aujourd'hui, la ligne de démarcation n'est pas la politique sociale mais la politique nationale» («Frente Nacional Vasco o frente de clase», *Branka*, n° 2, septembre 1966 ; voir aussi «Del Frente español al Frente nacional vasco», *Branka*, n° 7, juin 1968).

ensuite, dans une réunion ultérieure à la Ve Assemblée, une théorie hybride combinant une théorie de la violence révolutionnaire avec une théorie marxiste des alliances de classes[7]. Il établit le rôle subordonné de la violence politique et souligne que

> notre action ne doit pas être confondue avec notre activisme. Nos actions violentes ne sont *qu'une partie* de notre action. Notre action réside dans l'ensemble de l'offensive politique que nous avons développée à travers *Batasun Eguna*, les tirages massifs de propagande que nous avons réalisés (nous dépassons de 540 % les tirages réalisés en un an [...]), notre participation dans les comités ouvriers, l'impulsion forte que nous avons donnée aux « Tables de la culture », etc. Notre action est globale (quatre fronts) ; nous considérons les actions violentes comme une partie inséparable de notre stratégie, parce que nous sommes des révolutionnaires ; néanmoins nous sommes conscients que les actions violentes ne sont qu'une partie de cette stratégie, mais pas la plus importante en ce moment. (Etxebarrieta, 1988)

A contrario, ETA-Berri (Nouvelle ETA en *euskara*), scission émergeant en 1966, formule une analyse critique de la stratégie proposée par ETA-V et considère que la lutte armée ne convient pas aux travailleurs urbains modernes, la répression de l'État étant susceptible d'atteindre un degré tel de violence qu'elle risque de compromettre l'organisation des travailleurs. ETA-Berri est, pour sa part, plutôt favorable à une révolution des travailleurs à l'échelle de la péninsule ibérique dans un avenir de collaboration. Ses partisans se sont progressivement écartés des principes d'ETA et ont changé de nom pour adopter celui de *Komunistak* puis celui de *Movimiento Comunista de España (MCE)* (voir Zirakzadeh, 1991, p. 174). De même, certains militants du groupe *Branka*, dirigé par Txillardegi, partisans d'une alliance entre tous les groupes nationalistes – y compris le PNV – et plus centrés sur les traditions culturelles, démissionnèrent, considérant que la violence de la guérilla associée à une alliance avec la classe ouvrière n'était pas cohérente avec les objectifs fondamentaux d'ETA et qu'une telle alliance ne paraissait pas convaincante (Jáuregui, 1981, p. 359-410).

[7] Pour une présentation synthétique de cette théorie, voir Unzueta, 1988, p. 147-171. La nouvelle équipe dirigeante d'ETA est constituée d'un comité exécutif composé de sept membres et d'un Bureau politique rassemblant Eskubi, Elorriaga, Patxo Unzueta, Jesús María Bilbao et Txabi Etxebarrieta (voir Casanova Alonso, 2007, p. 52).

La ligne révolutionnaire continue néanmoins de s'affirmer lors de la seconde partie de la Ve Assemblée d'ETA à Guétary les 21-26 mars 1967. Le texte *Stratégie et tactique* (de la nouvelle phase offensive) élaboré par le groupe *Branka* s'y trouve débattu avec beaucoup d'intensité, dans une discussion monopolisée par Krutwig, qui remet en cause l'absence d'initiatives armées de la part de l'organisation. Il considère ainsi que :

> Nous avons créé une branche militaire mais nous n'avons réalisé aucun acte militaire. [...] ETA ressemble davantage à un groupe qui lance des bravades qu'à un groupe révolutionnaire. Notre violence est purement verbale. (Nuñez, 1993b, p. 86)

Parallèlement, la position d'une partie du clergé basque évolue comme en témoigne la déclaration du prêtre Patxi Altuna à l'occasion des funérailles de Txabi Etxebarrieta, tué par la garde civile en juin 1968 : « Si la violence en soi est condamnable, ce n'est pas le cas dans une tyrannie despotique et prolongée qui, par ses principes et ses actions, attente aux droits humains » (Nuñez, 1993b, p. 109). Fait écho à ses propos une publication dans *Zutik* affirmant que « le peuple basque a contraint l'appareil militaire et paramilitaire de l'État espagnol à se retirer [du territoire]. [...] Cette unité du peuple, dans le cas de Xabi Etxebarrieta, a franchi une étape supplémentaire [...]. Xabi n'est pas mort pour un parti, il est mort pour tout le peuple basque, pour sa libération réelle » (*Zutik*, n° 49, juillet 1968, *in* Nuñez, 1993b, p. 110).

Bien que tendant à devenir dominante, la lutte armée comme option stratégique n'est pas la seule interprétation au sein de l'organisation. Parmi l'un des groupes émanant des divisions d'ETA-V, en l'occurrence le nouveau « Front des travailleurs » d'ETA-V, très actif dans les comités ouvriers (*Comisiones Obreras*) et œuvrant en collaboration avec des groupes d'extrême gauche (ils signeront ultérieurement un accord de coopération avec le PCE en 1970), se voit formulé un autre type de rapport stratégique à la violence. Ce groupe conçoit la lutte comme une confrontation constante sur les questions économiques. Dans cette logique, l'activisme des travailleurs pousse les forces de l'ordre espagnoles vers des actes de brutalité. Une telle violence dévoile le vrai visage du « fascisme » et suscite inévitablement la haine de tous les travailleurs de la région, conduisant ainsi la classe ouvrière à davantage de radicalité (Ibarra, 1987, p. 84-85).

6.1.2 ETA et le ciblage des actions armées

α. L'évolution du rapport à la violence d'ETA

> Si la répression continue, nous poursuivrons ce type d'action, ont déclaré les deux militants de l'ETA, la lutte armée nous est imposée par le caractère même du régime. Dans une démocratie, nous ne recourrions pas à ce type de lutte, tout comme nous nous refusons à pratiquer des détournements d'avions. Nous attaquons l'ennemi là où il est.
>
> — Déclaration d'un militant d'ETA (*Le Monde*, 24 décembre 1973)

α.1 ACTIONS RÉALISÉES

Bien qu'officiellement née en 1959, il faut attendre cinq ans (1964) avant qu'ETA n'emploie pour la première fois des explosifs contre des plaques commémoratives de l'État espagnol (voir Zunbeltz, 1968, p. 105). Bien avant ces actions à l'explosif, le régime franquiste réagissait déjà aux initiatives du groupe et avait pris des sanctions via la loi sur l'ordre public du 30 juillet 1959 et la loi contre le banditisme et le terrorisme du 23 septembre 1960. ETA propose, dans le *Livre Blanc*, une stratégie d'adaptation face à cette évolution législative. Dans le numéro 6 de *Zutik* (avril 1961) qui célèbre l'*Aberri Eguna* en titrant « 25 ans de résistance », l'organisation se place explicitement dans une posture de résistance symbolique (langage) ou psychique (consistant à placer des bombes contre des cibles ennemies) (voir Nuñez, 1993a, p. 57-58). Le mouvement de jeunesse basque EGI (*Euzko Gaztedi Indarra*) hisse l'*Ikurriña*, ce qui dans certains cas conduit à des arrestations comme celle de Juantxo Amibilia, dit *Baserri*, alors qu'il tentait de placer le drapeau basque sur l'église d'Andoain[8].

---

8   Comme le souligne un militant d'EGI : « Por nuestra parte había ganas de trabajar, pero nos faltaba preparación, y los responsables de zona no hacían mucho por enseñarnos. [...] En una ocasión robamos dinamita en la zona de Alegría de Oria, pensando que algún día haría falta, hubo quien hizo pruebas con ese material y lo pusimos a buen recaudo. Más adelante contactamos con el vicelehendakari del PNV y nos dijo que había que volar el pantano de Yesa, el Monumento a los Caídos de San Sebastián, etc. a lo que nosotros nos negamos porque desconocíamos cómo se manejaban los explosivos... » (*Punto y Hora*, 26 mai 1988).

Jusqu'au milieu des années 1960, les actions qu'ETA revendique sont de faible portée. Elles consistent en dégradations de monuments et de places célébrant le franquisme, en actions contre des informateurs consistant par exemple à brûler leur véhicule (voir Jokin Gorostidi, «V Asamblea, un paso adelante», in *Punto y Hora*, 13 juillet 1984). Néanmoins ETA procède progressivement à un changement stratégique et prend la décision d'initier une campagne armée ayant pour objectif la lutte de libération nationale[9]. La première action d'ETA visant (indirectement) le gouvernement est commise le 18 juillet 1961 et consiste à tenter de faire dérailler un train transportant des partisans de Franco vers San Sébastian pour la célébration des 25 ans de la victoire du caudillo durant la guerre civile (Gomez, 2017, p. 105).

Après l'exécution le 2 août 1968 de Melitón Manzanas, considéré comme l'une des incarnations emblématiques du régime franquiste et de sa répression, ETA prend pour cible, à partir du début des années 1970, des chefs d'entreprises basques. Le 19 janvier 1972 une action est menée contre celui de l'entreprise Precicontrol, Lorenzo Zabala, dans le cadre d'un conflit qui l'oppose aux salariés[10]. Cette action marque une prise de position de l'organisation en faveur du mouvement ouvrier ainsi qu'en atteste la revendication publiée dans *Zutik*, n° 63[11]. Une intervention comparable dans un rapport de force entre salariés et patron advient également le 16 janvier 1973, lorsque Felipe Huarte Beaumont est enlevé dans le cadre d'un conflit avec ses employés de l'usine de Torfinasa. Il s'agit, pour ETA, d'opérer un positionnement stratégique eu égard aux groupes sociaux en conflit dans le monde du travail, en se plaçant du côté du mouvement ouvrier.

Parallèlement mais dans le champ des mouvements sociaux, ETA vient en appui de la protestation anti-nucléaire. Celle-ci consiste dans un premier

---

9 Voir *La insurrección en Euskadi*, document publié en 1964 par ETA à l'issue de la IIIe Assemblée.
10 Voir la revendication de l'action dans *Zutik*, n° 63, 1972, p. 24 *sqq*.
11 «Nuestra lucha es una lucha de Clases-Nacional vasca. Como es lógico, esto lleva consigo el que nosotros vayamos en busca del aniquilamiento de todas las fuerzas que oprimen y explotan a la clase obrera y a las clases populares vascas. Todos los patronos son iguales para nosotros, son nuestros explotadores, no cambia nada el que tenga o no apellidos vascos, pues nos oprimen igualmente sean vascos, españoles, franceses o yanquis» (*Zutik*, n° 63, 1972, p. 25).

temps en « une opposition très limitée aux projets du gouvernement espagnol de lancer un programme impliquant d'abord quatre, puis seulement deux centrales nucléaires au Pays basque, à Lemoiz et à Ea. Le mouvement prend de l'ampleur en 1976. Il met en cause le comportement peu démocratique des décideurs et en particulier des technocrates d'Iberduero S. A., l'entreprise qui, en Espagne, a le quasi-monopole de la production et de la distribution du courant électrique. La mobilisation en appelle à une nouvelle conception du progrès et du développement, et comporte une forte composante écologiste (voir Wieviorka, 1993, p. 30).

L'enlèvement de l'industriel Francisco Luzuriaga le 11 janvier 1976 suscite une vive controverse au sein même des secteurs favorables à ETA. Dans un communiqué, plusieurs organisations de la gauche basque, dont LAB et LAIA, se désolidarisent de cette action qui, à leurs yeux, nuit à l'image du mouvement (voir Wieviorka, 1993, p. 32). ETA poursuit néanmoins cette pratique des enlèvements dans une perspective de négociation. Javier Ruperes, chef de l'Union du Centre Démocratique (UCD) et président du comité pour les relations internationales de l'UCD, est enlevé en 1979 par ETA-pm. Il s'agit d'obtenir l'amnistie de la plus grande partie des prisonniers, leur libération ou l'amélioration de leurs conditions de détention. ETA veut également négocier le retour des prisonniers basques qui resteront incarcérés dans les centres de détention de Soria au Pays basque ainsi que le retrait des forces de l'ordre espagnoles des provinces basques. Javier Ruperes est libéré après que le gouvernement espagnol se soit engagé à libérer les prisonniers et à créer une commission parlementaire spéciale chargée d'enquêter sur la torture.

Alors que les personnes enlevées jusque là ont été libérées, plusieurs des enlèvements qui suivirent conduisirent à des exécutions. En 1997, ETA enlève Miguel Angel Blanco Garrido, alors conseiller municipal d'Ermua, pour demander la fin de la politique de dispersion pénitentiaire des 460 personnes accusées d'appartenance à ETA. L'enlèvement intervient après l'émergence de nombreuses protestations relatives aux mauvais traitements des prisonniers dans les prisons espagnoles (voir TAT Report, 1993). La demande associée à l'enlèvement de Blanco n'ayant pas été satisfaite et en dépit des protestations massives de la population dans plusieurs villes du Pays basque, le conseiller est tué. À la suite de son exécution, 14.000 citoyens se rassemblent à Ermua en hommage à Miguel Blanco et pour protester contre son assassinat. En revanche, Jose Antonio Ortega Lara, employé de prison enlevé le 17 janvier 1996 par ETA avec la revendication de regroupement des prisonniers politiques basques, est libéré après 532 jours de détention.

Cet enlèvement est sous-tendu par plusieurs enjeux relatifs au rapport de force entre ETA et le gouvernement espagnol ainsi que de réputation, sous la modalité du « ne pas perdre la face »[12]. La libération de Miguel Angel Blanco impliquait le transfert de 500 militants d'ETA détenus dans les prisons du Pays basque nord. Or cette revendication a été rejetée par le gouvernement espagnol dénonçant un chantage. ETA est responsable de l'enlèvement de soixante-dix-sept personnes au cours de son histoire. Néanmoins au moment du rapt de Blanco, ETA n'avait institué des échéances, pour la satisfaction des revendications, qu'à deux occasions (Washington Post, 1997, p. A16). Passé ce délai, se posait la question de mettre à exécution la menace de mort. Devant le refus par le gouvernement de satisfaire la demande de rapprochement des prisonniers, ETA ne pouvait maintenir son image et sa réputation qu'en tuant Blanco[13].

S'agissant des opérations mortelles perpétrées, ETA est considérée comme une organisation ayant pratiqué des actions armées de façon « relativement sélective » (Sánchez-Cuenca, 2009, p. 7)[14]. Nombre des personnes liées au groupe rencontrées le confirment[15]. Cette sélectivité est explicitée par Dimitri :

> Le conflit est là pour mettre chacun à sa place et prendre conscience des erreurs qu'on a pu commettre nous, des erreurs qu'on n'a pas commises. Donc toutes ces personnes qui sont mortes dans les actions menées par l'organisation ETA, la majorité de ces personnes-là savaient très bien quelle était leur place au sein de ce conflit : gardes civils, politiques, militaires, police nationale. Tout le monde a sa part de responsabilité là-dedans. Eux aussi l'ont eue. Nous aussi on l'a.

---

12   L'enlèvement puis l'exécution de M. A. Blanco s'explique encore du fait que le gouvernement espagnol avait réussi à libérer José Lara, resté captif durant un an et demi (Ramírez de la Piscina *et al.*, 2016).
13   Une situation analogue s'était déjà posée en mars 1976 avec l'enlèvement d'Ángel Berazadi Urbe, industriel, directeur de l'entreprise *Sigma*.
14   La corrélation entre le nombre d'actions et le nombre d'attaques mortelles est de 0,93.
15   Voir Dimitri, Elyana, Isabella, Julien.

Fin 2007, ETA a conduit 597 attaques mortelles et tué 836 personnes (avec une moyenne d'1,4 décès par attaque mortelle) (Sánchez-Cuenca, 2009, p. 7). Les chiffres du Gouvernement basque, fournis en 2013, établissent qu'entre 1960 et 2013, le conflit au Pays basque a provoqué la mort de 1.004 personnes (Carmena *et al.*, 2013, p. 14)[16] ; 837 sont attribuées à ETA et à des organisations de même nature, 167 sont imputables aux forces de sécurité de l'État, à des groupes paramilitaires et d'extrême droite. Toutefois ces chiffres placent parmi les victimes assignées à ETA celles qui sont également le fait des CAA, d'IK, d'*Iraultza* et d'« autres organisations ». Dans ce total figure de façon erronée, l'une des victimes du *DRIL* (*Directorio Revolucionario Ibérico de Liberación*), ce groupe n'ayant pourtant aucun lien avec ETA[17]. Pendant le franquisme, quarante-trois personnes ont été tuées par ETA et plus de 800 après. Cependant le choix des cibles visées par ETA a évolué au cours du temps. De La Calle et Sánchez-Cuenca estiment que 26,8 pour cent des exécutions menées par ETA étaient ciblées et « justifiées » par le comportement des victimes. 54,9 pour cent étaient génériques, c'est-à-dire liées à la fonction professionnelle assumée par la victime, 4,8 pour cent indiscriminées, alors que 13,5 pour cent consistaient en « dommages collatéraux » ou accidents (De La Calle et Sánchez-Cuenca, 2004, p. 14). La faible acceptation, parmi les soutiens d'ETA et les partisans d'HB, d'assassinats indiscriminés explique leur nombre relativement limité en comparaison de ce qui a pu être le cas avec l'Armée Républicaine Irlandaise Provisoire (PIRA) en Irlande du Nord, où les actions indiscriminées représentent 15,6 pour cent des opérations menées par l'organisation (De La Calle et Sánchez-Cuenca, 2004, p. 14).

---

16   Le nombre de victimes mortelles attribuées à ETA varie selon les sources. Même aujourd'hui, un chiffre précis ne peut être donné dans la mesure où treize cas demeurent non élucidés quant à leurs instigateurs.

17   Le DRIL fut créé en 1959 par des communistes et des libertariens antifranquistes de Galicie et du Portugal. Il est à présent établi que le DRIL est l'auteur de la mort non voulue, le 27 juin 1960, de Begoña Urroz, une enfant de vingt-deux mois tuée à la station Amara de San Sébastian où une bombe avait été posée à la consigne. L'enfant est considérée comme la « première victime d'ETA », en dépit des travaux ultérieurs ayant montré l'erreur d'attribution ainsi que des déclarations des auteurs des faits (voir Xurxo Martínez Crespo, *Deia*, 21 février 2010).

α.2 Les cibles

L'analyse statistique conduite par Sánchez-Cuenca met en évidence quatre phases distinctes dans la temporalité et l'intensité de la violence convoquée par ETA. Chacune de ces périodes correspond à une étape du développement stratégique du groupe, cette interprétation ayant également une pertinence au-delà de la périodisation de l'auteur. 1. La première coïncide avec le régime franquiste (1959-1975). Elle repose sur une stratégie de l'action-répression-action. Néanmoins cette stratégie n'est pas propre à la première période d'activité d'ETA mais se retrouve en différentes étapes de son histoire, y compris jusque dans les années 2000 que l'article de Sánchez-Cuenca de 2009 n'a pas réellement exploré. 2. La seconde période, couvrant les années 1977-1981 et plus exactement 1978-1980, est marquée par une intense offensive contre l'État espagnol et coïncide avec le début d'une guerre d'usure. 3. Au cours de la décennie 1982-1992, le conflit se prolonge et la guerre d'usure se stabilise. 4. Enfin après l'arrestation de Bidart en 1992, s'amorce le début du déclin des actions et de l'organisation. Cette période est d'abord marquée par la tentative de constituer un large front nationaliste puis, à la suite de l'échec de cette tentative, par une stratégie de détérioration qui serait inhérente à la fin de toute organisation terroriste (Sánchez-Cuenca, 2009, p. 22).

Tableau 25 : Première périodisation de l'intensité des actions mortelles menées par ETA

Périodes	Contextes	Types de lutte
1959-1975	Franquisme	Lutte antifranquiste, stratégie de l'action-répression-action
1977-1981	Transition vers la démocratie	Offensive contre l'État espagnol
1982-1992	Gouvernement élu, démocratie stabilisée	Guerre d'usure
Après 1992	Démocratie stabilisée	Déclin des actions d'ETA

Cette périodisation s'inspire directement des travaux de Sánchez-Cuenca. Toutefois dix ans de recul et la dissolution d'ETA permettent de l'affiner en intégrant la criminalisation du mouvement abertzale entre la fin des années 1990 et les années 2000 ainsi qu'une recrudescence des attaques d'ETA en 2008 et sur la période 2007-2009 (voir Tableau 35 en annexe 2). En premier lieu, il semble plus pertinent de segmenter les années du franquisme (jusqu'à 1975) de celle de la transition car la littérature montre – comme nous l'avons précédemment rappelé (chapitre 2) – que les périodes de transition et par conséquent d'instabilité sont propices à une recrudescence des actions contestataires de type «terroriste».

Tableau 26 : Seconde périodisation de l'intensité des actions mortelles menées par ETA

Périodes	*Années*	*Contextes*	*Types de lutte*
1	1968-1975	Franquisme	Lutte antifranquiste, résistance
2	1975-1977	L'après Franco	L'offensive de la transition
3	1978-1980	Transition vers la démocratie	Offensive contre l'État espagnol
4	1981-1985	Gouvernement socialiste	Offensive contre le gouvernement et début de la guerre d'usure
5	1986-1992	Démocratie stabilisée	Guerre d'usure
6	1992-2001	Discussions de solution de conflit et exclusion politique de la gauche abertzale	Déclin des actions d'ETA
7	2002-2009	Gouvernements Aznar et Zapatero	Épuisement de l'organisation
8	2010-2018	Gouvernement Rajoy	Fin des actions d'ETA et dissolution

Deux éthiques de la lutte

La fréquence et la létalité des actions menées par ETA varient au cours de chacune des périodes. Différents facteurs l'expliquent. En termes d'itération, on observe que pendant la période franquiste ainsi qu'après l'arrestation de Bidart en mars 1992, un faible nombre d'attaques mortelles est perpétré par comparaison avec les phases 2 à 4, correspondant aux périodes d'offensive contre le gouvernement (voir Tableau 35 en annexe 2). Au cours des phases 2 et 3, ETA réagit au référendum sur la Constitution de 1978 en augmentant le niveau de violence (bien qu'il n'y ait pas de changement statistique significatif eu égard au Statut d'Autonomie). Durant la période constitutionnelle, ETA multiplie les attaques mortelles. Ainsi le nombre de morts pendant les premières années de la transition s'élève à dix-sept en 1976, douze en 1977, soixante-cinq en 1978 (année du référendum constitutionnel), soixante-dix-huit en 1979, quatre-vingt-seize en 1980 (année du vote des premiers statuts d'autonomie) (voir Loyer et Aguerre, 2008, p. 113).

Tableau 27 : Comparatif des actions mortelles menées par ETA au cours des phases 2-3 et 7

Années	Nombre d'actions mortelles	Nombre de victimes
1976	13	17
1977	8	12
1978	50	65
1979	62	78
1980	67	96
	Nombre d'actions menées	Nombre de victimes
2007	7	2
2008	30	5
2009	9[a]	3

[a]Dont deux incertaines.

De même, ETA intensifie le niveau de violence létal avant les élections générales et locales. Les années 1970 sont marquées par une tension plus forte dans le conflit entre l'État espagnol et ETA, qui s'engage dans une militarisation croissante. L'observation attentive des attentats révèle que l'organisation armée les a même concentrés durant les campagnes électorales. L'offensive la plus importante menée contre le gouvernement espagnol a eu lieu après les premières élections de 1977. En 1978, les attaques se multiplient durant le mois qui précède le référendum constitutionnel : un attentat par jour et un assassinat tous les deux jours (Elorza, 2000, p. 293). Le but est d'empêcher la réforme et de forcer la « rupture », c'est-à-dire de « prendre le risque de la guerre ouverte pour obtenir l'indépendance » (Loyer & Aguerre, 2008, p. 113). Toutefois cette offensive a lieu dans un contexte où la violence se déploie de toute part. Le terrorisme d'extrême droite – au-delà du terrorisme d'État et des opérations des GAL – intervient comme une réponse aux actions d'ETA mais tend aussi à accroître la violence de celle-ci (Sánchez-Cuenca, 2009). Les actions militaires menées par ETA se concentrent plus particulièrement dans les phases 3 et 4 (de 1978 à 1985) qui coïncident avec une stratégie offensive contre le gouvernement et l'État espagnol. Celle-ci dure environ dix ans dans sa phase la plus intense (phase 2-4 : 1975-1985). Elle advient à la fois durant la transition vers la démocratie, autour de la période constitutionnelle, d'une part, puis au début de l'installation du gouvernement socialiste jusque vers les années 1985.

Cette phase est suivie de ce que l'on peut appeler une guerre d'usure[18] (phase 5 : 1986-1992) dans un contexte de démocratie stabilisée, où le gouvernement socialiste demeure de façon pérenne au pouvoir. Durant cette étape, ETA n'espère plus un soulèvement des masses. En revanche, l'organisation utilise la violence pour infliger des pertes à l'État qui refuse de satisfaire ses revendications fondées sur l'alternative KAS, les plus importantes étant le droit à l'auto-détermination, le retrait des forces espagnoles du territoire basque ainsi que de la police, une amnistie totale pour les prisonniers politiques. Au cours de cette période, ETA agit conformément à l'hypothèse que si le coût infligé à l'État, en termes de vies humaines, de

---

18 Sánchez-Cuenca, 2001, chapitre 3 ; Sánchez-Cuenca, 2007.

pertes financières et de destruction matérielle, est suffisamment élevé, il finira par céder, par accepter de négocier voire abandonner le combat (voir Sánchez-Cuenca, 2009, p. 4-5).

L'organisation est toutefois contrainte de revoir ses stratégies du fait de l'approfondissement de la coopération antiterroriste entre les États français et espagnol ainsi que des évolutions sociales en Espagne. En 1982, la police autonome basque (*Ertzaintza*) est créée. Elle entre en service le 26 octobre 1982 en application du Statut d'Autonomie du Pays basque adopté en 1979. Elle intervient en collaboration étroite avec la garde civile et participe à la politique antiterroriste. Elle s'avère particulièrement efficace à partir du début des années 1990 en assumant un rôle direct dans le démantèlement de commandos d'ETA, en août 1991, et par la mise en évidence, en janvier 1992, de l'implication de plusieurs membres d'HB dans la levée de l'impôt révolutionnaire (Hermant, 1992, p. 70). Si, dans un premier temps, la question de la confrontation d'ETA avec la police autonome a pu se poser, en particulier en termes de défaut de représentativité de l'organisation clandestine et de risque de segmentation de la lutte entre peuple basque et État central espagnol, ETA prend pour cible l'*Ertzaintza* dès 1985, avec un attentat à la voiture piégée à Vitoria le 7 mars 1985 contre Carlos Díaz Arkotxa, lieutenant-colonel et plus haut responsable de la police autonome (*Ertzaintza*). Sur le plan social, la signature du pacte d'Ajuria Enea, le 12 janvier 1988, constituant un accord pour la Normalisation et la Pacification du Pays basque, par l'ensemble des forces politiques basques et espagnoles à l'exclusion d'HB constitue une date clef. Le pacte rejette publiquement toute alliance avec des organisations soutenant l'action violente ou toute négociation avec des mouvements clandestins, plaçant ETA dans une situation délicate.

En matière d'actions armées, les années 1980 se distinguent par le recours récurrent à des explosions à la voiture piégée, dans le but d'augmenter le nombre de victimes et de réduire le risque d'arrestation des exécutants (Sánchez-Cuenca, 2009, p. 7). La létalité des attaques est une dimension que l'organisation prend en considération en tant que telle. Les commandos utilisent ensuite davantage les armes de poing. Ainsi dans les années 1980, ETA tue entre dix-neuf et cinquante-deux personnes par an (voir Tableau 28).

Tableau 28 : Moyenne des victimes par période

Phases	Périodes	Moyenne des victimes mortelles
2-4	1975-1985	32,5
5	1986-1992	17,2
6	1992-2001	9,4
7	2002-2009	1,9

L'analyse statistique montre *a contrario* que la violence, durant le régime franquiste et après l'arrestation à Bidart des principaux responsables d'ETA le 29 mars 1992, est bien plus réduite que pendant les phases 2 à 5. Selon Sánchez-Cuenca, l'arrestation de Bidart n'a pas un effet conjoncturel mais bien plutôt structurel : ETA ne se serait jamais remise de cette perte (Sánchez-Cuenca, 2009, p. 22-23), en ce sens que depuis 1992, ETA ne s'est jamais réengagée dans le niveau de violence des phases 2 à 5, c'est-à-dire de 1975 à 1992 (Sánchez-Cuenca, 2009, p. 6). L'arrestation de Bidart ne constitue toutefois pas l'unique facteur explicatif de ce reflux. Au cours de la phase 6, l'exécution de Miguel Ángel Blanco en juillet 1997 a suscité d'importantes mobilisations sociales scandant «*ETA, basta ya !*» («ETA, ça suffit !» ; voir *Le Monde*, 10 juillet 1997). Une partie de la population se détourne d'ETA comme en témoignent les manifestations massives et les protestations contre l'exécution de Miguel Ángel Blanco, conseiller municipal PP. Cette période est également marquée par de nouvelles tentatives de discussions à l'initiative d'HB mais également entre l'organisation et le gouvernement espagnol après l'échec des discussions d'Alger (1988), que ce soit en 1998-1999 ou en 2005 et 2006. Cette volonté affirmée de discuter voire de négocier s'accompagne de trêves (1998, 1999) et de cessez-le-feu souvent unilatéraux (1996, 1998, 2004, 2006, 2010, 2011). Enfin il est inexact de considérer que l'organisation est dépourvue de dirigeants après 1992. Si la presse ne manque pas d'annoncer la capture récurrente de «chefs» ou de «numéros 1» d'ETA, plusieurs figures remarquables ont marqué la direction et les options stratégiques de l'organisation telles Josu Ternera, Lorenzo Lasa Mitxelena dit *Txikierdi*, Ibon Fernández Iradi dit *Susper*, Francisco Javier López Peña dit *Thierry*, Mikel Irastorza, David

Pla Martín, José Antonio López Ruiz dit *Kubati*, Santiago Arrospide Sarasola dit *Santi Potros*, Francisco Javier García Gaztelu dit *Txapote*.

Durant ces différentes phases, ETA fait évoluer la nature de ses cibles. Jusqu'en 1992, la violence était utilisée pour placer une pression sur l'État : les cibles privilégiées étaient la police, la garde civile, l'armée[19]. Après l'arrestation de Bidart, s'amorce un changement de tactique : les attaques visent désormais le personnel politique élu et les fonctionnaires de l'État. Alors que les représentants de l'État et les élus ne représentaient que 2,6 pour cent des cibles entre 1977 et 1992 (phases 3-5), ils en représentent 21,7 pour cent entre 1992 et 2007 (phases 6-7) (Sánchez-Cuenca, 2009, p. 6). Les enquêtés, tels Thibault qui a rejoint ETA au milieu des années 1970, témoignent de cette évolution :

> À un moment déterminé, nous, on intervenait toujours contre les militaires, les officiers de police. À un moment déterminé, on a dit : « eux, c'est des gens qui suivent des ordres des politiciens. On les tient pour responsables alors qu'eux, ce sont uniquement l'outil des politiciens. » Donc on va attaquer les politiciens. Et ça, ça a été un déclic, tu vois. Ça a été un peu compliqué à expliquer aux gens. Parce que les gens de la société basque ne voyaient pas les politiciens comme responsables de police, de l'armée. Ça c'est une violence que petit à petit, on a élevé le taux de violence, mais au début c'était une réponse.

Cette évolution dans le choix des cibles s'explique par deux raisons : α. d'une part et d'un point de vue tactique, les attaques menées contre les politiciens non-abertzales ont été utiles pour la stratégie du front nationaliste dans la mesure où elles ont polarisé le Pays basque et intensifié le conflit entre indépendantistes et non indépendantistes. β. D'autre part, les attaques contre les représentants de l'État (tels les conseillers municipaux) et les fonctionnaires de l'État (juges, procureurs) ont un effet bien plus important sur l'opinion publique – conformément à la théorie de la

---

19   Elyana associe ce ciblage à la notion de responsabilité au sein du conflit : « Pour moi et pour l'ETA aussi, je pense que quand on a lutté, on a lutté contre le secteur répressif et responsable... contre les personnes ou le système qui ont pensé et avaient la responsabilité sur la situation, sur le conflit au Pays basque, sur la répression au Pays basque, la négation de notre peuple. [...] C'était pas un mouvement qui faisait face à n'importe qui, n'importe comment. Et je pense que chaque action, ça a été bien réfléchi, bien pensé contre qui, comment, quoi. »

« socialisation de la stratégie de la souffrance » – que les attaques contre les forces de l'ordre. De plus, la faiblesse des moyens militaires d'ETA oblige l'organisation à se tourner vers des cibles plus faciles mais induisant de très fortes répercussions sociales. Toutefois celles-ci ne sont pas toujours positives puisque l'on constate, à la fin des années 1990, un relâchement progressif du soutien d'ETA par LAB et les syndicats abertzales. À la suite de l'exécution le 12 décembre 1997 à Irún du conseiller municipal PP, José Luis Caso, les syndicats se retirent du mouvement de soutien à HB dont les membres participant à la Table Nationale (*Mahaikides*) sont en cours de procès, après la diffusion de la vidéo *Alternativa Democrática*, associée à ETA, durant leur campagne de promotion. Le soutien social à ETA et à ses actions armées commence à s'étioler. Face à ce choix, ETA maintient pourtant le cap et répond dans un communiqué en dénonçant l'erreur politique commise par les syndicats ELA, LAB, EHNE et Elkarri (communiqué du 19 décembre 1997).

Durant les années 1990, les actions réalisées par ETA ont au moins trois objectifs : obtenir le transfert des militants d'ETA et d'autres indépendantistes basques détenus vers des prisons du Pays basque, susciter un processus électoral équitable et juste, parvenir à l'indépendance du Pays basque (voir Özçelik, 2017, p. 1060). Or ETA doit faire face à l'échec de l'ensemble des processus de discussions et de négociations entamés et, de ce fait, à une absence d'alternative ou d'opportunité politique. Le gouvernement socialiste de Felipe Gonzalez mène des discussions avec des représentants d'ETA en Algérie en 1989. Puis c'est au tour du gouvernement conservateur de José Maria Aznar de conduire des pourparlers avec des émissaires d'ETA en Suisse en 1998. Dans les deux cas, les discussions se tiennent de façon secrète sans aboutir (voir Özçelik, 2017, p. 1066). Après l'échec de chacune de ces tentatives de solution négociée, le Pays basque connaît une escalade de violence, en particulier en matière d'assassinats et d'enlèvements (Özçelik, 2017, p. 1067).

La reprise des actions d'ETA en 2000 avec dix-sept actions et douze en 2001 coïncide avec la rupture de la trêve annoncée le 28 novembre 1999. Déclarant dans un communiqué sa décision de rompre la trêve indéfinie entamée le 18 septembre 1998 et qu'à partir du 3 décembre 1999 de nouvelles actions pourraient être entreprises (voir *Gara*, 28 novembre 1999),

Deux éthiques de la lutte 217

l'explosion d'une voiture piégée à Madrid le 21 janvier 2000 paraît inéluctable ainsi que les opérations qui ont suivi. L'année 2007 connaît à la fois l'explosion de la bombe posée dans le parking de l'aéroport de Barajas[20] et une très forte répression du gouvernement espagnol contre que la gauche abertzale : *Jarrai, Haika* et *Segi* sont déclarées illégales, certains de leurs membres sont arrêtés tout de même que vingt-deux dirigeants de Batasuna, le 4 octobre 2007. Le 19 décembre 2007, quarante-sept des cinquante-deux accusés du procès contre *Ekin, Kas* et *Xaki* sont condamnés à des peines allant de deux à vingt-quatre ans de prison. Au cours du même mois, la coopération antiterroriste franco-espagnole contre ETA se renforce. On peut considérer que les attaques menées par l'organisation clandestine durant l'année 2008 sont une forme de réaction à la répression du gouvernement qui, en outre, interdit le 11 septembre 2008 via le Tribunal constitutionnel la tenue d'un référendum au Pays basque, décidé par le gouvernement régional sur le droit du peuple basque à l'autodétermination. La répression sur ce que le gouvernement considère comme « l'environnement politique » d'ETA se poursuit avec la dissolution par la Cour suprême les 16-18 septembre 2008 du Parti basque ANV (Action Nationaliste Basque) et du Parti Communiste des Terres Basques (PCTV), en raison de leurs liens avec ETA. De même, la Cour européenne des droits de l'Homme confirme en 2009 la décision d'interdiction de Batasuna par l'Espagne. Ainsi la stratégie de l'action-répression-action ne caractérise pas spécifiquement une période de l'activité d'ETA, bien que les modalités de son déploiement et son intensité aient pu varier en fonction des ressources du groupe et du contexte macrosocial de soutien aux actions.

β. Le cas d'Hipercor

Si les actions précédemment décrites (6.1.2, α) peuvent se comprendre à partir de la stratégie de l'action-répression-action, certaines ont eu des effets qui ont dépassé les ambitions stratégiques de l'organisation. Sans que nous ayons proposé une question spécifique sur l'explosion de la bombe dans le parking du supermarché Hipercor à Barcelone, le 19 juin 1987,

---

20   L'action est commanditée par Francisco Javier López Peña, dit *Thierry*.

seize enquêtés ont spontanément évoqué cet événement dont deux à demi-mot, montrant ainsi combien cet événement, qui provoqua la mort de vingt-et-une personnes, a marqué la conscience collective[21]. Une brève analyse des titres de la presse écrite de l'époque, espagnole comme européenne, suffit à montrer le rôle joué par cet événement dans le processus de décrédibilisation, de délégitimation et de diabolisation de l'organisation illégale. Ainsi *Le Monde* titre le 22 juin 1987 «Espagne : quinze morts, trente-cinq blessés. Terrorisme aveugle dans un supermarché de Barcelone».

Pourtant cette action, comme l'explosion d'une bombe dans le café Rolando à Madrid le 13 septembre 1974 où treize civils ont été tués, n'était pas conçue comme visant des civils[22]. L'une comme l'autre ont néanmoins été pensées comme laissant trop de place à de l'aléatoire ce qui a permis leur instrumentalisation contre l'organisation dans une logique antiterroriste. Julien développe cet argument :

> À mon avis, c'était une erreur... d'appréciation. On peut pas laisser à l'État ennemi [...] les moyens de te faire taper. Quand tu lui laisses les moyens de déloger ou pas l'endroit, s'il y a des morts, c'est pour toi ; nous, on a laissé un choix, c'est une erreur dramatique, qui a des conséquences, au niveau humain et au niveau politique aussi.

Devant ce bilan qui n'a pas été explicitement voulu par l'organisation, ETA présente ses excuses au peuple catalan et aux proches des victimes (voir le *Communiqué d'ETA au Peuple Basque*, 21 mai 1987)[23]. Bien que

---

21 À ce bilan, il convient d'ajouter quarante-cinq blessés.
22 Le café Rolando se trouvait face à la Direction Générale de la Sécurité, la police constituant sa principale clientèle. Nombre de policiers figure parmi les victimes.
23 «Queremos testimoniar todo nuestro pesar a todo el pueblo catalán y a los familiares y allegados de las víctimas inocentes en particular. Hacemos nuestra la sincera censura del pueblo trabajador vasco y catalán, aceptando sin descargos la gran responsabilidad que nos corresponde por este luctuoso suceso y reconociendo de modo acorde a nuestra trayectoria de honestidad revolucionaria el grave error cometido en el desarrollo de esta operación. Deseamos expresar asimismo nuestra inequivoca solidaridad con el pueblo de Catalunya y todos los pueblos del Estado. No nos resta más que asegurar que pondremos todos los medidos a nuestro alcance para garantizar la selectividad de nuestras acciones y que hechos como éste no vuelvan a

Deux éthiques de la lutte

l'organisation ait prévenu la police autonome – qui avertit la police nationale – le journal de Barcelone Avui ainsi que l'entreprise de la présence des explosifs dans le souterrain du supermarché 45 mn avant l'explosion, ce dernier n'a pas été évacué.

L'appréciation par les militants de cet événement contraste avec celle proposée par les medias. Elle est de nature stratégique et tend à renverser la responsabilité du bilan meurtrier sur les autorités politiques. Partant du fait que celles-ci avaient connaissance du danger encouru par les civils, trois des activistes (Carlito, Laureline, Faysal) soulignent la responsabilité de l'ennemi – police et gouvernement espagnols – dans l'issue de l'opération. Sans aller jusqu'à évoquer une forme de terrorisme d'État, l'absence d'évacuation ordonnée par les autorités permet aux acteurs de poser leur différence, y compris en termes moraux, d'avec ce dont l'État est capable. Laureline assume cette posture en considérant qu'

> on est en face d'une violence qui va s'accommoder aux moments politiques que eux [*i.e.* le pouvoir], ils vont prévoir, mais qui n'a pas de limites. C'est-à-dire la limite, c'est eux qui vont la mettre en fonction de leurs intérêts politiques et pas d'autres. Nous, on a des limites moraux. Nous, on sait qu'on ne peut pas aller à la station d'Atocha et faire tout sauter. Parce que ce n'est pas ce qu'on veut. Eux ce n'est pas l'ennemi. [...] Voilà ! Mais, pour ceux qui sont en face, le but explique les moyens. Voilà ! [C'est] ce qu'ils ont fait à Hipercor, [c'est] ce qu'ils ont fait nombre de fois en Amérique latine avec les différentes guérillas...

Tout en reconnaissant qu'ETA a commis une erreur stratégique (voir Julien et Thierry), les militants soulignent le processus d'instrumentalisation de cet événement par le gouvernement espagnol de l'époque afin de décrédibiliser l'organisation clandestine. S'opère, dans certains discours, un déplacement de la responsabilité de l'action au sein d'un cadrage de nature stratégique : la responsabilité de l'organisation n'est alors pas tant d'avoir posé l'explosif que d'avoir remis, entre les mains du gouvernement, l'issue de la situation (voir Julien et Isabella). Il demeure que face à ce

---

reproducirse, y que el tiempo y el avance de nuestro proceso ayuden a situar en su justo lugar este desgraciado accidente y el irreparable daño causado, que empaña la nitidez de nuestras luchas de liberación nacional y las tradicionalmente solidarias relaciones» (*Communiqué d'ETA au peuple basque*, 21 mai 1987).

bilan dont tous les militants reconnaissent le caractère dramatique, la responsabilité collective des morts et des blessés est assumée par les enquêtés quand bien même leur rôle a été, au sein du collectif, de nature plutôt logistique. Cet événement a toutefois été l'occasion, pour l'une des personnes rencontrées au moins, d'induire une prise de distance avec ETA (Élodie) et de considérer que celle-ci aurait dû cesser ses actions bien avant 2017.

6.2 Éthiques de la violence politique dans le conflit basque

L'appréciation morale – et pas seulement stratégique – de cet événement par les personnes rencontrées manifeste que leur démarche d'engagement s'inscrit dans des cadres axiologiques plutôt que seulement dans une perspective politique. Afin de mettre en évidence les principes normatifs et les valeurs convoqués par les acteurs, nous avons analysé de façon systématique les réponses des soixante-trois entretiens à la question 1. «Pensez-vous qu'il puisse y avoir une morale ou une éthique, lorsque l'on s'engage dans la lutte armée ? Comment la décririez-vous [cette morale, cette éthique] ?». En second lieu, nous avons produit une synthèse des réponses aux deux questions suivantes : 2. «Y a-t-il des choses que vous n'êtes pas ou que vous n'étiez pas prêt à faire ?» ; 3. «Jusqu'à quel point ne voudriez-vous pas utiliser la violence ?». Nous avons ensuite procédé à une identification systématique de toutes les valeurs (solidarité, fraternité, générosité, honnêteté, sincérité, courage, persévérance[24]) et normes convoquées par les enquêtés soit de façon spontanée, soit dans la description de situations susceptibles de faire intervenir des normes morales. Ainsi à plusieurs reprises des enquêtés, sur le point de commettre une action (exécution, mitraillage), s'aperçoivent de la présence non anticipée d'enfants qui les fait abandonner l'opération. À la question 1 – désignée

---

24 On pourrait y ajouter la coopération, l'altruisme, la confiance et la réciprocité qui dessinent autant de comportements prosociaux.

Deux éthiques de la lutte

comme la « question de référence » – aucune personne n'a répondu non. On recueille cinquante-neuf réponses affirmatives dont cinquante-quatre absolument catégoriques (Tableau 29)[25].

Tableau 29 : Existence d'une éthique dans la lutte armée

Réponses	*Oui absolument*	*Plutôt oui*	NR/NP
Total	54	5	3

L'étude sociologique des valeurs et des normes sociales repose sur deux opérations distinctes, la description et l'explication. La description demande de recenser les valeurs et les normes que les acteurs respectent ou disent respecter. Cette opération « empirique » présuppose néanmoins trois éléments théoriques majeurs (voir Demeulenaere, 2005, p. 35-36) : la caractérisation et la sélection de ce qui est considéré comme une valeur ; les modalités d'interrogation sur les valeurs en fonction d'une pluralité de critères qui ne sont évidemment pas donnés empiriquement ; la catégorisation des valeurs dites « normales » ou « déviantes », « démocratiques » ou « radicales » voire « extrémistes », « conservatrices » ou « progressistes ».

Cette recension des valeurs peut être exploitée à partir de trois des principaux modèles interprétatifs des normes et des valeurs issus de la tradition sociologique théorique (voir Demeulenaere, 2005, p. 36). α. Le modèle tiré de la tradition durkheimienne souligne le rôle intégrateur des valeurs modulé en fonction de la situation générale de la société[26]. β. Le deuxième hérité de la pensée wébérienne a pour prémisse un principe de rationalité des acteurs. Il explique les normes et les valeurs par la compréhension de leur pertinence et de leur justifiabilité dans un contexte donné, y compris lorsque les acteurs s'en écartent. γ. Le troisième modèle, inspiré de Pareto, s'appuie sur l'existence de sentiments naturels responsables de l'adhésion à telle ou telle valeur ou norme.

25 Les réponses sont indécidables dans un cas.
26 Sur ce plan, nous verrons les rôles conférés à la solidarité et à la résistance au sein des organisations clandestines.

Le deuxième modèle d'adhésion à certaines valeurs – développé à partir du rôle joué par de bonnes raisons d'adopter telle ou telle valeur ou norme – convoque soit la relation instrumentale moyens/fin, soit la relation de conformité, soit la relation d'adaptation en fonction des possibilités (voir Demeulenaere, 2005, p. 46). Dans le premier cas (*i.e.* la relation instrumentale), le but constitue la raison de l'action et incarne une instance normative, justifiant l'action qui permet de l'atteindre. Cet objectif peut consister dans la libération d'un territoire appréhendé comme colonisé par une force étrangère. Dans le deuxième cas (*i.e.* la relation de conformité), la conformité entre une action (ou une représentation) et un principe normatif auquel elle correspond produit une « raison » d'agir (Demeulenaere, 2005, p. 47). Ainsi l'adhésion à l'idéologie révolutionnaire suppose un comportement en adéquation à celle-ci. Toutefois le principe de conformité ne s'épuise pas dans la simple adéquation à une valeur. Si, dans certains cas, la valeur est la raison de mon action, dans d'autres, on peut agir conformément à une attitude psychologique, à une valeur sociale ou au « sens » d'un type d'action. Dans le troisième cas (*i.e.* l'adaptation en fonction des possibilités), on envisage les contraintes qui orientent le choix vers telle ou telle option, le choix étant déterminé/orienté/contraint par les options ou possibilités en présence. Nous verrons comment cette dimension intervient dans l'opérationnalisation d'actions contre les États espagnol ou français, lorsqu'il s'agit d'éviter des victimes civiles.

6.2.2 *Analyse des entretiens*

> Des choses que je suis pas prêt à faire pour mon pays ? Oui bien évidemment : toucher les civils, toucher des gens qui n'ont rien à voir, les enfants. Mettre une voiture piégée devant une école maternelle, non ! Ça jamais. Je vais à l'extrême. Par contre, [...] le contexte aurait fait que... on aurait été obligé de décaniller des militaires, des forces de l'ordre, je l'aurais fait parce que pour moi c'était mes ennemis. Eux, c'était clair. Mais toucher aux « civils », non jamais. Ça, j'aurais pas fait, j'aurais pas pu. Ou mettre une bombe comme certains à l'aéroport, non ça je peux pas. – Vous pensez à ETA ? – Oui. Hipercor, ça non. On me peut dire : « oui, on va prévenir ». Non, non !! Tu sais que c'est trop dangereux, c'est trop de risques là. Non, non !! *J'ai des principes.*
>
> — Thierry, IK (nous soulignons)

Sans prétendre proposer une peinture homogène de ce que serait l'éthique du combattant clandestin abertzale, il est toutefois possible d'identifier les principes normatifs structurant la lutte illégale et armée qui s'est tenue au Pays basque. Nous entendons par éthique une conduite de vie organisée avec plus ou moins de cohérence autour de certains principes (Weber, 1919) et pour lesquels s'est posée la question de leur insertion dans des situations concrètes de la vie (voir Ricœur, 2004, p. 689). Nous distinguons l'éthique de la morale en ce que cette dernière désigne «un système de normes imposées par un groupe et qui assure l'ordre entre ses membres par l'appel à des sentiments donnant à ces normes elles-mêmes une valeur inconditionnelle» (Isambert, Ladrière & Terrenoire, 1978, p. 337). En ce sens, la morale coïncide avec un ensemble de pratiques, d'habitudes et de valeurs communes, qui marquent la cohésion et l'appartenance au groupe, aussi bien que la frontière avec «les autres».

Les entretiens menés offrent un matériau de premier plan autorisant une démarche sociologique, prenant en considération la dimension éthique d'actions réputées illégales et leur appliquant les méthodes empiriques qualitatives classiques. Les acteurs assumant cette «autre façon» de faire de la politique n'apparaissent alors pas seulement comme des sujets politiques mais également comme des sujets moraux. Lorsque la question de la lutte armée et de la violence sont abordées, les enquêtes imposent fréquemment une recontextualisation de l'usage de cette dernière. Cet impératif est récurrent dans d'autres configurations de luttes clandestines comme dans l'Italie des années 1970-1980 (voir Guibet Lafaye, 2019). Cette mise en perspective réalisée, l'éthique de la lutte armée présente, dans le discours des militants basques, un volet «négatif», renvoyant à tout ce qu'il ne faut pas faire, et un volet «positif» se déployant en une pluralité de dimensions axiologiques, c'est-à-dire de valeurs.

α. L'éthique «négative»

α.1 Le premier principe de cette éthique «négative» de la lutte armée réside dans l'autolimitation. Il s'impose comme un axiome de référence de l'attitude du combattant basque. C'est en référence à cette prémisse que les acteurs posent paradoxalement leur différence d'avec la violence d'État qui use à la fois de moyens légaux et illégaux contre les organisations armées voire contre leur mouvance, en l'occurrence la gauche abertzale. On ne peut superposer si simplement violences légale/illégale et violences proportionnée/illimitée ou indiscriminée. En effet, «des armées régulières peuvent pratiquer des stratégies de terreur», au titre du contre-terrorisme notamment, et «des combattants irréguliers peuvent respecter davantage la distinction civils/militaires que l'armée régulière adverse»[27] (Monod, 2016, p. 165). Dans un cadrage de la violence politique opérant une inversion de la qualification de terroriste, les discours des militants soulignent que, contrairement au terrorisme d'État, la violence politique illégale menée au Pays basque s'est autolimitée. Le discours proposé par Laureline, issue du Pays basque sud et engagée après la fin du franquisme, est emblématique de la conceptualisation d'une telle autolimitation :

> L'armée, comme la police, comme tous les corps de l'armée, peu importe, tout mélangé, sont là pour défendre des intérêts très précis. Et pour défendre ces intérêts-là, ils vont aller jusqu'à l'innommable. Et en Amérique latine, par exemple, nous avons les 30.000 détenus disparus en Argentine, les 6.000 en Chili, les 120 en Uruguay qu'on n'a pas encore trouvés, voilà... Donc, on est en face d'une violence qui va s'accommoder aux moments politiques que eux, ils vont prévoir, mais qui n'a pas de limites. C'est-à-dire la limite, c'est eux qui vont la mettre en fonction de leurs intérêts politiques et pas d'autres. *Nous, on a des limites moraux.* (Nous soulignons)[28]

Cette autolimitation consiste, de façon paradigmatique, dans le refus de l'action violente indiscriminée contre la population civile, ainsi que le souligne Laureline proposant une distinction axiologique entre deux formes de violence :

> Pour moi il y a deux violences quand même différentes. Dans le sens où la violence de l'oppresseur va passer outre tout repère moral, pour atteindre un but. Et la violence des opprimés, c'est celle qu'on utilisait au Nicaragua et celle qu'on a utilisée ailleurs,

---

27   En particulier dans le cas d'une résistance à une armée d'occupation car il s'agit pour les résistants de la population dont ils sont issus.
28   Voir la fin de la citation supra, p. 219 et Ekaitz. Dans cet extrait, Laureline rend les autorités responsables de la mort des vingt-et-une personnes qui se trouvaient à Hipercor le 19 juin 1987 (voir supra 6.1.2, γ).

Deux éthiques de la lutte

va essayer quand même de mettre des repères, de mettre des gardes de fou, pour que ces violences ne débordent pas, ne soient pas du n'importe quoi.

Cette distinction commande une attitude subjective qui s'impose au militant clandestin. Ainsi s'agissant «des choses qu'elle n'était pas prête à faire», Laureline reconnaît :

> Il n'y avait pas que moi, on était tous engagés dans une voie où on n'allait pas faire tout et n'importe quoi. Nous aussi on a des limites. Mais la différence c'est que les limites que nous on met, c'est des limites mora[les]. Ce n'est pas n'importe quoi. C'est... on ne va pas faire sauter une manif. On pouvait le faire. On avait les moyens. *Ce n'est pas une question de moyens ... C'est une question de limites*. De savoir ce qu'on va faire. C'est comme je vous disais, une action, une action armée doit avoir un contenu, un contenu pédagogique. Même si ça semble à l'opposé, par contre, c'est très complémentaire. *Une action armée n'est jamais aveugle, ne peut pas l'être*. Pas pour une organisation révolutionnaire. [...] C'est pour cela que je vous disais... la violence, il faut la redéfinir. (Nous soulignons)

Ainsi et bien qu'illégale la violence politique des groupes clandestins pose, en même temps qu'elle surgit, la question de sa limite («jusqu'où aller»), de la frontière qu'elle peut ni ne doit franchir. Cette interrogation n'est pas propre à la lutte basque. Elle intervient dans nombre d'organisations illéagales d'extrême gauche – comme ce fût le cas en Italie, en France ou en Allemagne dans les années 1970-1980 – mais aussi de libération nationale en d'autres points du continent européen (voir Guibet Lafaye, 2019).

α.2 Cette autolimitation s'accompagne de plusieurs interdits que s'imposent les «terroristes» basques et qui forment autant de «commandements». Ces derniers s'écrivent en contrepoint des pratiques (illégales) de la garde civile espagnole ou des forces de l'ordre. Il s'agit en particulier de «ne pas faire souffrir», qui se spécifie en «ne pas torturer» comme y insistent les militants des deux côtés de la frontière (voir Elliot, encadré 7). Cette exigence est fondamentale quand on considère les pratiques de la garde civile espagnole. S'imposer de telles limites – dans la mesure où il s'agit là encore de s'autolimiter – revient à se distinguer des pratiques connues de l'adversaire, voire de l'ennemi dont on estime que sa violence et son arbitraire sont sans borne (voir supra Laureline, p. 224). L'institution de ces bornes constitue, pour les militants, une forme de distinction morale autour de laquelle ils élaborent leur identité de combattants d'une lutte armée conçue comme juste.

Dans le cas d'IK et dès la formation du groupe, l'exigence de « ne pas attenter à la vie humaine » a été posée, bien que des confrontations avec la gendarmerie aient provoqué des morts ainsi que ce fût le cas notamment le 7 août 1983, lors d'un échange de tirs avec la gendarmerie au camping de Lou Pantaou à Léon. Laure et Grégoire – qui a néanmoins tué un policier lors d'une fusillade – sont formels sur ce point. Laure, membre des commandos d'IK, évoque « la ligne rouge qui coulait de source » et qui traçait la frontière au-delà de laquelle elle ne voulait pas porter ses actions (voir encadré 7). C'est précisément à partir de cette notion d'autolimitation que Laure définit son éthique, tout comme Thierry, également membre d'IK (voir encadré 7).

Du côté d'ETA et bien que l'élimination de représentants de l'État espagnol ou de tortionnaires ait été admise, d'autres principes concernant la vie humaine tiennent lieu de garde-fous. Il s'agit notamment de « ne pas tuer des civils »[29], se déclinant dans l'exigence de « ne pas tuer des innocents » (voir François, encadré 7)[30]. Carlito résume assez simplement cette doctrine : « Les actions militaires doivent être militaires, tout ce qui touche la population civile, je suis contre. Les actions doivent avoir des objectifs militaires. » Autrement formulé, cet impératif consiste à ne pas procéder à des actions indiscriminées (voir Ferrucio et Pantxo évoquant explicitement le terme). Le déplacement de la frontière de l'interdit s'opère d'IK à ETA du souci de « ne pas attenter à la vie humaine » à celui de ne pas attenter à la vie de civils. Pour le groupe du nord, il s'agit de ne pas tuer, les situations de légitime défense ou de confrontation avec la police étant cadrées comme des configurations exceptionnelles, susceptibles de surgir et dans lesquelles la préservation de soi ainsi que de sa liberté justifie l'usage des armes. Pour les militants d'ETA, qui se placent dans la logique d'une confrontation armée avec l'État, où l'on accepte, d'une part, la mort pour soi-même et, d'autre part, que l'ennemi se plaçant dans une situation de représailles puisse être tué, l'impératif a été de ne pas tuer de civils et

---

29   Voir François et Thibault.
30   Voir aussi Etan, Estrella et Xavier.

Deux éthiques de la lutte

de ne pas procéder à des actions indiscriminées[31]. Pantxo, répondant à la question de référence, souligne :

> Oui, oui, oui. Bien sûr qu'on doit avoir une morale et une éthique. Et je crois que pour nous, ça a été très très primordial. Avoir une morale et une éthique, même si tu sais que tu pratiques une lutte violente, parce qu'il y a des contextes, il y a des raisons, il y a des politiques mais tu peux avoir une morale et une éthique. Et cette morale et cette éthique ne te permettent pas de faire n'importe quoi. Par exemple, je ne ferais pas... c'est une folie... mettre dans le métro une bombe. Ça, ça ne rentre pas dans l'éthique morale de la lutte violente, de la lutte armée de l'ETA, ça ne rentre pas. Notre lutte violente, on l'a fait dans les paramètres bien précis de l'éthique et de la morale mais évidemment, comme j'ai dit avant, il peut y avoir des [dommages] collatéraux, des accidents. À ce moment-là, c'est comme ça.

Ces dommages désignent notamment des blessés voire des morts non intentionnels dus à l'explosion de voitures piégées, *modus operandi* très commun pour ETA durant les années 1980-1990. Le mitraillage dans des bars, comme la France en a connu en novembre 2015 à Paris, est une opération demandant très peu de logistique et de préparation technique. Elle suppose seulement, dans le contexte actuel, que les exécutants acceptent de mourir pour la mener puisqu'ils seront « neutralisés » par les forces de l'ordre qui les tueront. Ce type d'opération requiert peu de matériel, un faible repérage dans la mesure où l'action est indiscriminée. Tout groupe armé est en mesure de le mener mais tous n'envisagent pas de le perpétrer comme plusieurs des personnes interrogées y insistent (voir Elyana, Frédéric, Laureline, Ilyann[32], Ekaitz, Estrella, Isée, Pierre, Thibault, Thierry). C'est précisément sur le respect de cette limite que les militants basques, en particulier du nord, instituent la différence spécifique caractérisant leur lutte et en référence à laquelle ils délégitiment les actions du

---

31   Nombre de militants interrogés abordent et présentent l'action à Hipercor comme une « erreur », dans la mesure où l'intentionnalité n'était pas de tuer effectivement des civils mais de faire pression sur l'État espagnol et de montrer que ce type d'action était au pouvoir de l'organisation.

32   « Si c'est arrivé, ça a été collatéral. Mais c'est pas ce qu'on voulait. Dans presque 50 ans [de lutte], il aurait pu arriver beaucoup de choses qui ne sont pas arrivées parce qu'on n'a pas voulu ça. »

camp opposé ainsi que le souligne Thierry : « Terrorisme, c'était le GAL, pour moi le terrorisme, qui arrivait dans un bar, qui mitraillait dans le bar »[33]. Les militants ne manquent alors pas de souligner la complexité supérieure qu'impose la préparation d'une attaque ciblée à la différence d'un attentat indiscriminé. Cette attention et la volonté d'éviter au maximum de toucher des civils permet aux acteurs d'instituer une distinction entre l'organisation dont, en tant que militant basque, on peut se revendiquer et assumer les actions, d'une part, et le terrorisme d'autre part[34]. Etan, militant de la dernière génération de militants d'ETA, associe étroitement l'éthique à ce souci :

> L'éthique au sein de la lutte armée a été toujours de tout faire pour éviter des victimes innocentes. Et pour se faire, des militants ont pris des risques, ont pris beaucoup de risques. Parce que c'est beaucoup plus facile de faire un attentat indiscriminé que de faire des attentats ciblés. Donc il y a eu cette éthique, voilà de ne pas faire des victimes innocentes. Cela n'empêche qu'il y a des victimes innocentes, et il y en a eu beaucoup. Je dirais qu'il y en a eu trop. Une seule victime innocente, c'est une victime de trop.

[33] De même, commentant les attentats du 13 novembre 2015 à Paris, Ekaitz souligne : « La radicalisation des groupes islamistes qui prend une mitraillette ou un couteau, il entre n'importe où, dans un bar, dans une boîte... ça, c'est une lutte armée que je ne comprends pas, mais j'ai pas vécu ce qu'ils ont vécu là-bas, non plus. Si nous, on avait fait ça avec toute la quantité de militants qu'on a eue à l'ETA, avec tous les militants, les commandos qu'on a eus. Si on était allé en Espagne tuer n'importe qui... la quantité de morts, elle serait terrible !!». Le retournement du stigmate de terroriste se retrouve dans le discours d'autres participants du groupe (voir l'entretien de membres d'ETA-m à une émission de radio retranscrite in *Cambio 16*, 12 mai 1986).

[34] Ekaitz y insiste : « Les islamistes qui devient radical, et qui tuent n'importe qui, ça c'est une lutte que je ne comprends pas. Moi, j'ai pratiqué la lutte armée mais *la lutte armée de l'ETA, ça c'était une lutte très propre*. On allait à l'objectif. Si c'était pas possible, on n'y allait pas. Parce que beaucoup de fois, pour faire une action, tu essaies 4-5 fois, en essayant d'empêcher – c'est un mot que j'aime pas – les dommages "collatéraux" ou des choses comme ça. Parfois, on y a fait. Historiquement et quand l'organisation a fait quelque chose comme ça, l'organisation, elle l'a reconnu depuis la première minute et ils ont demandé pardon, parce que c'était pas l'objectif. »

On pourrait objecter aux principes mis en avant dans les entretiens que des actions ayant conduit à la mort de civils ont été réalisées par ETA, telles l'explosion d'une bombe dans le café Rolando à Madrid le 13 septembre 1974 où treize civils sont tués, de même que la bombe placée dans le parking du supermarché Hipercor à Barcelone le 19 juin 1987 et qui a tué vingt-et-une personnes. Notre propos ne vise ni à justifier ni à légitimer ces actes mais à comprendre et à analyser les discours que les acteurs impliqués dans le conflit au Pays basque construisent autour de ce type d'événements qui, non seulement discréditent l'organisation aux yeux du plus grand nombre, mais également les touchent dans l'engagement personnel et politique qu'ils ont pris auprès d'elle. L'approche de sociologie compréhensive que nous avons adoptée n'a nullement pour vocation de condamner ou de faire l'apologie des positions ou des actions entreprises par les groupes considérés. La «compréhension» renvoie à la démarche des sciences de l'esprit, c'est-à-dire d'abord de l'histoire, mais aussi de la psychologie, de la sociologie ou de l'économie, se consacrant à reconstruire un sens à partir de la parole du sujet que l'on veut comprendre et du processus de décision qu'il met en œuvre dans ses choix et son agir. Dès lors, notre ambition est plutôt de reconstruire la cohérence de chaque interprétation subjective, pour les comparer, pour identifier des univers de croyances contrastés et partagés, pour aboutir à l'explication de mondes sociaux (voir Demazière, 2007, p. 96) et des représentations subjectives portées par les acteurs de ces conflits. L'interprétation consiste, en l'occurrence, à retrouver le sens de la conduite d'autrui jusqu'à la comprendre, sachant toutefois que le sens «visé» par l'auteur de cette conduite (*i.e.* ses motifs) n'épuise pas l'ensemble du sens déposé ou disponible en elle. L'intérêt d'une analyse nourrie par un riche matériau empirique, comme le nôtre, est précisément d'autoriser un déplacement du regard vers les motivations des acteurs et leurs interprétations, dans une logique volontairement compréhensive (voir Rogers, 1962, 2001).

> **Encadré 7 :** Sur le point d'exclusion concernant ce qu'il est envisageable de réaliser dans une lutte politique y compris clandestine, les avis et représentations tendent à converger autour du refus de l'atteinte physique des civils.
>
> Elliot exclut le recours à la torture, se distinguant ainsi des pratiques communes de la garde civile espagnole : « Vous torturez, vous torturez jusqu'à l'épuisement, puis vous tuez... jamais ça. L'organisation a tiré dans la nuque d'une personne et l'a éliminée. C'est une organisation armée, non ? Comme je vous l'ai dit, quand une organisation armée naît, ce n'est pas pour distribuer les timbres de la Vierge. [...] En outre, l'ETA est une organisation politico-militaire, c'est-à-dire qu'elle fait du travail politique. Il y a... la naissance du front culturel, du front politique, du front syndical... tout cela, ça sort, ça naît de l'organisation. Il y a un front culturel... tout est né dans l'organisation. Et puis... dans ses écrits, dans ses documents, dans toutes ses choses, il y a une forme idéologique d'organisation. Ce n'est pas que des coups de pistolets ! »
> Laure n'envisage pas de tuer comme elle le reconnaît dans ce dialogue :
> « Vous dites "les limites que je m'imposais", c'était quoi ces limites ? – Surtout sur la vie humaine, ça c'était la limite. Sur tout ce qui pouvait engendrer des risques, des problèmes sur les êtres humains directement. Après par la force des choses, à partir du moment où vous touchez un bien immobilier, foncièrement vous touchez la personne psychologiquement, évidemment mais avoir un impact physique, ça j'aurais pas pu, direct sur une personne. Ça, je m'en sentais pas capable. Ça c'était la limite, la ligne rouge que je m'étais fixée – pas fixée, mais elle coulait de source. C'est dans mes gènes, je ne pouvais pas toucher, ça c'était impossible. Je me serais pas regardée en face après... ». Voir aussi infra Laure, p. 231.

Deux éthiques de la lutte 231

Évoquant ce qu'il n'était pas prêt à faire, François écarte également l'atteinte aux civils : « Tuer des innocents. Je n'étais pas prêt à ça et je n'allais pas le faire. Quand ETA a commencé à faire des attentats contre les casernes, à l'époque je faisais pas partie de l'ETA, mais j'ai parlé haut et fort pour dire qu'il fallait faire une trêve spécifique pour les casernes en donnant à la guardia civile une année de délai pour qu'ils puissent évacuer leurs familles. Bien sûr, à l'époque je faisais pas partie de l'ETA, donc ma voix était zéro. Si à un moment donné, j'étais dans un commando et l'ETA me demande de faire un attentat contre une caserne, j'allais faire tout pour qu'il y ait pas de victime civile. Après il faut demander le lieu, l'endroit, tout. C'est facile de parler mais j'ai cette ligne de conscience, bien sûr. Mais je crois que la plupart des militants de l'ETA pensent pareil, je crois, ou pensaient pareil. J'ai pas de problème pour exécuter une cible militaire. Les militaires n'ont pas de problème pour faire ça : moi, je suis un militaire, basque ou communiste ou comme vous voudrez. »

Sur la reformulation des principes axiologiques déterminant la morale à laquelle les clandestins adhèrent dans leur combat, les propos de Laure et de Thierry sont illustratifs :

En réponse à la question de référence, Laure affirme : « La morale et l'éthique, oui, bien sûr. C'est immoral... mais selon mon point de vue, c'est pas immoral. C'est pas légal mais c'est pas immoral. Après, l'éthique que j'avais, c'était les limites que je m'imposais, j'avais quand même une certaine éthique... Sur les biens matériels, ça va ! Ça se refait. Sur ça, je suis complétement immorale ! ».

Thierry avoue très simplement : « Même quand je suis parti en cavale, là j'étais hors la loi, carrément. J'avais des faux papiers, j'étais vraiment hors de la société. Mais là, les lois, les seules lois que je m'imposais ou les principes, c'est les miennes, de ma conscience. Les lois françaises, les lois de l'État, la répression, je m'en foutais. Ça me touchait plus. [...] Là, c'était moi, et c'était beaucoup plus difficile. Parce que quand vous dites : "Ça t'as pas le droit de faire", c'est différent de se dire : "Et ça, j'ai pas le droit de faire". Vous voyez la différence ? C'est complément différent. Oui, il y avait une morale, une éthique, il y avait tout ça. »

α.3 S'inscrivant dans un rapport de force, tournant à une guerre d'usure avec l'État (voir Sánchez-Cuenca, 2009), les militants estiment-ils, concernant les civils touchés involontairement par les attentats, qu'il ne s'agit que de « dommages collatéraux » et que ces derniers sont un mal inévitable pour un bien ? Si tel était le cas, les acteurs s'inscriraient dans une logique utilitariste ou de type machiavélienne. La première approche repose sur un calcul des utilités dont on estime qu'il est satisfaisant, lorsque la somme est positive (voir Bentham, 1838). La seconde se situe dans une logique où la fin justifie les moyens et la morale se voit subordonnée au politique, en ce sens que ce qui est « bien » moralement ne l'est pas toujours politiquement, et que ce qui est « mal » au sens moral ne l'est pas non plus toujours, lorsqu'il s'agit de s'adapter aux circonstances et d'agir comme il convient[35]. Dans la perspective machiavélienne, le bien est en politique parfois un mal, et le mal parfois un bien. On admet qu'il est impossible d'accorder les principes de l'action politique avec ceux de l'action morale, quand bien même on le souhaiterait. Ainsi la morale réprouve ce que la politique peut justifier. La première a ses raisons qui ont leur légitimité. Le politique, pour sa part, a les siennes. On retrouverait cette antinomie dans la distinction proposée par Max Weber (1919) entre éthique de la responsabilité et éthique de la conviction.

---

35 « Que le prince songe donc uniquement à conserver sa vie et son État : s'il y réussit, tous les moyens qu'il aura pris seront jugés honorables et loués par tout le monde » (Machiavel, 1515, chapitre 18, p. 342). « Partout où il faut délibérer sur un parti d'où dépend uniquement le salut de l'État, il ne faut être arrêté par aucune considération de justice ou d'injustice, d'humanité ou de cruauté, de gloire ou d'ignominie, mais, rejetant tout autre parti, ne s'attacher qu'à celui qui le sauve et maintient sa liberté » (Machiavel, 1531, livre III, chapitre 41). Ce propos permet d'élucider le choix stratégique réalisé par l'État espagnol face à la bombe placée dans le parking d'Hipercor et à la non-évacuation des lieux. « Un prince ne doit donc point s'effrayer de ce reproche [la cruauté], quand il s'agit de contenir ses sujets dans l'union et la fidélité. En faisant un petit nombre d'exemples de rigueur, vous serez plus clément que ceux qui, par trop de pitié, laissent s'élever des désordres d'où s'ensuivent les meurtres et les rapines ; car ces désordres blessent la société tout entière, au lieu que les rigueurs ordonnées par le prince ne tombent que sur des particuliers » (Machiavel, 1531, livre III, chapitre 17).

Deux éthiques de la lutte 233

Les discours recueillis montrent en revanche que l'on ne peut si simplement transférer la logique de la subordination de la morale au politique aux représentations convoquées par les militants ni à l'*ethos* qu'ils s'efforcent d'assumer. On note, en premier lieu, une tendance à récuser l'usage de la notion de «dommages collatéraux» ainsi que la représentation qu'elle véhicule comme en témoigne le discours de Julien :

> Quand on utilise la lutte armée, bien sûr qu'il y a des dams [des dommages] à la population. Je dis pas des «dams collatérales», c'est une connerie. C'est pas des «dams collatérales», c'est des dams directs, c'est des gens qui souffrent. Déjà ceux que tu choisis comme objectifs, même s'il a je sais pas quelle faute. Il y a lui, il y a toute sa famille, qui sont dedans. À un moment tu t'abstrais mais c'est des personnes, des êtres humains que tu les as en face[36].

Parler de «dommages collatéraux» reviendrait à minimiser, euphémiser la souffrance des victimes, directes et indirectes, des actions menées et à nier leur humanité, ce que nombre de militants refusent (voir Jacques Ekaitz[37], Julien supra, Nicolas dans l'encadré 8). C'est en se plaçant au sein d'un cadre militaire que les acteurs, tels Ekaitz qui participa aux commandos d'ETA, parviennent à rendre plus acceptables les morts involontaires, à tout le moins à rationaliser leur existence en leur donnant une place et un sens dans un conflit armé avec l'État[38].

---

36 Voir la suite du propos dans l'encadré 8.
37 Ekaitz, qui œuvra dans les commandos, assume ce discours (voir supra note 34, p. 228).
38 Ekaitz soulignait en début d'entretien : «C'est pas facile, c'est pas quelque chose dont on peut être orgueilleux de ce que tu as fait. Quand tu le voyais de l'extérieur : "ils ont fait je sais pas quoi, ils ont tué deux gardes civils" mais quand tu es dedans : tu vois la télévision, la femme ou sa mère qui pleure… c'est une guerre, un conflit, c'est très dur mais c'est pas quelque chose d'agréable, du tout.»

> **Encadré 8 :** Quelle place faire aux victimes innocentes d'une lutte politico-militaire qui a pour principe est de les éviter ?
>
> Nicolas tente de mettre en miroir la souffrance des familles avec les dommages subis du côté des militants par la répression et voit comme inéluctable ce type de victime : « On a les familles qui sont détruites. On a les pleurs des enfants. Si t'es pas sensible à ça, je vois pas à quoi t'es sensible alors ? Après, c'est vrai qu'en faisant une lutte armée, il y a des victimes. Mais c'est jamais ni dans le nombre... Quand il s'agit de personnes, c'est difficile de parler de nombre mais ils nous ont tellement fait et nous, si peu. Après chaque personne est irremplaçable par définition, est unique dans l'univers. Mais il y a aussi certains qui sont bien où ils sont. Mais il y a des innocents, parce qu'il y a eu des innocents aussi. Et tout ça fait mal. Mais malheureusement je crois que jamais nulle part dans le monde, il y a eu des omelettes faites sans casser des œufs. C'est un risque qu'on prend, qu'il faut minimiser... Mais il y a toujours des dégâts collatéraux et sans compter qu'il y a les dégâts collatéraux de la souffrance qu'on cause à nos propres familles. »
>
> Julien tempère les erreurs d'ETA en rappelant la politique de ciblage des actions militaires au sein de l'organisation et institue une distinction matricielle entre celle-ci et les groupes armés de l'islam politique : « Il y a toujours des limites. On n'est pas prêt à faire n'importe quoi. De toute façon, c'est vrai que nous, à tous moments, même avec toutes les erreurs qu'on a commises... Nous, on n'était pas dans la logique d'une action indiscriminée. On a limité toujours les dams à côté. On a essayé de bien cibler les objectifs, en sachant même que nous causions des souffrances quand même, qu'il y avait une production de malheurs, mais nous essayons toujours d'être cohérents, de faire une lutte accessible, compréhensible par les couches populaires, de pas faire de dams comme maintenant ou là, c'est la terreur

Deux éthiques de la lutte 235

> [allusion aux attentats perpétrés par l'islam djihadiste]. Nous, on n'a pas voulu faire ça. La lutte armée de l'ETA, c'est la confrontation qui a fait tomber le plus grand nombre de généraux, de commandants. On tapait les élites, on ne tapait pas les gens. Des fois oui, c'est des erreurs. Ce n'était pas des objectifs réels. Après l'évolution a amené que certaines actions, elles ont causé des catastrophes. Et si ça arrive, normalement les gens qui l'ont fait, ils ont subi les conséquences au niveau personnel... pas de jugement de la part des copains ou des autres mais des jugements propres à chacun. Se confronter... quand il y a le résultat, comme il y a eu, c'est normal. Les gens, c'est des gens. Il a un cœur, il a un sentiment. Nous, on n'est pas, sauf exception – il y a toujours – nous, on n'est pas spécialement radicalisé. Nous, on n'est pas spécialement fanatique. On l'a jamais été. »

Entrer dans une organisation armée suppose d'intérioriser les risques qu'impliquent l'usage des armes pour soi comme pour autrui. Être militant de ce type d'organisation implique d'assumer que l'emploi d'explosifs ou d'armes à feu peut avoir des conséquences non-intentionnelles. Cette dimension confère, pour certains, tout son sens à l'éthique qui intervient alors comme un garde-fou et constitue l'instance à partir de laquelle des frontières sont posées ainsi que le suggère Thierry[39]. Elle peut même devenir constitutive dans la lutte armée en tant que telle ainsi que le défend Isée[40]. Une nouvelle fois, la référence au paradigme militariste ainsi que

39   La réponse de Thierry à la question de référence est plus qu'affirmative : « Je dirais même plus : on a intérêt d'avoir une morale et une éthique, parce que quand on "joue" entre guillemets, qu'on utilise ce genre d'outils politiques, on a intérêt d'avoir une morale et une éthique pour pas faire n'importe quoi, pour pas dériver, et de pas perdre la tête. Oui, là, il faut avoir des principes. Un principe, comme j'ai dit tout à l'heure : la vie humaine, les civils, les objectifs clairs. Et bien définir l'ennemi, qui on touche, qui on touche pas. »
40   Isée n'exprime aucun doute lorsqu'elle répond à la question de référence : « Bien sûr. Ça devrait être la base, parce que sinon tu deviens quoi ? Tu deviens comme ceux soi-disant que tu es en train de combattre. Eux ils n'ont pas d'éthique, ils n'ont pas de morale, aucune valeur, rien à part leurs propres intérêts, et ils sont capables de

le cadrage de l'engagement individuel comme un engagement au sein d'un corps militarisé permettent de rationaliser et finalement de rendre acceptables les conséquences indésirables des opérations menées. Parmi les militants rencontrés, certains étaient personnellement concernés par la mort d'un ouvrier dormant en un lieu de la centrale de Lemoiz où les haut-parleurs ne portaient pas, alors qu'une bombe y avait été posée le 17 mars 1978 pour protester contre sa construction. La logique militaire permet d'accepter que toute opération ne puisse être un complet succès. Laureline qui a rejoint ETA-m après un parcours au PC espagnol envisage ces contraintes de façon très explicite :

> On ne peut pas choisir la lutte armée et penser qu'on aurait les mains propres. La lutte armée ça veut dire du sang, ça veut dire des gens qui meurent, d'un côté comme de l'autre d'ailleurs, on savait que c'était une situation très très dure, et il faut assumer ça. On ne peut pas se dire, «Oh ! non, pas moi». Elle [Yoyes] avait été dirigeante. Elle avait été dans les sphères dirigeantes d'une organisation armée, c'est-à-dire une organisation qui prend les armes et qui met des explosifs. Du moment où on prend les armes, on ne peut pas tout contrôler. Et nous, on est bien placés pour le savoir. Justement, c'est ce qui nous est arrivé. Mais... donc, qu'une dirigeante vient nous dire après, «voilà ! moi, je ne suis pas mouillée, moi, je ne suis pas responsable de ça», pour moi, c'était... soit de l'aveuglement total, soit de l'aveuglement voulu, dans lequel, voilà, elle faisait passer un message comme quoi il y avait certains qui se mouillaient... et pas les autres. Du moment où il y a une organisation armée et vous en faites partie, que ce soit vous ou moi qui presse... les gâchettes... *on est aussi responsable l'un que l'autre*. C'est juste une question technique. Mon compagnon n'était pas plus responsable que moi de la mort de cet ouvrier. On était tous les deux responsables. Et on ne peut pas rentrer, en pensant qu'on va avoir les mains propres. C'est impossible. En même temps, il n'y a jamais eu – et il ne faut pas me parler de Gandhi ! – des issues qui ne sont pas passées par la violence. (Nous soulignons)

Le cadrage en termes de guerre, de conflit asymétrique de basse intensité à partir d'une interprétation du rapport à l'État central, au prisme de la colonisation, confère aux acteurs des arguments pour rendre raison de la situation – sans nécessairement la justifier. Si certains reconnaissent qu'un conflit armé nourrit inévitablement des conséquences indésirables, pour

---

passer par-dessus tout et n'importe qui. Et toi, tu vas devenir pareil ? Alors... ce n'est pas une lutte armée. On est dans la même position.»

Deux éthiques de la lutte 237

autant ils ne justifieront pas la logique de type machiavélienne. Tel est par exemple le cas de Julien, refusant d'assumer l'idée d'avoir accompli un mal pour un bien[41].

L'attitude des personnes liées à ETA à l'égard des victimes, visées ou non-intentionnelles, ainsi que des proches des victimes, se comprend à partir d'un parallèle avec celle de soldats plongés dans un contexte de guerre. Si du côté de l'État espagnol, le conflit basque est cadré comme une lutte contre le terrorisme, du côté des militants illégaux, il est conçu comme une guerre de basse intensité voire une guerre de libération, le pouvoir espagnol étant perçu comme un instrument de colonisation. Les membres interrogés des commandos se pensent et se perçoivent explicitement comme des militaires (voir Fabienne, Jovani, Ekaitz). Ce peut être également le cas de militants très actifs qui n'ont pourtant pas employé d'arme tels Thibault ou Zachary[42]. De fait, l'organisation militarisée d'ETA comme d'autres groupes, tels les FARC, l'EZLN, le PKK, présente des caractéristiques structurelles comparables à celle d'une armée régulière, en termes de hiérarchisation, d'organisation, de discipline (comme en témoigne Fabienne), d'entraînement, de rapport aux armes, de vie collective. Bien que les militants d'ETA se situent et agissent dans l'illégalité car ils remettent en question le pouvoir

41 « On était conscient que c'était une guerre de basse intensité, asymétrique, contraire à tous les paramètres équitatifs [*i.e.* d'égalité], le seul élément qui peut aider à surmonter ces contradictions, c'est la consécution [conquête] d'un espace de liberté. "La fin justifie les moyens" ? Je crois pas. Pas les termes exacts mais c'est vrai que dans une analyse de situation, vis-à-vis des rapports et des possibilités à un moment tu dis : il n'y a pas d'autres moyens, tu vas laisser ta vie ou pourrir – en taule, en prison, dans les îles. Tu es conscient que tu vas avoir des gros soucis. Après tu l'assumes… je crois que tous on était conscients, on est conscient » (Julien). Répondant à la question de référence, Julien fait à nouveau allusion à cette doctrine : « Il y a qu'on assume des conséquences quand l'exact que tu fais, il vise pas un bénéfice à toi. Tu fais du mal mais tu cherches à faire du bien. Tu cherches un changement, tu cherches une libération, tu cherches pas à arriver à dominer idéologiquement par la terreur je sais pas qui. Ça, c'est propagande mais non, c'est pas réel, jamais. » « Je n'ai jamais cherché à nuire de façon non nécessaire à quelqu'un » (Jovani).

42 Zachary qui, tout en ayant des responsabilités politiques légales, s'est beaucoup impliqué dans la logistique au sens large d'ETA reconnaît : « ETA, c'est militaire, et après avec une division militaire et avec une division politique. C'est ça. Et encore, c'est nécessaire de faire ça mais c'est pas agréable. C'est la réalité. »

et ses structures[43], il y a une pertinence à aborder les actions armées et les dispositions des militants des commandos dans une analogie avec celles des exécutants de la violence dite légitime, c'est-à-dire des militaires soumis au pouvoir légal. Ainsi et comme des militaires confrontés à des actions dont ils ont conscience qu'elles peuvent blesser, tuer, qu'elles causent des dommages, les acteurs des commandos et une large part des membres d'ETA reconnaissent et déplorent comme difficilement évitable la part de souffrance associée aux actions militaires. Ce cadrage se retrouve chez Jayden, militant qui intégra ETA au milieu des années 1980, quoiqu'il se trouve communément partagé parmi d'autres de ses camarades[44] :

> Non, pour moi, c'est clair et net, c'était une guerre. [...] L'éthique, c'est un peu ça. Nous, on pensait qu'on était dans une guerre. Dans une guerre, il y a toujours des dommages collatéraux mais c'est comme ça. Mais c'était notre guerre. En plus, on parlait comme ça, on parlait de l'ennemi. On avait un vocabulaire très militaire, même si on n'était pas militaire : « l'ennemi, les actions ». L'éthique, c'était d'être réaliste. [...] Dans ce moment-là il fallait s'adapter aux circonstances et faire une lutte que tout le monde préférait pas le faire peut-être.

Bien que le conflit basque soit appréhendé par les militants comme une guerre de basse intensité et que nombre d'entre eux se considéraient appartenir à une armée, en l'occurrence une armée de libération, pour autant les acteurs clandestins ne se risquent pas à admettre explicitement une adhésion à une logique de type machiavélien au nom de laquelle la fin justifierait les moyens. Ce pas n'est pas franchi car les enquêtés se gardent de minorer la souffrance des proches des victimes et le mal causé par la mort involontaire de civils. Amalia résume en une phrase ce positionnement : « Il y a une éthique chez nous [...] qui est de faire le minimum pour parvenir à tes objectifs, de faire le moins de mal possible pour obtenir tes objectifs. »

---

43   Au nom de revendications dont certaines présentent une indéniable légitimité, telles le droit à l'auto-détermination, les revendications culturelles voire certaines revendications syndicales/ouvrières, quand bien même on serait en désaccord avec les moyens employés par l'organisation.

44   Tel François qui met parfaitement en lumière ce point (voir infra p. 231).

β. L'éthique en ses dimensions positives

> No estoy cansado de la vida. Sufro pensando en este momento ; pero sé que voy a morir, que debo morir, que debo protestar contra la injusticia del mundo y sobre todo porque me acuerdo de Gernika, símbolo de libertad. Quiero rehacer aquel fuego y presentarme así ante el autor de la destrucción de Gernika.
> — Joseba Elosegi (p. 47, cité *in* Nuñez, 1993, p. 14)[45]

Si l'éthique négative dont nous venons de distinguer les principaux traits se déploie essentiellement dans le registre de l'usage des armes, l'engagement des militants basques rencontrés se fonde et s'adosse également à une éthique positive.

β.1 Les entretiens réalisés autorisent, de manière originale, à mettre en évidence les principes axiologiques sous-tendant l'engagement clandestin. De façon contre-intuitive pour quiconque n'appartient pas à un environnement identifié comme terroriste, il apparaît que l'éthique est tenue par ces militants pour une origine, une source, une condition de l'engagement faisant écho à une logique kantienne pour laquelle la morale est au fondement du politique (voir Kant, 1797)[46]. Cette disposition apparaît comme le parfait antonyme de la logique machiavélienne précédemment décrite puisqu'elle a pour dogme que «ce qui, rationnellement fondé, vaut pour la théorie, vaut aussi pour la pratique» (Kant, 1797, Ak. VIII, 300, p. 313). Or une réponse fréquemment donnée à la question de référence consiste à instituer l'éthique comme condition – ou élément de motivation ayant initié la prise d'armes – ainsi que comme facteur de régulation d'actions

---

45 Joseba Elosegi s'est immolé le 19 septembre 1970 devant Franco à San Sébastian lors des internationaux de pelote basque.

46 «La morale a déjà par elle-même un objet pratique, puisqu'elle est l'ensemble des lois absolues d'après lesquelles nous devons agir. Il est donc absurde d'accorder à l'idée du devoir toute son autorité et de prétendre néanmoins qu'on ne puisse pas le remplir, ce qui anéantirait l'idée même de devoir (*ultra posse nemo obligatur*). La politique en tant qu'elle est une jurisprudence et ne saurait donc être en contradiction avec la morale considérée comme la théorie du droit (c'est-à-dire il n'y a point d'opposition entre la théorie et la pratique) ; à moins qu'on n'entende par morale l'ensemble des règles de la prudence, ou la théorie des moyens les plus propres à remplir des vues d'intérêt ; c'est-à-dire à moins qu'on ne rejette entièrement toute idée de morale» (Kant, 1795, Ak. VIII, 370, p. 364).

s'effectuant dans l'illégalité, comme le soulignait précédemment Thierry (voir supra p. 235, note 39, encadré 7)[47]. Ilyann, du côté d'ETA, l'affirme très explicitement :

> Dans certaines manières, on peut dire *c'est pour l'éthique qu'on prend les armes* parce qu'on ne peut pas accepter une occupation, une oppression, la disparition de notre culture, notre manière d'être par les armes. Donc c'est précisément pour l'éthique, une des raisons, une manière d'expliquer qu'on prend les armes. (Nous soulignons)[48]

L'éthique est précisément ce qui, pour les acteurs rencontrés, va instituer la ligne de partage entre violence politique, en l'occurrence lutte armée, et terrorisme ainsi qu'y insiste Laureline : « Je pense qu'on ne peut pas s'engager dans la lutte armée sans une morale et une éthique. Parce qu'à ce moment-là, c'est là où on verse dans le terrorisme. »

β.2 Cette éthique principielle se trouve au fondement même de l'engagement clandestin voire armé basque. Elle se décline, dans le discours de certains militants, comme une éthique révolutionnaire dont on retrouve des illustrations dans la littérature basque[49] et dont un exemple célèbre est proposé par Serge Netchaïev (1868). Elle est présente dans les discours de Pierre et de Jovani, appartenant respectivement aux générations γ 2 et γ 3 d'ETA. L'éthique révolutionnaire instaure les limites qui, en matière d'actions armées, ne peuvent être franchies et qui interdisent de « faire n'importe quoi » (voir Jovani, Fabienne). Elle institue une différence entre le révolutionnaire et le combattant islamiste visant de façon indiscriminée les populations civiles occidentales (voir Pierre, Julien)[50].

47   Du côté d'IK, Alexis et Florian partagent le point de vue de Thierry sur l'autolimitation de soi.
48   Elikia, de la plus jeune génération des militants d'ETA rencontrés, considère également que « c'est la base [d'avoir une éthique quand on s'engage dans la lutte armée] sinon c'est n'importe quoi ». Voir aussi Julien supra.
49   « Pour continuer de lutter et seulement pour cela, je désirerais sortir de la prison. D'un autre côté, pour un révolutionnaire, la vie n'est pas le bien suprême » (Jokin Gorostidi, *in* Nuñez, 1993, p. 9).
50   Au terme de l'entretien, nous posions une question visant à comprendre la perception que les acteurs basques, relevant du champ du « terrorisme », avaient de l'islam politique et des actions menées depuis le début des années 2000 en Occident. Elle était formulée ainsi : « Si l'on se tourne à présent vers les années 2000-2001 puis

Deux éthiques de la lutte

Cette éthique suppose intrinsèquement d'avoir intériorisé une dimension sacrificielle ou de dévouement complet à la cause opérant dans une pluralité de dimensions. Il peut s'agir de «tout sacrifier pour une idée» (Nicolas), de «renoncer à toute [s]a vie, pour des idéaux» (Thibault, Estrella) parfois aussi de contribuer financièrement à l'organisation (Ekaitz) mais également de se confronter au danger ou au risque. L'éthique du sacrifice signifie d'accepter le *risque* d'une mort violente, de la prison ou du fait d'être «condamné» à la clandestinité. Elle consiste également dans un don de soi, c'est-à-dire de son temps (voir Lacroix, 2013), de sa vie privée à la cause, considérée non pas seulement comme son pays (Thierry, encadré 9), sa terre mais comme un bien commun que les militants soient du nord ou du sud (voir respectivement Frédéric et Julien, encadré 9). Pour les plus jeunes générations, cette éthique se conçoit comme une «éthique de l'émancipation» (Etan), rappelant l'inspiration fanonienne qui anima l'organisation dans les années 1960-1970. Celle-là est alors pensée comme un rempart contre les dérives potentielles du collectif, dans une logique où ce qui relève de la morale vient suppléer l'ordre juridique dont on s'est affranchi (voir Etan, encadré 9). Les codes de conduite de l'organisation, dans certains cas empruntés à d'autres groupes révolutionnaires, déclinent les idéaux auxquels le militant est censé aspirer, tels la nécessité d'abandonner ses besoins propres et de se vouer entièrement à l'organisation (voir «Libro blanco», in *Documentos Y*, vol. 1, p. 151-160).

---

l'actualité plus récente (2012 avec Mohamed Merah, 2014 et l'attentat de Bruxelles) et les événements de 2015 en France (janvier, novembre) ainsi qu'en 2016 (Nice), 2018 (Strasbourg), qu'est-ce qui, selon vous, explique cette violence?».

> **Encadré 9 :** Extraits d'entretiens témoignant de l'éthique du sacrifice et des codes de conduite des militants
>
> Thierry reformule à notre intention la question principielle qui s'est posée à l'aune de son engagement illégal : «Est-ce que pour ce pays que j'aime, pour cette terre, pour cet idéal, est-ce que je m'arrête là ou je vais plus loin ?»
>
> Frédéric réinterprète les objectifs de sa lutte dans les termes d'une morale de la libération : «Oui la morale et l'éthique, bien entendu. Notre objectif, c'est la libération donc… et refuser toute forme d'oppression. *Il y a pas plus moral que ça*, je pense. Même si certains considèrent que c'est amoral de se révolter, mais moi, en tout cas, pour les militants qui sont déjà en lutte, c'est pareil – on lutte pour une lutte de libération et tout ce qui est contre les formes d'oppression quelles qu'elles soient. Même si la morale officielle désapprouve, on est plutôt pour. Mais on a une morale et une éthique. Oui, c'est celle-là : c'est la libération de tout le monde. La liberté de chacun s'arrête là où commence la liberté de l'autre, non ? Donc il y a cette morale-là, cette éthique-là du militant, c'est sûr. On est pour le bien commun, et pour la libération de tout le monde, et éviter les formes d'oppression. Donc c'est notre morale, notre éthique.»
>
> Julien décrit synthétiquement les linéaments de l'éthique révolutionnaire au sens des normes de conduite qui guident et orientent les pratiques : «L'éthique, c'est basique : c'est pas dépasser certains trucs, on n'utilise jamais pour un truc personnel. C'est pas à toi, tu berces ton avoir, ton pouvoir personnel dans le fait commun, dans l'organisation commune. Il y a une éthique assez stricte. On s'échappe pas ; on se juge assez durement dedans. On n'a pas beaucoup de marge pour… et c'est voulu, conscient, cherché, c'est l'éthique révolutionnaire mais en vrai. Quand tu dois partager, tu es obligé à regarder ce qu'il y a à côté pour pas les lâcher, jamais abandonner un copain : la solidarité

Deux éthiques de la lutte

> c'est un des noyaux principals, la compréhension et l'empathie, l'ouverture – malgré les schémas – c'est une réalité. » Julien soulignait précédemment : « Tu as des éléments qui sont commanditaires : la solidarité, mettre en commun tout ce que tu as et tout ce que tu n'as pas, pour ressortir quelque chose que c'est pas pour toi. C'est pour ton fils, pour les générations à venir que c'est pas exactement pour les gens qui sont en train de faire la confrontation. On savait, de mon point de vue, que ça serait pas pour nous, que nous on serait niqués mais quand même ».
>
> Etan comme Thierry, bien que plus jeune que lui et appartenant à l'organisation du sud, réinterprète l'éthique de l'émancipation comme un garde fou dans un combat qui s'est affranchi des cadres légaux : « Le problème, souvent, c'est quand un moyen de lutte devient un but en soi, dans un processus de lutte. Ça, ça peut devenir problématique. D'où l'importance de maintenir une certaine tension, une certaine distance, un certain regard critique également. On s'inscrit dans une lutte qui a vocation à remettre en question un État, un fonctionnement, il faut faire attention de ne pas reproduire les mêmes schémas qui sont produits par les États dans cette lutte qui a vocation à établir un rapport de force avec les États. Et cela demande une véritable éthique, une véritable éthique de l'émancipation. C'est en ce sens-là que je pense la question de l'éthique plus que la question de l'utilisation de la violence. »

β.3 L'éthique révolutionnaire comme celle du militant dit radical se caractérise par une articulation et une structuration explicites autour de la notion de cohérence comme nous l'avons montré pour d'autres groupes ayant fait le choix de la violence politique (voir Guibet Lafaye, 2018, 2019). Cette caractéristique se retrouve dans le discours d'activistes basques ayant intégré les commandos tels Jovani et Fabienne. Elle est intrinsèquement liée à la morale révolutionnaire, ainsi que le souligne Fabienne qui estime que ce terme résume intégralement sa perspective morale qui « était de fonctionner en accord avec [s]es idées. C'est... déjà ne pas être injuste. [...] C'est être cohérent avec ses idées, fonctionner de façon cohérente, fonctionner de façon la plus juste possible, essayer d'être cohérent ». Jovani, qui a intégré ETA une quinzaine d'années après Fabienne, convoque le même paradigme pour exprimer la signification de son engagement : « Dans le fond, [...] la cohérence me paraît être quelque chose de très important. Donc moi, je pense qu'une personne doit toujours faire ce qu'elle pense qu'elle doit faire. Toujours. Toujours. Pour moi, ça a été la clef du bonheur. Moi, en prison, ma mère me disait : "comment peux-tu être heureux en prison ?" Probablement que j'aurais été malheureux si je croyais une chose et que j'en faisais une autre. J'ai toujours pensé comme ça [de cette façon] »[51] (voir aussi Amalia).

β.4 À l'encontre des discours publiquement tenus sur les « terroristes » basques, les entretiens menés soulignent un discours axiologique de prime abord contre-intuitif voire paradoxal, dans la mesure où se trouve placé au cœur du processus individuel d'engagement un souci du bien commun et un dévouement à une cause qui outrepasse très largement ses intérêts individuels. Certains anciens militants du sud, tels Elliot ou Justin, reconnaissent le caractère paradoxal de cette éthique[52]. Cette conscience traverse

---

51   Dans la discussion qui précède l'entretien, Jovani souligne l'importance de la cohérence, en ce que si une personne défend la lutte armée, elle doit « y aller » et pas demander aux autres d'y aller à sa place. Sur l'évitement de ce type d'attitude, voir aussi Etan et Mona.

52   Ce dernier reconnaît que : « Logiquement c'est contradictoire, contradictoire avec l'éthique que nous défendons, avec les valeurs que nous avons défendues et que nous continuons de défendre. Ensuite utiliser la lutte armée, ça semble un peu contradictoire et ça l'est. [...] Pour moi, ça ne m'a pas créé trop de contradictions. J'ai réfléchi. Oui, c'est contradictoire à un certain niveau, c'est évident. Mais... moi l'éthique, j'ai toujours maintenu la même. Je suis le même depuis que j'ai 10 ans. Quand je suis rentré à 15-20 ans dans l'organisation et que je participe de ses forces, aujourd'hui mon éthique est toujours la même. » Elliot décrit en ces termes sa morale : « Pour moi, le respect, le respect de la personne, le respect de l'être humain, c'est important, mais vous entrez en contradiction. Je vous le dis et en même temps, j'ai encouragé d'autres [personnes] à tirer pour tuer. Mais oui, pour moi, le respect de l'être humain est primordial. Pour moi, tout naît de là. S'il y a respect de la personne, respect de tes opinions et je respecte les tiennes, respect de ta sexualité... que sais-je ! Le respect en toutes choses est très important. Mais bien sûr, ils me disent maintenant, vous me dites ça, mais : "Quel respect as-tu eu quand tu étais dans une organisation armée ?" [...] Oh, bien sûr. »

Deux éthiques de la lutte 245

les générations qu'elles soient nées dans les années 1940, 1960 ou 1980[53]. Y compris de la part de militants assumant la responsabilité collective des actions les plus meurtrières d'ETA, le souci de l'humain est porté sur le devant de la scène, tout comme il sous-tend certaines des formes d'autolimitation de la violence politique précédemment décrites. Jovani fut membre d'un des «commando Barcelona». Il a passé vingt-deux ans en prison et affirme «lutter pour l'humain»[54]. Cette conviction demeure également présente chez des militants ayant plutôt participé à la logistique de l'organisation tels Louisa. Répondant à la question de référence, Louisa déclare que l'éthique,

> oui, oui, oui, c'est la base. [...] Heureusement qu'on n'a pas perdu l'élément humanitaire. Il y a de tout partout, et même dans des militants de la lutte armée. Mais en général, heureusement que c'est ça la graine, *l'humanisme*, tu dois être très humain pour laisser tout et t'engager dans une lutte comme ça. Si tu penses qu'à toi et à ton avenir, tu ne t'engages pas.

L'altruisme qui signifie de considérer le bien commun avant ses intérêts personnels était déjà mentionné par Julien (voir supra encadré 9). Si l'occurrence d'un combat pour l'humanité était unique, elle pourrait passer pour un discours d'autojustification et de légitimation or elle intervient chez de nombreux acteurs quelle que soit la part qu'ils ont prise dans

---

53   Jules (né en 1963), très sensible à l'injustice depuis son enfance, estime que c'est «paradoxal car quand on entre dans une organisation armée, les conséquences sont toujours injustes : ça provoque des dégâts et tout ça.» (voir aussi Julien). Mona née en 1982 admet que «des fois, on a plein de contradictions, il faut faire avec les contradictions, parce que quand j'ai pris les armes, c'était une contradiction aussi, parce que je suis pacifiste, enfin, pas pacifiste plutôt pour la paix, contre la guerre. Et moi, j'ai pris les armes donc...».

54   Jovani décrit son éthique en référence à «l'humanisme. Moi, je suis depuis toujours très guevariste. L'éthique de Che Guevara a eu une influence sur nous. J'ai lu le manuel révolutionnaire, *Le journal du Che en Bolivie*, le manuel de la guerre révolutionnaire. Et nous avons toujours pensé cela, les révolutionnaires et les personnes qui luttent pour la liberté, nous avons un sens élevé de ce qu'est un être humain. Et nous croyons dans une société nouvelle, juste. Nous cherchons réellement la justice. Donc, évidemment, moi par exemple, je pense que je n'ai jamais cherché à nuire de façon non nécessaire à quelqu'un. Moi, je ne peux pas faire un attentat indiscriminé contre les gens. Non, ça irait contre mon éthique révolutionnaire. Je me refuserais à le faire.» Voir aussi Amalia.

l'organisation clandestine. Ainsi s'exprime à travers cette référence une conviction plutôt que simplement une rhétorique de légitimation ou de justification *a posteriori* de choix de vie assumés souvent très jeunes (voir Amalia).

γ. Paradigmes de légitimation

Γ.1 LA LUTTE ARMÉE COMME AUTO-DÉFENSE

Au-delà de cette double articulation d'une éthique positive et d'une éthique négative de l'engagement clandestin, le discours moral sur la violence et l'illégalité politique se construit autour de paradigmes de justification dont les plus récurrents sont ceux de l'auto-défense et de la résistance.

La référence à l'auto-défense est fondatrice dans le choix de l'illégalité et de moyens politiques non conventionnels. Ce cadrage s'inspire des philosophies politiques naturalistes, envisageant l'usage de moyens spécifiques pour assurer sa propre préservation comme un droit de nature (voir Hobbes, 1651, p. 128)[55]. Cette volonté de résistance défensive nourrit des « éthiques martiales de soi », sous-jacentes aux mouvements politiques d'opposition, ainsi que des contre-conduites, se dressant face aux pratiques de pouvoir, dont certaines ne reculent pas devant l'usage de la force, comme au Pays basque. Elle peut également être intégrée, sur le moyen terme, à des perspectives stratégiques d'organisations telles ETA qui, après le franquisme, a envisagé la lutte armée dans une logique défensive, plutôt qu'offensive, et en l'occurrence de défense des secteurs populaires patriotiques contre toute « agression antidémocratique » (voir *Zutik*, n° 67, 1976, p. 5). Dans les discours recueillis, le paradigme de l'auto-défense se décline en plusieurs volets qu'il s'agisse de la protection du peuple basque, de la défense de la langue, de la contre-violence en réponse à la violence d'État. Ainsi Mathieu conçoit son éthique révolutionnaire comme axée sur la défense de son peuple (voir encadré 2). Telles sont également les

---

55 Quoique Hobbes n'interroge pas la légitimité ou l'illégitimité de l'usage de la violence défensive. Dans le cadre hobbesien, il s'agit d'un exercice raisonné de la défense de soi qui n'appelle pas nécessairement le recours à la force mais qui peut également passer par la recherche de la paix.

Deux éthiques de la lutte 247

positions de Dimitri[56] et de Thibault, ce dernier soulignant que « la base de la lutte armée d'ETA, ça a pas été exactement tuer les gardes civils mais ça a été justement la défense des gens ».

Ainsi la légitimation de moyens politiques non conventionnels ou délégitimés (parce que qualifiés de « terroristes ») s'opère à partir du cadrage de la contre-violence. Le passage à la violence illégale revient à contester implicitement ou explicitement la détention du monopole dit légitime de la force par l'État (voir Weber, 1919). Alors que la notion de force a une fonction descriptive ou se voit, le plus souvent, associée à sa mise en œuvre « légitime » par des institutions qui en ont le monopole, c'est-à-dire les États, le concept de violence est plutôt convoqué dans un registre normatif[57]. La force étant perçue et cadrée comme le moyen de la préservation de l'ordre social et du *statu quo*, en l'occurrence d'un ordre établi qui ne peut être mis en question par des moyens légaux et démocratiques, l'usage de la force intervient comme une conséquence logique. Dans le cas des groupes d'extrême gauche ou de libération nationale, « l'auto-défense doit se comprendre comme la condition par laquelle un sujet politique révolutionnaire est rendu possible » (Dorlin, 2017, p. 131) ainsi que le suggère également le paradigme de la cohérence, central dans l'éthique positive des militants basques (voir supra 6.2.β). Pour ces groupes, l'auto-défense, autrement nommée résistance nourrit le mythe fondateur du sujet révolutionnaire, alimente divers récits et autorise, comme nous le verrons, l'inscription dans la filiation historique des *Gudariak*[58]. Des symboles internationaux et des mythes comme celui de Che Guevara ou du Viêt-Cong, au même titre que la répression d'État, alimentent le discours et les justifications relatives au nécessaire recours à la violence. Le registre de l'auto-défense intervient en

---

56 Pour qui « la violence offensive est quelque chose d'inadmissible. De mon point de vue, la *violence offensive m'oblige à pratiquer la violence défensive*. Moralement, pour moi, c'est quelque chose d'acceptable. »

57 Une définition étroite de la violence directe l'envisage alors comme l' « utilisation de la force physique pour infliger des blessures ou causer un préjudice à une personne ou à un bien » (Thomas, 2011, p. 1817).

58 Ainsi Pantxo déclare : « Pour moi, un peuple qui se défend avec les méthodes violentes devant l'oppresseur qui, en général, c'est notre État, c'est juste, et légitime même ! C'est juste et légitime… Même si dans cette application, il peut y avoir des choses… collatérales que c'est un innocent qui peut tomber. »

Iparralde, en un sens qui n'est plus simplement celui du rapport de forces physiques, mais dans le cadre d'un rapport social et économique asymétrique entre les Basques et les projets nationaux proposés par l'État pour le Pays basque nord. Il intervient au titre de justification d'un degré de violence supérieur, comme en témoigne Laure, lorsqu'elle est interrogée sur la possibilité de parvenir aux objectifs d'IK sans violence[59]. La lutte armée – pour autant qu'elle se distingue du terrorisme – est pensée par les acteurs, non comme «une action offensive», mais comme «défensive» (Laureline ; voir aussi *Ildo*, n° 2, été 1978, p. 7).

Dans cette logique, la mise en évidence de la violence du système, de celle de l'ennemi ou de la violence inhérente aux circonstances historiques devient un enjeu de la description et de l'interprétation des situations auxquelles les acteurs s'affrontent. Martial, par exemple, souligne le phénomène d'oppression du peuple basque au sud et conçoit son éthique de la lutte comme «une nécessité de répondre à une situation d'oppression dans notre pays». Tel est également le cas de Flavien. La conviction est qu'à la force et à la violence, on ne peut répondre que par la violence. Le cadrage de la situation joue alors un rôle central et participe d'une redéfinition de la notion de violence et de son contenu. L'identification de formes de

---

59 «Ni avec la violence ni sans la violence, je crois que c'est un objectif qui est hyper difficile. Ici nous, dans notre petit coin et même au Pays basque sud, c'était tellement des situations hyper-bloquées. Surtout ici. Au sud, ils avaient aussi une autonomie mais ici on n'avait rien, on n'avait pas d'autonomie. On était assimilé au niveau culturel, au niveau économique. On était un petit bout de département auquel on nous fixait des missions de tourisme et des choses comme ça. C'est l'époque MIACA et tout ça : faut voir ! C'était l'aménagement de la côte Aquitaine. Regardez le Victoria Surf à Biarritz, vous comprenez. Quand vous voyez ça, des trucs qui se construisent sur la côte... Vous vous dites : il faut arrêter là !!! S'il y a pas un oh-là qui est mis ... ça va devenir ici Palavas-les-Flots. On n'en voulait pas. Je pense que... ça a permis une prise de conscience des gens. Les actions politiques, ça se situe dans un cadre de propagande, et la propagande, elle s'adresse par rapport à l'État en face, mais elle s'adresse par rapport aux gens ici, que eux ils aient une prise de conscience par rapport à ce qui se passe, qu'on fait pas n'importe quoi non plus dans ce pays, que les gens ils arrêtent de penser qu'on peut faire n'importe quoi... C'est un peu le principe, c'est de *l'autodéfense*. Faut arrêter ! On peut pas faire n'importe quoi non plus.» L'un des leaders politiques d'IK, Alexis, ferait écho à ses propos (voir supra chapitre 4).

violence non physiques, consubstantielles au système devient centrale. De même, la qualification d'injuste ou d'arbitraire de la violence déployée par l'ennemi – élément de cadrage caractérisé désignant l'État et les forces de l'ordre – constitue un facteur de la justification de la prise d'armes. Enfin le cadrage interprétatif et politique orientant les esprits vers une absence d'opportunités politiques confère une légitimité *morale* au recours à la violence comme le soulignent Estrella et Thibault qui se souviennent des conflits sociaux qu'a soutenus ETA :

> Quand tu fais la lutte armée évidemment tu sais que c'est l'unique recours, ou c'est l'un des derniers recours. Tu as l'exemple de conflits des travailleurs dans lesquels on intervenait. Il y avait pas d'autres solutions, la négociation allait être cassée. Les travailleurs allaient être dans la rue. Je sais que c'est pas trop médiatique notre intervention dans ce type de choses. Mais on est beaucoup intervenu là.

La légitimité de ce type de lutte s'enracine, pour l'extrême gauche, à la fois dans des textes théoriques, tels ceux de Bakounine (1865), Lénine (1902), Trotsky (1920), jusqu'à Bertolt Brecht[60]. Dès lors, certaines conditions sont identifiées comme légitimant la violence ainsi que le rappelle Flavien :

> Au Pays basque, l'éthique et la morale de la lutte contre l'oppression sont nées sous la dictature franquiste, héritières en quelque sorte de la lutte contre le soulèvement fasciste franquiste de 1936 et, après la mort du dictateur, elles se sont maintenues autour de l'idée de l'absence de rupture avec le franquisme. On peut être d'accord ou non avec cette voie de légitimation, mais son origine est antifasciste, sans aucun doute. Bien sûr, cette légitimité entre en crise lorsque l'État espagnol apparaît comme une démocratie, mais n'oublions pas que pour beaucoup de gens au Pays basque, l'Espagne n'est jamais vraiment parvenue à devenir démocratique. Cette légitimité s'affaiblit avec le temps et finalement une grande partie de la société basque ne partage pas l'option de la lutte armée, c'est évident, mais nous devons comprendre la trajectoire historique dans son ensemble.

Ces conditions ne sont pas exclusivement historiques mais se déclinent, du point de vue axiologique, comme celles où la survie est en jeu et

---

60   Voir aussi Clausewitz (1815) pour l'origine de cette légitimation ainsi que, sur le plan «pratique», le groupe anarchiste russe *Narodnaïa Volia*.

appellent en toute logique à la légitime défense[61], qu'elles coïncident avec une dictature, une situation politique de forclusion des opportunités et d'interdiction de l'expression ou avec l'usage d'une violence ciblée contre une communauté à laquelle les acteurs appartiennent. La thèse d'une violence défensive renvoie alors à la nécessité vitale, dans une logique où elle est conçue comme une *praxis* de résistance (voir Dorlin, 2017) qui tient toutefois compte de l'opportunité des circonstances sociopolitiques pour s'exercer[62].

I.2 LA LUTTE ARMÉE COMME RÉSISTANCE

Ainsi dans le cadrage que Flavien propose du surgissement d'ETA, il procède explicitement à une comparaison avec la résistance contre le nazisme. Répondant à la question de référence, il rappelle qu'

> il y avait une éthique et une morale de la résistance en France au début des années 1940. C'était une éthique de la lutte contre l'oppression nazie et elle était liée à la légitimation de l'utilisation d'armes, de bombes, etc. Les membres de la résistance ont lancé des tracts et faisaient des graffitis, mais ils ont aussi placé des explosifs et tiré, parfois sur des civils, volontairement ou involontairement. On me dira que l'ETA n'est pas la même chose et c'est vrai.[63]

Pierre souligne le caractère provoquant d'une telle comparaison pour toute personne étrangère au Pays basque. Il l'assume pourtant pour rendre

---

61   Les illustrations, parmi les entretiens recueillis, sont innombrables. Citons simplement Vicenzo déclarant : « Je ne suis pas contre le droit à la légitime défense, c'est ce qu'a fait le peuple basque face au fascisme ».

62   Laure souligne le rôle clef du contexte dans la résolution de la prise d'armes : « Je crois absolument pas en une violence politique à l'heure actuelle. Je crois que ça ferait pas du tout avancer la situation. Après qu'il y ait une auto-défense qui soit mise en place, je pense que c'est nécessaire, ici comme au sud. [...] Quand il y a une agression qui est trop flagrante, je crois qu'il faut qu'on ait la capacité de réagir. Il faut pas laisser faire les gens n'importe quoi. Il faut savoir agir et on le fait pas assez. [...] Il y a des choses... qui sont inadmissibles. Ledoux, le propriétaire de *Libération* qui achète le château du baron de l'Espée, ici à Biarritz. [...] C'est un publicitaire, un mec gavé de fric. »

63   Voir aussi Pierre et Jules.

Deux éthiques de la lutte

raison et rationaliser son engagement[64]. De même, le ministre de la justice du premier gouvernement socialiste français, Robert Badinter, comparaît ETA à la résistance antinazie (voir la déclaration de Pierre Mauroy, *Nouvel Observateur*, 18 juillet 1981). La référence à ce paradigme est commune dans les luttes menées par l'extrême gauche en Europe occidentale ainsi que dans les mouvements de libération nationale (voir Guibet Lafaye, 2019). Toutefois, dans le cas du Pays basque, elle prend une figure spécifique à travers l'emblème du *Gudari*.

Les Basques, ou du moins une partie de la population basque, se perçoit et se représente comme un peuple qui a lutté pour son indépendance durant plus de cinquante ans de guerre (voir Della Porta, 2013, p. 218). La question de la résistance est au cœur de l'idéologie de la gauche abertzale comme l'évolution des doctrines de KAS le suggère. Le slogan de la coordination est d'abord «résister est vaincre» puis devient, en 1985, «résister est avancer». L'icône de la résistance est incarnée par le *gudari* («soldat») de la guerre civile espagnole. Au cours de cette dernière, l'ANV (*Acción Nacionalista Vasca*) à la différence du PNV (*Partido Nacionalista Vasco*) s'est pleinement engagée en faveur de la République et de l'autonomie basque, envoyant quatre bataillons de *Gudariak*, c'est-à-dire environ 2.500 soldats au combat, dont 400 ont péri.

---

64   «Nous, on fait un parallèle avec la résistance française. [...] Qu'est-ce qui pousse un jeune de 17 ans, pendant l'occupation nazie de la France, à agir ou à prendre les armes ? J'imagine que c'est son entourage, la situation, un peu d'idéalisme. Pour nous, c'était la même chose. [...] Mon village a 5.000 habitants. Des 5.000 habitants, 80 personnes sont passées par la prison après la mort de Franco. Il y a aussi dans l'histoire des données objectives. Maintenant il y a une bataille avec les Espagnols pour ce qu'on appelle "el relato", en espagnol, l'histoire de ce qui s'est passé ici. Pour eux, ETA c'est une organisation sans tête qui a fait 500 ou 800 morts. Et nous, on peut dire : nous, on est un pays occupé ; nous, on a eu presque 300 morts de notre côté. Il y a eu 40.000 détenus, arrestations, 10.000 personnes sont passées par la prison. Cette année, le Gouvernement basque vient d'approuver 6.000 personnes torturées, alors si tu transposes ce type de données à la France et à l'Espagne et au nombre d'habitants, tu vas voir si c'est un problème politique ou non. Ça, c'est la différence. Ici on n'insiste pas que c'est un problème politique. [On dit] c'est un problème d'un groupe d'assassins. Mais quand tu donnes... que c'est pas nous déjà, c'est les ministres qui donnent les chiffres. Tu vois ce que ça donne [quand tu multiplies] par 20 ou 30 [pour rapporter à l'échelle de la France] !».

À la différence des troupes et des ministres du PNV, les *Gudariak* de l'ANV ne se sont pas rendus après la chute du Pays basque (voir Petithomme, 2015, p. 114). Le parti est interdit pendant le franquisme et demeure en exil jusqu'en 1979 avec l'ensemble des gouvernements basques.

Une lecture contemporaine des représentations du nationalisme basque suggère un détournement de la signification historique originelle de ces fêtes populaires, à savoir la commémoration des *Gudariak* de la guerre civile espagnole au cours des cérémonies mémorielles du *Bizkargi* et de l'*Aberri Eguna* au Pays basque, célébrant la mémoire des *Gudariak* basques morts lors de la guerre civile ainsi que la défense du territoire face à l'insurrection franquiste, au profit de la légitimation de la violence et du culte des «martyrs» de l'ETA (Petithomme, 2015)[65]. Sans nécessairement adhérer à la thèse du «détournement» de la signification historique de ces fêtes et figures, on observe un réinvestissement manifeste, dans le discours abertzale, de la référence à la résistance ainsi qu'à la figure du résistant qui n'est pas seulement celui qui a combattu durant la guerre civile espagnole mais également celui qui s'engagea au cours de la guerre mondiale en France (voir infra Vicenzo, note 72, p. 256). L'inscription dans ces filiations historiques permet aux militants contemporains de s'ancrer dans des mythes fondateurs, de donner sens à et de légitimer leur lutte. Ce processus est concomitant de la constitution d'ETA en organisation illégale. En effet, dès la Ie Assemblée, célébrée dans le monastère de Belloc (France) en mai 1962, la figure du *gudari* est convoquée voire exaltée. L'intérêt pour cette figure participe de la volonté, assumée lors de cette assemblée, de mettre en avant les «grands événements de l'histoire basque comme autant de bornes d'un processus de construction nationale» (Alcedo Moneo, 1996, p. 24-25 ; voir aussi *Euskadi ala hil*, 1976, p. 7).

La référence à la résistance présente plusieurs fonctions. Elle joue en premier lieu un rôle important en terme de constitution d'une identité aussi bien individuelle que collective. L'identification au résistant permet à l'individu de «se rattacher à une collectivité de référence» et de «renforcer son identité en conformant une partie de ses actes avec ses valeurs»

---

65 Le «détournement de sens» se comprend ici comme «la génération et la diffusion d'une contre-histoire» de la lutte indépendantiste (Klandermans, 1991).

(Hassenteufel, 1991, p. 5-27 ; 1993, p. 101). Un processus comparable est à l'œuvre sur le plan collectif dans le réinvestissement dont ont fait l'objet les célébrations du *Bizkargi* et de l'*Aberri Eguna* par l'organisation clandestine jusque dans les années 2000. Dans les deux cas, s'exprime une aspiration à la reconnaissance sociale. En ce sens, la référence à la résistance ainsi qu'à la mémoire des anciens combattants de la guerre civile constitue une «ressource politique» pour l'organisation et ses militants, dans la mesure où sa réappropriation participe de la légitimation du maintien d'une stratégie de résistance et de lutte armée illégales. Elle structure la transmission de la mémoire collective abertzale et participe de la «construction sociale des mémoires individuelles» (Halbwachs, 1925, p. 6).

Au-delà de la constitution d'une identité – individuelle et collective –, ces références traduisent l'inscription de la lutte abertzale dans une filiation historique. La revendication d'une continuité entre les *Gudariak* d'hier et les militants d'ETA – dont la réalité historique a été critiquée (voir Petithomme, 2015, p. 110) – se perpétue à travers le temps comme le suggère un communiqué d'ETA, publié dans *Egin* le 21 mai 1980[66], défendant une continuité entre les actions contemporaines de l'organisation et la lutte des *Gudariak* historiques des XIXe et XXe siècles. La mise en perspective des «combattants d'aujourd'hui» avec les «*Gudariak* d'hier», luttant pour un indépendantisme démocratique et ayant résisté à la dictature franquiste, permet de présenter les membres d'ETA morts dans des actions violentes ou du fait de la répression, comme autant de «compatriotes morts violemment dans le processus de libération nationale» (Zabalza, 2000, p. 14)[67].

---

66 Cité *in* Dominguez Irribaren, 2000, p. 328.
67 Une étude de l'iconographie des cérémonies mémorielles du *Bizkargi* et de l'*Aberri Eguna* montre que lors du *Bizkargi Eguna* de 2008, la mémoire des «martyrs» de l'ETA morts pour la cause abertzale est honorée lors des célébrations au même titre que celle des *Gudariak* de la guerre civile (voir Petithomme, 2015, p. 122). Le tract qui annonce la fête («*Gu sortu qinen enbor beretik sortuko dira besteak. Gora atzo, gaur eta biharko gudariak*», «Du même tronc duquel nous sommes nés, naîtrons les autres. Les *Gudariak*, debout hier, aujourd'hui et demain») établit également cette équation tout de même que les brochures de 2006 («*Atzo eta gaurko gudarien alde ! Independentzia*», «Pour les *Gudariak* d'hier et d'aujourd'hui ! Indépendance») et de 2011 («*Atzoko eta gaurko gudarien omenez*», «En hommage aux Gudariak d'hier et d'aujourd'hui») (Petithomme, 2015, p. 125).

L'affirmation de ce lien générationnel a donc pour fonction de renforcer la cohésion du groupe. Elle vise à légitimer l'engagement individuel et collectif, à justifier le recours aux armes tout en appelant une reconnaissance pour l'engagement dans un juste combat. L'inscription de l'engagement des militants basques du nord comme du sud dans la « longue durée » contribue à revaloriser cet engagement controversé et constitue un cadre à partir duquel il est susceptible de conquérir une reconnaissance sociale (Braudel, 1985, p. 44-61).

L'inscription dans cette filiation présente également un volet normatif pouvant aussi contribuer à la conquête d'une reconnaissance. Considérant les gouvernements postfranquistes comme s'inscrivant dans la continuité directe de la dictature, une partie des militants fonde son discours sur un « cadre d'injustice » présentant l'action de l'État espagnol à l'égard du peuple basque comme inique et violente. Ce cadrage justifie encore la (re)qualification de l'identité des militants d'ETA comme successeurs des *Gudariak* de la guerre civile, en l'occurrence comme des « combattants de la liberté », et le combat d'ETA comme une lutte de libération nationale ancrée dans l'histoire. La revendication d'une continuité historique de la cause indépendantiste nourrit la représentation d'un unanimisme résistant au Pays basque, constitutive de son identité (voir le discours de François). « La filiation symbolique entre les soldats de la guerre civile et les membres de l'ETA d'aujourd'hui permet [ainsi] de créer des "mythes fondateurs" qui jouent le rôle de marqueurs d'appartenance à une même communauté entre les générations » (Petithomme, 2015, p. 131).

δ. Réhumaniser la figure du « terroriste » ?

De la même façon que sont recadrés les principes axiologiques supportant la lutte armée ainsi que le rapport à la violence, les enquêtés ont à cœur de présenter une autre figure du militant d'ETA – dont certains considéreront qu'il s'agit d'une euphémisation des actions perpétrées par l'organisation. Des analystes ont souligné les opérations de symbolisation associées aux célébrations de la mémoire des luttes. Les entretiens semi-directifs en face-à-face, pour leur part, produisent de la figure du membre d'ETA un cadrage dissonant d'avec les discours publics et politiques. Ce cadrage les réhumanise. Certains militants, tels Jayden, ont conscience du caractère paradoxal de cette peinture[68]. Les participants à l'infrastructure ayant permis de soutenir l'organisation procèdent, de façon récurrente, à un recadrage des représentations du militant politique «terroriste», soulignant pour les uns son altruisme, pour les autres son exemplarité morale. Gaya, qui a accueilli chez elle des générations de militants basques en clandestinité, rappelle qu'ils ont «toujours ce souci de l'autre, [cherchent] le mieux pour l'autre» dans les habitudes qu'ont les fugitifs vivant clandestinement chez l'habitant[69]. La réhumanisation du «terroriste» se double d'une exemplarité morale. Cette exemplarité est étroitement liée à l'éthique du sacrifice qu'implique un engagement de ce type. Nicolas qui a côtoyé nombre de clandestins d'ETA affirme qu'«un militant, il doit être le mieux en tout. On peut pas avoir des militants ivrognes, addicts, machin. Non. Un militant est censé être un exemple pour les autres.» La morale positive précédemment décrite s'actualise dans des qualités spécifiques constituant l'*ethos* du militant révolutionnaire basque. Julien les décrit de façon synthétique en convoquant «la solidarité, la générosité, l'honnêteté», l'altruisme et le désintéressement. Ce recadrage émane également d'acteurs impliqués dans d'autres opérations que l'hébergement ou l'accueil de clandestins, tels Jayden évoquant «la sincérité»[70], ainsi que parmi les membres des commandos. Rémy explicite en ces termes sa morale, son éthique :

> Si j'étais arrivé dans un commando, et on aurait participé avec des actions armées et faits des morts, je les aurais assumés. Je pense que je les aurais assumés, comme j'assume ce qu'ont fait les autres mais sans aucun plaisir, même si c'est des gardes civils. Même les personnes qui m'ont torturées, j'aurais eu aucun plaisir à faire ce qu'ils m'ont fait.

---

68   En réponse à la question de référence, Jayden déclare : «On a une morale et une éthique mais oui, bien sûr. Mais c'est une morale et une éthique sans hypocrisie. Je connais beaucoup de monde qui a tué beaucoup d'autres personnes mais ce sont les gens les plus éthiques que je connais. Ils l'ont fait parce qu'il fallait le faire pas parce qu'ils le voulaient.»

69   En l'occurrence céder la couche la plus confortable au dernier arrivé pour dormir sur le canapé.

70   «Dans mon éthique, il y a une chose que je déteste, c'est l'hypocrisie. C'est-à-dire qu'on peut pas être pour la peine de mort et contre l'avortement.»

> Si on a fait ce qu'on a fait, je me répète, on l'a fait uniquement par instinct de survie. Sans aucun plaisir. Le seul «plaisir» entre guillemets, c'est que tu sais – enfin nous, on est convaincu – d'être en train de défendre notre pays. Un plaisir entre guillemets parce que voilà... Tu es en train de tuer des gens et tu risques de te faire tuer ou de te faire torturer donc... Le plaisir, c'est zéro[71].

Ces discours suggèrent que les militants qui ont procédé à des exécutions ne l'ont pas fait parce qu'ils aimaient tuer mais, parce que dans la logique de l'organisation, «il le fallait». Les exécutions politiques sont recadrées en termes de devoir et de nécessité au même titre qu'un militaire tue «par devoir» ainsi que le souligne Vicenzo[72] (voir également Amandine, Zachary, supra note 42, p. 237). Réciproquement et sur le modèle de la conduite militaire, les membres d'ETA qu'ils soient acteurs des commandos ou non récusent avoir agi sous l'emprise de la haine. Ekaitz y insiste : «Dans ta lutte que tu pratiques, la lutte armée contre l'ennemi, il y a pas une question de haine», tout comme Etan lorsqu'il aborde la signification de son engagement[73].

On pourrait estimer qu'un biais intervient dans ces discours dans la mesure où les personnes rencontrées s'adresse à une enquêtrice qui n'est pas basque ni partie prenante du conflit et dont les personnes contactées savent qu'elle s'intéresse à l'éthique de la lutte illégale. Dans certains cas, l'entretien bénéficie de ce fait d'un *a priori* positif. Néanmoins intervient de façon récurrente, la volonté de la part des militants basques de proposer une autre image, une image humaine, altruiste du militant qui s'est engagé

---

71   D'autres exemples pourraient être tirés de discours d'anciens membres de commandos, tels Ekaitz : «Les meilleures personnes que j'ai trouvées de ma vie, c'est les militants de l'ETA. [...] Des valeurs comme la personne, humanité, internationalisme, essayer de se mettre à la place de l'autre, de comprendre, tu as une moralité terrible.»
72   Le malaise éprouvé par les membres des commandos, après la réalisation d'actions aux conséquences irréversibles, est également rapporté par Amandine dont le conjoint a passé trente ans en prison : «Ceux que j'avais connus, ils avaient une morale ou une éthique. Il y avait beaucoup qui se sentaient pas bien [dans les actions militaires]. Ça a été un truc comme : "Il faut le faire". C'est pas comme s'ils aimaient le faire.»
73   «C'était au sens de responsabilité qui était lié à une prise de conscience, qui s'est faite très tôt. [...] C'était pas une question de vengeance ou de haine.»

Deux éthiques de la lutte

pour son pays, pour une cause présentée comme juste et que les États français et espagnols, les autorités judiciaires perçoivent et identifient comme un terroriste.

Si l'on trouve du côté des militants basques la propension à humaniser celui qui est considéré par les autorités comme un terroriste, en revanche la rationalisation des opérations meurtrières d'ETA à l'encontre des forces de l'ordre passe par une désingularisation d'individus considérés comme un symbole, une fonction – « une fonction répressive » (Vicenzo) –, l'ennemi désigné. L'idée que l'on tue « un uniforme » exprime de façon archétypique le processus de déshumanisation (Vicenzo, Gaya ; voir aussi Prost, 2004, p. 12). Celle-ci est une condition des exécutions politiques. Mathieu qui a purgé plus de vingt-deux ans de prison est explicite :

> Quand je vais faire une action contre un policier ou autre, je ne fais pas quelque chose contre lui qui est un policier en sachant qu'il a un fils ou une fille. Pour moi, c'est un objectif. Par conséquent quand tu es engagé dans une organisation comme ETA, tu déshumanises l'ennemi et toi aussi, tu te déshumanises en même temps, c'est-à-dire que tu ne vois pas une personne. Tu vois un uniforme, un oppresseur. Tu ne vois pas un garde civil qui a un enfant, non, sinon tu ne fais rien. Donc tu entres dans un processus de déshumanisation qui te conduit à faire ça naturellement... [...] J'ai fait les choses de façon très consciente. Je sais qu'il y a eu de la douleur mais ce que j'ai fait, je crois qu'à cette époque, c'était nécessaire [de le faire].

Cette déshumanisation est confirmée par d'autres acteurs dont certains ont quitté ETA depuis longtemps, tels Leonardo[74]. Dans le champ représentatif des militants basques, qui sont allés le plus loin dans l'engagement, les forces de l'ordre prennent une figure singulière largement nourrie, en particulier au sud, par des épisodes répressifs indiscriminés et arbitraires dont la mémoire est entretenue au sein des familles ainsi que dans l'univers abertzale. Si cette désingularisation est indispensable pour mener les opérations, comme le souligne Mathieu, en revanche certains participants d'ETA ont bien conscience que ce sont des personnes qui sont visées et que les actions produisent de la douleur au-delà des victimes

---

74 « On a une chosification de l'ennemi, comme à la guerre. Tu tues pas une personne. C'est un objectif. Il y a une dépersonnalisation, il y a une déshumanisation. »

immédiates[75]. Le coût est assumé du fait du cadrage de la situation et du conflit basque en termes de guerre et d'affrontement asymétriques se déployant sur un autre terrain que celui du champ de bataille, dont on voudrait qu'il soit l'unique lieu des conflits conventionnels.

6.3 Éthique de la responsabilité *vs.* éthique de la conviction

6.3.1 S'engager dans la lutte armée ou assumer la responsabilité

Aborder l'éthique suppose d'envisager les responsabilités du sujet agissant, en l'occurrence de l'acteur politique. L'éthique de la violence politique se voit appréhendée par les militants – aussi contre-intuitif que cela puisse paraître – comme une éthique de la responsabilité, dont l'une des caractéristiques réside dans une attention aux conséquences des moyens utilisés et dans un sens aigu de la responsabilité collective très marqué au Pays basque notamment sud. Ce sens de la responsabilité trouve une signification plurivoque en ce qu'il signifie, pour les acteurs, à la fois (α) d'assumer les conséquences de leurs actions, y compris lorsqu'elles ont causé la mort ; (β) d'assumer individuellement des décisions prises collectivement, autrement dit d'accepter une responsabilité collective que ne reconnaît aucune justice d'État ; (γ) de se sentir responsable aussi bien du devenir de la société que du moment historique vécu.

---

75 « À un moment tu t'abstrais mais c'est des personnes, des êtres humains que tu as en face. L'idéologisation, ça peut aider à pas voir l'autre comme une personne, mais ça sert un tout petit moment, on n'est pas con. Tu le vois tout de suite. Il y a des personnes derrière les confrontations idéologiques. L'autre, c'est pas une machine, c'est une autre personne. Et sa famille, ils sont de l'idéologie contraire. Dans notre cas, la plupart des fois, ils sont ceux qui aident... le système, le pouvoir espagnol à maintenir le *status quo*. C'est difficile à pas les voir comme un ennemi mais c'est vrai que tu es conscient que c'est pas un ennemi l'autre qui est en face. L'ennemi, c'est l'État. L'ennemi, c'est l'oligarchie espagnole ou française, le *status quo*, le pouvoir établi mais pas les gens. Ça c'est strict, ok. Il y a toujours une contradiction. »

Deux éthiques de la lutte

Il est alors question de responsabilité morale et non pas simplement de responsabilité juridique. La signification de la responsabilité comme impliquant que quelqu'un assume les *conséquences* de ses actes, a pris corps, d'une part, dans le cadre du droit civil, avec l'obligation de réparer les dommages que l'on a causés par sa faute et, d'autre part, dans le cadre du droit pénal, en rapport avec l'obligation de supporter la sanction (voir Ricœur, 1990, p. 340). Nous verrons que l'action politique, y compris illégale, fait surgir un sens moral de la responsabilité signifiant notamment d'assumer un temps historique et des actions qui affectent l'acteur sans que ceux-ci soient entièrement son œuvre, mais qu'il reconnaît comme siens.

L'injonction sociale et historique à l'engagement s'exprime dans le discours de militants d'ETA ayant vécu dans un contexte de forte pression sociale, politique et répressive. Tel est le cas de Julien qui a connu à la fois de longues années de clandestinité, la prison ainsi qu'une pression constante des autorités judiciaires et policières. Il déclare, lorsqu'il est interrogé sur la signification de son engagement :

> Je crois que l'engagement, c'est un état de nécessité. C'est pas un choix. *Il y a un choix évidemment mais c'est pas un choix*. Moi, je sens que j'aurais pas pu agir autrement. C'est une question de *responsabilité*, c'est pas une question de goût. (Nous soulignons)

Si Julien estime que son engagement ne répond pas tant à un choix qu'à une nécessité, c'est principalement en raison du contexte historique de l'époque. Il se souvient avoir vu les clients de ses parents commerçants mitraillés par la garde civile espagnole, indépendamment de leurs convictions idéologiques et quel que soit leur âge, durant la « transition » postfranquiste[76]. Julien se rappelle que ses grands-parents qui avaient

---

76 Les souvenirs s'accumulent au cours des entretiens. Pour Julien, il s'agit d'un retraité de 72 ans mitraillé alors qu'il faisait une promenade sur la place du village. Benoît se souvient, alors qu'il a 14 ans, que ses amis adolescents, arrêtés par la garde civile, sortent du commissariat rasés et « avec la tête comme ça » (il fait un geste pour montrer comment ils ont été frappés). Il évoque également José Ignacio Arregui Izaguirre mort à la fin des années 1970 du fait de la torture après dix jours passés dans un commissariat de la garde civile. Enfin Ekaitz se rappelle comment, à 12 ans, il a vu des gardes civils « massacrer » des jeunes et s'être dit : « "Ces connards-là : il faut finir avec eux !! Non, c'est pas possible !" [...] Ça a été une image qui m'a marqué. »

fui la guerre civile ont été expropriés par les «vainqueurs», c'est-à-dire les partisans de Franco, et se sont trouvés dans un dénuement complet à leur retour en Espagne. Il n'a pas oublié un système éducatif dont le leitmotiv était : «les lettres, elles rentrent avec le sang...». Au vu de ce contexte, il estime néanmoins, concernant son engagement, que «c'est par échelons on va dire. [...] *C'est un tout où tu es immergé*, l'éveillement de la conscience à un moment avec une réalité sociale qui est bien réelle, bien présente, cruelle, violente, qui laisse pas beaucoup de choix» (nous soulignons ; voir supra p. 182).

C'est donc dans le vocabulaire de la responsabilité que se traduit la façon dont Julien se situe et prend position dans l'histoire, en l'occurrence la responsabilité d'influer ou non sur le cours historique que connaît le Pays basque. Sur le plan sociologique, les discours dévoilent une imbrication et une interaction entre les niveaux macro-, méso- et microsociaux, c'est-à-dire respectivement entre un contexte perçu comme oppressif de la part d'une large frange de la population basque, le développement foisonnant d'organisations de la gauche abertzale et des parcours individuels d'engagement. Le récit de Julien offre un exemple paradigmatique de cette imbrication et de ces interactions.

L'évocation d'une responsabilité incombant aux acteurs est récurrente parmi les militants d'ETA. Elle se décline, d'une part, comme un sens des responsabilités expliquant – et, dans une certaine mesure, justifiant – l'engagement. Elle se conçoit, d'autre part, comme une responsabilité collective face aux actes posés par l'organisation, qu'elles qu'aient été leurs conséquences. Les propos d'Etan en sont emblématiques :

> Je pars du principe, en étant membre d'une organisation, moi, j'assume toutes les actions qui ont été menées par cette organisation. Même les actions dont je trouve ou qu'elles n'avaient pas de sens ou qu'elles ont été une erreur. Je me situe dans une démarche collective. Donc à partir de là... C'est un sentiment contradictoire... qui est aussi un sens des responsabilités, de savoir les conséquences des actions qui ont été menées par cette organisation, les conséquences qui sont dramatiques. Je pense qu'il y aucun des militants qui a senti un instant de joie ou qui s'est senti fier de ce qu'il a fait. Moi, j'en connais pas, en tout cas. Je pense que ça donne une dimension supplémentaire à notre engagement politique, au sens de notre engagement politique.[77]

---

77   Voir aussi Vicenzo et Idris.

Deux éthiques de la lutte

C'est par cette référence au « sens des responsabilités » qu'Etan explique un engagement qui a pris forme dès l'adolescence (voir encadré 10). Etan précise ultérieurement le sens de ces responsabilités comme le fait, dans une logique sartrienne, de ne pas pouvoir se soustraire à une situation qui s'est imposée à lui comme une injonction :

> J'étais conscient des risques de cet engagement. À ce niveau-là, je m'en suis pas posé [des questions]. Pour moi, c'était un engagement qui répondait... à un sens des responsabilités. Je pouvais pas concevoir que d'autres s'engagent en mettant en péril leur vie et que moi je reste... voilà [sans m'engager]... moi, c'était inconcevable. Je partageais une réflexion, je dirais une théorie ou une hypothèse. Et la lutte armée faisait partie de cette hypothèse. En tout cas, la lutte armée était pas un but en soi, mais un levier qui devait permettre la construction de cette hypothèse, de cette hypothèse démocratique. Pour moi, l'engagement dans la lutte armée, c'est l'engagement pour la construction d'une situation démocratique dans ce territoire. Même si cela peut paraître paradoxal peut-être. Donc à partir de là, pour moi c'était inconcevable de défendre une hypothèse ou défendre une thèse et de laisser d'autres... L'engagement le plus – comment dire – le plus périlleux ou le plus dangereux, ou l'engagement qui pouvait avoir le plus de conséquences... Donc pour moi c'était inconcevable de défendre cette thèse et de ne pas m'engager. J'ai jamais demandé aux autres de faire ce que moi-même je ne serais pas capable de faire. Mon engagement s'est construit dans cette logique-là. S'il faut, entre guillemets, prendre des risques ou se salir les mains, pour moi, il est inconcevable de demander à d'autres de le faire, tout en restant de côté. Donc c'est un sens des responsabilités même si c'est quelque chose qui n'est pas facile. Parce que c'est quelque chose qui a des conséquences dans ta vie au quotidien.

Encadré 10 : La construction de l'engagement politique (illégal) autour du sens des responsabilités, le cas d'Etan

La référence au « sens des responsabilités » participe de la mise en mots et du récit de soi d'Etan dont on peut considérer, de façon critique ou non, qu'ils ont une vocation légitimante. Le récit de son entrée dans l'organisation lui permet d'évoquer le contexte familial qui a été le sien : « Mon père était militant de l'organisation... mais c'est pas lui qui m'a... Mes parents m'ont toujours – et d'ailleurs je les remercie... depuis tout petit, ils m'ont expliqué que c'était leur engagement et qu'ils voulaient surtout pas que mon choix, les choix que je pouvais faire puissent être conditionnés par leur engagement. Donc depuis tout jeune, ils m'ont mis face à mes propres responsabilités. Donc du coup, ça a été un choix personnel, c'est quelque chose qui s'est fait naturellement. Comme je disais tout à l'heure, mon engagement n'est pas le reflet d'une génération, en tout cas d'une génération qui a grandi dans un milieu, mais c'est plutôt l'exception qui confirme la règle. Mais ça a été un choix personnel, c'est moi-même qui me suis dirigé vers l'organisation. Considérant que face à une situation d'oppression, il faut s'engager, lutter collectivement, réfléchir collectivement. Je dirais pas naturellement. C'est pas quelque chose qui se fait naturellement mais en tout cas, c'est quelque chose qui se fait naturellement dans ma construction politique. »

Le discours d'Etan souligne encore la dimension universaliste de cet engagement plutôt qu'un souci nationaliste en replaçant en son cœur la question de la responsabilité : « C'était au sens de responsabilité qui était lié à une prise de conscience, qui s'est faite très tôt. C'était plus un sens des responsabilités par rapport à ce territoire, aujourd'hui et à l'époque, c'était un engagement universel, pas un engagement particularisant lié à notre propre identité, une manière de construire autre chose, valable pour d'autres. » Il met également en exergue la persistance de l'engagement, évoquée à l'occasion de possibles doutes au cours de son parcours : « Non. Je pense que ce que je suis aujourd'hui, ce que je suis moi et ce qu'on est collectivement, c'est le résultat de l'engagement. *Notre sens de la responsabilité aujourd'hui, c'est le sens de l'engagement aussi.* Donc ça fait partie de ma construction. Je ne renie rien absolument et je suis fier de mon engagement. Je suis totalement fier de mon engagement » (nous soulignons).

Etan souligne les risques et les coûts inhérents à cet engagement, susceptibles d'expliquer sa rareté : «J'ai pris conscience très tôt. Je dirais même que le contexte dans lequel j'ai grandi... j'ai pas eu la chance de vivre l'innocence de l'enfance. À 5-6 ans, moi je regardais sous la voiture de mes parents, de ma mère pour voir s'il y avait pas un explosif. Et ça s'est passé dans les années 70 à Biarritz. C'était pas au Liban, mais ici !! Donc ça fait partie de notre vie et paradoxalement... Tous mes proches, en tout cas de mon âge, de l'époque, qui ont grandi dans ce contexte-là, contexte difficile, de tension, aucun d'eux n'est devenu militant. La raison que je tire... c'est pas qu'ils soient pas proches des idées défendues par le mouvement politique au Pays basque. Au contraire, mais ils ont connu très tôt le prix de l'engagement... Le prix à payer, donc du coup, ça les a plus ou moins détournés de l'engagement. Je pense que je suis, en tout cas dans cette génération-là qui a grandi ici, qui est issue de ce collectif de gens qui avaient quitté le Pays basque sud pour se réfugier ici, je suis l'exception qui confirme la règle. C'est pas une génération qui s'est engagée. Ça en dit long sur les conséquences de l'engagement. J'ai pris conscience assez tôt. J'ai grandi dans un milieu d'adultes. Je me suis engagé dans le mouvement politique, je devais avoir 13-14 ans. Donc c'est assez tôt, très jeune même. Donc progressivement... je me suis formé politiquement, j'ai pris conscience de la situation, du territoire dans lequel je vivais, des raisons de l'engagement. Et donc... j'ai construit mon engagement je dirais naturellement, en ayant conscience des risques de cet engagement.» Et plus loin : «Mon engagement n'est pas le reflet d'une génération, en tout cas d'une génération qui a grandi dans un milieu, mais c'est plutôt l'exception qui confirme la règle. Mais ça a été un choix personnel, c'est moi-même qui me suis dirigé vers l'organisation. Considérant que face à une situation d'oppression, d'une part, il fallait s'engager, il fallait s'organiser, il fallait lutter collectivement, et il fallait réfléchir collectivement.»

Ces acteurs se pensent et se construisent, dans le récit rétrospectif[78], autour d'un sens sartrien de la responsabilité signifiant que l'individu a à prendre ses responsabilités, non seulement quelle que soit la situation dans laquelle il se trouve engagé, mais encore, parce qu'il est toujours déjà engagé dans une situation[79]. Si Sartre définit la responsabilité dans son acception commune, comme «conscience [d']être l'auteur incontestable d'un événement ou d'un objet» (Sartre, 1943, p. 612), il élabore en revanche une conception maximaliste de la responsabilité, «en ce sens, [que] la responsabilité du pour-soi est accablante, puisqu'il est celui par qui il se fait qu'il y ait un monde ; et, puisqu'il est aussi celui qui se fait être, quelle que soit donc la situation où il se trouve, le pour-soi doit assumer entièrement cette situation avec son coefficient d'adversité propre, fût-il insoutenable ; il doit l'assumer avec la conscience orgueilleuse d'en être l'auteur, car les pires inconvénients ou les pires menaces qui risquent d'atteindre ma personne n'ont de sens que par mon projet ; et c'est sur le fond de l'engagement que je suis qu'ils paraissent» (Sartre, 1943, p. 598).

Dès lors, la responsabilité ne se comprend pas comme le fait d'être la cause d'une situation, d'en être le principe explicatif[80]. En revanche, c'est parce que la situation nous engage nécessairement – selon une contingence absolue – que nous en sommes responsables. Dans cette lecture, la responsabilité consiste en l'assomption d'un engagement fondamental qui n'est pas choisi par l'acteur mais qui, en tant qu'il l'appelle à choisir, implique nécessairement – fatalement, tragiquement – une réponse propre par un mouvement de reprise de soi dans un engagement supplémentaire. La responsabilité apparaît alors comme un fait ontologique pour la réalité humaine. La philosophie sartrienne envisage cette réalité-humaine comme étant, par définition, responsable, cette situation définissant fondamentalement sa «manière d'être au monde». Or c'est bien cette responsabilité

---

78   Quoiqu'Etan soit en cours de jugement.
79   Les propos de Zachary esquissent cette configuration : «C'est dommage que ça soit nécessaire de faire la continuation de 60 ans de guerre. C'est l'incompréhension de l'État. Nous sommes responsables de la situation, de quelque manière mais pas de tout.»
80   Sartre propose une distinction nette entre responsabilité et causalité, qui permettra de dire qu'être responsable n'est pas être simplement l'auteur d'une action.

comme un *fait* de l'existant que les acteurs revendiquent et assument comme l'une des raisons ayant pesé sur leur trajectoire[81]. L'individu – en tant que « pour-soi », pour reprendre le vocabulaire sartrien – est par définition engagé, structurellement « embarqué », dans une situation dont il est responsable sans qu'il ne l'ait choisie. Il a à assumer ce qui ne dépend pas de lui. Le pour-soi choisit le sens de sa situation et se constitue alors lui-même comme fondement de lui-même en situation, bien qu'il n'ait pas choisi sa position (voir Sartre, 1943, p. 119), en l'occurrence pas choisi d'être né au Pays basque. Ainsi Etan suggère à plusieurs reprises, au début de notre entretien, qu'il est le seul de sa génération qui, devant les risques qu'implique l'engagement politique, a choisi la voie de ses parents (voir encadré 10, dernier alinéa).

Quand bien même les individus assument cette injonction à la responsabilité, une lecture critique de leur positionnement pourrait se nourrir d'une possible distinction entre la responsabilité ontologique de type *indicative*, qui définit la réalité humaine dans son rapport à elle-même ou à autrui, d'une part, et la responsabilité *prescriptive*, d'autre part, qui implique plus spécifiquement la question de la situation et du choix. L'une et l'autre se différencient en ce que la responsabilité est directement orientée vers le monde. D'un point de vue sociologique, l'engagement se dévoile, à travers les entretiens, comme le produit d'une rencontre entre des dispositions et des expériences socialement construites avec un groupe ou une institution, que ce soit dans des lieux de socialisation militants ou au sein de la famille (voir Sawicki & Siméant, 2009).

Que l'approche soit philosophique ou sociologique, l'analyse de l'engagement dans la violence politique illégale exige de ne pas dissocier le

---

81   La fonction ontologique de la responsabilité et son interprétation sartrienne sont sous-jacentes aux propos d'Etan comme de Martial qui les traduit de façon résumée, lorsqu'il est interrogé sur de possibles doutes au cours de son parcours politique : « Non. La vérité, c'est que non. Comme militant, et comme militant de gauche, des questions, tu t'en poses tous les jours, non ? Finalement, c'est important de questionner les choses. Que ce soit de façon intérieure ou extérieure. En ce sens, oui. Mais des questions sur la militance ou l'engagement, non. [...] Tu t'associes à la lutte d'une façon naturelle, et sans question. Tu comprends que c'est... c'est un centre dans ta vie. C'est ta vie. »

choix réalisé par les acteurs du contexte, quand bien même ceux-ci ne rappelleraient pas, de façon systématique, ce que ce contexte était, lorsqu'ils opté pour l'illégalité ou la lutte armée, quoique les militants basques du sud incorporés durant le franquisme l'évoquent systématiquement. Y compris lorsqu'ils n'interprètent pas leur choix comme le produit (direct) des circonstances historiques, les acteurs identifient certaines phases ou événements du contexte de leur engagement comme les ayant conduits à se déterminer pour cette option. L'engagement – considéré comme un choix assumé par certains ou comme s'imposant du fait du contexte historique par d'autres – est lourd de conséquences pour ceux qui l'assument. Dans cette approche de la responsabilité, il ne s'agit pas seulement d'assumer les possibles conséquences de ses actions pour soi-même – telles la prison – mais également de porter la douleur des familles de ceux qui ont été exécutés par l'organisation. Les militants d'ETA l'évoquent de façon récurrente :

> Quand vous voyez le développement de la lutte armée, etc., vous vous posez des questions d'autres types, c'est-à-dire par rapport à la vie : si vous enlevez ou si vous êtes dans la situation de devoir enlever la vie à quelqu'un, et là vraiment, vraiment, c'est dur. C'est dur parce que finalement, c'est des vies, c'est comme la vôtre. Et voilà, vous vous dîtes que bon c'est quelque chose qu'il faudra l'amener avec soi tout le temps. Et que c'est pas banal. (Jacques)

Jacques revient sur la question ultérieurement :

> Il y a toujours ce problème moral : que vous avez peut-être, peut-être, contribué à enlever la vie à quelqu'un, à créer le malheur, et pas seulement cette personne-là évidemment. Vous ne prenez pas quelqu'un qui est banalement innocent, évidemment, pour nous. Mais vous pensez aussi qu'il y a... de la même façon que ce qui vous arrive à vous génère de l'incertitude, de la peine, de la douleur dans vos familles, vous pensez aux... gens que vous avez en face, et donc ça c'est inévitable, c'est inévitable. Donc vous pensez à la douleur aussi, à l'action mais aussi aux conséquences dans le sens où ça crée un malheur qui n'a pas de retour en arrière.

Se trouve ainsi assumée et revendiquée une conception forte de la responsabilité, en ce sens que les acteurs portent et reconnaissent des conséquences dépassant très largement leurs intentions et leurs actes. La question de la responsabilité rejoint alors le sens classique de la notion d'imputabilité (voir Neuberg, 1996, p. 1680). S'ajoute à la responsabilité

Deux éthiques de la lutte 267

morale, la *culpabilité* morale concernant les familles et, dans certains cas, les victimes elles-mêmes.

6.3.2 Assumer une responsabilité collective

Quand bien même l'individu n'a pas directement participé à l'action, voire à l'exécution, il n'en assume pas moins la responsabilité pour autant que les organisations abertzales étudiées ont placé au cœur de leur fonctionnement le principe de la responsabilité collective. La responsabilité morale se trouve alors largement engagée dans la mesure où les juridictions nationales ne reconnaissent de responsabilité qu'individuelle. Cette responsabilité peut aller jusqu'à assumer, en tant que membre d'une organisation, des actions que l'on n'approuve pas. Tel est le cas de certains militants d'ETA, non dissociés, estimant qu'

> on aurait pu attaquer l'économie plutôt que cibler les politiciens[82] mais bon. L'évolution a fait qu'on a tourné plutôt pour la confrontation personnelle vis-à-vis de ceux qui soutenaient la politique du régime que travailler sur les conditions qui permettent de le faire. Pour moi, c'était à tort mais c'est comme toujours : tu appartiens à un groupe, tu es d'accord ou tu es pas d'accord. Tu es d'accord sur les grandes lignes et sur les lignes spécifiques, tu peux être en accord ou en désaccord. Après, *si tu es militant, tu assumes même ce qui ne te conforte pas*. Parce que *c'est la discipline de groupe, parce que... c'est pas chacun pour soi*, donc c'est une analyse globale. Tu es conscient qu'il va y avoir une autre décision, que les autres, ils sont pas tout à fait conformes et que si c'est la majorité, c'est dans la mesure de la lutte. Ça, c'est un accord ; ça, c'est un travail commun, ça mène à ça. Il y a des points forts. Il y a des points pas aussi forts, mais c'est une évolution. (Julien ; nous soulignons)[83]

---

82   Julien évoque la stratégie qu'aurait pu suivre ETA.
83   Cette position n'est pas l'apanage des seuls membres qui sont au cœur de l'organisation mais également de ceux qui ont participé à sa logistique tel Vicenzo déclarant : « Ce qu'a fait le mouvement de libération nationale, théoriquement, si on doit payer la prison, j'assume tout globalement, toutes les actions d'ETA. » « Moi, en tant que personne, j'étais dans des manifestations à Bilbao de 200.000 personnes où on a crié "Viva ETA militar ! ETA, ETA, ETA !". On a participé à ça. On est responsable de ce qu'on a fait collectivement. Quand j'appartiens à KAS, ou au Mouvement Basque de Libération Nationale, par action ou par omission,

De même, le mode de fonctionnement des organisations ainsi que des opérations réalisées supposait une participation collective des membres du groupe[84]. Le rapport à la responsabilité collective et au fait de reconnaître comme sien l'ensemble des actions de l'organisation peut aller très loin comme pour nombre de militants basques qui ne se sont ni dissociés ni repentis. Ainsi dans l'esprit des militants d'ETA, les vingt-et-un morts d'Hipercor demeurent présents. Un sens de la responsabilité aigu s'exprime, dans la mesure où l'on considère, de façon générale, que l'assimilation des conséquences prévues aux conséquences intentionnelles est problématique, lorsque ces conséquences sont le fait de l'action d'autrui – en l'occurrence, le fait que le parking du supermarché n'ait pas été évacué, alors même que l'organisation avait alerté les autorités[85]. L'assimilation de ces deux types de conséquences – conduisant à conclure que la responsabilité de l'agent est engagée – revient à lui imposer l'obligation d'intégrer dans ses raisons d'agir les motivations d'autrui, aussi sournoises et injustifiées soient-elles (Neuberg, 1996, p. 1685), ce que font implicitement les militants qui ne se sont pas dissociés. Pourtant, en contexte général, cette assimilation est récusée car il devient alors impossible d'agir en conformité

---

je suis responsable de tout ce qu'ils ont fait mes collègues. Et tous ceux qui ont été avec moi en prison, on est une famille, on est des frères.» Ou encore lorsqu'il est question de la dissolution d'ETA : «*C'est pas celui qui a actionné le pistolet qui est responsable de ce qu'il a fait*. Moi, j'ai fêté beaucoup de fois avec le champagne les exécutions de tortionnaires, de répresseurs, de choses comme ça. J'ai crié "*Gora ETA-militar !*". Je suis responsable de ce qu'ils ont fait. Et s'il y a besoin de retourner trois, quatre, six mois en prison, on y va. S'il faut faire le service social, on le fera. On peut pas laisser les copains là-bas [en prison].»

84 Mathieu est, sur ce point, explicite : «Je n'ai pas l'habitude de dire que ce que j'ai fait je l'ai fait seul. J'étais *responsable de tout ce qu'a fait ETA à l'époque où j'y étais*. Pourquoi ? Pour une raison simple, parce que c'est que si je suis dans ETA, je suis disposé à faire tout ce que fait ETA. Si je ne l'ai pas fait, c'est parce qu'il n'y avait pas les circonstances pour le faire, le temps, parce que d'autres l'ont fait. Donc mon objectif était d'être le plus efficace à la lutte qu'on menait» (voir aussi Julien, supra p. 237, 267).

85 Nous n'omettons pas que ce risque aurait pu et aurait dû être anticipé par l'organisation pour ne pas remettre dans les mains de «l'ennemi» une décision qui, non seulement pouvait causer des morts, mais également mettre en jeu l'avenir politique et social de l'organisation ainsi qu'Isabella y insiste (voir infra p. 277).

avec ses convictions personnelles, ces dernières étant noyées à chaque fois dans une foule de considérations pragmatiques (Neuberg, 1996, p. 1685). La distinction porte alors sur la nature des conséquences provoquées par l'action d'autrui (que l'on considère des troubles à l'ordre public dans le cas d'une manifestation où des opposants risquent de s'interposer ou dans le cas d'Hipercor).

Assumer cette responsabilité collective consiste encore à revendiquer la liberté au sens sartrien, de faire «sienne» la situation «parce qu'elle est l'image de mon libre choix de moi-même et tout ce qu'elle me présente est *mien* en ce que cela me représente et me symbolise» (Sartre, 1943, p. 613)[86]. Parce que ces acteurs ont le sentiment que la persistance de la domination et de l'oppression de leur peuple dépend d'eux – comme on pourrait le dire de celles du prolétariat ou de la classe ouvrière pour d'autres groupes –, qu'il dépend d'eux que cette situation cesse, non pas au sens de la toute puissance, mais au sens de la responsabilité morale et historique, ils se voient et se sentent poussés à l'action. On conçoit alors que certains d'entre eux ont la sensation d'avoir été contraints de choisir la lutte armée. Dans cette logique de la responsabilité pleine et entière, dont la signification est fondamentalement existentielle, «tout se passe [...] comme si j'étais contraint d'être responsable. Je suis *délaissé* dans le monde, [...] au sens où je me trouve [...] engagé dans un monde dont je porte l'entière responsabilité, sans pouvoir, quoi que je fasse, m'arracher, fût-ce un instant, à cette responsabilité, car de mon désir même de fuir les responsabilités, je suis responsable ; me faire passif dans le monde, refuser d'agir sur les choses et sur les Autres, c'est encore me choisir» (Sartre, 1943, p. 614).

---

86 Dans ces développements, Sartre suggère que même une guerre qui surgit est mienne, «elle est à mon image et je la mérite. Je la mérite d'abord parce que je pouvais toujours m'y soustraire, par le suicide ou la désertion : ces possibles ultimes sont ceux qui doivent toujours nous être présents lorsqu'il s'agit d'envisager une situation. [...] Si donc j'ai préféré la guerre à la mort ou au déshonneur, tout se passe comme si je portais l'entière responsabilité de cette guerre. Sans doute, d'autres l'ont déclarée et l'on serait tenté, peut-être, de me considérer comme simple complice. Mais cette notion de complicité n'a qu'un sens juridique ; ici, elle ne tient pas ; car il a dépendu *de moi* que pour moi et par moi cette guerre n'existe pas et j'ai décidé qu'elle existe» (Sartre, 1943, p. 613).

De façon analogue, nombre de militants d'ETA justifient leur engagement par le fait de s'être sentis responsables du devenir de leur société ainsi que du moment historique qu'ils vivaient, en l'occurrence de la nécessité de lutter contre le franquisme. La conscience d'une possible disparition de la société basque s'exprime à plusieurs occasions dans les récits. Lorsqu'il est interrogé sur les objectifs que portait son engagement dans ETA, Nicolas déclare :

> Mon but ? J'ai toujours rêvé de gagner, pas personnellement. Le but c'était gagner mais tout en sachant – malgré les blagues qu'on faisait en disant à l'époque : « à Noël, on sera à la maison ! » – tout en disant ça, on savait que ça serait long, on savait que tous les problèmes ne seraient pas résolus pour autant mais que c'était *indispensable*. Parce qu'il y a un problème avec les petites nations, c'est que si elles se défendent pas, elles vont disparaître. C'est une question de survie. Combien de peuples ont disparu en Europe ? On les voit que dans les livres, d'une façon folklorique alors que c'était des peuples parfaitement respectables et honorables dans leur temps. Nous, comme on est très mal entourés par un chauvinisme franco-français, par un ultra nationalisme espagnol, de caractère fasciste, malgré les couleurs qu'ils ont pris. Nous, on est un tout petit pays de trois millions habitants, entouré par deux énormes bêtes. On aurait été dans un coin de la carte, ça aurait été plus facile mais on est au milieu, donc la difficulté, elle est là. Et donc long, pénible, coûteux, des deux côtés. Mais le but, ça ne peut être que celui-là, c'est de gagner. Parce que si on ne lutte pas pour gagner, c'est pas la peine de lutter. Si c'est juste pour faire semblant, il y a trop de souffrances, donc c'est pas la peine[87].

Ce type de témoignage incarne la liberté sartrienne suggérant que « l'homme, étant condamné à être libre, [il] porte le poids du monde tout entier sur ses épaules : il est responsable du monde et de lui-même en tant que manière d'être » (Sartre, 1943, p. 612). Le mot de « responsabilité » s'entend alors « en son sens banal de "conscience [d']être l'auteur incontestable d'un événement ou d'un objet". En ce sens, la responsabilité du

---

87 Vicenzo qui a également participé au soutien logistique d'ETA explique sa démarche en ces termes : « Idéologiquement, on partage le même projet politique. Et même pour moi, personnellement, face à la répression qu'on a reçue comme peuple, Basques, de voir la façon de résister à ça. On doit penser qu'on a été au bord de la liquidation. C'est ça qu'on sentait, nous. Notre drapeau, il était illégal. Moi, mon grand-père, il m'a montré le premier drapeau, il m'a montré une cache d'armes qu'il avait de la guerre. »

pour-soi est accablante, puisqu'il est celui par qui il se fait qu'il *y ait* un monde » (Sartre, 1943, p. 612).

6.3.3 Une éthique de la responsabilité

La question de la responsabilité dans la décision et l'action politiques s'est formulée à partir de divers prismes que ce soit en philosophie ou en sociologie. Alors que la morale interroge le rapport d'un sujet à des normes, l'éthique concerne, pour sa part, l'insertion des normes dans des situations concrètes de l'existence, la lutte politique ne pouvant en être exclue *a priori*. Kant (1797) interrogeait déjà la possibilité d'une subordination du politique à la morale, en l'occurrence les rapports entre l'idéalité de la norme et la réalité effective, tout en considérant que l'impératif catégorique a une réalité objective et désigne, comme tel, une *praxis*, un agir. Cette insertion peut s'opérer selon diverses modalités susceptibles de se décliner, par exemple, dans la distinction entre éthique de la responsabilité (*Verantwortungsethik*) et éthique de la conviction (*Gesinnungsethik*) (voir Aron, 1967 ; Weber, 1919). Il est courant de renvoyer l'extrémisme politique à une « éthique de la conviction » ne tolérant aucune concession. Tel est ce que suggère l'un des membres des premières générations d'ETA qui s'est publiquement éloigné et dissocié de l'organisation : « en politique, les deux [éthiques] se conjoignent, mais la responsabilité est une priorité. La conviction [est] pour les prophètes et les curés » (Tanguy). Le partisan de l'éthique de conviction « ne se sentira *responsable* que de la nécessité de veiller sur la flamme de la pure doctrine afin qu'elle ne s'éteigne pas » (Weber, 1919). Le partisan de l'éthique de conviction entretient « un rapport inconditionnel ou quasi inconditionnel » à une ou plusieurs valeurs qui « dominent toutes les autres » (Bronner, 2001, p. 150). En revanche, l'éthique de la responsabilité relève de la rationalité téléologique, en ce sens qu'elle est rationnelle par rapport à une fin, à un but poursuivi par celui qui agit et qu'il a, sinon posé lui-même, du moins clairement reconnu. Cette rationalité téléologique, visant un but, est à l'œuvre dans toutes les organisations politiques et armées poursuivant des objectifs clairement énoncés.

L'éthique de la responsabilité, pour sa part, se caractérise par l'attention aux *moyens* dans une double perspective, qui concerne à la fois leur *efficacité pratique*, opératoire (car c'est bien la fin – par exemple le renversement de la société contemporaine ou la fin d'une domination perçue comme coloniale – qui justifierait les moyens) d'une part, et leurs *conséquences*, d'autre part[88]. Dans un contexte politique institutionnel, le souci d'efficacité encourage le pragmatisme, le compromis, une tendance à réajuster moyens et finalités, selon les aléas de l'action, à redessiner les contours du but visé, comme cela a pu être le cas pour ETA ou IK qui ont nuancé leurs revendications d'indépendance[89]. Ces réajustements permettent d'envisager cette éthique comme une « éthique du succès » (*Erfolgsethik*) ou une « éthique de l'adaptation au possible » (Weber, 1919).

Les *conséquences* sont soigneusement examinées, pour autant qu'existe un risque qu'elles soient contre-productives par rapport au but visé, *néfastes pour d'autres finalités*, jugées importantes ou pour certaines valeurs à respecter. Existe en particulier le risque, souvent évoqué dans les organisations clandestines ou illégales, de se couper de la population voire de transformer les cibles en victimes ce qui nuirait aux objectifs, y compris pédagogiques, de l'organisation[90]. De ce point de vue, la distinction entre attentats ciblés et indiscriminés joue un rôle clef au même titre que celle entre atteinte à la

---

88   Nous verrons ultérieurement comment Frédéric souligne l'importance de ne pas faire de l'adversaire ou de l'ennemi une victime, lorsqu'on le prend pour cible (voir infra note 3).
89   On le voit également lorsque ETA a décidé des cessez-le-feu unilatéraux.
90   L'un des membres historiques d'IK le souligne : « On donnait des… roustes, on rossait certains individus qui s'étaient mal comportés à nos yeux. C'était une manière de les punir mais sans utiliser les armes, vous voyez. Et ils étaient, par rapport à la population… ils étaient eux-mêmes un peu traumatisés déjà. Mais les gens voyaient que ces gens-là n'étaient pas intouchables, et ça c'était important. Qu'on pouvait s'attaquer à l'autorité, voilà ! Sans que *eux* passent pour des victimes, vous voyez. C'est très important. À l'heure actuelle surtout, on parle beaucoup de victimes, certains au moins… Parce que les victimes, la victime, c'est le peuple basque – pour nous c'était clair – et les responsables, c'était eux. Donc, il fallait les toucher mais il fallait pas qu'ils deviennent des victimes. Ce qu'ils ont réussi après dans une certaine mesure – ici moins au Pays basque nord, mais au sud oui. C'est là qu'on voit l'importance de la cible et aussi des méthodes » (Frédéric).

personne et atteinte aux biens. L'éthique de la responsabilité implique une attention aux conséquences, le souci des effets de l'action sous ses divers aspects et aussi eu égard à tous les intéressés. Elle se préoccupe des *conséquences concrètes de l'action sur les autres*. Cette attention aux conséquences distingue la morale de ce type d'engagement d'une morale de l'intention – de type kantien – qui voudrait que le critère de la moralité ne réside pas dans le succès ou dans les buts de l'action mais dans la nature de l'intention, du vouloir lui-même. Tenir compte des conséquences suppose de prévoir. Ainsi une composante essentielle de l'éthique de la responsabilité est la capacité d'anticipation et de prédiction quant aux effets des actions entreprises et des moyens utilisés. L'anticipation et l'incertitude quant aux conséquences de certaines actions requièrent, dans certains cas, la précaution dont les témoignages recueillis suggèrent de multiples occurrences ainsi que le rappelle Grégoire, membre d'IK, évoquant les attentats symboliques contre les gendarmeries :

> S'attaquer aux murs de la gendarmerie, c'était que des bouts de mur qui tombaient. On n'a jamais blessé ou tué quiconque dans ces attaques contre la gendarmerie. Y compris, quand une fois je me rappelle c'était au VVF à Anglet où on a mitraillé la devanture, on a vu les CRS qui étaient dans leur guérite se coucher, et on n'a pas mitraillé au niveau de là où ils se couchaient. On a tiré vraiment à une hauteur où on pouvait pas les toucher. On a fait des attentats qui n'ont pas réussi et pour lesquels on a pris des risques énormes pour désamorcer des engins pour ne pas que le lendemain un employé tape dedans. À plusieurs reprises, on a pris ce type de responsabilités aussi qui nous a mis en danger.

L'éthique de la responsabilité consiste à prendre des risques dans les actions menées au nom de ses convictions pour éviter des dommages qui ne seraient pas voulus. L'attention aux conséquences des moyens utilisés et aux conséquences en général des actions entreprises et menées jusqu'à leur terme, que suppose l'éthique de la responsabilité, signifie en particulier pour les militants d'ETA non dissociés une reconnaissance du mal commis s'exprimant à plusieurs occasions dans les témoignages recueillis qu'il s'agisse d'Elliot, admettant que dans son engagement politique, il a vu des choses qu'il n'a pas appréciées, « l'organisation, comme tout être humain, fait des erreurs » ou d'Idris, répondant à la question de savoir s'il y avait « des choses qu'il n'était pas prêt à faire » :

> Non, il y a pas de choses que je ne voulais pas faire. Parce que je t'ai dit, il y a certaines choses qui n'ont pas été bien faites de mon point de vue mais on les a assumées comme toutes les autres et comme les nôtres. On les a revendiquées. On a dit : « Cela, on l'a mal fait ; cela, on l'a bien fait ». Ça ne m'a pas plu. Je ne sens pas ça. Je ne pense pas qu'on s'est trompé en ça. Par chance. On peut raconter des histoires à certains mais pas à tout le monde.
>
> Je ne me repends pas de ça. À long terme, on s'est trompé oui, plusieurs fois mais à moi, ça ne m'est pas arrivé à moi directement. J'assume tout le reste parce que nous sommes tous un. Celui qui l'a fait, il l'a pas fait lui seulement. Lui ou eux ont accepté de le faire, c'est le commando à qui on a dit de le faire. Je ne leur dis rien à eux. Ce n'est pas leur faute. C'est la direction qui est en question. C'est très clair pour moi. C'est pas ceux qui travaillent mais ceux d'en haut... Si c'est mal, c'est mal de là-haut [*i.e.* du fait des responsables].

L'affirmation récurrente de ce sens de la responsabilité collective confère une dimension originale à l'éthique de la responsabilité telle qu'elle se dégage des récits des militants basques, y compris au sud. Afin de saisir le sens que les acteurs attribuaient à la notion de responsabilité collective, nous avons procédé à une exploration systématique des mentions de cette notion et de ses champs lexicaux (tels « nous sommes tous responsables »). La conscience de cette responsabilité est présente tout au long de l'histoire d'ETA et s'exprime des plus anciennes générations (voir Elliot ou Franck, encadré 11) aux plus récentes (voir Etan supra ou Elyana, encadré 11) ainsi que parmi les groupes médians. Rémy, par exemple, n'hésite pas à prendre sur soi la responsabilité d'actions qu'il n'a pas commises personnellement :

> C'était nécessaire. En plus... moi, j'ai participé à certaines choses mais moi, je laisse pas la responsabilité de tout le reste aux autres. La responsabilité, moi je l'entends, globale. Je me sens responsable de tout ce qu'ont fait les autres membres de l'ETA. Il y a eu des choses qui ont été des erreurs peut-être, des choses qu'on a laissées dans les mains de la police qui se sont retournées contre nous, donc on a commis des actions critiquables. Mais en général, tout ce qu'on a fait, ça a été nécessaire, pour obtenir ce que je t'ai dit depuis le début, pour [la] simple survie[91].

---

91   Voir aussi Vicenzo, supra note 83, p. 267.

On considérera que cette ligne morale est une doctrine ou une ligne de conduite imposée par l'organisation à ses membres. Cependant du point de vue des militants, assumer une responsabilité politique revient non seulement à accepter la responsabilité collective des actions entreprises par l'organisation mais également à s'engager «corps et âme» dans et pour la cause basque. Rencontré alors qu'il est en cours de procès et interrogé sur de possibles doutes concernant son engagement, Etan répond :

> Non. Je pense que ce que je suis aujourd'hui, ce que je suis moi et ce qu'on est collectivement, c'est le résultat de l'engagement. *Notre sens de la responsabilité aujourd'hui, c'est le sens de l'engagement aussi.* Donc ça fait partie de ma construction. Je ne renie rien absolument et je suis fier de mon engagement. Je suis totalement fier de mon engagement[92].

---

92   Il poursuit : «J'ai pas de haine, pas de vengeance vis-à-vis de l'État français ou de l'État espagnol mais c'est plutôt le sens des responsabilités qui m'a poussé à m'engager dans une organisation qui a permis ou qui a été, à mon avis, un élément qui a réveillé une conscience, dans ce territoire, et pas qu'une conscience nationale, surtout une conscience sociale, je dirais, et qui a réveillé ou théorisé – l'un des éléments, à mon avis, les plus importants – c'est qu'il ne peut pas y avoir de libération nationale, dans ce territoire, sans libération sociale et qu'il ne peut pas y avoir de libération sociale sans libération nationale. Tout engagement ou toute prise de conscience de l'injustice sociale naturellement me menait à m'engager dans l'organisation, ce que j'ai fait très tôt.»

> **Encadré 11 : Extraits d'entretiens témoignant du sens de la responsabilité collective**
>
> Franck est explicite sur cette question : «Ma préoccupation principale était toujours les prisonniers et ma responsabilité pour m'être engagé dans une organisation qui produisait des victimes et des prisonniers. Donc, je crois qu'il est politiquement responsable et d'un point de vue éthique correct de se soucier des deux, des victimes et des prisonniers.»
>
> Nous rencontrons Elyana alors qu'elle est sortie des prisons françaises depuis quelques mois à peine. Interrogée sur de possibles doutes qu'elle a pu avoir durant son parcours et son engagement, elle répond : «Non. Moi, j'assume. Ça veut pas dire que je ne réfléchis pas ou que je ne fais pas un travail de réflexion sur tout ce qui s'est passé. Je ne pense pas que tout ce que j'ai fait, je l'ai bien fait, pas d'une façon individuelle mais aussi d'une façon collective. Je pense qu'il faut toujours réfléchir d'une façon critique. Parfois on met le pied où il ne faut pas. Tu te poses des questions sur... peut-être il fallait faire d'une autre façon, à cette époque peut-être... on aurait changé. Je pense qu'il faut assumer chacun son histoire, son chemin et faire avancer. Mais avec un regard aussi constructif, critique mais constructif.»
>
> Rappelons l'extrait de l'entretien avec Etan supra (p. 260) qui se poursuit ainsi : « Je pense qu'il y aucun des militants qui a senti un instant de joie ou qui s'est senti fier de ce qu'il a fait. Moi, j'en connais pas, en tout cas, j'en connais pas. Je pense que ça donne une dimension supplémentaire à notre engagement politique, au sens de notre engagement politique. Je me suis jamais considéré dans une logique de guerre, où le but est de faire le plus de torts possibles à l'ennemi qui est en face, le but c'est : sortir le plus tôt possible de cette spirale, sauf que je me rends compte, avec le temps, que l'État s'accommode très facilement, et n'a aucun scrupule, aucune éthique ni aucune morale pour assumer cette situation de violence, pour instrumentaliser des violences causées par des opposants. C'est des sentiments paradoxaux et contradictoires qu'on peut sentir.»

Deux éthiques de la lutte

L'affirmation de ces responsabilités ou de cette responsabilité collective permet, *a contrario*, de disqualifier moralement l'attitude et le positionnement de l'adversaire voire de l'ennemi (voir Etan, encadré 11). Le choix de l'utilisation des armes suppose, de la part des militants, la claire conscience des dangers et des risques qu'implique le recours à de tels moyens. S'actualise alors bien une « éthique de la responsabilité » dans l'attention aux conséquences qu'elle présuppose. Laureline est absolument explicite sur ce point comme nous l'avons vu précédemment (supra, p. 236).

Ces éléments montrent que l'éthique des organisations armées basques n'est pas nécessairement, comme on voudrait le croire, une éthique de la conviction mais bien une éthique de la responsabilité, au sens wébérien, aussi déroutante puisse être cette conclusion. La distinction entre ces deux types d'éthique avait déjà été convoquée pour élucider les divergences de position entre les partis légalistes basques : *Abertzaleen Batasuna* (AB, Union des patriotes) et *Batasuna* (voir Lacroix, 2013, p. 38). Le recueil de données primaires, auprès d'acteurs commentant leurs trajectoires et leurs actions, permet de nuancer la thèse selon laquelle ils adhéreraient nécessairement à une éthique de conviction. Si certains manifestes ou citations bien connues extraites de leur contexte laisseraient croire que prévaut, dans ces groupes armés, une éthique de la conviction, en revanche, les discours des acteurs, ayant été impliqués dans ces luttes ainsi que l'analyse des principes qui ont guidé leurs actions montrent, au contraire, qu'elles reposent et se nourrissent d'une éthique de la responsabilité. L'affirmation de cette dernière alimente en outre un discours accusateur à l'encontre de l'ennemi désigné – l'État en particulier espagnol – qui ne respecte pas la clause de non atteinte aux civils. Cette inversion de l'accusation permet également de renverser le stigmate du terrorisme. Ainsi, interrogée sur la différence entre radicalisme et terrorisme, Isabella rappelle que :

> Nous aussi, on a été terroristes, on l'a été mais on le vivait pas comme ça. L'organisation ETA, il y a eu des attentats où il y a des civils qui sont morts mais on ciblait toujours les forces qui commandaient, les militaires, pour éviter... après on n'a pas toujours maîtrisé... Quand l'organisation disait : « Il y a une bombe à tel endroit », ils faisaient pas... mais c'est vrai que ça s'est retourné contre nous. Mais la responsabilité c'est ceux qui l'a mis, d'accord, mais celui qui n'a pas fait le nécessaire aussi.
>
> – Ça, c'est Hipercor ?

Voilà. C'est malheureux. On est malade quand ça arrive. Ça pèse. Les militants qui étaient dans le commando comme ça... Cétait la guerre un peu : eux contre... pas avec les mêmes moyens mais la guerre quand même.

Le paradigme de la responsabilité collective institue enfin une autre forme de rapport à l'exécution politique dont on peut se demander s'il ne tend pas à euphémiser ce type d'actions en dissolvant, sur le plan moral, la responsabilité individuelle de l'acte. Telle est la question que nous allons à présent explorer.

6.4 Meurtre ou exécution politique

ETA est l'organisation « terroriste » dont la durée de vie en Europe occidentale est la plus longue, ayant existé plus d'un demi siècle. On souligne souvent ce point apparemment étonnant que le groupe a commis plus d'attentats meurtriers après la transition démocratique qu'avant. Bien que la question soit délicate à aborder dans des entretiens en face-à-face, ceux-ci permettent de cerner les attitudes et les postures discursives que les militants adoptent face au sujet de l'exécution politique ou simplement de l'assassinat.

Du côté d'IK, nous avons vu que l'atteinte aux personnes constituait une « ligne rouge » que les militants se sont interdits de franchir dès l'origine de l'organisation. Tel n'est pas le cas d'ETA puisque celle-ci s'est rendue célèbre par sa première « action d'éclat », l'attentat contre Carrero Blanco qui eut lieu le 20 décembre 1973 mais qui fut préparé bien des mois en amont[93]. Les entretiens dévoilent les réactions des militants face à la trajectoire de l'organisation qui va de l'exécution du dauphin du dictateur au meurtre – certes souvent non-volontaire – de civils étrangers au conflit.

D'un point de vue subjectif et affectif, le panel des émotions exprimées par les militants face à ces actions s'étend de la joie de l'attentat contre

---

93 Voir le film portant le titre de l'action « Operación Ogro », réalisé par Gillo Pontecorvo.

Deux éthiques de la lutte   279

Carrero Blanco «en los nubes», célébré dans de nombreuses chansons qui animaient chaque été les fêtes de village du Pays basque sud, à l'absence d'empathie et de compassion lors de l'exécution de figures marquantes de la dictature (tel Carrero Blanco) ou de la répression comme Melitón Manzanas, tortionnaire notoire et déjà bien connu à l'époque de ses agissements. Idris se souvient de l'année de l'exécution de Manzanas, alors qu'il avait à peine 13 ans :

> La même année [en 1968], ils [ETA] ont tué un policier national à Irún, Melitón Manzanas, qui était le plus grand tortionnaire qu'il y a eu. C'est le premier mort fait par l'organisation. Ça commence comme ça l'histoire. Melitón Manzanas, ce policier a même torturé mon parrain. Ici, en France ou l'administration française qui est au Pays basque, il y avait une commetta : on faisait passer les pilotes anglais, à Ciboure, Irún, Hendaye, etc. Et l'un était le frère de mon parrain qui réalisait les passages de frontière. Comme il avait l'habitude de venir avec son frère [...], ils l'ont attrapé à la frontière à Irún et l'ont torturé, lui et son épouse qui était ma tante. Depuis petit, je savais qui était le tortionnaire. J'étais un enfant quand ils l'ont tué en 68 mais je savais qui c'était. J'étais très content quand ils l'ont tué. Vraiment ![94]

L'attentat contre Carrero Blanco est l'exemple par excellence de l'assassinat politique. L'homme va succéder à Franco, désigné par ce dernier comme susceptible de permettre la perpétuation du régime franquiste. Dès lors, il constitue en tant que tel pour ETA un objectif *politique*, en ce sens que son élimination doit contribuer à enrayer la dictature. Cet attentat reproduit le cas d'école du médecin du tyran[95], autour duquel une forme de consensus quant au bien-fondé de sa disparition est susceptible d'émerger. L'action se comprend d'elle-même et s'avère paradigmatique de l'exécution à vocation politique et «pédagogique». Il s'agit bien, à travers elle, de montrer aux Basques et aux militants politiques que quelque chose est possible contre la dictature, qu'une forme de résistance voire d'action politique contre ce régime est envisageable et réalisable. C. Blanco incarne la continuité du régime fasciste soutenu notamment par l'*Opus Dei* et par la Phalange. Neuf militants d'ETA avaient été tués

---

94   Voir aussi Vicenzo.
95   Voir Platon, *République*, IV, 425 e *et sqq.* ; VI 493 a-d ; *Lois*, IV, 720 a *sqq.* ; *Gorgias*, 517 c *et sqq.*

avant 1973 (Txabi, Txapela, Xenki, Mikelon, Iharra, Txikia, Jon, Beltza et Josu). Une répression intense s'abattait sur la classe ouvrière. ETA présente l'action du 20 décembre 1973 comme un « cadeau » fait aux peuples du Pays basque, d'Espagne, de Catalogne et de Galice aussi bien qu'à tous les démocrates, révolutionnaires et antifascistes (voir l'Annonce faite par ETA, 20 décembre 1973, p. 152). Cet attentat est également conçu par l'organisation comme visant le sommet d'un « État de terreur » et comme une réponse immédiate au meurtre de Josu Artetxe, tué à l'arme automatique (*Documents Y*, vol. 15, p. 223). L'action est qualifiée de « justice [rendue] au nom du Peuple » (*Documents Y*, vol. 15, p. 337) et constitue un avertissement pour l'oligarchie contre laquelle ETA avait déjà déclaré la guerre (*Documents Y*, vol. 15, p. 362 *in* Nuñez, 1993, p. 150-151).

De fait, la fonction « pédagogique » de l'opération a trouvé un écho dans l'ensemble du territoire basque. L'action intervient comme un détonateur – au sens propre comme au sens figuré – qui non seulement a marqué les consciences – jusqu'en France puisque la gauche française a longtemps manifesté une forme de tolérance à l'égard d'ETA du fait de ce geste – mais qui a également pesé sur les trajectoires militantes individuelles. Franck, Rémy et Xavier le reconnaissent :

> La gauche abertzale a lutté contre Franco. ETA a tué le bras droit de Franco, Carrero Blanco en 73. [...] Mais les gens savaient que c'était presque les seuls [*i.e.* ETA] qui avait fait face à Franco – il y en avait d'autres aussi, le MIL, plein de problème !. Mais là, il y avait un mouvement assez fort. Quand Franco est mort, les forces dans la rue, ça se sentait. Les gens voulaient changer les choses. Alors c'était facile d'aller dans la direction de la vague. Peut-être plus facile que pour un autre mouvement plus minoritaire. (Xavier)[96]

---

96 Rémy lui fait écho : « J'ai vécu quand j'étais enfant, l'action contre Carrero Blanco : ça, ça a été quelque chose qui nous a tous marqués énormément. » « Le premier drapeau basque, l'*ikurriña*, était illégalisé. De temps en temps, tu entendais, tu voyais une *ikurriña*. Et voilà. C'est là que j'ai commencé à prendre conscience que j'étais basque. Et tout ça c'était l'ETA qui faisait... Après, il y a eu l'attentat de Carrero Blanco : putain ! Tu t'imaginais que derrière tout ça, il y avait quelque chose d'énorme. »

Deux éthiques de la lutte

Non seulement les auteurs de l'attentat, mené à bien par le commando *Txikia* regroupé autour d'Argala, sont célébrés comme des héros par l'organisation mais aussi dans une large part du Pays basque. Cet événement participe en outre de la cohésion sociale d'une communauté autour de l'opposition à la dictature. Les militants se souviennent avec tendresse des fêtes de village où tout le monde lançait sa chemise au ciel, lorsque les chansons célébrant l'attentat contre Carrero Blanco s'entonnaient. Ils évoquent également les bouteilles de champagne qui attendaient au frais pour être ouvertes à la mort du dictateur.

L'évocation de l'exécution de tortionnaires comme M. Manzanas est l'occasion de souligner l'injustice de la répression et leur place dans le système répressif espagnol[97]. Torturant ouvertement et impunément les militants basques voire leur entourage, le système se délégitime aux yeux de ceux qu'il réprime et des minorités présentes en Espagne. Les acteurs ne manquent pas de rappeler les passages entre institutions, la perméabilité entre système politique, judiciaire et policier, la collusion entre le pouvoir et la répression illégale. D'aucun mentionne les photos d'identité données à la préfecture en France pour que les réfugiés puissent demeurer légalement dans l'hexagone et le fait que les GAL les utilisaient pour retrouver les militants basques réfugiés en Iparralde. D'autres soulignent la façon dont la justice fermait les yeux sur la torture ainsi que s'en souvient Fabienne arrivée commotionnée à l'Audience nationale, après avoir été passée à tabac pendant plus d'une

---

97 À ce propos Vicenzo ne mâche pas ses mots : « Moi, j'ai fêté beaucoup de fois avec le champagne les exécutions de tortionnaires, de répresseurs, de choses comme ça. J'ai crié *"Gora ETA-militar* !". Je suis responsable de ce qu'ils ont fait. [...] Les tortionnaires sont récompensés par la garde civile. Ceux qui ont torturé Tomas Igacaï, ils étaient dans le coup d'État de Tejero, il a pas fait un jour de prison. Il est responsable de la lutte en Catalogne, le 1er octobre [2017]. Il était colonel, était condamné pour torture, maintenant amnistié. Il a pas fait un jour de prison. Il a été si hautement gradé que l'Espagne l'envoie comme responsable de la garde civile [pour la répression en Catalogne] alors que c'est un putschiste, qui est entré avec les armes dans le Parlement espagnol !! ». Vicenzo rappelle également le cas de José Barrionuevo Peña, ministre de l'intérieur socialiste, condamné à 39 ans de prison pour avoir participé à un enlèvement commandité par les GAL et dont il souligne : « Il est entré à 10 h [en prison], accompagné de Felipe Gonzalez, il a mangé et il est sorti à 15 h de l'après-midi ! ».

semaine à la brigade centrale d'information de Madrid. Nombreux sont ceux qui dénoncent les formes illégales de répression, l'institutionnalisation de la torture en Espagne et la complicité de la France dont les gendarmes à partir des années 1980 remettent à la garde civile espagnole, notoirement connue pour ses pratiques de torture, les réfugiés basques.

D'un point de vue cognitif et historique, certains militants expliquent l'attentat contre C. Blanco en le réinscrivant dans le temps long de l'histoire espagnole. Ainsi Gaya rappelle et institue une continuité historique entre le bombardement de Guernica et l'exécution de Carrero Blanco : « C'est pas rien ce que les Basques ont vécu. Ce qui se passe maintenant, ce qui s'est passé avec l'ETA, c'est la conséquence de ce qui s'est passé à Guernica. C'est les enfants de Guernica qui ont fait ça. » De façon récurrente, l'inscription historique, que ce soit sous la forme de la continuité ou selon la modalité de la comparaison, permet aux militants de rationaliser les formes de violence mises en œuvre par l'organisation. Cette rationalisation ne donne pas exclusivement lieu à une justification – comme le voudrait la littérature (voir Sommier, 2008 ; Della Porta, 2013) – mais contribue à donner sens, à rendre raison de ces périodes historiques.

Dans cette logique cognitive, la référence à la résistance menée durant la seconde guerre mondiale est convoquée de façon récurrente. La mobilisation de ce paradigme reçoit au moins deux explications dans le cadre de cette recherche : une large part des entretiens menés avec d'ex-militants d'ETA a été réalisée en France auprès d'individus installés de longue date dans le pays ; ces derniers s'adressaient en outre à une enquêtrice française pour laquelle cette référence est éminemment signifiante. Le caractère apparemment incongru de la comparaison n'échappe toutefois pas aux militants. Elle paraît d'autant plus décalée que les résistants sont actuellement célébrés en France comme des héros, alors qu'ETA n'est jamais sortie de son statut d'organisation terroriste qui a, de surcroît, aujourd'hui rendu les armes aux deux États. Néanmoins le paradigme de la résistance autorise la conversion de l'exécution politique en devoir. Le discours de Vicenzo permet de le comprendre :

> Certains me disent : je ne peux pas te donner ma main droite parce qu'elle a été obligée de tuer quelqu'un. [...] C'est un devoir, c'est pas un plaisir. Si tu tues quelqu'un que tu ne connais pas ou quelqu'un que tu connais que c'est un tortionnaire, c'est la

Deux éthiques de la lutte

même chose que la résistance française avec les Allemands – c'est ça que nous on a vécu – mais tu peux pas être fier d'avoir tué une personne. *Tu le fais parce que tu dois le faire*. Un garde civil, la police ou les choses comme ça, tu tues un uniforme, une fonction répressive, l'État espagnol. Tu n'as rien contre cette personne-là. En tant que personne, tu ne peux pas être fier. (Nous soulignons)

Les activistes des organisations illégales inscrivent ainsi l'exécution politique sous le paradigme du devoir, de la nécessité comme antonyme du plaisir, la rendant ainsi plus acceptable[98]. Dans cette logique, Rémy s'efforce de dépeindre une image des membres de commandos se distanciant de celle de tueurs. À la question de référence, il répond :

> Les gens, ils nous traitent de terroristes, de violents, de radical mais ils savent pas que chaque fois que quelqu'un fait un attentat, c'est pas un plaisir de faire ce qu'on a fait. La première personne... qui va pas regretter – parce que c'est toi qui l'as fait consciemment – mais... tuer quelqu'un c'est pas un plaisir. Tu fais pas ça en rigolant.[99]

La prégnance du paradigme de la nécessité et du devoir va de pair avec le cadrage du conflit comme une guerre. Il marque très fortement les représentations puisqu'on le retrouve, y compris dans le discours de militants d'ETA dissociés tels Leonardo revenant sur son passé d'activiste armé[100].

La mise à distance de tout plaisir ou de toute fierté autorise à concevoir ces actions comme une forme de « travail » et plus encore de « sale boulot » (Hughes, 1958). Dans le monde professionnel, cette catégorie désigne soit des professions méconnues ou dévaluées par opposition aux métiers prestigieux et valorisés, soit au sein de chaque métier ou fonction, des activités considérées comme indues ou ingrates (voir Lhuilier, 2005, p. 73). Dans le monde du travail, « le sale boulot » désigne les restes de la production socialement reconnue et valorisée. L'objet de ce type de

---

98   S'y associe une récusation du plaisir ou de la joie au sein de ce type de lutte et d'actions (voir Rémy).
99   Voir la fin de la citation supra p. 255.
100 Interrogé sur la « justice » de ses actions passées, il répond : « C'était nécessaire, simplement. On croyait que c'était nécessaire. Alors on a une stratégie, on va frapper ces intérêts, et tout ça. Il y a, pour moi, une chosification de l'ennemi, comme à la guerre. »

travail est frappé du sceau du désaveu ou de la condamnation, ce jugement « contaminant » par effet de proximité les individus affectés à son traitement. Dans la sphère des « sales boulots » se conjuguent méconnaissance, rejet et déni. Or c'est précisément sous cette modalité que se trouvent appréhendées, lorsqu'elles sont abordées par les personnes rencontrées, les exécutions. Gaya qui a hébergé pendant des décennies des clandestins confie : « On m'avait raconté qu'est-ce que c'était dur de tuer... Ils ont tué pour quoi ? Pour faire pression contre le gouvernement qui décide, pour que le gouvernement se mette un jour à discuter. Ils m'avaient dit que c'était très très dur. » D'aucun objecterait que les militants d'ETA qui ont purgé leur peine de prison sont célébrés comme des héros à leur retour dans leur village d'origine. Pourtant la récurrence avec laquelle les acteurs soulignent l'absence de plaisir pris à ce type d'opérations, au-delà de l'opprobre et de la condamnation à la clandestinité qu'elles impliquent, permet de les placer sous la qualification du « sale boulot » d'autant qu'à strictement parler elles illustrent par excellence le fait de « se salir les mains » (voir Sartre, 1948) ainsi qu'une forme archétypique de transgression. Or il existe bien, dans la militance pour la cause basque, une division du travail initiée lors de l'institution de quatre fronts au cours de la Ve Assemblée d'ETA en 1972 (voir aussi Lacroix, 2011, 2013, p. 50).

L'éthique du sacrifice, très présente chez les militants basques ainsi que nous l'avons précédemment vu, peut expliquer que certains « se dévouent » pour se consacrer aux tâches « physiquement dégoûtantes ou symbolisant quelque chose de dégradant et d'humiliant », lesquelles coïncident aussi avec « ce qui va à l'encontre de nos conceptions morales les plus héroïques » (Lhuilier, 2005). Le fait de ne pas se soustraire à cette tâche la plus compromettante – et qui n'est pas seulement celle qui implique le plus de risques – s'exprime dans le discours de militants d'ETA, y compris des plus jeunes générations comme Dimitri ou Etan (voir supra p. 261). Nous verrons également que le cadrage de la guerre ne constitue alors pas simplement un discours de légitimation ou de justification mais participe des ressources symboliques convoquées pour apprivoiser le réel.

L'interprétation des exécutions en termes de « sale boulot » se laisse encore saisir à travers d'autres modalités des discours. En effet les militants ne manquent pas de souligner les traumatismes induits chez les auteurs de ces actes[101]. Mathieu qui participa à un commando – ayant éliminé un tortionnaire – n'évoque pas que la déshumanisation de l'ennemi mais également la déshumanisation de soi dans ces opérations. L'image de soi que produisent ces dernières s'avère difficilement soutenable et récuse l'héroïsation souvent dénoncée des membres d'ETA[102]. Ces actions n'induisent aucune fierté et sont volontairement pensées à partir de ce prisme. Elles sont instituées comme des actes incontournables dans la situation cadrée, appréhendée et vécue comme une guerre. Les acteurs sont pris entre la lâcheté de ne pas agir – quoique l'on pense des moyens mis en œuvre – et la violence, le traumatisme des actions menées pour les victimes civiles, pour eux-mêmes et pour le pays. On pourrait parler de renversement, partiel au moins, de la victimisation. Nous évoquerons plutôt une tentative de compléter le tableau d'ordinaire dressé du conflit basque et de nuancer l'appréhension du « terroriste » basque. Les militants rappellent simplement qu'il n'y a pas de conflit, de guerre, de lutte contre l'État sans un versant sombre ainsi que le soulignait précédemment Thibault (supra p. 247)[103].

Alors que certaines cibles sont « consensuelles » telles Carrero Blanco ou M. Manzanas, les militants ont conscience de l'injustice de la mort de gardes civils tout comme de celle des soldats dans une guerre. Quand bien même le conflit est cadré dans les termes d'une guerre, persiste la conscience de l'humain au-delà de l'uniforme (voir Vicenzo et Julien)[104]. À la différence de militaires professionnels ou de paramilitaires qui atteignent ou non un objectif, ces militants illégaux refusent d'admettre qu'il puisse y avoir de la fierté à perpétrer ce type d'actions.

---

101   Vicenzo, parlant au nom de ces derniers, évoque ce camarade de lutte qui, accusé indûment d'avoir fait une action contre une caserne et d'avoir tué des enfants, s'est retiré dans un couvent. « C'est quelqu'un d'extraordinaire. »

102   Comme le souligne Thibault, « obliger quelqu'un à faire quelque chose ou bien simplement tuer une personne, c'est pas joli. Au bout des années, il reste toujours dans la tête, l'image de la personne. On n'est pas des bêtes. La violence qu'ETA a exercée, c'est une violence qui a eu des conséquences sur les personnes tuées, sur sa famille, etc., et aussi sur les personnes qui ont exercé la violence. »

103   « La base de la lutte armée d'ETA, ça a pas été exactement tuer les gardes civils mais ça a été justement la défense des gens. »

104   Julien est fortement conscient de cette contradiction qu'il souligne explicitement (voir encadré 8).

L'expression de la nécessité de l'assassinat ainsi que des traumatismes liés aux guerres conventionnelles se retrouvent dans les récits des soldats sur le front (voir Prost, 2004), sur la modalité du : « si ça n'est pas lui, c'est moi » – bien que dans le cas d'ETA, il s'agisse plutôt de guérilla urbaine – ainsi que dans d'autres mouvements révolutionnaires (voir Guibet Lafaye & Frénod, 2020, l'entretien avec Yasmine). De même, la comparaison, dans le discours des acteurs basques, avec d'autres situations de conflit (telles les victimes non voulues du débarquement de Normandie), rend intellectuellement appréhendables les dommages vécus par les familles de la garde civile lors des attaques de caserne[105]. Ces comparaisons participent de la production d'une rationalisation de ce qui apparaît comme un acte abominable par un processus d'abstraction, de mise à distance et de rationalisation où la comparaison joue un rôle clef, menant à la conclusion que « la guerre, c'est comme ça ».

Si, dans certains discours, se notent des formes d'euphémisation du vocabulaire où l'on préfère parler de « neutralisation » de l'adversaire voire d'un individu récalcitrant plutôt que d'assassinat, ces figures de style sont le plus souvent rejetées ainsi que le refus de désigner les victimes civiles involontairement touchées comme des « dommages collatéraux » le montre. Les militants ne dissimulent pas le mal, y compris sur le plan émotionnel, que produit la réalisation de certaines actions ainsi qu'Ekaitz le reconnaît :

> C'est pas quelque chose dont je suis fier. Moi, j'ai posé des bombes, j'ai posé trois bombes. Tu n'es pas fier parce que tu sais que tu as fait mal, que tu as fait mal à quelqu'un… après si tu as des choses qui passent dans ta tête, que tu es en train de penser : « je vais faire mal… » Dans mon cas, non… Parce que je le faisais de façon complétement consciente dans le cadre d'un conflit.[106]

---

105   François use de cette comparaison : « Il y a eu des actions terribles contre les casernes de la guardia civile – la guardia civile c'est une partie de l'armée espagnole assez particulière. Les familles habitent dans les casernes. Il y a eu une action contre une caserne en Catalogne, contre une caserne à Saragosse, plusieurs actions très fortes, des actions de guerre contre les casernes de la guardia civile. On avait averti ça pendant des années, mais la guerre, c'est comme ça. Quand les Anglo-Saxons ont bombardé la Normandie, des milliers d'enfants normands ont été tués. »

106   En revanche, d'anciens membres de commandos participent aujourd'hui à des programmes de réconciliation avec les familles des victimes. Voir les rencontres restauratives réalisées par Esther Pascual depuis 2011.

Deux éthiques de la lutte

Ces procédures de rationalisation qui tendent faiblement à l'euphémisation ne peuvent émerger qu'à partir d'un cadrage de la situation au Pays basque en termes de conflit et, plus précisément, de guerre contre le pouvoir (colonisateur)[107]. La traduction du passage à l'acte sous la modalité de la nécessité – en l'occurrence de la nécessité politique – est conçue comme se doublant d'une nécessaire subordination de l'action – notamment de l'exécution – à la justification politique ainsi qu'à une visée politique. Si Mathieu admet que l'on peut décrire factuellement les actions de son commando comme le fait d'avoir tué ici ou là et qu'alors « personne n'accepte ce schéma : "aller tuer des gens dans la rue" mais s'il y a une conviction, un raisonnement, que tu es organisé, qu'il y a une organisation connue et que les gens savent que tu luttes pour des idéaux, des convictions, l'action est justifiée pour moi »[108].

Se pose toutefois la question de savoir si ce cadrage en termes de guerre suffit à rendre acceptables et assumables les contradictions immanentes à l'exécution politique mais surtout les contradictions soulevées par les victimes non intentionnelles, en particulier dans le cadre d'une lutte qui se dit révolutionnaire et qui prétend se battre pour davantage de justice. Comment justifier de perpétrer soi-même l'injustice voire d'utiliser des moyens comparables à ceux de l'ennemi que l'on dit combattre[109] ? Telle est ce que les militants nomment leur contradiction ainsi que l'explicite François :

[107] On le perçoit très bien dans la façon dont François s'appréhende comme un militaire et décrit sa participation à ETA comme une incorporation dans une armée, alors même qu'il ne participa pas à ses commandos. Voir supra encadré 7.
[108] Estrella, plutôt impliquée dans la logistique d'ETA, rejoint les positions de Mathieu. Elle admet en effet que « si je fais de la lutte armée, si je ne suis pas convaincue et qu'il n'y a pas une certaine éthique, je ne vais pas le faire. Je ne vais pas tuer le premier venu, assassiner avec une bombe. Il faut avoir une certaine éthique. Ici on l'avait et ils l'ont eue. Je ne suis pas une personne qui va porter une arme et tuer n'importe qui dans la rue. Personne ne l'a fait jamais et ne le fera jamais. L'histoire de Carrero, les gens qui l'ont tué, au sein de leur éthique, ils devaient faire ça, j'imagine. Il y a une morale. »
[109] À ceci près qu'ETA n'a pas torturé ce qui, dans le cas basque, constitue une différence majeure avec l'État espagnol.

Le premier devoir d'un révolutionnaire, c'est de se rappeler des victimes innocentes du combat. Nous, on a fait des victimes innocentes. Ça c'est sûr et certain. C'est une blessure – je la porte de façon soutenable parce que j'ai pas pris partie directement à ces actions, mais moralement je suis responsable comme le premier, comme celui qui a appuyé [sur] le bouton, donc c'est un problème moral très sérieux. C'est très dur. Par rapport aux exécutions des ennemis, je n'ai rien à me reprocher. Dans une guerre : on tue et se fait tuer. Quand j'avais 14 ans, j'étais gandhien, gandhiste – je sais pas comment il faut dire – et Gandhi a dit : « Un lâche n'a pas la valeur ni de mourir ni de tuer. » Un militant violent, il a le courage et de tuer et de se faire tuer. Un militant révolutionnaire non-violent, il a le courage de mourir et le courage de ne pas tuer. Donc je connais un peu la non-violence. Voilà, c'est ça mon univers éthique. [...]

Un jour est venu un journaliste qui faisait partie de la guardia civile officieusement mais on n'est pas dupe. Un journaliste espagnol assez en vogue [...] et qui est le petit-fils d'un franquiste exécuté par l'ETA pendant le franquisme. [...] C'était le président du département du Guipúzcoa. [Je lui ai dit :] « Écoutez, je vous ai reçu chez moi. Je suis militaire et j'ai du respect pour les victimes de nos actions. Mais si vous insistez à parler de l'ETA comme une organisation terroriste, vous allez m'obliger à parler de 'l'exécution' de votre grand-père. Jusque-là j'ai respecté que vous parliez de l''assassinat' de votre grand-père, parce que c'est votre grand-père. »

Conclusion

Les formes de lutte politique convoquées au Pays basque ont fréquemment déconcerté dans la mesure où leurs revendications se sont adossées à des moyens d'action dits violents, y compris en contexte démocratique. Si l'on a pu considérer que le recours à ce type d'actions (violence illégale, actions contre des représentants de l'État) était lié à l'idéologie, aux capacités opérationnelles des groupes, à l'environnement stratégique, le présent ouvrage a souligné la nécessité de restituer ces faits dans leur contexte spatio-temporel afin de spécifier leurs raisons. L'analyse proposée a mis en évidence les interactions entre acteurs étatiques et non étatiques, lesquelles permettent de comprendre la perpétuation de la violence illégale en contexte démocratique. Si certains facteurs mésosociaux expliquent la poursuite voire l'accroissement des actions militaires d'ETA après 1977, tels les scissions internes à l'organisation, une large part d'éléments factuels de type macrosociaux rendent compte de la persistance de la violence politique illégale. Rappelons les facteurs identifiés tels la permanence du personnel politique et répressif aux fonctions gouvernementales, la répression illégale du « terrorisme » basque, la très forte répression d'État à l'égard de la gauche abertzale, le traitement plus sévère par la police et les cours de justice espagnoles des membres d'ETA avec un usage avéré de la torture.

Ces formes de répression ont alimenté l'idée, du côté des militants basques, que « rien n'a changé avec la transition ». Dans la mesure où la plupart des autres secteurs de la société n'ont pas été confrontés à ces phénomènes, la différence entre l'avant et l'après Franco a présenté pour eux une réalité. Cette divergence de traitement explique les différences de *perception* de la structure des opportunités politiques entre les militants basques abertzales et les autres opposants politiques. La répression qu'a perpétuée la démocratie espagnole, dans la continuité de celle menée par le régime franquiste, à l'encontre des franges les plus revendicatives du Pays basque a produit un effet de radicalisation qu'une approche interactionniste met en lumière à partir de l'incidence des phénomènes de répression et de la politique d'État sur les groupes clandestins. Ainsi on observe, au Pays basque sud au cours des décennies qui ont suivi le franquisme, les effets durables de la répression dictatoriale et, plus précisément, les conséquences de la radicalisation politique sur les formes du militantisme. L'élucidation des causes de la violence politique illégale en contexte basque exige de considérer le rôle joué par les périodes de transition et d'instabilité politiques, lesquelles s'avèrent favorables à l'émergence de mouvements contestataires radicaux.

La situation au Pays basque avant et après la mort de Franco puis avec l'émergence d'une démocratie formelle, contribue à mettre en question les théories politiques liant le surgissement de la violence politique et la structure des opportunités politiques. L'étude diachronique du conflit au Pays basque autorise donc l'ouverture d'une perspective longtemps ignorée par la sociologie des mobilisations qui, jusque dans la première moitié des années 2000, a centré son attention sur les ressources s'offrant aux mouvements sociaux – dans une approche *rationaliste* de l'action collective – en délaissant les facteurs environnementaux, parmi lesquels figure l'action de l'État. Ainsi la violence paramilitaire, dont il est rapidement apparu qu'elle était commanditée par le pouvoir espagnol légitimement élu, a contribué à la radicalisation des groupes clandestins basques. Les assauts mortels menés par la police ou les assassinats conduits par l'extrême droite incarnent des événements transformatifs et ont constitué des tournants dans la spirale de la violence aux yeux des militants abertzales. Ils marquent, en outre, la mémoire collective. La radicalisation de la répression, jusqu'au terme des années 1990, qui s'abat sur les associations de jeunesse et les journaux de la gauche abertzale, relégués au rang d'organisations terroristes, coïncide avec leur criminalisation. Cette logique de répression indiscriminée et d'intransigeance du pouvoir nourrit la radicalité. La répression alimente le sentiment et la perception d'une absence d'alternative au *statu quo*. Elle est appréhendée comme la preuve de la nécessité de prendre les armes pour résister à un autoritarisme larvé. Plus un régime fomente une politique d'exclusion, plus il nourrit les actions violentes, dans la mesure où ceux qui s'y spécialisent tendent à prospérer. Jusqu'au début des années 2000 s'observe également une forclusion des conditions du dialogue et de la négociation politiques. La situation du Pays basque sud vérifie que la violence politique s'accroît dans des régimes en transition ou dans des régimes mixtes où s'associent des caractéristiques démocratiques et autoritaires. Elle constitue un exemple paradigmatique de mécanismes illustrant les conséquences de la clôture des opportunités politiques. Contre toute attente, le sentiment de la forclusion de la SOP est plus prégnant et plus affirmé dans les générations qui entrent dans le militantisme après la mort de Franco ainsi que dans le contexte français d'un État dit ouvert (voir chapitre 5). Or des deux côtés de la frontière, c'est précisément la perception et la conviction associée d'une clôture des opportunités politiques qui va conduire une minorité des militants à prendre les armes. L'approche interactionniste permet de souligner l'existence, dans le cadre du conflit basque, de mécanismes qui autorisent un autre regard sur ETA, organisation armée qui a eu la plus longue durée de vie en Europe occidentale. Elle conduit à déplacer la perspective pour considérer conjointement le positionnement des institutions politiques légales, dans le conflit, et la répression qu'elles ont entretenue. Ces mécanismes incarnent une constante des interactions entre pouvoir et mouvements protestataires. En ce sens, il n'y a pas lieu de singulariser les phénomènes advenus au Pays basque, quand bien même on a souvent insisté sur le caractère insolite de l'accroissement des violences de la part d'ETA après la fin de la dictature.

Nous avons ainsi tenté de déplacer la perspective du constat du passage à une démocratie formelle – dont on présuppose et attend qu'elle conduise à l'abandon des armes – à la prise en compte fine des formes de répression persistantes au Pays basque comme de l'ouverture effective du champ politique aux revendications de la gauche abertzale. La thèse selon laquelle les mouvements sociaux ne peuvent émerger et se développer que dans le cadre d'une «ouverture des opportunités politiques» demande à être reconsidérée. Le présent ouvrage vise à apporter une pierre à la sociologie des mobilisations laquelle a fréquemment sous-évalué les effets de la répression ou de la menace de répression sur l'action collective. Ainsi le recueil de données primaires, en l'occurrence des témoignages de militants clandestins, contribue à rendre compte de la complexité de la perception des menaces et de la répression au sein des collectifs militants.

L'enquête menée sur deux ans a permis de rencontrer des militants nés entre 1941 et 1984. Un tel panel autorise la mise en évidence de nuances et de variations dans l'engagement de ces acteurs. Ce qui varie d'une génération à l'autre réside moins dans le rapport à la violence comme d'autres auteurs l'ont suggéré (Della Porta, 2013) que dans une conscience et des motivations politiques qui évoluent et pèsent de façon distincte sur leur trajectoire d'engagement illégal. La motivation de l'entrée dans l'organisation se formule, au fil des générations, de plus en plus comme relevant de motifs politiques au détriment d'autres facteurs, notamment culturels. Cette inversion s'explique en particulier par la place et la reconnaissance trouvées par la langue basque au nord comme au sud ainsi que par l'évolution des institutions, en particulier le Statut d'Autonomie du Pays basque sud.

L'indétermination de l'engagement qui s'exprimait parfois parmi les premières générations dans le fait de seulement «faire quelque chose», de «participer» à un mouvement, à une résistance, de ne pas rester passif tend, au fil des générations, à se préciser. S'il s'agissait, à l'époque de Franco, de «faire quelque chose», de ne pas se laisser faire, cette expression de la motivation tend à s'effacer. *A contrario*, l'interprétation de ce type d'engagement comme un engagement total, un don de soi, un engagement existentiel s'affirme avec le temps et est d'autant plus présent que les générations nous sont contemporaines. Néanmoins une constante de l'interprétation de l'engagement illégal par les acteurs eux-mêmes est de l'appréhender comme naturel, logique, évident, comme une continuité avec un engagement politique antérieur, pourtant légal. L'auto-compréhension de sa propre trajectoire se place aux antipodes des discours publics et politiques sur l'entrée dans le terrorisme. Le saut ou le basculement à travers lequel on veut décrire l'entrée dans l'illégalité peine à rendre compte de l'interprétation, par les individus, de leur propre trajectoire.

Parallèlement à cette conceptualisation de l'engagement, se trouve assumée et revendiquée, tout au long de l'histoire des organisations illégales basques par les militants qui ne leur ont pas tourné le dos, une conception forte de la responsabilité, en ce sens que les acteurs portent et reconnaissent des conséquences dépassant très largement leurs intentions et leurs actes. S'ajoute à la responsabilité morale, une culpabilité morale concernant les familles et, dans certains cas, les victimes elles-mêmes. Quand bien même l'individu n'a pas directement participé à l'action, voire à l'exécution, il n'en assume pas moins la responsabilité pour autant que les organisations abertzales étudiées ont placé au cœur de leur fonctionnement le principe de la responsabilité collective. Or ce paradigme institue une autre forme de rapport à l'exécution politique. Bien que le conflit basque soit appréhendé par les militants comme une guerre de basse intensité et que nombre d'entre eux se considéraient appartenir à une armée, en l'occurrence une armée de libération, pour autant les acteurs clandestins ne se risquent pas à admettre explicitement une adhésion à une logique de type machiavélien au nom de laquelle la fin justifierait les moyens. Ce pas n'est pas franchi car les enquêtés se gardent de minorer la souffrance des proches des victimes et le mal causé par la mort involontaire de civils.

L'analyse des motivations et de la conceptualisation des opérations militaires révèle que l'éthique des organisations armées basques n'est pas nécessairement, comme on voudrait le croire, une éthique de la conviction mais bien une éthique de la responsabilité, au sens wébérien, aussi déroutante puisse être cette conclusion. Certains textes ou manifestes laisseraient penser que prévaut, dans ces organisations clandestines, une éthique de la conviction. Pourtant les discours des acteurs, ayant participé à ces luttes, ainsi que l'analyse des principes qui ont guidé leurs actions montrent plutôt qu'elles reposent et se nourrissent d'une éthique de la responsabilité.

Annexes

Annexe 1

Tableau 30 : Liste des enquêtés avec leurs caractéristiques sociodémographiques

Pseudo-nyme	Sexe	Année de naissance	Organisa-tion	Génération d'entrée en militance[a]	Années de détention[b]	Profession du père
Elliot	M	1941	ETA-m	γ 1	1 an et 3 mois	Ouvrier
Tanguy	M	1945	ETA-V	γ 1	8 ans	Employé des services comptables
Justin	M	1946	ETA-m	γ 1	2 ans et 2 mois	Agriculteur
Amalia	F	1946	ETA-m	γ 1	8 ans	Ouvrier agricole
Zachary	M	1946	ETA-m	γ 1	-	Employé
Estrella	F	1949	ETA-pm puis ETA-m	γ 1	1 an	Agriculteur
Isabella	F	1949	ETA-m	γ 1	7 mois	Adulte handicapé
Gaya	F	1951	ETA	γ 2	6 mois	Agriculteur
Faysal	M	1952	ETA-m	γ 1	4 ans	Plombier qualifié
Iwann	M	1952	ETA-m	γ 2	-	Menuisier qualifié du bâtiment (menuisier)
Madeleine	F	1952	ETA-m	γ 1	5 ans	Ouvrier

Pseudonyme	Sexe	Année de naissance	Organisation	Génération d'entrée en militance	Années de détention	Profession du père
Pantxo	M	1952	ETA-m	γ 1	9 ans	Boulanger
Fabienne	F	1953	ETA-pm	γ 1	4 ans	Ouvrier du bâtiment
Franck	M	1953	ETA-pm	γ 1	-	Agent civil de sécurité et de surveillance (gardien d'une grande entreprise)
Ferrucio	M	1953	ETA-m	γ 2	23 ans et 5 mois	Paysan
Amandine	F	1955	ETA-m	γ 2	-	Employé
Jacques	M	1955	ETA-m	γ 1	4 ans	Ouvrier
Idris	M	1955	ETA-pm	γ 2	-	Agriculteur
Ilyann	M	1955	ETA-pm	γ 1	14 ans	Employé
Leonardo	M	1955	ETA-pm	γ 2	1 ans	Employé
Pharel	M	1955	ETA	γ 4	16 mois	Ouvrier
Thibault	M	1956	ETA-pm puis ETA-m	γ 1	1 an	Chef de petite entreprise
Mathieu	M	1956	ETA-m	γ 3	22 ans et demi	Fonctionnaire
Carlito	M	1957	ETA-m	γ 2	3 mois	Employé d'industrie
Jaad	M	1957	ETA-m	γ 1	3 ans	Agriculteur
Pierre	M	1957	ETA-pm	γ 2	7 ans	Technicien commercial (représentant d'outillage)
Elodie	F	1958	ETA-pm	γ 2	18 mois	Boulanger
Laureline	F	1958	ETA-m	γ 2	-	Chef d'entreprise
Benoît	M	1959	ETA-pm	γ 2	10 jours	Ouvrier
Jayden	M	1959	ETA-m	γ 3	1 an	Carrossier d'automobiles qualifié

Pseudo-nyme	Sexe	Année de naissance	Organisation	Génération d'entrée en militance	Années de détention	Profession du père
Julien	M	1960	ETA-m	γ 2	2 ans et demi	Commerçant
Rémy	M	1961	ETA-m	γ 3	14 ans	Agriculteur
Louisa	F	1963	ETA-m	γ 2	-	Ouvrier
Nicolas	M	1963	ETA	γ 3	6 ans et demi	Chaudronnier
Jules	M	1963	ETA	γ 3	5 ans	Secrétaire maritime
Ekaitz	M	1964	ETA-m	γ 3	1 an	Menuisier
François	M	1964	ETA-m	γ 3	8 ans	Professeur
Isée	F	1964	ETA-m	γ 2	23 ans	Ébéniste
Xavier	M	1965	ETA	γ 3	8 ans	Employé
Jovani	M	1966	ETA-m	γ 3	22 ans	Employé de commerce
Elikia	F	1971	ETA	γ 4	3 ans	Chef de petite entreprise
Etan	M	1971	ETA	γ 4	3 ans	Charpentier
Dimitri	M	1973	ETA	γ 4	18 ans	Conducteur d'engin lourd de levage (grutier)
Martial	M	1975	ETA	γ 4	1 an (en attente de jugement)	Boucher
Blandine	F	1977	ETA	γ 4	4 ans	Chef de petite entreprise
Ianis	M	1979	ETA	γ 4	6 ans	Ingénieur
Sandrine	F	1981	ETA	γ 4	3 ans	Employé de l'industrie
Mona	F	1982	ETA	γ 4	13 ans	Concierge
Elyana	F	1984	ETA	γ 4	5 ans	Ouvrier de l'élevage (apiculteur)

Pseudo-nyme	Sexe	Année de naissance	Organisation	Génération d'entrée en militance	Années de détention	Profession du père
Vicenzo	M	1962	Mouvance d'ETA	-	1 an	NR
Flavien	M	1966	Mouvance d'ETA	-	22 mois	Employé des services bancaires
Tanya	F	1944	IK logistique	γ 2	-	Commis de restaurant (garçon de café)
Maud	F	1953	IK logistique	γ 2	-	Agriculteur
Frédéric	M	1953	IK	γ 1	plus de 10 ans	Couvreur qualifié (charpentier)
Alexis	M	1957	IK politique	γ 2	6 mois	Agriculteur
Nicolo	M	1957	IK	γ 3	10 mois	-
Grégoire	M	1961	IK	γ 2	plus de 10 ans	Gendarme
Patxi	M	1961	IK	γ 2	5 ans	Conducteur qualifié d'engins de chantiers du bâtiment (conducteur de bulldozer)
Thierry	M	1962	IK	γ 2	1 an et demi puis gracié	Conducteur livreur (livreur de pommes de terre)
Paul	M	1963	IK	γ 2	6 ans et 3 mois	Agriculteur
Laure	F	1963	IK	γ 2	9 mois	Agriculteur

Pseudo-nyme	Sexe	Année de naissance	Organisa-tion	Génération d'entrée en militance	Années de détention	Profession du père
Florian	M	1966	IK	γ 3	4 ans et 8 mois	Conseiller technique agricole
Nahil	M	1968	IK	γ 3	6,5 ans	Ouvrier

Total : Soixante-trois enquêtés. Tous les enquêtés ayant intégré ETA après 1982 appartiennent à ETA-m, seule branche de l'organisation perdurant après la dissolution d'ETA-pm.

[a]γ 1 : intégration avant la chute du franquisme (avant 1975) ; γ 2 : intégration pendant la transition dite démocratique (entre 1975-1982) ; γ 3 : intégration dans ETA-m (après 1982, *i.e.* après la scission et l'élection du gouvernement socialiste) ; γ 4 : intégration dans les années 1990 et après.

[b]Ces années ne correspondent pas toujours aux années de condamnation. Pour certains protagonistes, le nombre d'années de détention est seulement indicatif car le chiffre exact est identifiant, en particulier dans les groupes où ils ont été peu nombreux.

Annexe 2

Chapitre 2 – Hegoalde, Iparralde : deux contextes distincts

Tableau 31 : Types d'événements transformatifs

Types d'évé-nements	Macrosociaux	Mésociaux	Familiaux	Personnels	Répression	Pas d'évé-nements/ NSP	Total
Occurrences	24	21	9	13	37	8	93

Tableau 32 : Détail des événements transformatifs

			Occurrences	Total	Liés à la répression
Macrosociaux		Contexte international	3	32	
	Champ des opportunités politiques national	Contexte national : ouvert (mai 68)	2		
		Clôture des opportunités politiques	2		
		Processus de négociation	2		
		Interdiction des organisations	3		3
		Lutte pour l'insoumission	1		
	Conditions structurelles	Conditions structurelles (injustices, impunité, rapports de pouvoir)	2		
	Événements synchroniques	Bombardement de Guernica	1		1
		Exécution Carrero Blanco	1		
		Procès de Burgos	12		
		Luttes sociales 3 mars (1977-1978)	1		
		23-F	2		

Annexes

			Occurrences	Total	Liés à la répression
Mésociaux (organisationnels)		Naissance d'ETA (1959)	1	18	
		Premier mort d'ETA (1968)	1		1
		Lutte contre Lemoiz	1		
		Arrestation de Bidart (1992)	1		1
		Annonce arrêt violence par ETA	3		
		Mort des camarades	12		
Familiaux		Environnement basquisant	1	11	
		Famille à Guernica	2		
		Famille visée par la répression franquiste, militaire ou paramilitaire	8		8
Personnels		Expérience personnelle	2	15	
		Rencontres	6		
		Mort d'un proche	5		
		Clandestinité	1		
		Torture (expérience de répression)	1		1

			Occurrences	Total	Liés à la répression
Répression	Répression légale	Répression des manifs et militants	12	66	12
		Répression antiterroriste	5		4
		Comportement de la police (violence, arbitraire, impunité, torture)	15		15
	Répression illégale	GAL et paramilitaires	6		6
		Politiques illégales de répression (l'héroïne, réfugiés)	10		10
	Répression sur les proches	Répression sur la famille, des proches	12		12
	Répression sur soi	Expérience de la prison	4		4
		Répression sur soi (torture)	2		2
Total					80

Soulignons que certains enquêtés évoquent plusieurs événements macrosociaux car ils comprennent souvent par «événements décisifs» des «événements historiques». Une personne (François) évoque deux événements relevant de la sphère de l'expérience personnelle (des rencontres, des lectures) ; une autre, la mort d'un proche et l'ensemble de son parcours de vie, ses expériences de militante (Isabella). Enfin, une occurrence ne figure pas dans le tableau. Elle renvoie à une décision de justice du tribunal des droits de l'homme de Strasbourg favorable à l'enquête.

Annexes

Chapitre 3 – Pourquoi un conflit armé ?

Tableau 33 : Sur la nécessité du recours à la violence politique

Items	Clôture de la SOP dans dictature	Clôture de la SOP dans démocratie	Réponse à la violence d'État	Outil politique dans rapport de force	Outil pour obtenir quelque chose	Outil propagande	Défense identité	Lutte de libération	Révolution	*Total*
Occurrences	8	22	21	21	12	13	19	12	8	136

Les occurrences proposées dans le tableau 3.1 dépassent le nombre d'enquêtés car dans les réponses formulées à la question «Est-ce que, de votre point de vue, il était possible de parvenir aux objectifs de votre organisation sans recourir à la lutte armée ?», plusieurs raisons pouvaient être mises en avant. Nous avons fait le choix de ne pas en privilégier une plutôt qu'une autre.

Chapitre 4 – Pourquoi s'engager dans une organisation clandestine ?

Tableau 34 : Synthèse des motivations individuelles de la lutte politique clandestine

	Revendications culturelles et/ou identitaires	Revendications politiques défensives			Revendications politiques positives			Utopies	Figures du militant	Plusieurs occurrences
	Défendre le pays (la langue, le peuple) – Identité culturelle	Contre les politiques publiques	Clôture des opportunités politiques (et propagande politique)	Résistance/réponse à l'oppression	Statut d'autonomie, auto-détermination	Réunification des 7 provinces historiques	Indépendance/lutte de libération	Un autre type de société (dont le socialisme)		
Elliot				1 (se défendre)			1 (lutte de libération)			x
Tanguy								1		
Justin							1		1	x
Amalia							1 (libération)	1 (socialisme)		
Zachary	1			1 (résistance)						x
Estrella							1 (libération)			
Isabella							1	1		x
Gaya	1								1	
Faysal							1 (un Pays basque socialiste)	1		x
Iwann				1 (résistance)						

Annexes

	Revendications culturelles et/ou identitaires	Revendications politiques défensives			Revendications politiques positives			Utopies	Figures du militant	Plusieurs occurrences
Madeleine							1 (lutte d'un peuple, lutte de libération)	1	1	x
Pantxo	1 (défendre le peuple)			1 (contre l'oppression)						
Fabienne		1 (propagande politique)					1 (lutte de libération + indépendance)		1	x
Franck		1 (changement politique)								
Ferrucio							1 (libération)			
Amandine							1 (indépendance ; libération d'un peuple)	1 (socialisme)		
Jacques	1			1 (résistance)					1	x
Idris						1				x
Ilyann				1 (contre l'oppression)			1 (lutte de libération)	1		x

	Revendications culturelles et/ou identitaires	Revendications politiques défensives	Revendications politiques positives	Utopies	Figures du militant	Plusieurs occurrences
Leonardo		1 (contre Franco)			1	
Pharel	1					
Thibault		1				
Mathieu		1 (contre l'oppression)	1 (lutte de libération)	1 (injustice + socialisme)		x
Carlito		1 (contre l'oppression)		1 (attribué : socialisme)		
Jaad			1 (lutte de libération)	1		x
Pierre			1 (lutte de libération)	1 (socialisme)		x
Elodie		1 (tuer le franquisme)	1 (indépendance)	1		x
Laureline				1	1	
Benoît	1	(1)	1 (lutte de libération)	1 (attribué)		x
Jayden			1 (indépendance)	1 (socialisme)		x
Julien			1 (lutte de libération)	1		x

Annexes

	Revendications culturelles et/ou identitaires	Revendications politiques défensives			Revendications politiques positives			Utopies	Figures du militant	Plusieurs occurrences
Rémy										
Louisa	1 (reconnaissance du peuple + langue)						1 (libération)	1	1	x
Nicolas							1 (libération)	1		x
Jules	1									
Ekaitz			1 (contre l'oppression)				1 (lutte de libération nationale et sociale)	1		x
François						1		1 (lutte de libération + indépendance)	1 (socialisme)		x
Isée			1						1		x
Xavier											
Jovani						1		1 (indépendance)	1 (socialisme)		x
Elikia			1 (contre l'oppression)						1		x
Etan		1						1 (lutte de libération nationale et sociale)	1		x

	Revendications culturelles et/ou identitaires	Revendications politiques défensives	Revendications politiques positives	Utopies	Figures du militant	Plusieurs occurrences
Dimitri						
Ekai			1 (lutte de libération)	Lutter contre les injustices	1	
Martial				1 (contre l'injustice)		
Blandine		1			1	
Ianis		1 (contre l'oppression)			1	
Mona		1	1		1	x
Sandrine	1	1				x
Elyana				1	1	
Vicenzo	1 (peuple)		1	1	1	x
Alexis	1	1	1		1	x
Gabriel		1	1	1 (socialisme)		x
Nahil		1 (résistance)	1 (indépendance)			x
Laure		1 (et propagande politique)				

	Revendications culturelles et/ou identitaires	Revendications politiques défensives		Revendications politiques positives			Utopies	Figures du militant	Plusieurs occurrences
Maud	1								x
Paul	1	1 (propagande politique)				1 (lutte de libération)	1	1	x
Frédéric		1				1 (lutte de libération)			x
Nicolo							1	1	
Patxi						1 (indépendance)	(contre l'injustice)		
Florien									
Tanya			1 (résistance)		1			1	
Thierry						1 (indépendance)			
Total	15	8	21	7	4	33 (21 occurrences de la libération)	30 (9 occurrences du socialisme)	19	
Regroupement	15	9		44			30	19	

Nous avons choisi de recenser plusieurs occurrences car il aurait été réducteur de privilégier un objectif plutôt qu'un autre d'autant que l'affirmation historique d'ETA était un «Pays basque indépendant et socialiste». Une telle recension permet une forme de hiérarchisation des mentions proposées par les enquêtés.

Chapitre 6 – Deux éthiques de la lutte

Tableau 35 : Actions ayant provoqué la mort (victimes mortelles) par année[a]

Années	Nombre d'actions réalisées
1968	2
1969	1
1972	1
1973	2
1974	6
1975	13
1976	13
1977	8
1978	**50**
1979	**62**
1980	**67**
1981	25
1982	*29*
1983	*33*
1984	27
1985	*31*
1986	18
1987	15
1988	15
1989	13

Annexes

Années	Nombre d'actions réalisées
1990	16
1991	26
1992	17
1993	7
1994	10
1995	9
1996	5
1997	13
1998	4
1999	0
2000	17
2001	12
2002	4
2003	2
2004	0
2005	0
2006	1
2007	1
2008	5
2009	2
2010-2018	0

[a] Il nous semble plus pertinent de compter le nombre d'actions que le nombre de victimes, celui-ci présentant un caractère aléatoire que le nombre d'opérations menées, comme tel, réduit.

Bibliographie

Références hors champ basque

Accornero, Guya, « La répression politique sous l'*Estado Novo* au Portugal et ses effets sur l'opposition estudiantine, des années 1960 à la fin du régime », *Cultures & Conflits*, n° 89, printemps 2013, p. 93-112.

Anheier, H. K., F. Neidhardt et W. Vorkamp, « Movement Cycles and the Nazi Party : Activities of the Munich NSDAP, 1925-1930 », *American Behavioral Scientist*, vol. 41, 1998.

Alexander, Jeffrey C., *Performative Revolution in Egypt. An Essay in Cultural Power*, Londres, Bloomsbury Academic, 2011.

Alimi, E. Y., « Relational dynamics in factional adoption of terrorist tactics : a comparative perspective », *Theory and Society*, janvier 2011, vol. 40, n° 1, p. 95-118.

Alimi, E. Y., L. Bosi, C. Demetriou, « Processes of Radicalization : A Comparative Approach », *Mobilization : An International Journal*, vol. 17, n° 1 janvier 2012, p. 7-26.

Améry, J., « Die Geburt des Menschen aus dem Geiste der Violenz. Der Revolutionär Frantz Fanon », *in* I. Heidelberger-Leonard et S. Steiner (dir.), *Werke. Aufsätze zur Politik und Zeitgeschichte*, Stuttgart, 2005, p. 428-494 (1ère éd. du texte sur F. Fanon, 1968).

Aron, R., *Les étapes de la pensée sociologique*, Paris, Gallimard, 1967.

Atkinson, R., *The life story interview*. Sage Qualitative Research Methods Series 44, Thousand Oaks, CA, Sage, 1998.

Becker H., *Tricks of the Trade : How to Think about Your Research While You're Doing It*, Chicago, The University of Chicago Press, 1998.

Becker, Howard S., *Outsiders. Études de sociologie de la déviance* [1963], Paris, Métailié, 1985.

Benford, R. D., et D. L. Valadez, « From Blood on the Grapes to Poison on the Grapes: Strategic Frame Changes and Resource Mobilization in the Farm

Workers' Movement», communication à la conférence de l'American Sociological Association, San Francisco, CA, 1998.

Bentham Jeremy, *Of Laws in General* [1838], «An Introduction to the Principles of Morals and Legislation», Londres, Athlone Press, 1970.

Berger, Peter, et Thomas Luckmann, *La construction sociale de la réalité* [1966], Paris, Meridiens-Klincksieck, 1986.

Blee, K. M., et V. Taylor, «Semi-structured interviewing in social movement research», *in* B. Klandermans et S. Staggenborg (dir.), *Methods of Social Movement Research*, Minneapolis, University of Minnesota Press, 2002, p. 92-117.

Bosi, L., et D. Della Porta, «Processes out of Political Violence: A Comparative Historical Sociology of Italian Left-Wing Underground Organizations and the Provisional IRA», *in* J. Gunning (dir.), *How Does 'Terrorism' End ?*, Londres, Routledge, 2011.

Bosi, L., et D. Della Porta, «Patterns of disengagement from political armed activism: A comparative historical sociology analysis of Italy and Northern Ireland,» *in* Ioannis Tellidis et Harmonie Toros (dir.), *Researching Terrorism, Peace and Conflict Studies: Interaction, Synthesis and Opposition*, Abingdon, Routledge, p. 81-99.

Bosi, Lorenzo, « Explaining Pathways to Armed Activism in the Provisional Irish Republican Army, 1969-1972 », *Social Science History*, vol. 36, n° 3, Août 2012, p. 347-390.

Bosi, Lorenzo, Chares Demetriou et Stefan Malthaner, *Dynamics of Political Violence. A Process-Oriented Perspective on Radicalization and the Escalation of Political Conflict*, Farnham, Ashgate, 2014.

Bottger, A., et R. Strobl, «Potentials and limits of qualitative methods for research on violence», *in* W. Heitmeyer et J. Hagan (dir.), *International Handbook of Violence Research*, Dordrecht, Kluwer, 2003, p. 1203-1218.

Bourdieu, Pierre, *Questions de sociologie*, Paris, Minuit, 1980a.

Bourdieu, Pierre, *Le sens pratique*, Paris, Minuit, 1980b.

Bourdieu, Pierre, «L'illusion biographique», *Actes de la Recherche en Sciences Sociales*, vol. 62/63, juin 1986, p. 69-72.

Braudel, F., *Écrits sur l'histoire*, Paris, Flammarion, 1985.

Brockett, Charles D., *Political movements and violence in Central America*, Cambridge, Cambridge University Press, 2005.

Bronner, G., «Fanatisme, Croyance axiologique extrême et rationalité», *L'Année sociologique*, vol. 51, n° 1, 2001, p. 137-160.

Cefaï, Daniel, et Valérie Amiraux, «Les risques du métier. Engagements problématiques en sciences sociales. Partie 1», *Cultures & Conflits*, n° 47, 3/2002, p. 15-48.

Charnay, Jean-Paul, «Théorie stratégique de la praxis terroriste», *Cahiers de la Fondation pour les études de défense nationale*, supplément du n° 11, «Terrorisme et culture», 1981.
Chazel, F., «De la question de l'imprévisibilité des révolutions et des bonnes (et moins bonnes) manières d'y répondre», *Revue européenne des sciences sociales*, 41, 126, 2003, p. 125-136.
Chazel, François, «Les ajustements cognitifs dans les mobilisations collectives : questions ouvertes et hypothèses», *in* R. Boudon, A. Bouvier et F. Chazel (dir.), *Cognition et sciences sociales*, Paris, PUF, 1997.
Codaccioni Vanessa, «Expériences répressives et (dé)radicalisation militante», *Cultures & Conflits*, vol. 1, n° 89, 2013, p. 29-52.
Collovald, A., et B. Gaïti, «Questions sur une radicalisation politique», *in* A. Collovald et B. Gaïti (dir.), *La démocratie aux extrêmes*, Paris, La Dispute, 2006, p. 19-45.
Combes, Hélène, et Olivier Fillieule, «De la répression dans ses rapports à l'activité protestataire. Modèles structuraux et interactions stratégiques», *Revue française de science politique*, vol. 61(6), décembre 2011, p. 1047-1072.
Corcuff, Philippe, *Les nouvelles sociologies*, Paris, Nathan, 1995.
Crenshaw, M. (dir.), *Terrorism in Context*, University Park, Pennsylvania State University Press, 1995.
De la Calle, Luis, Michael Findley et Joseph Young, «Killing Civilians or Holding Territory ? How to Think about Terrorism», *International Studies Review*, 14, 2012, p. 475-497.
Della Porta, D., «Biographies of social movement activists: State of the art and methodological problems», *in* M. Diani et R. Eyerman (dir.), *Studying Collective Action*, Newbury Park, CA, Sage, 1992a, p. 168-193.
Della Porta, Donatella, «Introduction: On individual motivations in underground political organizations», *in* D. Donatella (dir.), *Social Movements and Violence: Participation in Underground Organizations*, Greenwich (C'EST), JAI Press, 1992b, p. 3-28.
Della Porta, Donatella, *Social Movements, Political Violence and the State*, Cambridge, Cambridge University Press, 1995.
Della Porta, Donatella, *Clandestine Political Violence*, Cambridge, Cambridge University Press, 2013.
Della Porta, Donatella, et Mario Diani, *Social Movements: an Introduction* [1999], Oxford, Blackwell Publishers, 2006.
Demazière, Didier, «À qui peut-on se fier ? Les sociologues et la parole des interviewés», *Langage et société*, vol. 3, n° 121-122, 2007, p. 85-100.
Dorlin, Elsa, *Se défendre. Une philosophie de la violence*, Paris, La Découverte, 2017.

Eisinger, Peter K., «The Conditions of Protest Behavior in American Cities», *American Political Science Review*, vol. 67, 1973, p. 11-28.
Engene, Jan Oskar, *Terrorism in Western Europe*, Cheltenham, Edward Elgar, 2004.
Evans, J. H., «Multi-Organizational Fields and Social Movement Organization Frame Content: The Religious Pro-Choice Movement», *Sociological Inquiry*, 67, 1997.
Fanon, Franz, «Pourquoi nous employons la violence», discours prononcé à la conférence d'Accra, avril 1960, p. 413-418.
Fanon, Franz, *Les damnés de la terre* [1961], Paris, Gallimard, 1991.
Fanon, Frantz, *Œuvres*, Paris, La Découverte, 2011.
Fillieule, O., «Disengagement from Radical Organizations: A Process and Multi-Level Model of Analysis», *in* B. Klandermans et C. van Stralen (dir.), *Movements in times of transition*, Minnesota, University of Minnesota Press, 2015.
Fillieule, Olivier, *Stratégies de la rue. Les manifestations en France*, Paris, Presses de Sciences Po, 1997.
Fillieule Olivier, et Nonna Mayer, «Devenirs militants. Introduction», *Revue française de science politique*, vol. 51, n° 1, 2001, p. 19-25.
Flam, H., «Anxiety and Successful Oppositional Construction of Societal Reality: The Case of KOR», *Mobilization*, 1, vol. 1996.
Foucault, Michel, *La société punitive*, Cours au Collège de France, 10 janvier 1973, tapuscrit de J. Lagrange, Paris, Seuil, 2013.
Fraser, N., «Social justice in the age of identity politics: Redistribution, recognition, and participation», *in* N. Fraser et A. Honneth (dir.) *Redistribution or Recognition ? A Philosophical Exchange*, Londres, Verso, 2003, p. 7-109.
Gamson, W., et D. Meyer, «Framing Political Opportunity», *in* D. McAdam, J. McCarthy, et M. Zald (dir.), *Comparative Perspectives on Social Movements: Political Opportunities, Mobilizing Structures, and Cultural Framings*, Cambridge, Cambridge University Press, 1996, p. 275-290.
Geisser, Vincent, Karam Karam et Frédéric Vairel, «Espaces du politique. Mobilisations et protestations dans le monde arabe», *in* Elizabeth Picard (dir.), *La politique dans le monde arabe*, Paris, Armand Colin, 2006, p. 193-213.
Giddens, Anthony, *La constitution de la société* [1984], Paris, PUF, 1987.
Gleditsch, Nils Petter, Havard Hegre et Haavard Strand, «Democracy and Civil War», *in* Manus Midlarsky (dir.), *Handbook of War Studies III*, Ann Arbor, University of Michigan Press, 2009, p. 155-192.
Goldstone, J., et C. Tilly, «Threat (and Opportunity) : Popular Action and State Responses in the Dynamics of Contentious Action», *in* R. Aminzade *et al.* (dir.), *Silence and Voice in the Study of Contentious Politics*, New York, Cambridge University Press, 2001, p. 179-194.
Goodwin, Jeff, *No another way out*, Cambridge, Cambridge University Press, 1997.

Goodwin, Jeff, «A Theory of Categorical Terrorism», *Social Forces*, vol. 84(4), 2006, p. 2027-2046.
Gramsci, Antonio, *Notes sur Machiavel, sur la politique et sur le Prince moderne* [1931-1933], Paris, Éditions sociales, 1983.
Guibet Lafaye, Caroline, *Le juste et l'inacceptable. Les sentiments d'injustice contemporains et leurs raisons*, Paris, Presses Universitaires Paris Sorbonne (PUPS), coll. L'intelligence du social, 2012.
Guibet Lafaye, Caroline, «Légitimation sociale et intériorisation de la domination», *Intersticios. Revista sociológica de pensamiento crítico*, Université de la Compplutense de Madrid, Madrid, vol. 7, n° 1, 2013, p. 57-82.
Guibet Lafaye, Caroline, «Pour une typologie des médecins psychiatres», *L'Information Psychiatrique*, John Libbey Eurotext, Montrouge (France), 2016a, p. 1-13.
Guibet Lafaye, Caroline, «Quelle éthique pour quels psychiatres ?», *Sociologie*, Paris, PUF, n° 2, vol. 7, 2016b, p. 169-186.
Guibet Lafaye Caroline, « "Choc moral", émotion, violence : la violence politique est-elle le fruit de la colère ?», *Klesis*, Centre de Recherches Interdisciplinaires en Sciences humaines et Sociales (CRISES) de Montpellier, 37, 2017, p. 62-91.
Guibet Lafaye, Caroline, « "Comment peuvent-ils ne pas s'engager ?" Comprendre l'engagement de l'extrême gauche non partisane», *Participations*, n° 97, 2018, p. 165-198.
Guibet Lafaye, Caroline, *Armes et principes. Éthique de l'engagement politique armé*, Paris, éd. du Croquant, 2019.
Guibet Lafaye, Caroline, et Frénod Alexandra, *Être une femme et faire de la politique avec des armes. Entretiens terroristes*, Marseille, Agone, 2020. [À paraître]
Gunning, J., «Social Movement Theory and the Study of Terrorism», *in* M. Breen Smyth et al. (dir.), *Critical Terrorism Studies: A New Research Agenda*, New York, Routledge, 2009, p. 156-177.
Gurr, T., *Minorities at Risk. A Global View of Ethnopolitical Conflicts*, Washington, DC, Institute of Peace Press, 1993.
Halbwachs, M., *Les cadres sociaux de la mémoire* [1925], Paris, Albin Michel, 1994.
Hassenteufel, P., «Les automnes infirmiers (1988-1992) : dynamiques d'une mobilisation», *in* O. Fillieule (dir.), *Sociologie de la protestation*, Paris, L'Harmattan, 1993, p. 93-120.
Hassenteufel, P., «Pratiques représentatives et construction identitaire : une approche des coordinations», *Revue Française de Science Politique*, vol. 41, n° 1, 1991, p. 5-27.
Hegre, H., T. Ellingsen, S. Gates et N. P. Gleditsch, «Toward a Democratic Civil Peace ? Democracy, Political Change, and Civil War, 1816-1992», *American Political Science Review*, vol. 95, n° 1, 2001, p. 33-48.

Hobbes, Thomas, *Léviathan* [1651], Paris, Dalloz, 1999.
Hobsbawn, E., et T. Ranger, *L'invention de la tradition* [1983], Paris, Éditions Amsterdam, 2006.
Hobson, B., *Recognition Struggles and Social Movements*, Cambridge, Cambridge University Press, 2003.
Honneth, A., *The Struggle for Recognition*, Cambridge, MA, MIT Press, 1996.
Horgan, J., « From profiles to pathways and roots to routes: Perspectives from psychology on radicalization into terrorism », *Annals of the American Academy of Political and Social Science*, 618, 2008a, p. 80-94.
Horgan, J., « Interviewing terrorists: A case for primary research », *in* C. Hsinchun, E. Reid, J. Sinai, A. Silke et B. Ganor (dir.), *Terrorism Informatics*, New York, Springer, 2008b, p. 73-99.
Horgan, John, « Interviewing the terrorists: reflections on fieldwork and implications for psychological research », *Behavioral Sciences of Terrorism and Political Aggression*, 2011, iFirst Article, p. 1-17.
Huët, Romain, « Quand les "malheureux" deviennent des "enragés" : ethnographie de moudjahidines syriens (2012-2014) », *Cultures & Conflits*, n° 97, printemps 2015, p. 31-75.
Hughes, Everett C., *Men and Their Work*, Glencoe, IL, Free Press, 1958.
Isambert, F.-A., P. Ladrière et J.-P. Terrenoire, « Pour une sociologie de l'éthique », *Revue française de sociologie*, vol. 19, n°3, 1978, p. 323-339.
Jasper, J. M., *The Art of Moral Protest: Culture, Biography and Creativity in Social Movements*, Chicago, University of Chicago Press.
Johnston, H., et D. A. Snow, « Subcultures and the Emergence of the Estonian Nationalist Opposition (1945-1990) », *Sociological Perspectives*, vol. 41, 1998.
Kant, E., *Projet de paix perpétuelle* [1795], *in* E. Kant, *Œuvres complètes*, t. III, Paris, Gallimard, 1986.
Kant, E., *Théorie et pratique. D'un prétendu droit de mentir par humanité* [1797], Paris, Garnier Flammarion, 1993.
Kaufmann, Jean-Claude, *Sociologie du couple*, Paris, PUF, 2003.
Klandermans, B., « New Social Movements and Ressource Mobilization », *in* D. Rucht (dir.), *Research on Social Movements*, Westview, Boulder, 1991, p. 17-46.
Koopmans, R., et J. W. Duyvendak, « The Political Construction of the Nuclear Energy Issue and Its Impact on the Mobilization of Anti-Nuclear Movements in Western Europe », *Social Problems*, vol. 42, 1995.
Kriesi, H., R. Koopmans, J. W. Duyvendak et M. Giugni, *New social movements in western Europe*, Londres, UCL Press, 1995.
Kurzman, C., « Structural Opportunities and Perceived Opportunities in Social-Movement Theory: Evidence from the Iranian Revolution of 1979 », *American Sociological Review*, vol. 61, 1996, p. 153-170.

Le Goaziou, Véronique, « Regards sur la violence », *Figures de la psychanalyse*, 30, 2015, p. 109-121.
Leclercq, C., « Histoires d'"ex". Une approche socio-biographique du désengagement des militants du Parti communiste français », thèse pour le doctorat de science politique, Institut d'études politiques, Paris, 2008.
L'Heuillet, Hélène, *Aux sources du terrorisme. De la petite guerre aux attentats-suicides*, Paris, Fayard, 2009.
Lhuilier, Dominique, « Le "sale boulot" », *Travailler*, vol. 14, n° 2, 2005, p. 73-98.
Lum, C., L. W. Kennedy et A. Sherley, « Are counter-terrorism strategies effective ? The results of the Campbell Systematic Review on counter-terrorism evaluation research », *Journal of Experimental Criminology*, vol. 2, 2006, p. 489-516.
McAdam, D., « Tactical innovation and the pace of insurgency », *American Sociological Review*, vol. 48(6), 1983, p. 735-754.
McAdam, D., S. Tarrow et C. Tilly, *Dynamics of Contention*, Cambridge, Cambridge University Press, 2001.
McAdam, Doug, *Political Process and the Development of Black Insurgency 1930–1970*, Chicago, University of Chicago Press, 1982.
McAdams, D. P., *Personal myths and the making of the self*, New York, Guilford, 1993.
Machiavel, *Le Prince* [1515], in *Œuvres complètes*, Paris, Gallimard, 1952.
Machiavel, *Discours sur la première décade de Tite-Live* [1531], in *Œuvres complètes*, Paris, Gallimard, 1952.
Mansfield, Edward D., et Jack Snyder, « Democratization and the Danger of War », *International Security*, vol. 20, n° 1, 1995, p. 5-38.
Mao Tsé-Toung, *Œuvres choisies*, tome II, Pékin, Éditions en langues étrangères, 1971.
Marighella, Carlos, *Manuel du guérillero urbain*, juin 1969, <http://download.tuxfamily.org/defi/pdf/Carlos_Marighella_-_Manuel_du_guerillero_urbain.pdf>.
Marullo, S., R. Pagnucco et J. Smith, « Frame Changes and Social Movement Contraction: US Peace Movement framing After the Cold War », *Sociological Inquiry*, vol. 66, 1996.
Marx, Karl, *Le capital* [1867], Paris, PUF, 1993.
Mathieu, Lilian, « Rapport au politique, dimensions cognitives et perspectives pragmatiques dans l'analyse des mouvements sociaux », *Revue française de science politique*, vol. 52, n° 1, 2002 p. 75-100.
Mathieu, Lilian, « Des mouvements sociaux à la politique contestataire : les voies tâtonnantes d'un renouvellement de perspective », *Revue française de sociologie*, vol. 45, n° 3, 2004, p. 561-580.
Meyer, David S., et Suzanne Staggenborg, « Movements, Countermovements, and the Structure of Political Opportunity », *The American Journal of Sociology*, vol. 101, n° 6, 1996, p. 1628-1660.

Monod, Jean-Claude, *Penser l'ennemi, affronter l'exception*, Paris, La Découverte, 2016.
Muller, E., et E. Weede, « Cross-National Variation in Political Violence: A Rational Action Approach », *Journal of Conflict Resolution*, vol. 34, n° 4, 1990, p. 624-651.
Netchaïev, Sergueï, *Catéchisme révolutionnaire* [1868], extraits traduits du russe par René Cannac in *Netchaïev, du nihilisme au terrorisme. Aux sources de la Révolution russe*, Paris, Payot, 1961.
Nikolski, Véra, « Lorsque la répression est un plaisir : le militantisme au Parti National Bolchévique russe », *Cultures & Conflits*, n° 89, printemps 2013, p. 13-28.
Oberschall, A., « Explaining Terrorism: The Contribution of Collective Action Theory », *Sociological Theory*, vol. 22(1), 2004, p. 26-37.
Passerini, L., *Fascism in Popular Memory*, Cambridge, Cambridge University Press, 1987.
Passerini, L., *Autobiography of a Generation, Italy '68*, Hanover, NH, Wesleyan University Press, 1996.
Paugam, Serge (dir.), *L'enquête sociologique*, Paris, PUF, 2010.
Phillips, A., « Recognition and the struggle for political voice », *in* B. Hobson (dir.), *Recognition Struggles and Social Movements: Contested Identities, Agency, and Power*, Londres, Routledge, 2003, p. 263-274.
Portelli, Alessandro, « The Peculiarities of Oral History », *History Workshop Journal*, vol. 12, n° 1, Autumn 1981, p. 96-107.
Portis, Larry, « La sociologie consensuelle et le terrorisme. De la propagande par le fait à Unabomber », *L'Homme et la société*, n° 123-124, 1997, p. 57-74.
Prost, Antoine, « Les limites de la brutalisation. Tuer sur le front occidental. 1914-1918 », *Vingtième Siècle*, n° 81, janvier-mars 2004, p. 5-20.
Pudal, Bernard, *Prendre parti*, Paris, Presses de Sciences Po, 1989.
Rapin, Ami-Jacques, « Le professionnel de la lutte armée, militant par excellence ou pernicieux déviant ? Le terrorisme d'extrême gauche en Europe, 1969–1979 », *in* José Gotovitch et Anne Morelli (dir.), *Militantisme et militants*, Bruxelles, EVO, 2000, p. 54-64.
Ricœur, P., « Éthique. De la morale à l'éthique et aux éthiques », *in* Monique Canto-Sperber, *Dictionnaire d'éthique et de philosophie morale*, Paris, PUF, 2004, p. 689-694.
Rogers, C., *L'approche centrée sur la personne*, Lausanne, Randin, 2001.
Rogers, Carl (dir.), *Psychothérapie et relations humaines. Théorie et pratique de la thérapie non-directive* [1962], vol. 1, Paris, Nauwellaerts, 1966.
Roy, O., *Globalised Islam: The Search for a New Ummah*, Londres, Hurst, 2004.
Sartre, J.-P., *Les mains sales*, Paris, Gallimard NRF, 1948.
Shirlow, P., J. Tonge, J. McAuley et C. McGlynn, *Abandoning Historical Conflict ? Former Political Prisoners and Reconciliation in Northern Ireland*, Manchester, Manchester University Press, 2010.

Silke, A., « The devil you know : Continuing problems with research on terrorism », *Terrorism and Political Violence*, vol. 13, 2001, p. 1-14.
Smith, J., « Semi-structured interviewing and qualitative analysis », *in* J. Smith, R. Harre, et L. V. Langenhove (dir.), *Rethinking Methods in Psychology*, Londres, Sage, 1995, p. 9-26.
Snow, D. A., et D. McAdam, « Identity Work Processes in the Context of Social Movements: Clarifying the Identity/Movement Nexus », *in* Sheldon Stryker, Timothy Owens et Robert White (dir.), *Self, Identity, and Social Movements*, Minneapolis, University of Minnesota Press, 2000, p. 41-67.
Snow, D. A., et R. A. Machalek, « The Sociology of Conversion », *Annual Review of Sociology*, vol. 10, 1984, p. 167-190.
Snow, D. A., L. A. Zurcher et S.Ekland-Olson, « Social Networks and Social Movements: A Microstructural Approach to Differential Recruitment », *American Sociological Review*, 45, 1980, p. 787-801.
Snyder, J., *From Voting to Violence. Democratization and Nationalist Conflict*, New York, Norton, 2000.
Sommier, Isabelle, *La violence politique et son deuil. L'après 68 en France et en Italie*, Rennes, Presses universitaires de Rennes, 1998.
Sommier, Isabelle, *La violence révolutionnaire*, Paris, coll. Contester, Presses de Sciences Po, 2008.
Steinhoff, Patricia, et Gilda Zwerman, « Introduction to the Special Issue on Political Violence », *Qualitative Sociology*, vol. 31(3), 2008, p. 213-220.
Tarrow, Sydney, *Power in Movement. Social Movements, Collective Action and Politics*, Cambridge, CUP, 1994.
Thompson, P., *The voice of the past: oral history*, Oxford, Oxford University Press, 1988.
Tilly, Charles, *From Mobilization to Revolution*, Londres, Addison-Wesley Publishing Company (Mass.), 1978.
Tilly, C., *The Politics of Collective Violence*, Cambridge, Cambridge University Press, 2003.
Tilly, C., « Wise Quacks », *in* J. Goodwin et J. Jasper (dir.), *Rethinking Social Movements*, Lanham, Rowman and Littlefield, 2004, p. 31-37.
Traïni, Christophe, « Choc moral », *in* O. Fillieule, L. Mathieu et C. Péchu (dir), *Dictionnaire des mouvements sociaux*, Paris, Presses de Science Po, 2009.
Viterna, J., « Pulled, pushed, and persuaded: Explaining women's mobilization into the Salvadoran guerrilla army », *American Journal of Sociology*, 112(1), 2006, p. 1-45.
Voegtli, Michael, « "Quatre pattes oui, deux pattes, non !". L'identité collective comme mode d'analyse des entreprises de mouvement social », *in* O. Fillieule

et al. (dir.), *Penser les mouvements sociaux. Conflits sociaux et contestations dans les sociétés contemporaines*, Paris, La Découverte, 2010, p. 203-223.

Waldmann, P., « Ethnic and sociorevolutionary terrorism: a comparison of structures », *in* D. Della Porta (dir.), *Social Movements and Violence: Participation in Underground Organizations*, Greenwich, JAI Press, 1992, p. 237-257.

Weber, M., *Le savant et le politique* [1919], Paris, Plon, UGE, 1996.

Weinstein, J. M., *Inside Rebellion: The Politics of Insurgent Violence*, Cambridge, Cambridge University Presss, 2007.

White, R., « "I'm not too sure what I told you the last time": Methodological notes on accounts from high-risk activists in the Irish Republican movement », *Mobilization*, vol. 12(3), 2007, p. 287-305.

White, R. W., « Structural Identity Theory and the Post-Recruitment Activism of Irish Republicans: Persistence, Disengagement, Splits, and Dissidents in Social Movement Organizations », *Society*, vol. 57(3), 2010, p. 341-370.

Wieviorka, Michel, *The Making of Terrorism*, Chicago, University of Chicago Press, 1993.

Yon Karel, « Modes de sociabilité et entretien de l'*habitus* militant. Militer en bandes à l'AJSOCI », *Politix*, vol. 2, n° 70, 2005, p. 137-167.

L'Espagne

Aguilar, Paloma, *Memoria y olvido de la guerra civil española*, Madrid, Alianza, 1996.

Baby, Sophie, *Le mythe de la transition pacifique : Violence et politique en Espagne (1975-1982)*. Nouvelle édition [en ligne], Madrid, Casa de Velázquez, 2012 (généré le 15 mai 2018). Disponible sur Internet : <http://books.openedition.org/cvz/734>.

Baby, Sophie, « La mémoire malmenée de la transition espagnole à la démocratie », *Vingtième Siècle. Revue d'histoire*, vol. 127, n° 3, 2015, p. 42-57.

Canal, Jordi (dir.), *Histoire de l'Espagne contemporaine : de 1808 à nos jours* [2009], Paris, Armand Colin, 2014.

Jaime-Jiménez, Oscar, et Fernando Reinares, « The Policing of Mass Demonstrations in Spain: From Dictatorship to Democracy », *in* Donatella Della Porta et Herbert Reiter (ed.), *Policing Protest The Control of Mass Demonstrations in Western Democracies*, Minnesota, University of Minnesota Press, 1998, p. 166-187.

Muñoz, Alonso Alejandro, *El terrorismo en España*, Barcelone, Planeta, 1982.

Muñoz, Alonso Alejandro, «Golpismo y terrorismo en la transición democrática española», *Reis: Revista española de investigaciones sociológicas* (36), 1986, p. 25-34.
Reig Tapia, Alberto, *Ideología e historia (sobre la represión franquista y la guerra civil)*, Madrid, Akal, 1985.
Richard, Élodie, et Charlotte Vorms, «Les historiens pris dans les conflits de mémoire», *Vingtième Siècle. Revue d'histoire*, vol. 127, n° 3, 2015, p. 3-12.
Richards, Michael, *A Time of Silence: Civil War and the Culture of Repression in Franco's Spain, 1936-1945*, Cambridge, Cambridge University Press, 1998.
Rodríguez Jiménez, José Luis, «Los terrorismos en la crisis del franquismo y en la transición política a la democracia», *Historia del presente*, vol. 13, 2009, p. 133-151.
Sánchez-Cuenca, Ignacio, «La violencia terrorista en la transición española a la democracia», *Historia del presente*, vol. 14, 2009/11, 2ème époque, p. 9-24.
Thouverez, Ludivine, «"Mr Azn@r, parT"», *Amnis*, 4 | 2004, mis en ligne le 1er septembre 2004, <http://journals.openedition.org/amnis/710>.
Tuñón de Lara, Manuel (dir.), *Historia de España, España bajo la dictadura franquista*, tome X (1973-1985), Barcelone, éd. Labor, 1983.

La question basque

EGIN, *Euskadi. 1977-1982*, Orain, 1982.
Iban, Iza, *El movimiento de las Ikastolas. Un pueblo en marcha. El modelo Ikastola 1960-2010*, Bilbao, Jagon Saila, 2011.
Itçaina, X., «Les clercs de l'identité. Socialisation religieuse et engagement militant en Pays Basque», *in* D. Laborde (dir.), *Six études sur la société basque*, Paris, L'Harmattan, 2004.
Krutwig Sagredo, Federico, *Vasconia : estudio dialéctico de una nacionalidad*, Buenos Aires, Norbait, 1963.
Lopez Garrido, D., *El Aparato Policial en España*, Barcelone, Ariel, 1987.
Loyer, B., *Géopolitique du Pays basque : nations et nationalismes en Espagne*, Paris, L'Harmattan, 1997.
Perrotin, Claude, avec la collaboration de Jean-Daniel Chaussier et d'Éric Kerrouche, *Pays basque, un département, Une revendication citoyenne dans un cadre républicain*, Anglet, Atlantica, 2002.

Petithomme, M., « L'évolution des attitudes et du vote nationaliste au Pays Basque espagnol depuis la transition démocratique (1978-2008) », *Pôle Sud*, n° 31, vol. 2, 2009, p. 103-128.

Conflit basque

Association Behatokia, *Torture en Pays basque*, rapports 2000, 2001, 2002.

Baby, S., « Sortir de la guerre civile à retardement : le cas espagnol », *Histoire politique. Politique, culture, société*, vol. 3, 2007, <http://www.histoire-politique.fr/documents/03/dossier/pdf/HP3-Baby-pdf.pdf>.

Baby, Sophie, *Le Mythe de la Transition pacifique. Violence et politique en Espagne (1975-1982)*, Madrid, Casa de Velázquez, 2012.

Carmena, Manuela, Jon Mirena Landa, Ramón Múgica et Juan Mª Uriarte, « Informe-base de vulneraciones de derechos humanos en el caso vasco (1960-2013) », Secretaría General de Paz y Convivencia, Vitoria-Gazteiz, juin 2013, <https://www.irekia.euskadi.eus/uploads/attachments/3214/informe_base_es.pdf?1371196800>.

C.E.D.R.I. (Comité européen de défense des réfugiés et immigrés), *El GAL o el terrorismo de Estado en la Europa de las democracias*, Taffala, Txalaparta Argitaldaria, 1990.

Crettiez, X., *La violence ethno-nationaliste contre l'État. Les exemples basque et corse*, Paris, Université Paris 1, thèse de doctorat de troisième cycle en science politique, 1997.

CSPB, Comité de Solidarité avec le Peuple Basque [<http://cspb.unblog.fr/euskal-politiko-presoak-prisonniers-politiques-basque-presos-politicos-vascos>], 14 septembre 2013.

Euskadi ala hil [Euskadi o la muerte], Saint-Jean de Luz, éd. Euskal-Elkargoa, 1976.

Fearon, James D., et David Laitin, « Ethnicity, Insurgency, and Civil War », *American Political Science Review*, vol. 97, n° 1, fév. 2003, p. 75-90.

Fernández Soldevilla, Gaizka, « De las armas al parlamento. Los orígenes de Euskadiko Ezkerra (1976-1977) », *Pasado y memoria: Revista de historia contemporánea*, vol. 8, 2009.

Ferret, Jérôme, « Crise sociale, question nationale et violence urbaine. Retour sur la mystérieuse *Kale Borroka* en Espagne », *Papeles del CEIC*, n° 84, septembre 2012, <http://www.identidadcolectiva.es/pdf/84.pdf>, ISSN 1695-6494.

Ferret, Jérôme, «Young radical nationalists: Prisoners of their own myth ? The case of the Kale Borroka in the Spanish Basque country», *Current Sociology*, novembre 2014, vol. 62, n° 7, p. 1017-1035.
Guibet Lafaye, Caroline, «Violence politique au Pays basque : la fin d'un conflit ?», *Eusko Ikaskuntza – Revista Internacional de Estudios Vascos* (RIEV), San Sebastián, 2020a.
Guibet Lafaye, Caroline, «Violence politique de la gauche abertzale en Pays basque», *Cultures & Conflits*, 2020b.
Guittet, E., *Raison et déraison d'État : les GAL (Grupos Antiterroristas de Liberacion), 1983–1987*, mémoire de DEA, Univ. Paris X – Nanterre, septembre 2000.
Hamilton, Carrie, «Remembering the Basque Nationalist Family : Daughters, Fathers and the Reproduction of the Radical Nationalist Community», *Journal of Spanish Cultural Studies*, vol. 1(2), 2000, p. 153-171.
Hamilton, Carrie, «Memories of Violence in Interviews with Basque Nationalist Women», *in* Katherine Hodgkin et Susannah Radstone (dir.), *Contested Pasts: The Politics of Memory*, 2003, Londres, Routledge, p. 120-135.
Hermant, Daniel, «La question basque au miroir de la violence», *Cultures & Conflits*, n° 7, 1992, p. 67-81.
Ibarra Güell, Pedro, *El movimiento obrero en Vizcaya, 1967-1977: Ideología, organización y conflictividad*, Universidad del País Vasco, 1987.
Ibarra Güell, Pedro, *La evolución estratégica de ETA*, San Sébastian, Kriselu, 1989.
Idoiaga, Petxo, et Txema Ramírez de la Piscina, *Al filo de la (in) comunicación: Prensa y conflicto vasco*, Fundamentos, Madrid, 2002.
Jauregui Bereciartu, Gurutz, «National Identity and Political Violence in the Basque Country», *European Journal of Political Research*, vol. 14, 1986, p. 587-605.
Lacroix, Isabelle, «"C'est du vingt-quatre heures sur vingt-quatre !". Les ressorts du maintien de l'engagement dans la cause basque en France», *Politix*, vol. 2, n° 102, 2013, p. 35-61.
Lacroix, Isabelle, «Actions militantes et identités basques : trajectoires d'engagement, socialisations militantes et constructions identitaires dans les organisations nationalistes (et non nationalistes) au Pays Basque français», thèse de sociologie, sous la direction de Philippe Cibois, Versailles, Université Versailles-Saint-Quentin-En-Yvelines, 2009.
Loyer, Barbara, «Identités et pouvoir local : le cas de la revendication d'un département Pays basque», *Hérodote*, vol. 3, n° 110, 2003, p. 103-128.
Payne, S., «Terrorism and Democratic Stability in Spain», *Current History*, novembre 1979, vol. 77, p. 167-171.
Petithomme, Mathieu, «Commémorer les *"gudaris"* d'hier pour légitimer la violence d'aujourd'hui. Une étude socio-historique du détournement du *Bizkargi* et de l'*Albertia Eguna* au Pays basque», *Pôle Sud*, vol. 1, n° 42, 2015, p. 105-135.

Ramírez de la Piscina, Martínez T., I. Murua Uria et P. Idoiaga Arrospide, «Press coverage of Basque conflict (1975-2016): Compilation of attitudes and vicissitudes», *Revista Latina de Comunicación Social*, vol. 71, 2016, p. 1007-1035.

Reinares, Fernando, et Werner Herzog, «Baskenland: Es hat uns unvorbereitet getroffen», *in* Peter Waldmann (dir.), *Beruf: Terrorist*, Munich, Beck, 1993, p. 16-41.

Sanchez-Cuenca, Ignacio, «La violencia terrorista en la transición española a la democracia», *Historia del presente*, vol. 14, 2009, p. 9-24.

Tejerina, B., «Protest Cycle, Political Violence and Social Movements in the Basque Country», *Nations and Nationalism*, vol. 7, 2001, p. 39-57.

Thouverez, Ludivine, *Violence d'État et médias : le traitement informatif du GAL dans la presse française et espagnole de référence (1983-1986)*, Paris, LGDJ, 2011.

Sur ETA

Alcedo, Moneo M., *Militar en ETA*, San Sébastian, Haranburu, 1994.

Alcedo, Moneo M., *Militar en ETA, Historias de Vida y Muerte,* San Sébastian, Antropologia Haranburu Editor, 1996

Alcedo, Moneo M., «Mujeres de ETA : la cuestión del género en la clandestinidad», *La Factoria*, 4, 1997, p. 1-9.

Antolín, Matías, *Agur. ETA: el adiós a las armas de un militante histórico*, Madrid, Temas de hoy, 1997.

Barros, C., «An Intervention Analysis of Terrorism: The Spanish ETA Case», *Defence and Peace Economics*, vol. 14, n° 6, 2003, p. 401-412.

Barros, C., et L. Gil-Alana, «ETA: A Persisten Phenomenon», *Defence and Peace Economics*, vol. 17, n° 2, 2006, p. 95-116.

Barros, C., J. Passos et L. Gil-Alana, «The timing of ETA terrorist attacks», *Journal of Policy Modeling*, vol. 28, 2006, p. 335-346.

Bastante, Jesús, *Los Curas de ETA: la iglesia vasca entre la cruz y la ikurriña*, Madrid, Las Esfera de los Libros, 2004.

Benegas, José María, *Diccionario de Terrorismo*, Espasa éd., Madrid, 2004.

Bereciartu, Jauregui G., *Ideologia y estrategia politica de ETA (1959-1968)*, Madrid, Siglo veintiuno, 1981

Carrión López, G., *ETA en los archivos secretos de la policía política de Franco, 1952-1969*, Alicante, Editorial Agua Clara, 2002.

Casanova, Alonso Iker, *ETA 1958-2008. Medio siglo de historia*, Tafalla (Navarre), Txalaparta, 2007.
Clark, R., *Patterns in the Lives of ETA Members*, in H. P. Merkl (dir.), *Political violence and terror: motifs and motivations*, Berkeley, University of California Press, 1986, p. 283-309.
Clark, Robert P., *The Basque Insurgents: ETA, 1952-1980*, Madison, University of Wisconsin Press, 1984.
De la Calle, Luis, et Ignacio Sanchez-Cuenca, «La selección de víctimas en ETA», *Revista Española de Ciencia Política*, n° 10, avril 2004, p. 53-79.
De la Calle, Luis, et Ignacio Sanchez-Cuenca, «The Production of Terrorist Violence: Analyzing Target Selection within the IRA and ETA», Working Paper, Instituto Juan March, n° 230, 2006.
Egaña, Iñaki (dir.), *Euskadi eta Askatasuna. El PP en el poder. 1996-1997*, tome X, Andoain, éd. Aise Liburuak, 2006a.
Egaña, Iñaki (dir.), *Euskadi eta Askatasuna. Lizarra-Garazi. 1998-1999*, tome XI, Andoain, éd. Aise Liburuak, 2006b.
Elorza, Antonio (dir.), *ETA, une histoire*, Paris, Denoël, 2002.
ETA, *Documentos Y*, 18 vols, San Sébastian, Hordago, 1979-1981.
Etxebarrieta, Txabi, «Con motivo del Aberri Eguna de 1968», *Punto y Hora de Euskal Herria*, 1988.
Galeote, Géraldine, «La pelota vasca, la piel contra la piedra: análisis de una polémica», *in* Marie-Solelad Rodriguez (dir.), *Le cinéma de Julio Medem*, Paris, Presses Universitaires de la Sorbonne, 2008, p. 147-166.
Galichon Isabelle, «Le devenir-victime d'Eva Forest face à la torture», *Nuevo Mundo Mundos Nuevos*, Questions du temps présent, mis en ligne le 11 juin 2015.
Garmendia, José Maria, *Historia de ETA*, San Sébastian, éd. Haranburu, 1980.
Hamilton, Carrie, *Women and ETA: the gender politics of radical basque nationalism*, Manchester, Manchester University Press, 2007.
Hamilton, Carrie, «Political Violence and Body Language in Life Stories of Women ETA Activists», *Signs*, vol. 32, n° 4, War and Terror I: Raced-Gendered Logics and Effects in Conflict Zones, été 2007, p. 911-932.
Ibarra Güell, Pedro, *Evolución estratégica de ETA : de la "Guerra revolucionaria" (1963) a la negociación (1987)*, San Sébastian, Kriselu, 1987b.
Idigoras, Jon, *El hijo de Juanita Gerrikabeitia*, Tafalla, Txalaparta, 2000.
Lacroix, Isabelle, «Les femmes dans la lutte armée au Pays basque», *Champ pénal/Penal field*, vol. VIII | 2011, <http://champpenal.revues.org/8076>.
Letamendia Francisco, *Historia de Euskadi. El nacionalismo vasco y ETA*, Madrid, Ruedo Iberico, 1975.
Linz, J., *Conflicto en Euskadi*, Madrid, Espasam Calpse, 1986

Loyer, Barbara, « Conflit et représentations du conflit au Pays basque : la fin de l'ETA », *Hérodote*, vol. 3, n° 158, 2015, p. 16-38.
Loyer, Barbara, et Christian Aguerre, « Terrorisme et démocratie : les exemples basque et catalan », *Hérodote*, vol. 3, n° 130, 2008, p. 112-145.
Ramírez de la Piscina, Martínez T., I. Murua Uria et P. Idoiaga Arrospide, « Press coverage of Basque conflict (1975-2016): Compilation of attitudes and vicissitudes », *Revista Latina de Comunicación Social*, vol. 71, 2016, p. 1007-1035.
Petithomme, Mathieu, « Commémorer les "gudaris" d'hier pour légitimer la violence d'aujourd'hui. Une étude socio-historique du détournement du Bizkargi et de l'Albertia Eguna au Pays basque », *Pôle Sud*, vol. 1, n° 42, 2015, p. 105-135.
Reinares, F., « Who are the terrorists ? Analyzing changes in sociological profile among members of ETA », *Studies in Conflict and Terrorism*, n° 27, 2004, p. 465-488.
Reinares, Fernando, *Patriotas de la Muerte, Quiénes han militado en ETA y por qué*, Madrid, éd. Taurus, 2001.
Sanchez-Cuenca, Ignacio, *ETA contra el Estado : las estrategias del terrorismo*, Barcelone, éd. Tusquets, 2001.
Sanchez-Cuenca, Ignacio, « El final de ETA », *Cuadernos de Alzate*, vol. 27, 2002, p. 237-250.
Sanchez-Cuenca, Ignacio, « Explaining temporal variation in the lethality of ETA », *Revista Internacional de Sociología*, vol. 67, n° 3, 2009, p. 609-629.
Thouverez, Ludivine, « Mr Azn@r, parT », *Amnis*, 4 | 2004, mis en ligne le 1er septembre 2004.
Truc, Gérôme, « Aux victimes du terrorisme, l'Europe reconnaissante ? Portée et limites de la Journée européenne en mémoire des victimes du terrorisme », *Politique européenne*, 2012/2, n° 37, p. 132-154.
Unzueta, José Luis, *Los nietos de la IRA. Nacionalismo y violencia en el País Vasco*, Madrid, éd. El País Aguilar, 1988.
Uriarte, Eduardo, *Mirando atrás. Del proceso de Burgos a la amenaza permanente*, Barcelone, Ediciones B., 2005.
Wieviorka, M., « E.T.A. et la violence politique au Pays Basque espagnol », United Nations Research Institute for Social Development (UNRISD), *Discussion Paper* 40, janvier 1993.
Zabalza, R., *Voluntarios. Semillas de libertad*, Tafalla, Txalaparta, 2000.
Zirakzadeh, Cyrus, *A Rebellious People: Basques, Protests, And Politics*, Reno, University of Nevada Press, The Basque Series, 1991.
Zumalde, Xabier, *Mi lucha clandestina en ETA: memorias del primer jefe del Frente Militar, 1965-1968*, Arrigorriaga, Status, 2004.
Zumalde Romero, Xabier, *Barro y asfalto*, Ediciones Vascas, S. A., 1980.

Zunbeltz(de) K. [José Luis Zabilde], *Hacia una estrategia revolucionaria vasca*, Hendaye, 1968.

Sur IK

Bidegain, Eneko, *IK, Histoire d'une organisation politique armée* [2007], Ascain, Gatuzain, 2010.
Mouesca, Gabriel, *La Nuque raide*, Paris, éd. Philippe Rey, 2006.

Index

Abertzale 3, 4, 13, 16, 17, 19, 26, 38, 39, 44, 45, 48, 53, 55, 57, 59, 63, 68, 73, 75, 76, 78, 80, 82, 87, 91, 102, 104, 107, 118, 122, 127, 128, 133, 139, 140, 141, 142, 143, 145, 147, 155, 157, 158, 161, 166, 171, 172, 173, 180, 186, 187, 190, 191, 193, 194, 210, 215, 217, 223, 224, 251, 252, 253, 257, 260, 267, 280, 289, 290, 291, 293, 325
Antich, Puig 83
Association internationale des travailleurs (AIT) 111

Batasuna 53, 62, 66, 217, 277
Becker, Howard 10, 128, 313
Bidart, Philippe 35, 36
Boudon, Raymond 315
Bourdieu, Pierre 4, 69, 97, 314
Burgos (procès) 69, 77, 83, 86, 154, 164, 165, 182, 186, 191, 193, 300, 328

Carrero Blanco, Luis 1, 19, 59, 127, 154, 206, 207, 214, 278, 279, 280, 281, 282, 285, 300
Chili 191, 224
Commandos Autonomes anticapitalistes 2, 25, 38, 39, 76, 193, 208
communisme 25

Della Porta, Donatella 6, 7, 10, 17, 20, 22, 25, 26, 37, 38, 40, 48, 50, 56, 57, 58, 71, 72, 79, 85, 88, 91, 92, 94, 104, 142, 145, 153, 156, 159, 187, 190, 191, 192, 193, 194, 251, 282, 292, 314, 315, 322

ETA 1, 3, 4, 6, 11, 12, 13, 14, 15, 18, 19, 20, 21, 22, 23, 24, 25, 27, 28, 29, 30, 31, 33, 34, 35, 36, 38, 39, 40, 42, 43, 44, 47, 48, 49, 50, 51, 52, 53, 54, 55, 56, 58, 59, 60, 61, 62, 63, 67, 68, 69, 70, 71, 75, 76, 77, 80, 81, 82, 85, 86, 87, 95, 96, 99, 101, 103, 104, 108, 109, 110, 112, 113, 114, 115, 116, 117, 118, 119, 121, 123, 127, 128, 129, 130, 131, 133, 135, 136, 139, 140, 142, 143, 145, 146, 147, 148, 149, 153, 154, 155, 156, 157, 158, 159, 160, 162, 163, 164, 165, 166, 167, 168, 169, 171, 172, 173, 174, 175, 176, 177, 179, 181, 182, 183, 184, 185, 186, 187, 188, 189, 190, 191, 193, 194, 195, 197, 198, 199, 201, 202, 203, 204, 205, 206, 207, 208, 209, 210, 211, 212, 213, 214, 215, 216, 218, 219, 222, 226, 227, 228, 229, 230, 231, 233, 234, 237, 240, 244, 245, 246, 249, 250, 251, 252, 253, 254, 256, 257, 259, 260, 266, 267, 268, 270, 271, 272, 273, 274, 277, 278, 279, 280, 282, 283, 284, 285, 286, 287, 288, 289, 291, 295, 296, 297, 298, 299, 301, 310, 325, 326, 327, 328
éthique de la conviction 232, 258, 271, 277, 293
éthique de la responsabilité 232, 258, 271, 272, 273, 274, 277, 293

Fanon Frantz 29, 108, 124, 125, 137, 142, 149, 168, 201, 313, 316
Franco Francisco 38, 39, 40, 42, 43, 45, 46, 47, 49, 51, 56, 68, 71, 77, 78, 82, 85, 86, 87, 101, 106, 146, 154, 155, 156, 157, 165, 166, 175, 186, 195, 205, 210, 239, 251, 260, 279, 280, 289, 290, 292, 306, 323, 327
franquisme 209, 210

GAL 38, 43, 53, 54, 56, 57, 60, 73, 77, 78, 84, 148, 167, 212, 228, 281, 302, 324, 325, 326
guérilla 90, 92, 111, 113, 122, 134, 198, 202, 219, 286, 319
guerre 209, 210
Guevara, Ernesto Rafael 111, 198, 201, 245, 247
Guibet Lafaye, Caroline 10, 13, 80, 108, 125, 133, 143, 163, 223, 225, 243, 251, 286, 317, 325

Hegoalde 2, 13, 14, 33, 37, 39, 44, 51, 56, 57, 58, 67, 68, 71, 72, 76, 86, 93, 95, 98, 99, 101, 103, 104, 108, 112, 131, 134, 137, 141, 142, 146, 150, 157, 160, 163, 164, 165, 166, 168, 171, 173, 175, 180, 186, 187, 189, 195, 199, 224, 241, 243, 244, 248, 250, 254, 257, 258, 263, 266, 272, 274, 279, 290, 292, 299
Herri Batasuna 25, 47, 53, 59, 60, 61, 62, 73, 75, 76, 101, 173, 208, 213, 214, 216
Hipercor 19, 217, 219, 222, 224, 227, 229, 232, 268, 277
Honneth, Axel 141, 316, 318

Ikastola 120, 122, 140, 141, 160, 323
Iparralde 2, 13, 14, 33, 35, 36, 37, 44, 51, 53, 54, 63, 65, 67, 68, 71, 74, 78, 79, 86, 90, 93, 99, 103, 104, 109, 117, 119, 128, 129, 137, 140, 141, 157, 158, 160, 163, 167, 168, 171, 174, 180, 181, 186, 195, 199, 207, 226, 227, 241, 248, 254, 272, 281, 292, 299
Iparretarrak 3, 11, 13, 15, 18, 19, 33, 34, 35, 36, 54, 63, 66, 67, 69, 96, 101, 104, 109, 111, 115, 116, 117, 119, 120, 123, 128, 130, 139, 140, 141, 155, 156, 157, 158, 159, 160, 162, 163, 165, 166, 167, 168, 169, 171, 172, 173, 174, 175, 176, 177, 179, 180, 181, 183, 185, 186, 191, 208, 222, 226, 240, 248, 272, 273, 278, 298, 299, 329

José Luis, Zabilde (Zunbeltz) 146, 200, 204, 329

Kant, Emmanuel 239, 271, 273, 318
Krutwig, Sagredo, Federico 23, 27, 28, 30, 31, 32, 113, 122, 134, 168, 203, 323

Lénine [Vladimir Illitch Oulianov] 30, 31, 249
libération nationale 134
libération sociale 134
lutte armée 3, 5, 10, 16, 24, 25, 26, 33, 42, 55, 70, 71, 80, 89, 92, 96, 99, 100, 101, 102, 103, 104, 109, 110, 111, 112, 113, 114, 115, 116, 117, 118, 120, 121, 136, 139, 140, 141, 153, 157, 169, 170, 171, 172, 181, 188, 189, 198, 201, 202, 203, 204, 220, 221, 223, 226, 227, 228, 233, 234, 235, 236, 240, 244, 245, 246, 248, 249, 250, 253, 254, 256, 258, 261, 266, 269, 285, 287, 303, 320, 327

Manzanas, Melitón 198, 205, 279, 281, 285
Mao Tsé-toung 30, 201, 319
Marx, Karl 319
marxisme 27, 30, 31, 34, 123, 164, 190, 198, 201, 202
Merleau-Ponty, Maurice 108
Mouesca, Gabriel 11, 35, 329
Mouvement Ibérique de Libération 280
Narodnaïa Volia 249

Index

nazisme 250
Netchaïev, Serge 240, 320
Nicaragua 91, 224

PKK 237
police 72, 145, 151, 298

radicalisation 53, 67, 104, 110, 111, 203, 290
répression 1, 7, 14, 16, 17, 26, 34, 35, 37, 38, 39, 41, 43, 44, 49, 50, 51, 52, 53, 55, 56, 58, 59, 60, 62, 67, 68, 69, 70, 71, 72, 73, 74, 75, 76, 77, 78, 79, 80, 81, 82, 83, 84, 85, 86, 88, 92, 93, 94, 95, 98, 101, 102, 103, 104, 105, 107, 110, 111, 112, 113, 114, 121, 127, 128, 131, 132, 137, 138, 139, 144, 145, 146, 147, 149, 150, 151, 154, 156, 163, 165, 166, 167, 170, 175, 176, 177, 178, 182, 186, 187, 189, 191, 193, 200, 202, 204, 205, 215, 217, 231, 234, 247, 253, 257, 259, 270, 279, 280, 281, 283, 289, 290, 291, 300, 301, 302, 313, 315, 320
Résistance 23, 130, 142, 304
révolution 2, 25, 26, 46, 303, 320
Ricœur, Paul 223, 259, 320

Rolando (café) 218, 229

sabotage 58, 59, 112, 198
Sartre, Jean-Paul 91, 124, 261, 264, 265, 269, 270, 284, 320
Sentiment d'injustice 168
solidarité 36, 51, 70, 85, 109, 111, 118, 158, 161, 220, 221, 242, 255
structure des opportunités politiques 45, 71, 72, 90, 92, 93, 94, 95, 96, 97, 99, 100, 101, 102, 104, 110, 117, 131, 145, 157, 166, 174, 175, 291, 303

terrorisme 218, 228, 315, 328
Trotsky, Léon 249

Vietnam 91, 247
violence 314, 315, 320, 321, 322, 324, 325, 326, 327
Weber, Max 5, 223, 232, 247, 271, 272, 322
Wieviorka, Michel 24, 25, 206, 322, 328

Yoyes 19, 236[b]

Explosive Politics

Edited by Emmanuel Pierre Guittet, senior associate at *Conflict Management Consulting* (CMC, Brussels/Istanbul and Lagos) and Julien Pomarède, research associate at the Université Libre de *Bruxelles*.

What causes the breakdown of order and violent conflict? Who are the actors involved? What are the consequences? Violence—its threat, its use, its many often unpredictable consequences—remains an ever-present part of the political landscape throughout the world. *Explosive Politics* is a new series for trenchant and provocative publications, exploring the confines of political violence and conflict, examining how words, acts and actors interact in tumultuous situations and grey areas. Explicitly cross-discipline in its organisation and orientation, the series rigorously explores the contemporary nature of the social, political and cultural dynamics of violence and conflicts in local, national, and global perspectives.

Vol 1: Caroline Guibet Lafaye: Conflit au Pays basque : regards de militants illégaux
ISBN: 978-1-78997-800-1. 334pp. 2020.